AF860227

Plaidoyer pour le Congo

David LAWSON

Plaidoyer pour le Congo

Préface de Bienvenu OKIEMY

L'Harmattan

Du même auteur

Aux éditions L'Harmattan
Alerte infectieuse. Nouvelles menaces sur la stabilité internationale
Le club de Paris. Sortir de l'engrenage de la dette (préface de Jean-Claude Trichet, président de la Banque centrale européenne)
Hong Kong, Chine

Chez d'autre(s) éditeur(s)
Hong Kong et son destin, Présence africaine
Le dictionnaire de la mort (contributions à un ouvrage collectif), Larousse

5-7, rue de l'Ecole-Polytechnique, 75005 Paris

http://www.harmattan.fr
diffusion.harmattan@wanadoo.fr
harmattan1@wanadoo.fr

ISBN : 978-2-343-03571-0
EAN : 9782343035710

pour Hadrien et Amélia

AVERTISSEMENT

Les discours, articles et communiqués de presse contenus dans cet ouvrage ont tous été rédigés par l'auteur. Les vues et opinions exprimées par l'auteur dans ce livre le sont à titre purement personnel et n'engagent que ce dernier. Elles ne peuvent engager, directement ou indirectement, la responsabilité du Fonds des Nations Unies pour la population (UNFPA), d'une quelconque autre organisation du système des Nations Unies, ou du gouvernement congolais.

REMERCIEMENTS

Je tiens à remercier les membres de mon équipe à Brazzaville qui ont contribué aux succès accomplis pendant mon mandat au Congo en matière de réduction de mortalité maternelle, du taux de prévalence du VIH, et de l'amélioration de la condition féminine et des droits des minorités autochtones et personnes vivant avec un handicap. Mes remerciements vont tout spécialement à Mlle Emilie Maurice, Assistante Spéciale du Représentant, M. Jean-René Kule, Chargé de Communication, et Mme Francine Kouyela, Assistante personnelle du Représentant, qui au sein de mon cabinet, m'ont appuyé quotidiennement et ont soutenu mes initiatives sans relâche souvent bien au-delà des horaires habituels. Ils ont démontré un professionnalisme, un dévouement et un sens du travail accompli exceptionnel. Sans eux et sans leur engagement, aucun succès n'aurait été possible. Qu'ils en soient sincèrement et chaleureusement remerciés.

PRÉFACE

Le monde, et plus particulièrement l'Afrique, connaît d'importantes reconfigurations démographiques qui constituent autant d'opportunités que de dais. Elles rendent plus complexe la gestion des territoires, avec son lot de pression sur les ressources, l'urbanisation croissante, l'insécurité alimentaire, la forte poussée des préoccupations écologiques et sanitaires. Pour en faire un atout positif, nos sociétés doivent être en mesure de miser sur le capital humain, en tout cas, sur son état de bien-être.

C'est en cela que, sous la pression des évolutions éthiques et sociétales ainsi que de nouveaux enjeux de dimension internationale, la santé se révèle une priorité d'aujourd'hui et de demain. La prise de conscience des implications politique, économique et stratégique des questions de santé, mêlée à la globalisation des risques sanitaires, devrait susciter une mobilisation croissante en valorisation du capital humain.

C'est la mission d'universalité que le Fonds des Nations Unies pour la population (UNFPA) s'attache prioritairement à réaliser à travers la mise en valeur des Objectifs du Millénaire pour le développement (OMD), notamment ceux visant la réduction de la mortalité maternelle, la prévention du VIH/SIDA et la promotion de l'égalité entre l'homme et la femme, et la protection des minorités.

Porteuse de valeurs d'universalité et de solidarité, la République du Congo, à l'instar des autres nations du monde a, à juste titre, adopté cette stratégie internationale de réduction de la précarité humaine. Ces dernières années, elle s'est fortement engagée en faveur de l'accès des populations congolaises à la santé et la promotion de la santé maternelle et infantile, qui sont au cœur de la politique nationale de développement.

Les jeunes sont l'avenir de l'humanité. La mère est porteuse de cet avenir. Pour cette raison, la stratégie mise en œuvre par l'UNFPA privilégie la gestion des problématiques existentielles qui touchent ces couches fragiles en impliquant au mieux les acteurs divers, comme on peut nettement en définir la trajectoire à travers cet opuscule.

On voit clairement comment l'accès aux méthodes de planification familiale, la disponibilité et l'accès aux soins obstétricaux d'urgence, les vaccinations, la prévention et le traitement adapté au SIDA, ont fortement focalisé l'action de l'UNFPA en République du Congo ces dernières années.

La santé, et plus particulièrement la santé maternelle des Congolaises continue à occuper une place de choix dans l'agenda de cette organisation, parce que convaincue que l'amélioration de l'espérance de vie dans ce pays en dépend largement.

C'est le sens donné à l'action visant la réduction de la mortalité maternelle et à la promotion de la planification familiale par le Représentant de l'UNFPA au Congo, David Lawson, de 2009 à 2013, à l'appui de la politique du gouvernement congolais. Cette assistance financière, humaine et technique vise l'amélioration de la santé des mères et des enfants au Congo et aura permis de sauver beaucoup de vies de femmes.

Il va sans dire que ce travail a nécessité un intense plaidoyer multipolaire, une sensibilisation à la fois des décideurs politiques, des corps constitués, des communautés et des populations, principales concernées. Elle a mobilisé des ressources diverses. Elle a nécessité la définition par David Lawson de la stratégie de communication « *Medias pour le développement* » qui en a été le fer de lance. On peut y déceler, en effet, un engagement marqué et une détermination farouche dans un accompagnement utile du Congo dans la résolution des problèmes qui s'y posent.

Toute cette démarche a eu pour point d'orgue le renforcement de l'expertise des communicateurs professionnels en population et développement, pour les amener à jouer pleinement le rôle qui est le leur, celui d'informer, d'alerter et de former, le rôle de socialisation et de construction d'un discours visant à éclairer les décideurs, les populations et le changement de mentalités.

Dès lors, la responsabilité des medias ne peut être escamotée. En traitant ces sujets sous différents angles, ils mettent en scène les actions et les acteurs relevant des sphères discursives variées, dans une polyphonie de discours publics qui se laisse alors saisir des réflexions sur le mode de traitement par les medias des questions de santé publique, contribuant à l'amplification de la résonnance de la gouvernance publique en la matière.

Se saisissant à bon escient de cette mission sociale et citoyenne des medias, en faisant des journalistes des acteurs à part entière du développement national, et des relais de son plaidoyer stratégique auprès du gouvernement, des décideurs et des populations, l'UNFPA a fait de son partenariat avec le Ministère de la Communication et des Relations avec le Parlement, un facteur clé du succès de son action. Un partenariat vif, proactif et porteur de valeur ajoutée sans lequel notre département n'aurait pu, tout seul, accomplir son objectif de spécialisation des journalistes congolais dans ce domaine et l'UNFPA porter ses messages développementaux au plus grand nombre.

Aujourd'hui, il n'est pas inutile d'affirmer que, progressivement, les questions de population et de développement ont pris un intérêt stratégique et central dans la politique nationale mise en œuvre par le gouvernement.

C'est dans cette même perspective que se lit l'implication de cette organisation spécialisée des Nations Unies pour une meilleure perception de la participation des populations autochtones à la vie citoyenne et qui a contribué, efficacement, à l'affirmation du leadership congolais sur les questions autochtones au niveau international. Ce sujet attiédi, souvent relégué aux limbes des préoccupations du monde, a désormais trouvé des perspectives nouvelles d'épanouissement grâce au plaidoyer vigoureux mené par David Lawson au Congo au cours de ces dernières années.

La formulation de la prochaine génération d'objectifs mondiaux, vraisemblablement en 2015, aura une influence majeure sur les priorités et le financement du développement pour les années à venir. Veiller à ce que la santé de la population occupe la place qui lui convient est un enjeu majeur pour la gouvernance de l'action sanitaire et une priorité sur laquelle le Fonds des Nations Unies pour la population devrait rester ardent et sans inflexion.

Cette publication recueille les principaux discours publics de David Lawson, prononcés en diverses occasions avec pour objectif le changement social, le progrès et le développement économique et social, la défense des populations les moins favorisées et des droits y afférents. Cet ouvrage résume ainsi l'essentiel du plaidoyer et des actions engagées par l'UNFPA en République du Congo, entre 2009 et 2013, sous la direction de son très actif et convainquant Représentant, David Lawson, pour la promotion et l'amélioration du bien-être social de la population congolaise. A travers sa vision et sa pensée, exprimées à travers ses discours, il aura utilement su aiguiller la réflexion et l'action publiques sur le développement national au Congo.

L'évolution de la situation sociale et développementale au Congo à travers les discours de David Lawson est passionnante et enrichissante. Ce plaidoyer nous rappelle que toute action ne peut être entreprise sans une réflexion et des idées que les mots doivent porter.

A la lecture de ce livre, c'est le foisonnement des idées, une source d'inspiration et l'art de la parole au service d'une cause et de la condition humaine qui émanent. David Lawson nous rappelle avec les mots justes que la conviction est nécessaire au succès de toute action publique et de toute entreprise humaine.

Bienvenu OKIEMY,
Ministre de la communication et des relations avec le Parlement, et Porte-parole du Gouvernement de la République du Congo

« L'action met les ardeurs en œuvre, mais c'est la parole qui les suscite. »
Charles de Gaulle

LE CONGO

La République du Congo est indépendante depuis 1960. Le pays s'étend sur 342.000 km2, avec une façade maritime sur l'Océan Atlantique et le pays compte l'Angola, le Cameroun, le Gabon, la République centrafricaine et la République démocratique du Congo comme voisins.

La population congolaise est estimée à 4,1 millions d'habitants en 2012, dont près de 52 pour cent de femmes. Les jeunes de moins de 15 ans représentant 40 pour cent de la population. Près de 62 pour cent de la population à moins de 25 ans, contre 3,6 pour cent pour les personnes âgées de 65 ans et plus. Plus de 60 pour cent de la population vit en milieu urbain. Le taux de croissance démographique est de 2,7 pour cent.

En dépit des soubresauts continus de la crise financière internationale, le Congo connaît une croissance économique soutenue de plus de 7 pour cent par an, grâce à la hausse des revenus du pétrole et à la réduction substantielle de la dette par l'initiative pays pauvres très endettés (PPTE). Le pourcentage de la population vivant en dessous du seuil de pauvreté, bien que demeurant préoccupant, a ainsi diminué de 50,7 a 39,6 pour cent entre 2005 et 2011.

Le PIB par habitant était de 1,334 dollars américains en 2012. Malgré la précarité de l'emploi, le taux de chômage a diminué, de 19,4 à 6,9 pour cent.

Le pays a progressivement retrouvé la paix et la stabilité politiques. La situation sécuritaire reste relativement calme, même si le pays a du faire face a un afflux de réfugiés en provenance de la République Démocratique du Congo (RDC) ces dernières années et gérer une situation humanitaire de longue durée.

Depuis 1991, le Congo jouit d'un système politique pluraliste et démocratique, de type présidentiel. Les élections présidentielles de 2009 et législatives de 2012, malgré un taux d'abstention record, se sont déroulées dans le calme et la transparence. Le Chef de l'Etat Denis Sassou Nguesso préside aux destinées du pays.

Sur le plan sanitaire, bien que le système de santé reste confronté à des difficultés, notamment de ressources humaines et d'infrastructures adéquates, grâce a l'amélioration des conditions socio-économiques et une politique sanitaire volontariste (gratuite de la césarienne, des antirétroviraux, du traitement antipaludéen pour les femmes enceintes et les enfants de moins de cinq ans, suivi des causes de décès maternels), le taux de mortalité maternelle a diminué de 45 pour cent depuis 2005, de 781 a 426 décès pour 100.000 naissances vivantes. A ce rythme, le Congo peut être l'un des rares pays africains à atteindre l'Objectif du Millénaire pour le Développement 5 (OMD5) de réduction de la mortalité maternelle de 75% entre 1990 et 2015.

La prévalence nationale du VIH/SIDA est de 3,2 pour cent en 2009, en nette réduction. La prévalence est 1,7 pour cent chez les jeunes de 15-24 ans, qui représente 22 pour cent de la population, dont 2,4 pour cent chez les filles et 0,7 pour cent chez les garçons.

Sur le plan des droits humains et de la condition féminine, malgré un arsenal constitutionnel et législatif très protecteur des droits des femmes, l'inégalité de genre persiste dans de nombreux secteurs de la société congolaise, notamment aux postes de décisions: les femmes sont 5 au sein d'un gouvernement qui compte 38 ministres, et 10 députées sur 139 en 2012. Les violences faites aux femmes restent malheureusement répandues.

Des mesures et mécanismes pour promouvoir l'égalité entre les sexes, dont une politique nationale "Genre" et un réseau national de lutte contre la violence sexospécifique sont désormais en place. Le gouvernement a adopté une loi novatrice sur la protection des peuples autochtones et met en œuvre une politique pour l'amélioration des conditions de vie des personnes handicapées. Les défis sont donc nombreux et la route vers le plein développement long.

LUTTER CONTRE L'ÉPIDEMIE DE SIDA

Le Fonds des Nations Unies pour la Population (UNFPA) est l'agence leader du Système des Nations Unies pour la prévention du VIH dans le monde. De 2009 à 2013, l'UNFPA par l'intermédiaire de son Représentant au Congo a présidé le Groupe de coordination des Nations Unies sur le VIH/Sida dont la vocation est d'assurer la cohérence des interventions des Nations Unies à l'appui du gouvernement. Après la lutte contre la mortalité maternelle, la prévention du VIH était la deuxième priorité de l'UNFPA au Congo de 2009 à 2013.

Au cours de cette période, l'UNFPA aura consacré plus de cinq millions de dollars pour renforcer la prévention du VIH au sein de la population congolaise et des jeunes et des adolescents en particulier.

L'intervention de l'UNFPA s'est traduite par l'assistance technique dans la formulation de politiques et stratégies de lutte contre l'épidémie, le plaidoyer et la mobilisation politique et sociale contre l'épidémie, de même que l'appui stratégique au Conseil national de lutte contre le Sida préside par le Chef de l'Etat, le Président Denis Sassou Nguesso, soutenu par une Secrétaire générale très active, Mme Marie-Francke Puruhence. L'UNFPA fournit également des produits de la sante de la reproduction, notamment des préservatifs, et des outils de sensibilisation.

Grâce à l'engagement fort du gouvernement au plus haut niveau de l'Etat et à des mesures efficaces, la prévalence du VIH/Sida au Congo a été réduite de 4,1 pour cent à 3,2 pour cent et la tendance baissière semble se confirmer.

Allocution de M. David LAWSON, Représentant résident du Fonds des Nations Unies pour la Population (UNFPA) au Congo & Directeur de la Représentation de l'UNFPA au Gabon, à l'occasion de la cérémonie de remise d'un lot de préservatifs masculins et féminins au Conseil National de Lutte contre le Sida (CNLS). Pointe-Noire, 11 novembre 2009

Monsieur le Préfet de Pointe-Noire,
Madame la Directrice exécutive du Comité National de Lutte contre le VIH/SIDA,
Messieurs les Directeurs Départementaux,
Distingué(e)s invité(e)s,
Mesdames et Messieurs,

Permettez-moi tout d'abord de vous remercier d'avoir bien voulu assister à cette cérémonie de remise d'un lot de cinq millions de préservatifs masculins et huit cent mille préservatifs féminins au Secrétariat Exécutif Permanent du Conseil National de lutte contre le SIDA, le SEP/CNLS. Ceci témoigne de l'importance que vous accordez à la prévention et à la protection des populations congolaises, les jeunes et les adolescents en particulier, contre le VIH/SIDA.

Votre engagement à combattre cette pandémie est, du reste, fondée car l'humanité tout entière demeure, malgré des progrès notoires, encore largement impuissante face aux ravages planétaires causés par le VIH/SIDA. Je voudrais saluer la clairvoyance du Dr Marie Francke Puruhence, Secrétaire Exécutive du CNLS, qui dans un communiqué de presse diffusé jeudi 22 octobre dernier par *Les Dépêches de Brazzaville,* a demandé à toutes les Congolaises et tous les Congolais de ne pas baisser la garde après l'annonce relative à la tentative de mise au point d'un vaccin susceptible de prévenir le VIH.

En effet, avec le CNLS, nous voulons rappeler aux populations que les stratégies visant à changer les comportements et les normes sociales, à promouvoir l''usage correct du préservatif doivent continuer à être promus.

Ce sens élevé de responsabilité honore, à travers vous, Madame la Secrétaire Exécutive, l'ensemble des autorités sanitaires nationales, et je me réjouis de vous remettre aujourd'hui pour poursuivre notre lutte commune contre ce fléau, cinq millions de préservatifs masculins et huit cent mille préservatifs féminins de qualité pour protéger les populations du Congo dans tout le pays, et surtout les jeunes.

Mesdames et Messieurs,

Nous disons particulièrement les jeunes, car le Fonds des Nations Unies pour la population a une vision pour les jeunes. Il s'agit d'une vision qui promeut et protège leurs droits, leur offre des possibilités de développer leurs pleines potentialités, accueille et respecte leurs points de vue. Il s'agit d'une vision où les jeunes sont protégés contre le VIH/SIDA et vivent à l'abri de la pauvreté, de la discrimination et de la violence.

Pour la protection des populations congolaises contre le VIH/SIDA, et les jeunes en particulier, la Représentation du Fonds des Nations Unies pour la population au Congo a signé, le 11 août 2005, un protocole d'accord avec le CNLS afin de soutenir la prévention contre le VIH/SIDA.

L'UNFPA est en effet l'agence des Nations Unies chargée de piloter les efforts de prévention au VIH dans le monde, et nous travaillons étroitement ici au Congo avec l'ONUSIDA, l'OMS, l'UNICEF, la FAO, le PNUD, le PAM, le HCR et la Banque mondiale et les autres partenaires au développement, pour assister le Gouvernement dans cette lutte vitale.

Cette donation est la deuxième du genre; la première remontant au mois de mai 2008 et cette dernière elle aussi avait eu lieu à Pointe-Noire. Je ne vous cache pas que le choix de Pointe-Noire est à la fois illustratif de la volonté des autorités nationales et de l'UNFPA de décentraliser ses interventions sanitaires, mais aussi l'occasion pour nous d'appeler l'attention des décideurs nationaux et locaux et de l'ensemble des populations sur le taux de prévalence du VIHISIDA dans la capitale économique du pays, qui est plus élevé que la moyenne nationale et le plus élevé du pays. Il nous faut donc tous ensemble redoubler d'efforts pour lutter contre le VIH/SIDA au Congo et à Pointe-Noire encore plus qu'ailleurs. A cet égard, je voudrais saluer l'engagement des autorités préfectorales et communales de Pointe-Noire et du Kouilou contre ce fléau.

Mesdames et Messieurs,

L'engagement de la communauté internationale à vaincre le VIH/SIDA est tel que les préservatifs mis à la disposition des pays en développement dans un cadre purement humanitaire ne représentent pas les coûts réels d'achats et de transport.

Le prix d'un petit paquet d'Amis 3, vendu généralement par les ONG chargées du marketing social des préservatifs à 100 francs CFA, est de loin inférieur au prix d'achat moyen des préservatifs.

Le coût des préservatifs masculins et féminins que le Fonds des Nations Unies pour la population va remettre au CNLS est estimé à près de 800 millions de francs CFA, dont 400 millions pour les préservatifs masculins et le même montant pour les préservatifs féminins.

Selon ces chiffres, une boîte de trois préservatifs masculins ne doit pas, normalement, coûter moins de 240 francs CFA. Pour cette raison, nous avons l'obligation de veiller à la bonne utilisation des préservatifs mis à notre disposition et surtout de nous assurer que les recettes générées par les ventes du marketing social du préservatif contribuent au renouvellement des stocks. C'est l'une des exigences pour éviter les ruptures de stock, dont les conséquences pourraient être dramatiques pour les populations, y compris les plus vulnérables et les efforts de réduction du taux de prévalence du VIH.

A ce titre, il est essentiel pour le Gouvernement d'assurer le renouvellement des stocks de préservatifs et de prévoir en tenant compte des délais d'acheminement au Congo et dans les différents points du pays.

Les associations et organisations non gouvernementales engagées au Congo, et ici à Pointe Noire en particulier, doivent être félicitées pour leur action auprès des communautés et des populations, et il faut reconnaître et prendre davantage en compte leur rôle essentiel dans la lutte contre le VIH/SIDA et la distribution des préservatifs.

Mesdames et Messieurs,

Il est établi que la plupart des infections au VIH sont transmises par voie sexuelle ou associées à l'accouchement et à l'allaitement, chacun de ces éléments étant crucial dans le domaine des soins de santé sexuelle et de la reproduction. Par ailleurs, les problèmes de santé sexuelle et de la reproduction présentent de nombreuses causes fondamentales communes avec le VIH/SIDA, telles que la pauvreté, l'inégalité entre les hommes et les femmes, la stigmatisation et la discrimination, ainsi que la marginalisation des groupes vulnérables. Cependant, les services de santé sexuelle et de la reproduction, d'une part, et ceux du VIH/SIDA d'autre part, continuent de coexister dans une large mesure sous la forme de programmes séparés et verticaux, au lieu d'être intégrés.

Une étude réalisée conjointement par l'UNFPA, l'OMS, l'ONUSIDA et l'IPPF en Haïti souligne la nécessité d'établir une relation étroite entre la santé sexuelle, la santé de la reproduction et le VIH/SIDA. Cette approche permet d'accélérer les progrès en vue d'atteindre les objectifs de la Conférence Internationale sur la Population et le Développement et ceux du Millénaire pour le développement, particulièrement ceux liés à la réduction de la pauvreté, la promotion de l'égalité entre hommes et femmes, la responsabilisation des femmes, l'amélioration de la santé maternelle, la lutte contre le VIH/SIDA, et l'accès universel à la santé sexuelle et à la santé de la reproduction.

Cette approche révèle l'importance de prendre en compte les interrelations entre les faits sociaux pour relever le défi en matière de développement. Parmi les avantages potentiels d'un lien entre santé sexuelle et de la reproduction et VIH/SIDA, nous pouvons également citer une prise en charge étendue des populations marginalisées et les moins aidées, notamment les professionnel(le)s du sexe, les consommateurs de drogues injectables et les hommes ayant des rapports sexuels entre eux; davantage de soutien envers la double protection contre les grossesses non désirées et les infections sexuellement transmissibles, comme le VIH, une qualité des soins améliorée, l'efficacité et l'efficience des programmes renforcés.

Mesdames et Messieurs,

Dans cet ordre d'idées, et en terminant, il me semble que le CNLS, dont les actions de terrain contribuent de différentes manières, à l'atteinte de ces objectifs, ne devrait plus être considéré comme une structure se focalisant uniquement sur la lutte contre le VIH/SIDA. Au contraire, du fait de sa vocation multisectorielle, le CNLS devrait également être considéré comme un partenaire-clé dans la lutte pour la réduction de la pauvreté, l'émancipation de la femme, la promotion des droits des jeunes -principales cibles de ses interventions-, en bref, un partenaire clé pour le développement durable.

Il appartient aux autorités nationales et aux décideurs de renforcer davantage les capacités du CNLS pour donner plus d'impact à ses interventions. Le Fonds des Nations Unies pour la population, à travers moi, entend poursuivre sa collaboration étroite le CNLS et les autorités sanitaires du pays, en vue de prévenir la propagation du VIH/SIDA.

En ma qualité de Président, récemment élu, du Groupe de coordination des Nations Unies sur le VIH/SIDA, j'entends, avec l'appui de l'ONUSIDA, mobiliser l'ensemble des partenaires au développement impliqués dans la lutte contre le VIH/SIDA, y compris les associations et les organisations non gouvernementales travaillant dans ce domaine, les ressources budgétaires nationales, les ressources des agences du Système des Nations Unies et contribuer à renforcer les interventions nationales en matière de VIH/SIDA, de manière à favoriser l'accès universel de tous les Congolais à la prévention et au traitement.

Je vous remercie.

Allocution de M. David LAWSON, Représentant résident du Fonds des Nations Unies pour la Population (UNFPA) en République du Congo & Directeur de la Représentation de l'UNFPA en République du Gabon, Président du Groupe Thématique des Nations Unies sur le VIH/SIDA, à l'occasion de la retraite des Chefs d'agence du Système des Nations Unies sur le VIH/SIDA. Pointe-Noire, 2 décembre 2009

Monsieur le Secrétaire général adjoint du SEP/CNLS,
Monsieur le Directeur départemental du SEP/CNLS de Pointe-Noire,
Monsieur le Coordonnateur résident du Système des Nations Unies,
Madame et Messieurs les Représentants des agences des Nations Unies,
Cher(e)s Collègues,

Permettez-moi tout d'abord de vous souhaiter la bienvenue et vous remercier chaleureusement d'avoir accepté cette invitation malgré un agenda de fin d'année très chargé. Votre présence ici est la démonstration, si besoin en est, de votre détermination et de l'engagement du Système des Nations Unies, OMS, UNICEF, PNUD, UNFPA, PAM, HCR, Banque mondiale et ONUSIDA, aux côtés du Gouvernement congolais dans la lutte impérieuse contre le VIH/SIDA.

C'est à la fois un honneur et un réel plaisir pour moi de prendre la parole à l'occasion de la retraite annuelle du groupe thématique des Nations Unies sur le VIH/SIDA, dans cette agréable ville de Pointe-Noire, où je remettais au Préfet et au SEP/CNLS, le mois dernier, 5,6 millions de préservatifs.

En effet, en tant que nouveau Président du groupe thématique, il s'agit pour moi de présider aux réflexions sur nos orientations et nos actions pour les mois à venir.

Je voudrais profiter de cette occasion pour rendre hommage au travail accompli par le groupe thématique sous la présidence de mon prédécesseur, Dr Mamadou Ball, Représentant de 1'OMS, et au travail inlassable du Coordonnateur de l'ONUSIDA, Dr. Louis Ponzio et son équipe, qui appuient efficacement le Groupe thématique sur le VIH/SIDA.

Comme vous le savez, au cours des deux prochains jours, nous allons réfléchir et discuter du travail accompli, revoir certains documents fondamentaux pour notre Equipe-Pays, et adopter des orientations pour les travaux du groupe Thématique en 2010.

Depuis 2003, l'Equipe-Pays accompagne les efforts de la République du Congo dans sa lutte contre le VIH/SIDA.

Au Congo, le Système des Nations Unies compte quelque huit cents membres de son personnel, dont la vaste majorité est basée à Brazzaville, même si cette population est également présente dans d'autres départements, notamment Pointe Noire et la Likouala.

Gageons que notre politique de prévention du VIH au sein du Système des Nations Unies en République du Congo soit à la mesure des progrès réalisés par le Gouvernement au sein de la population congolaise.

Monsieur le Ministre, Monsieur le Coordonnateur résident, Cher(e)s Collègues,

Au nom du Fonds des Nations Unies pour la population, agence leader de la prévention du VIH au sein du Système des Nations Unies, c'est donc avec plaisir que je fais don gracieusement aujourd'hui par l'intermédiaire du Coordonnateur résident du Système des Nations Unies en République du Congo, Lamin Manneh, dont l'engagement en faveur de la lutte contre le VIH/Sida au sein de la famille onusienne et au-delà n'est plus à démontrer, de 160,000 préservatifs masculins et 15,000 préservatifs féminins, destinés à l'ensemble des personnels des Nations Unies au Congo.

Ces quantités doivent couvrir les besoins du personnel de la Banque mondiale, de la FAO, du FMI, de la Représentation nationale et du Bureau régional de l'OMS, de l'ONUSIDA, du PAM, du PNUD, de l'UNESCO, de l'UNFPA et de l'UNICEF, pour une année, sur l'ensemble du territoire national. Le coût de ces préservatifs s'élève à vingt mille dollars américains.

Utilisés correctement, les préservatifs demeurent le moyen le plus efficace de prévention au VIH et aux autres maladies sexuellement transmissibles. Ils constituent ainsi un élément essentiel du dispositif de prévention du VIH sur les lieux de travail onusiens au Congo.

Monsieur le Ministre, Monsieur le Coordonnateur résident, Cher(e)s Collègues,

En terminant, en qualité de Président du Groupe thématique des Nations Unies sur le VIH/Sida, je voudrais profiter de cette opportunité pour exhorter mes collègues Chefs d'agence et les représentants des Associations du personnel au Congo à encourager tous nos collègues à faire bon usage de ces préservatifs.

Dans le cadre du Programme *«l'ONU se soucie de vous »* nous allons mettre en place un mécanisme de financement pour approvisionner régulièrement par le biais de l'UNFPA le personnel des Nations Unies au Congo en préservatifs.

Au nombre des autres initiatives de prévention du VIH en direction du personnel des Nations Unies au Congo, conformément aux engagements pris par les Chefs d'agence respectueux du bien-être de leur personnel, nous tiendrons avant la fin de l'année une formation de sensibilisation au VIH/Sida des membres du personnel des Nations Unies et de leur famille, mais également une session de formation des Chargés de programme de nos agences sur la programmation en matière de VIH/Sida.

Enfin, je voudrais profiter de cette opportunité pour rappeler à l'ensemble de nos personnels au Congo, comme je le fais régulièrement en direction des populations congolaises, l'importance de se faire dépister, et je les encourage tous à donner l'exemple en la matière.

A cet égard, je souhaite vivement que les Chefs d'agence puissent se joindre aux Ministres de la République pour une journée de sensibilisation des populations congolaises au dépistage volontaire que nous souhaitons organiser dans le cadre des célébrations de la Journée internationale du Sida, le 1er décembre prochain. C'est en agissant maintenant et tous ensemble que nous serons plus fort contre cette pandémie. Je vous remercie.

Allocution de M. David LAWSON, Représentant Résident du Fonds des Nations Unies pour la Population (UNFPA) en République du Congo & Directeur de la Représentation de l'UNFPA en République du Gabon, à l'occasion de la Journée mondiale du SIDA 2010: Accès universel et droits humains. Brazzaville, 1er décembre 2010

Monsieur le Ministre de la Santé et de la Population,
Monsieur de Secrétaire exécutif adjoint du SEP/CNLS,
Monsieur le Représentant du PAM au Congo,
Monsieur le Coordonnateur ONUSIDA au Congo,
Monsieur le Représentant par intérim de la Banque mondiale au Congo,
Monsieur le Président du Conseil national congolais de la Jeunesse,
Mesdames et Messieurs les représentants de la société civile et des medias,
Mesdames et Messieurs les représentants des agences des Nations Unies au Congo,
Cher Alain Nkodia,
Distingué(e)s invité(e)s, Mesdames et Messieurs,

Soyez les bienvenus à la Représentation du Fonds des Nations Unies pour la population au Congo.

Aujourd'hui, nous célébrons la Journée internationale de lutte contre le SIDA 2010. C'est le moment pour nous d'exprimer notre solidarité à toutes les personnes vivant avec le VIH. C'est également le moment pour nous de nous souvenir que 30 millions de personnes sont décédées du SIDA depuis le début de l'épidémie.

Il nous faut aussi nous réjouir car les nouvelles infections au VIH dans le monde ont diminué de près de 20%, tandis que les décès liés au SIDA ont diminué de près de 20% sur les cinq dernières années.

Le nombre total de personnes vivant avec le VIH est en train de se stabiliser. 56 pays ont en effet réussi à réduire ou stabiliser le nombre des nouvelles infections au VIH.

Par ailleurs, je voudrais saluer le leadership des jeunes qui ont adopté des pratiques sexuelles plus sûres et qui mènent désormais une véritable révolution de la prévention. En effet, parmi les jeunes des 15 pays les plus affectés par l'épidémie, le taux de nouvelles infections au VIH a chuté de plus de 25%.

Plus que jamais, nous pouvons désormais rêver avec le Directeur exécutif de l'ONUSIDA, Michel Sidibe d'un monde sans aucune nouvelle infection au VIH, sans aucun décès liés au SIDA et sans discrimination.

Mesdames et Messieurs, il nous faut nous réjouir qu'au Congo le taux de prévalence du SIDA soit en réduction à 3,2%, grâce à l'engagement du Président de la République, et à l'action du Gouvernement et sous la coordination du SEP/CNLS, avec l'appui des partenaires au développement, les agences du Système des Nations Unies que j'ai l'honneur de Représenter ici en tant que Président du Groupe de coordination des Nations Unies sur le VIH/SIDA, les organisations non gouvernementales, les associations de personnes vivant avec le VIH/SIDA, les associations de jeunes, le secteur privé, et bien d'autres.

Il nous faut nous réjouir car dans d'autres régions du monde, notamment en Europe le taux des nouvelles infections progresse chez les jeunes. Il nous donc faut redoubler d'efforts pour réduire davantage le taux de prévalence du Sida au Congo et atteindre l'objectif de zéro nouvelle infection. Monsieur le Président du Conseil national de la Jeunesse, vous connaissez vos responsabilités. Pour cela, il nous faut aussi intégrer davantage les programmes et services sur le VIH à la santé sexuelle et reproductive.

Le Fonds des Nations Unies pour la population se réjouit de la loi contre les discriminations faites aux personnes vivant avec le VIH/Sida et ne ménagera aucun effort, avec l'ONUSIDA et l'ensemble du Système des Nations Unies au Congo pour promouvoir cette loi avec les associations de personnes vivant avec le VIH/Sida.

Mesdames et Messieurs, Cette après-midi, nous avons choisi de célébrer la Journée internationale de lutte contre le Sida, par l'intermédiaire d'un film réalisé par Monsieur Alain Nkodia, réalisateur congolais, «Une Vie Positive». Ce documentaire évoque une vie avec le Sida et aborde l'ensemble de la problématique de l'épidémie avec sobriété et grandeur d'âme. Ce film a été accueilli avec succès à l'échelle internationale car il a été montré sur TV5 le week-end dernier et j'ai déjà reçu des échos positifs des medias et des professionnels de la politique et du Sida.

Cher Alain, nous vous félicitons ainsi que les acteurs et toute l'équipe qui a participé à la réalisation de ce film, et nous nous réjouissions que vous portiez haut les couleurs du Congo et dans cette illustration de la réponse positive du Gouvernement congolais a cette épidémie mondiale.

Je voudrais remercier au passage le SEP/CNLS et Télé-Congo qui avec l'UNFPA et d'autres sponsors ont aidé à la production et post-production de ce magnifique film.

Je tiens à remercier également le Coordonnateur de l'ONUSIDA, mon Collègue et ami, le Dr. Louis Ponzio, pour son soutien inlassable et son leadership à l'appui de la réponse nationale au Congo et pour sa contribution à l'organisation de cet événement.

J'espère que vous prendrez tous plaisir à visionner ce film; qu'il vous inspirera et vous amènera à redoubler d'efforts dans cette lutte.

En partenariat avec les autres agences du Système des Nations Unies, les gouvernements, la société civile et le secteur privé, l'UNFPA poursuivra à soutenir les efforts du Gouvernement pour promouvoir l'accès universel à la prévention, au traitement et aux soins en matière de VIH et au respect des droits humains pour tous.

Tous ensemble, il nous faut continuer à défendre les principes des droits humains, en particulier pour les plus vulnérables et les populations les plus exposées, pour faire en sorte que l'accès universel et les droits de l'homme deviennent une réalité pour tous.

Je vous remercie.

Allocution de M. David LAWSON, Représentant résident du Fonds des Nations Unies pour la Population (UNFPA) au Congo & Directeur de la Représentation de l'UNFPA au Gabon, à l'occasion de la cérémonie de remise d'un lot de 400000 préservatifs féminins au Conseil National de Lutte contre le Sida (CNLS). Brazzaville, 4 mars 2011

Madame la Secrétaire exécutive Conseil National de Lutte contre le Sida,
Monsieur le Coordonnateur du Conseil National de Lutte contre le VIH/Sida,
Mesdames et Messieurs les Chefs d'agence du Système des Nations Unies, et Cher(e)s Collègues,
Monsieur le Directeur exécutif de l'Association congolaise pour le Bien-être familial,
Mesdames et Messieurs les Représentants des Organisations non gouvernementales et associations luttant contre le Sida,
Distingué(e)s invité(e)s, Mesdames et Messieurs,

Je suis très heureux d'être avec vous aujourd'hui pour remettre quatre cent mille (400,000) préservatifs féminins au Secrétariat Exécutif Permanent du Conseil National de lutte contre le SIDA, pour un montant total de 170 millions de FCFA.

Le préservatif, faut-il le rappeler, est un instrument essentiel de prévention du VIH. Et le préservatif féminin un outil de prévention et d'autonomisation de la vie sexuelle et reproductive des femmes.

Au Congo, nous jouissons grâce aux efforts du Chef de l'Etat, de la Première dame, du gouvernement, de la société civile, des partenaires au développement et des populations à travers le pays, d'un taux de prévalence en réduction à 3,2% en 2009 contre 4,1% en 2005.

Les efforts doivent se poursuivre dans ce sens positif. A cet égard, il est essentiel que toutes les institutions luttant contre le VIH/SIDA continuent à renforcer les activités de communication pour le changement de comportement, en vue de prévenir la transmission du VIH, les grossesses précoces et les violences faites aux femmes et aux jeunes filles.

Madame la Secrétaire exécutive, Mesdames et Messieurs,

Le Fonds des Nations Unies pour la population soutient pleinement les efforts du gouvernement congolais allant dans ce sens, et celles ciblant plus particulièrement les jeunes filles et garçons qui constituent l'essentiel de la population congolaise. C'est pourquoi le nouveau Directeur exécutif de l'UNFPA a inscrit la prévention du VIH/Sida chez les jeunes parmi les priorités de son mandat.

La prise de conscience par les populations, et les jeunes en particulier, du danger que représente le virus du Sida, et de la nécessité d'adopter un comportement responsable constitue l'arme la plus efficace contre cette pandémie et les grossesses non désirées.

J'exhorte donc les jeunes filles et les garçons à mieux s'informer sur le VIH/SIDA et les moyens de s'en prémunir, auprès des structures et personnes habilitées; mais aussi à se prêter au dépistage volontaire pour connaître leur sérologie.

La réduction du taux de séroprévalence en République du Congo atteste que les populations congolaises et les jeunes en particulier ont commencé à adopter des comportements qui les protègent. Il nous faut tous ensemble faire des efforts supplémentaires pour continuer à inverser cette tendance.

C'est pourquoi, afin de poursuivre efficacement la lutte contre ce fléau, je me réjouis de remettre aujourd'hui, à la disposition des populations congolaises, à travers le Dr Marie Francke Puruhence, ces quatre cent mille (400,000) préservatifs féminins.

Madame la Secrétaire exécutive, Mesdames et Messieurs,

Au regard des défis actuels en matière de santé reproductive, la progression de l'épidémie du SIDA et des autres infections sexuellement transmissibles dans de nombreux pays en développement, le Fonds des Nations Unies pour la population soutient une approche globale intégrant les efforts de tous les acteurs et assurant que chaque individu sexuellement actif et à risque de contracter le VIH ou de s'exposer à une grossesse non désirée, soit motivé pour utiliser le préservatif.

L'UNFPA veille ainsi à ce que ces préservatifs soient de qualité, et que chacun puisse y accéder et les utiliser correctement et de façon régulière. L'objectif visé est d'accroître la protection en vue de réduire l'incidence des grossesses non désirées, les infections sexuellement transmissibles, y compris le VIH. Je me réjouis du fait que cette approche soit expérimentée au Congo depuis la fin de l'année 2010 et qu'il existe désormais un Comité National des préservatifs, mis en place par le SEP/CNLS avec l'appui de l'UNFPA.

Madame la Secrétaire exécutive, Mesdames et Messieurs,

La vulnérabilité des femmes les obligeant parfois à adopter des comportements à risque dans leur relation avec les hommes, je comprends également les réticences de certaines femmes à utiliser les préservatifs féminins. Néanmoins, compte tenu des difficultés que rencontrent des femmes pour se protéger du VIH dans leurs rapports avec leurs partenaires, l'utilisation systématique du préservatif féminin demeure le dernier rempart contre le virus du Sida et les infections sexuellement transmissibles.

En tant que décideurs et partenaires au développement, nous avons l'obligation de renforcer la sensibilisation à l'utilisation du préservatif féminin, et ainsi répondre aux attentes des femmes et les encourager à utiliser ce préservatif féminin.

Il n'en demeure pas moins que les hommes et femmes, les filles et les garçons doivent se protéger en utilisant des préservatifs masculins ou féminins pour garantir leur santé, le bien-être de leur famille et leur contribution effective au processus de développement national en cours.

Quant à l'engagement de I'UNFPA dans ce contexte, je voudrais rappeler que pour vaincre le VIH/SIDA, nous mettons les préservatifs masculins et féminins à disposition des populations des pays en développement à un prix qui ne représente que 20% des frais d'achats et de transport réels. Le préservatif féminin est ainsi disponible sur la place de Brazzaville et dans tout le pays, pour la modique somme de 75 francs CFA, alors que son prix réel est de 425 francs CFA.

En terminant, je m'en voudrais de ne pas saluer une fois de plus le leadership, le dynamisme et l'activisme sans borne du Dr Marie Francke Puruhence, Secrétaire exécutive du Comité national de lutte contre le Sida, dans la lutte efficace que mène la République du Congo contre cette pandémie. Je voudrais, à cet égard, la féliciter chaleureusement pour ses efforts inlassables, au péril même de sa propre santé, pour protéger et assister les populations congolaises. A travers elle et son action, c'est toute l'équipe du SEP/CNLS et l'ensemble du gouvernement congolais, que je tiens à saluer, pour un nouveau succès dans la lutte contre cette épidémie de Sida, qui s'est traduit le mois dernier, par l'attribution à la République du Congo par le Fonds Mondial de lutte contre le Sida, la tuberculose et le paludisme, d'une enveloppe de 17 milliards de francs CFA. Cette somme renforcera certainement la prévention contre le VIH/Sida, et notamment l'accès au dépistage volontaire par plus de 250,000 personnes âgées de 15 à 49 ans et aux moyens de prévention du VIH.

Malgré les succès et les progrès réalisés, l'ensemble des populations, la société civile, le gouvernement congolais et ses partenaires, main dans la main, comme l'humanité tout entière, nous avons le devoir de rester mobilisés en vue d'atteindre l'objectif ambitieux mais possible défini par le Directeur exécutif de l'ONUSIDA, Michel Sidibe, ...à savoir *«zéro nouvelle infection, zéro discrimination et zéro décès lié au VIH/SIDA.»*

Je vous remercie de votre attention.

Discours de M. David LAWSON, Représentant résident du Fonds des Nations Unies pour la Population (UNFPA) au Congo & Directeur de la Représentation de l'UNFPA au Gabon, à l'occasion de la cérémonie de dépistage du VIH chez les membres de l'Association Femmes Vaillantes du Congo. Brazzaville, 14 juillet 2011

Monsieur le Coordonnateur du Conseil National de Lutte contre le VIH/SIDA,
Madame la Présidente de l'ONG Femmes Vaillantes du Congo,
Monsieur le délégué du Coordonnateur de l'ONUSIDA,
Mesdames et Messieurs les représentants des organisations non gouvernementales et associations de lutte contre le VIH/SIDA,
Mesdames et Messieurs les membres des Femmes Vaillantes du Congo,
Chères Femmes Vaillantes,
Distingué(e)s invité(e)s, Mesdames et Messieurs,

Aujourd'hui, jeudi 14 juillet 2011, marque la fin des activités organisées, depuis le 11 juillet, par le Fonds des Nations Unies pour la population (UNFPA) en République du Congo dans le cadre de la journée Mondiale de la Population 2011, autour du thème: «*Vivre dans un monde de 7 milliards d'habitants.* »

Notre planète comptera, en effet, 7 milliards d'habitants en octobre prochain. Cet événement exceptionnel constitue donc une opportunité pour tous de réflexion sur les défis démographiques et développementaux liés à cet accroissement de la population mondiale pour les générations actuelles et à venir. Et je suis très heureux que nous clôturions nos activités de la Journée Mondiale de la Population avec ce dépistage du VIH chez Femmes Vaillantes du Congo.

Le Sida est la pire épidémie des temps modernes qui a un impact important sur la démographie mondiale, notamment africaine. Malgré la disponibilité de traitements contre le Sida qui prolongent la vie et réduisent le taux de mortalité chez les personnes vivant avec le VIH/Sida, on ne guérit pas du Sida. C'est pourquoi, la prévention du VIH est la meilleure défense contre le virus. Le dépistage est indispensable à la connaissance par chacune et chacun de son statut sérologique, afin de bénéficier d'un traitement en cas de séropositivité, éviter la transmission du virus de la mère à l'enfant chez les femmes enceintes, et permet de limiter la propagation de l'épidémie.

Monsieur le Coordonnateur, Madame la Présidente, Mesdames et Messieurs,

En République du Congo, grâce à l'engagement politique au plus haut niveau de l'Etat et aux efforts du gouvernement, du Secrétariat exécutif permanent du Comité National de Lutte contre le Sida, de la société civile, des partenaires au développement et des populations à travers le pays, le taux de prévalence au VIH/Sida est en réduction 3,2% en 2009, contre 4,1% en 2005.

Pourtant, le Congo connaît une forte féminisation de l'épidémie. En effet, la prévalence au VIH/Sida est deux fois plus élevée chez les femmes que chez les hommes. En outre, on constate qu'une forte majorité de Congolaises, soixante-quinze pour cent, n'ont jamais effectué un test de dépistage du VIH, malgré la connaissance du virus et la disponibilité des lieux et moyens d'être dépistées. Le dépistage que nous effectuons aujourd'hui chez les Femmes Vaillantes dans ce véhicule de dépistage mobile dans le quartier Mafouta de Brazzaville a donc une forte valeur symbolique pour la protection des femmes.

J'en profite pour rappeler que le retard dans le dépistage comporte le risque de perdre la vie, alors que des traitements antirétroviraux efficaces existent. Ce retard dans le dépistage augmente les risques de transmission du virus. Je voudrais souligner qu'avec les traitements antirétroviraux les personnes vivant avec le VIH/Sida ne meurent quasiment plus et mènent une vie normale. Il est donc essentiel de se faire dépister précocement.

Monsieur le Coordonnateur, Madame la Présidente, Mesdames et Messieurs,

Le Fonds des Nations Unies pour la population, fortement impliqué dans la défense des droits des femmes, agence leader de la prévention du VIH au sein du Système des Nations Unies dans le monde, et présidant le Groupe de Coordination des Nations Unies sur le VIH/Sida au Congo, soutient pleinement les efforts du gouvernement congolais, du SEP/CNLS et de la société civile pour protéger les jeunes filles et les femmes et les populations congolaises contre le VIH/Sida.

C'est pour moi l'occasion de saluer les efforts inlassables et les actions de la société civile, de l'ensemble des organisations non gouvernementales, dont les associations de personnes vivant avec le VIH/Sida contre l'épidémie. La société civile, les communautés et les populations ont en effet un rôle essentiel de relais de l'action du gouvernement et du SEP/CNLS contre cette épidémie.

C'est pourquoi l'UNFPA salue le dynamisme de la Présidente de l'ONG Femmes Vaillantes du Congo, de son Association, et de l'ensemble des Femmes Vaillantes, qui par cette décision courageuse et civique de se faire dépister, apportent une contribution essentielle a la lutte contre le VIH/SIDA au Congo et à la réduction de la féminisation de l'épidémie. Je tiens également à remercier les Femmes Vaillantes de leurs initiatives pour les changements de comportement, en vue non seulement de prévenir la transmission du VIH, mais aussi les grossesses précoces et les violences faites aux femmes et aux jeunes filles.

En terminant, Monsieur le Coordonnateur, Madame la Présidente, Mesdames et Messieurs, je voudrais vous exhorter à continuer vos actions, surtout en direction des jeunes filles et des femmes, mais aussi des garçons, afin que tous s'informent davantage sur le VIH/SIDA et les moyens de s'en prémunir, mais également, afin que les filles et les femmes se prêtent davantage au dépistage volontaire du VIH.

Enfin, je profite de cette opportunité pour lancer un appel aux populations et aux femmes et jeunes filles, en particulier, pour les inciter à se faire dépister au VIH. Je rappelle que le dépistage est purement volontaire et confidentiel. Vous n'avez donc rien à perdre, rien à craindre, mais tout à y gagner. Je suis convaincu que cet appel sera entendu par les populations, les communautés et la société civile, pour qu'unis dans l'action avec le gouvernement et ses partenaires, nous restions mobilisés en vue d'accélérer la réduction du taux de prévalence au Sida au Congo et d'atteindre l'objectif ambitieux mais possible défini par le Directeur exécutif de I'ONUSIDA, Michel Sidibe, ...à savoir *«zéro nouvelle infection, zéro discrimination et zéro décès liés au VIH/SIDA»* pour un monde meilleur. Je vous remercie.

Allocution de M. David LAWSON, Représentant Résident du Fonds des Nations Unies pour la Population (UNFPA) au Congo & Directeur de la Représentation de l'UNFPA au Gabon, à l'occasion de l'atelier de formation des pairs éducateurs dans le cadre du programme «UN Cares» (25-27 octobre 2011). Brazzaville, 25 octobre 2011

Monsieur le Coordonnateur Résident des agences du Système des Nations Unies au Congo,
Mesdames et Messieurs les Chefs d'agence des Nations Unies au Congo,
Monsieur le Coordonnateur de l'ONUSIDA au Congo,
Mesdames et Messieurs les points focaux du Programme «UN Cares» des agences des Nations Unies au Congo,
Mesdames et Messieurs les points focaux VIH/SIDA des agences des Nations Unies au Congo,
Cher(e)s Collègues,

Permettez-moi tout d'abord, en ma qualité de Président du Groupe Thématique des Nations Unies sur le VIH/SIDA en République du Congo, de vous souhaiter la bienvenue et de vous féliciter de prendre part à cet atelier, au cours duquel nous aborderons la lutte contre le VIH/SIDA en milieu professionnel, et tout particulièrement au sein des agences des Nations Unies.

Comme vous le savez, il s'agit d'une priorité pour le Système des Nations Unies car la pandémie du SIDA représente une menace autant pour le personnel des Nations Unies que pour les populations auprès desquelles nous intervenons pour prémunir la progression du VIH. Cette menace épidémique se traduit en Afrique sub-saharienne, malgré des progrès incontestables dans de nombreux pays, par une existence quotidienne dans des sociétés ravagées par le VIH/SIDA et d'démunies de moyens suffisants pour faire face.

Mesdames et Messieurs les Chefs d'agence, Cher(e)s Collègues,

En 2005, en Afrique sub-saharienne, la prévalence du VIH au sein du personnel des Nations Unies était estimée à 1,54 %, alors que ce taux était de 5,35 % parmi les populations. Comme la population générale en effet, les membres du personnel onusien affectés par le VIH peuvent être victimes de discriminations et de stigmatisation.

Cependant, les droits fondamentaux du travail du personnel des Nations Unies doivent être absolument préservés et respectés, car notre Organisation, l'ONU, qui défend les droits humains dans le monde se doit d'être un modèle vertueux et exemplaire dans ce domaine comme dans d'autres.

Cet objectif a conduit les Nations Unies à développer une politique de la lutte contre le VIH/SIDA en son sein, suivant les termes du Secrétaire Général des Nations Unies Ban Ki-Moon qui avait déclaré: je cite *«Si nous demandons à la communauté internationale d'agir contre le VIH/SIDA, nous nous devons d'appliquer, en notre sein, ce que nous prêchons.»* Fin de citation.

Cette incitation à l'action a été perçue par plusieurs agences qui ont élaboré des programmes aux dénominations variées mais au contenu identique. La mise en œuvre effective de ces programmes individuels visant à réduire la vulnérabilité au VIH du personnel des Nations Unies et leurs dépendants a été inégale. C'est pourquoi, suivant les principes de simplification et d'harmonisation qui inspirent l'esprit de réforme des Nations Unies, le Secrétaire Général Ban Ki-Moon a donc lancé le programme commun «UN Cares», en mai 2008.

En République du Congo, c'est au mois de juin 2011 que nous avons officiellement lancé le programme d'activités «UN Cares.» Il nous faut nous en féliciter. Et le présent atelier a pour vocation d'aider à la mise en œuvre efficace des activités contenues dans le plan d'apprentissage du Système des Nations Unies au Congo.

Mesdames et Messieurs les Chefs d'agence, Cher(e)s Collègues,

Durant ces trois jours que dureront les travaux de cet atelier, les participants auront à parcourir les différentes composantes d'un programme global de lutte contre le VIH en milieu de travail; ils échangeront sur les principes fondamentaux de la lutte contre le SIDA et discuterons de la politique du personnel des Nations Unies en la matière.

Les facilitateurs vous informeront des opportunités de formation, de prévention du VIH et de prise en charge de la maladie dans notre milieu congolais. Ceci devra concourir à élaborer des plans d'action pour aider le personnel des Nations Unies au Congo et leur famille à se protéger de l'épidémie et à bénéficier de l'assistance médicale, sociale et psychologique en cas d'infection.

Au cours de la dernière réunion du Groupe thématique des Nations Unies sur le VIH/SIDA, j'ai rappelé l'importance du dépistage volontaire au sein de notre personnel. Le dépistage est l'arme essentielle de riposte au VIH/SIDA. Nous devrions lancer un test de dépistage global des Chefs d'agences et de décideurs congolais dans le cadre des célébrations de la Journée Internationale du Sida, afin de sensibiliser les populations congolaises et le personnel des Nations Unies. Ce sera donc l'occasion pour notre personnel de se faire dépister.

J'espère que d'ici là, la sensibilisation au dépistage et surtout au sein de nos familles, celui des femmes, qui restent au Congo sous-dépistées, pourra occuper une place importante dans les actions du programme «UN Cares» des prochains mois.

Gardons à l'esprit que notre vulnérabilité au VIH n'est pas différente de celle de la communauté dans laquelle nous vivons, et que 7,000 personnes sont infectées par le VIH chaque jour dans le monde et qu'un million huit cent mille autres décèdent du SIDA chaque année.

A l'image de l'action vigoureuse et efficace menée par le gouvernement congolais sous le leadership du Président de la République et de la Secrétaire exécutive du Comité national de lutte contre le SIDA qui a permis de réduire le niveau d'infection au VIH de 4,1 à 3,2 pour cent entre 2005 et 2009, il nous faut agir maintenant, mais surtout agir tous ensemble, pour être plus fort face à cette pandémie. C'est un devoir que nous avons vis-à-vis de nos collègues et de nos familles, mais aussi des populations que nous entendons servir de par notre engagement au sein de la famille onusienne.

Mesdames et Messieurs les Chefs d'agence, Cher(e)s Collègues,

Mon souhait le plus ardent à l'issue de ces travaux est de voir renforcé le cadre de collaboration inter-agence de lutte contre le VIH/SIDA en milieu professionnel au sein des Nations Unies au Congo. Je vous souhaite bon travail et des échanges fructueux durant ces trois jours.

Je vous remercie de votre aimable attention.

AMÉLIORER LA SANTÉ MATERNELLE

La Représentant du Fonds des Nations Unies pour la population au Congo, David Lawson, a fait de la réduction de la mortalité maternelle sa principale priorité de 2009 à 2013. Au Congo, les hémorragies (40%) constituent la principale cause de décès maternels. Le problème de la mortalité maternelle au Congo se situe principalement au niveau de l'insuffisance de la qualité de l'offre des soins pendant la grossesse et l'accouchement, et de la mauvaise répartition et de l'insuffisance des soins obstétricaux d'urgence.

Dès 2010, le gouvernement congolais a adopté, avec l'appui technique et financier de l'UNFPA, sa Feuille de Route Nationale pour l'Accélération de la Réduction de la Mortalité Maternelle, néonatale et infantile. Une large consultation entre les Directeurs départementaux de la santé et le Représentant de l'UNFPA au Congo a abouti à la conclusion que la mortalité maternelle pouvait diminuer de 20% grâce à la gratuité de la césarienne. Suite au plaidoyer de David Lawson en faveur de cette mesure, le Président de la République a proclamé en août 2010, l'adoption et la mise en œuvre de la gratuité de la césarienne.

L'extension de la planification familiale peut réduire la mortalité maternelle de 30%. La réduction des grossesses non désirées et précoces contribue significativement à la réduction des décès maternels. Ainsi l'appui de l'UNFPA en matière de planification familiale a permis de réduire drastiquement au Congo les besoins non satisfaits de planification familiale de 42 à 18% de 2005 à 2012.

L'UNFPA aura également intensifié son appui au gouvernement pour le renforcement des formations des sages-femmes et les chirurgiens-obstétricaux, notamment en soins obstétricaux d'urgence. Les investissements du gouvernement et de l'UNFPA, qui aura contribué près d'un milliard de francs CFA (2 millions de dollars américains) auront permis un renforcement significatif des plateaux techniques des centres de santé. L'UNFPA subventionne un programme de traitement gratuit de la fistule obstétricale, et a financé en 2012 l'extension de ce programme initialement limité à deux centres de santé de Brazzaville à deux nouveaux centres de traitement à Pointe Noire au sud et Owando au nord du pays pour faciliter la référence. L'UNFPA a également soutenu la mise en place d'un Observatoire national des décès maternels, afin d'analyser et évaluer les causes des décès, département par département, quasiment en temps réel, et contribuer à un meilleur diagnostic des tendances et à la formulation d'interventions gouvernementales appropriées.

L'UNFPA et la Campagne nationale pour l'accélération de la réduction de la mortalité maternelle auront produit une forte mobilisation politique, médiatique, sociale et communautaire contre la mortalité maternelle. Une large mobilisation et sensibilisation des acteurs de santé et des communautés sont en effet essentielles à la réduction de la mortalité maternelle.

L'ensemble de ces mesures adoptées par le gouvernement et impulsées par le Président de la République, au cours des quatre dernières années, et entreprises principalement entre 2009 et 2012 par le Ministre de la Santé et de la Population, George Moyen, auront contribué à une réduction de la mortalité maternelle de 40% entre 2009 et 2013, pour atteindre 426 décès maternels pour 100,000 naissances vivantes, contre 781 décès en 2005.

Allocution de M. David LAWSON, Représentant résident du Fonds des Nations Unies pour la Population (UNFPA) au Congo & Directeur de la Représentation de I'UNFPA au Gabon, à l'occasion de la cérémonie de signature du projet de «Prise en charge des femmes atteintes de fistules obstétricales au Congo.» Brazzaville, le 30 juin 2009

Monsieur le Médecin-Général,
Madame la Directrice Générale de l'Intégration de la Femme au Développement, Mesdames et Messieurs,

C'est un réel plaisir pour moi de me retrouver parmi vous ce matin pour la signature du projet de *«Prise en charge des femmes atteintes de fistules obstétricales au Congo.»* Le projet permettra à 50 Congolaises démunies, atteintes de fistules obstétricales, de bénéficier chacune gratuitement d'une opération chirurgicale évaluée à près de 400.000 francs CFA. Ce montant n'est pas à la portée de la majorité des femmes atteintes de fistules obstétricales, souvent démunies, jeunes et vivant dans les zones rurales.

Le nombre de femmes vivant avec des fistules à travers le monde est excessivement élevé: avec une estimation à 2 millions de cas, et une forte prévalence en Afrique et en Asie où le taux de mortalité et morbidité maternelles est extrêmement élevé, et l'accès aux services de qualité par du personnel qualifié est limité.

Pour répondre à cette préoccupation sanitaire et sociale pour les femmes de la République du Congo, et pour redonner l'espoir à des femmes abandonnées à leur triste sort, le Fonds des Nations Unies pour la Population -l'UNFPA-, en collaboration avec des gouvernements, 1'Organisation Mondiale de la Santé, des bailleurs de fonds bilatéraux et multilatéraux, le secteur privé, des organisations non gouvernementales et les structures sanitaires de pays d'Afrique, d'Asie et du monde arabe, a lancé en 2003 une campagne mondiale pour prévenir et éliminer les fistules obstétricales dans 46 Etats dont 37 africains, y compris la République du Congo.

Dans cette perspective, 1'UNFPA a appuyé ces dernières années la réalisation de deux enquêtes au Congo ayant permis d'identifier plus d'une centaine de femmes atteintes de fistules obstétricales. Depuis lors, plusieurs femmes attendent d'être opérées pour pouvoir reprendre une vie normale. Car la fistule obstétricale impose aux femmes toutes sortes de souffrances physiques et psychologiques: une incontinence chronique, le décès du bébé dans la plupart des cas, le rejet par la communauté ou même la famille, pour ne citer que celles-là. Il est à noter que les fistules ont été éliminées dans de nombreux pays depuis plus d'un demi-siècle. L'espoir est donc permis.

Le Fonds des Nations Unies pour la Population a ainsi, par exemple, récemment financé la prise en charge médicale d'une femme congolaise affectée de fistules obstétricales dans une clinique basée à Kinshasa en République démocratique du Congo. Cependant, pour plus d'efficacité, il est indispensable que les Congolaises atteintes de fistules soient opérées à Brazzaville et dans d'autres villes du Congo, puisqu'il existe dans ce pays une expertise médicale qualifiée. Tel est le sens à donner à une assistance que l'UNFPA a apportée dès 2007 au Centre Hospitalier Universitaire de Brazzaville.

La signature du projet relatif à la «*Prise en charge des femmes atteintes de fistules obstétricales au Congo*», la deuxième du genre, vient à point nommer pour renforcer cet acquis. Evalué à près de 53 millions de francs CFA, le projet permettra à l'UNFPA d'appuyer les éléments suivants :

- D'abord, le renforcement des capacités techniques du bloc opératoire de l'Hôpital Central des Armées Pierre Mobengo de Brazzaville en le dotant de matériels et d'équipements nécessaires pour la réparation des fistules;
- Ensuite, la formation et le recyclage de quatre gynécologues, trois sages-femmes et quatre infirmiers sur la réparation des fistules;
- Enfin, la réinsertion socio-économique de 50 femmes fistuleuses guéries, à travers la formation et la création des activités génératrices de revenus, en partenariat avec le Ministère de la Promotion de la Femme et de l'Intégration de la Femme au Développement.

Cette initiative entre le Fonds des Nations Unies pour la Population et le Gouvernement congolais, représenté par la Direction Centrale du Service de Santé des Armées et la Direction Générale de l'Intégration de la Femme au Développement, s'inscrit dans le cadre des efforts fournis au niveau national en vue de réduire la morbidité et la mortalité maternelle au Congo, sous le leadership du Ministère de la Santé, des Affaires Sociales et de la Famille, dirigé par Madame Emilienne Raoul. Je salue également l'engagement en faveur de cette initiative pour les Congolaises, de Madame la Ministre Jeanne Françoise Leckomba Loumeto, Ministre de la Promotion de la Femme et de l'Intégration de la Femme au développement.

Pour l'UNFPA, dans les mots même la Directrice Exécutive de l'institution, Mme Thoraya Ahmed Obaid, je cite: «Aucune femme ne doit mourir en donnant la vie ou voir son avenir compromis en raison de complications liées à la grossesse et à l'accouchement.» Fin de citation. C'est pourquoi la santé maternelle et la lutte pour la réduction de la mortalité maternelle se trouvent au centre de nos priorités en République du Congo.

Monsieur le Médecin-Général, Madame la Directrice Générale de l'Intégration de la Femme au Développement, Mesdames et Messieurs,

Confiant en la discipline et en la réputation de l'Hôpital Central des Armées et en témoignage élogieux du professionnalisme de son personnel médical, nous sommes en mesure d'estimer qu'une évaluation positive de ce projet à l'avenir nous permettrait de mobiliser davantage de ressources pour la prise en charge médicale, psychologique et socio-économique d'autres Congolaises atteintes de fistules obstétricales.

L'UNFPA, à travers moi, éprouve une grande compassion pour ces femmes. A ce titre, le Fonds des Nations Unies pour la Population espère pouvoir contribuer davantage à la lutte contre les fistules obstétricales au Congo et renforcer les efforts du Gouvernement contre cette affliction. Nous espérons ainsi que les pierres que nous venons de poser ensemble, aujourd'hui, par cette signature conjointe, nous permettront de bâtir un édifice solide et pérenne pour éliminer les fistules du Congo. Vous pouvez compte sur 1'UNFPA dans cet impératif sanitaire et social - cette tâche vitale pour les femmes du Congo.

Je vous remercie.

Allocution de M. David LAWSON, Représentant résident du Fonds des Nations Unies pour la Population (UNFPA) au Congo & Directeur de la Représentation de l'UNFPA au Gabon, à l'occasion de la cérémonie de remise de matériels et équipements de Santé de la reproduction à l'Hôpital de référence de Kinkala. Kinkala, 20 novembre 2009

Monsieur le Ministre de la Santé et de la Population,
Monsieur le Préfet du Département du Pool, Monsieur le Directeur Général de la Santé,
Messieurs les Directeurs Centraux,
Monsieur le Directeur de l'Hôpital de référence de Kinkala,
Distingué(e)s invité(e)s, Mesdames et Messieurs,

C'est un insigne honneur pour moi de faire le déplacement de Kinkala, en compagnie du Ministre de la Santé et de la Population, le Professeur Georges Moyen, dans le cadre de la remise de matériels et d'équipements de prise en charge de santé maternelle, à l'Hôpital de référence du chef-lieu du département du Pool.

Monsieur le Ministre, le fait pour vous, à peine arrivé à la tête du Ministère de la Santé et de la Population, de vouloir remettre en mains propres ces matériels et équipements, à l'Hôpital de Kinkala, constitue à la fois un témoignage de votre volonté de toucher du doigt les réalités dans les structures médicales congolaises sur le terrain, et de votre détermination à renforcer le système de santé congolais en vue de rendre accessibles les services de qualité à toutes les couches de la population congolaise.

Je voudrais saluer cet engagement et réitérer l'appui inconditionnel de l'UNFPA à cette ferme volonté politique visant à redoubler d'effort pour mieux lutter contre la maladie et atteindre ainsi les Objectifs du Millénaire pour le développement d'ici 2015.

Monsieur le Ministre, Mesdames et Messieurs,

Le mois dernier, j'ai remis des matériels et des équipements de chirurgie à l'Hôpital Central des Armées Pierre Mobengo de Brazzaville et à la Direction Générale de la Santé au profit de sept structures médicales disséminées à travers le pays. Nous voici réunis aujourd'hui à Kinkala, pour une même cause et une même motivation, à savoir appuyer les efforts du Gouvernement de la République du Congo visant à améliorer la santé maternelle dont l'une des priorités est l'accélération de la réduction de la mortalité maternelle. Tel est d'ailleurs l'un des principaux objectifs de la Feuille de Route Nationale pour l'Accélération de la Réduction de la Mortalité maternelle, Néonatale et Infantile, élaborée par le Gouvernement congolais, avec l'appui de l'OMS, de l'UNFPA et de l'UNICEF.

Monsieur le Ministre, Mesdames et Messieurs,

Avec un taux de décès estimé à 781 sur 100.000 naissances vivantes, la mortalité maternelle demeure un des plus graves problèmes de santé publique au Congo. Par conséquent, la recherche des voies et moyens pour sauver la vie de nombreuses femmes et jeunes filles congolaises qui meurent en donnant la vie doit être une des préoccupations majeures de toute la communauté nationale. La lutte contre ce fléau doit être au centre des priorités du Gouvernement et de tous les partenaires au développement du Congo évoluant dans le domaine de la santé.

C'est pourquoi nous nous félicitons de l'initiative du Gouvernement en cours, sous le leadership de Monsieur le Ministre de la Santé et de la Population, portant sur le Lancement officiel de la Feuille de Route Nationale pour l'accélération de la réduction de la mortalité maternelle et néonatale, et l'organisation de la deuxième Journée Nationale de Lutte Contre la Mortalité Maternelle, Néonatale et Infantile.

Monsieur le Ministre, Mesdames et Messieurs,

Outre les activités de plaidoyer et de sensibilisation à la lutte contre la mortalité maternelle qui sont essentielles pour mobiliser les dirigeants et les populations, permettez-moi d'attirer l'attention sur la réflexion que nous devons mener ensemble sur des axes stratégiques pour l'action à venir, qui devraient nous aider à améliorer la santé de la reproduction des populations congolaises. Ceux-ci me semblent s'inscrire dans les orientations définies par le Président de la République, Chef de l'Etat, M. Denis Sassou-Nguesso, dans le «Chemin d'avenir» à l'appui duquel doivent s'articuler nos efforts. A cet égard, il me semble essentiel de mettre l'accent dans les mois à venir sur les éléments suivants:

- Soutenir les initiatives visant à renforcer les capacités nationales, y compris par la formation et le recyclage *in situ* des personnels médicaux et paramédicaux en vue de la vulgarisation des Normes et Standards de qualité en matière de santé reproductive;
- Intensifier les actions en faveur du repositionnement de la planification familiale au cœur des stratégies d'amélioration de la santé de la reproduction;

- Mobiliser les ressources nationales et internationales en vue du financement de la santé en général, mais surtout pour la santé maternelle et néonatale;
- Mener une réflexion d'ensemble sur la production, la rétention et la motivation des personnels en charge de la santé maternelle hors des principaux centres urbains par l'application de mesures incitatives comme par exemple l'octroi de bourses et d'indemnités, et l'amélioration des conditions de travail surtout en zone rurale;
- Renforcer l'efficacité du système national de gestion des ressources humaines pour la santé maternelle et néonatale;
Accélérer, avec les districts sanitaires/circonscriptions socio-sanitaires, les étapes d'opérationnalisation de la Feuille de Route Nationale pour l'Accélération de la Réduction de la Mortalité Maternelle, Néonatale et Infantile;
- Mettre en place, sous le leadership du Ministère de la Santé et de la Population, un Comité de Suivi et Coordination de la Feuille de Route Nationale pour l'Accélération de la Réduction de la Mortalité Maternelle, Néonatale et Infantile.

Monsieur le Ministre, Mesdames et Messieurs,

Nul ne peut contester que les investissements dans le domaine de la population et du développement soient bénéfiques pour le pays. Les investissements dans les domaines de la santé et de l'éducation en particulier, conditionnent la réussite de tous les efforts investis pour le développement d'un Etat.

Cette approche a fait ses preuves dans les pays développés et les leçons apprises du processus de développement des pays moins nantis attestent le bien fondé de faire des services sociaux de base le socle de toute initiative de développement durable. Investir dans la santé publique, et la santé maternelle en particulier, constitue ainsi un investissement utile pour la modernisation et l'industrialisation du Congo.

Monsieur le Ministre, En terminant, je voudrais dire qu'avec la bonne volonté, l'énergie et l'engagement sans limite qui vous animent, et fort de vos connaissances et de votre expérience de médecin et professeur de m'médecine, nous ne doutons pas un seul instant de pouvoir relever ensemble les défis auxquels nous sommes confrontés pour garantir la santé publique et le bien-être des populations au Congo. Je vous remercie.

Allocution de Monsieur David LAWSON, Représentant Résident du Fonds des Nations Unies pour la population (UNFPA) en République du Congo & Directeur de la Représentation de l'UNFPA au Gabon, à l'occasion de la cérémonie de lancement de la Feuille de Route pour la réduction de la mortalité maternelle, néonatale et infantile. Brazzaville, 29 janvier 2010

Monsieur le Ministre de la Santé et de la Population,
Monsieur le Conseiller du Président de la République, Chef du département de la Santé,
Mesdames et Messieurs les Membres du Gouvernement,
Monsieur le Directeur de Cabinet,
Mesdames et Messieurs les Directeurs généraux et Centraux,
Messieurs les Directeurs départementaux de la Santé,
Messieurs les Directeurs d'hôpitaux,
Madame et Messieurs les représentants du corps diplomatique et consulaire,
Mesdames et Messieurs les Représentants des agences du Système des Nations Unies, et Cher(e)s Collègues,
Mesdames et Messieurs les Représentants des organisations non gouvernementales,
Mesdames et Messieurs les acteurs du monde de la Santé,
Mesdames et Messieurs,

Chaque minute dans le monde, une femme meurt durant la grossesse ou au moment de l'accouchement, soit plus de 500,000 décès par an. Chaque année, plus d'un million de nouveau-nés meurent dans les premières vingt-quatre heures de leur vie, faute de soins post-nataux suffisants et de qualité.

D'après la dernière enquête démographique et de santé nationale, au Congo, cette terrible et effroyable réalité se traduit par un taux de mortalité maternelle de 781 décès pour 100,000 naissances vivantes; un taux supérieur à la moyenne africaine.

La majorité des décès maternels peuvent être prévenus par des interventions visant à garantir que chaque grossesse est désirée et chaque naissance est sans danger. En Afrique, l'île Maurice en est l'illustration éclatante, qui connaît le meilleur taux africain avec 9 décès maternels pour 100,000 naissances vivantes; un taux équivalent à ceux connus en Europe.

Le Fonds des Nations Unies pour la Population (UNFPA), l'Organisation Mondiale de la Santé, l'UNICEF, et la Banque Mondiale, dans le cadre d'une initiative globale visant à réduire la mortalité maternelle néonatale et infantile collaborent étroitement au Congo, afin de permettre au Gouvernement d'adopter des mesures visant à sauver davantage de vies de femmes et d'enfants et à atteindre les Objectifs du Millénaire pour le développement 4 qui vise à réduire la mortalité infantile, et 5 pour la réduction de la mortalité maternelle de trois quarts d'ici à 2015.

Monsieur le Ministre, Distingué(e)s invité(e)s, Mesdames et Messieurs,

Le lancement officiel de la Feuille de Route pour la réduction de la mortalité maternelle, néo-natale et infantile, est un événement important auquel je me félicite de participer aujourd'hui avec mes collègues de l'OMS et de l'UNICEF, car l'UNFPA s'y est beaucoup investi auprès du Ministère de la Santé, et a très largement contribué techniquement et financièrement à sa réalisation.

Mais son lancement aujourd'hui est tout d'abord l'expression manifeste de la volonté du Gouvernement du Congo d'atteindre les Objectifs du Millénaire pour le Développement en matière sanitaire. Ensuite, il intervient au lendemain de l'atteinte du point d'achèvement de l'initiative PPTE (Pays Pauvres Très Endettés) de la Banque mondiale et du Fonds monétaire international. Cette décision, que je salue et pour laquelle, je félicite, à travers vous Monsieur le Ministre, le Gouvernement et le peuple congolais, devrait permettre un allègement de dette extérieure congolaise de quelque trois milliards de dollars, soit près de 1,500 milliards de francs CFA.

C'est là une opportunité exceptionnelle et unique d'investissement dans les programmes sociaux et de santé en particulier, afin de répondre aux besoins criants des populations congolaises et définitivement inverser la tendance en matière de santé maternelle, néonatale et infantile dans le pays.

Monsieur le Ministre, Distingué(e)s invité(e)s, Mesdames et Messieurs,

Le Congo dispose d'un programme très ambitieux, inspiré de la Feuille de Route, qui fait l'objet d'un consensus pour renforcer le système de santé congolais et réduire la mortalité maternelle, néonatale et infantile d'ici à 2015. Il s'agit du Programme pour le développement sanitaire et social (PDSS).

Avec ces ressources nationales additionnelles, la vision, la volonté et l'engagement politique tracés par le Président de la République dans le *Chemin d'avenir,* la *Municipalisation accélérée,* la décentralisation des services de santé et un renforcement et une redistribution des personnels sanitaires à travers le pays, il ne fait aucun doute que des progrès significatifs peuvent être accomplis.

Monsieur le Ministre, Distingué(e)s invité(e)s, Mesdames et Messieurs,

Dans le cadre de la Feuille de Route, I'UNFPA travaille inlassablement avec le Gouvernement pour accroître la qualité des services de santé visant à assurer l'accès universel des populations à la santé reproductive, particulièrement pour la planification familiale, garantir des équipements chirurgicaux et l'assistance d'un personnel qualifié aux accouchements, et des soins obstétricaux et néo-natals d'urgence, la prise en charge des fistules obstétricales, tout en intégrant la prévention du VIH.

Depuis 2005, le Fonds des Nations Unies pour la population assiste le Gouvernement congolais dans la réhabilitation et l'équipement des structures sanitaires, et le renforcement des capacités des personnels de santé, principalement les chirurgiens-obstétriciens, les infirmières et les sages-femmes.

Au cours des cinq dernières années, l'UNFPA a investi près de trois milliards de francs CFA dans la santé maternelle au Congo. Ces efforts, qui se sont concentrés largement sur le département du Pool et Brazzaville et huit autres départements ont contribué au bien-être des populations congolaises et améliorent la santé maternelle et néonatale.

Dans le cadre du programme de coopération entre Gouvernement du Congo et le Fonds des Nations Unies pour la population pour la période 2009-2013, l'amélioration de la santé maternelle est une priorité essentielle, et tout en poursuivant les efforts entrepris ces dernières années, j'entends intensifier notre appui au Gouvernement pour renforcer les capacités techniques et humaines des structures de santé du pays, dans l'ensemble des départements.

Pour accélérer la mise en œuvre de la Feuille de Route, à l'appui de l'action du Ministère de la Santé et de la Population, et en collaboration avec nos collègues du Système des Nations Unies, les partenaires au développement et la société civile, l'UNFPA entend poursuivre durant cette première année du septennat présidentiel, une stratégie qui visera au renforcement des grands centres de santé en zones urbaines, afin de peser sur le taux de mortalité maternelle la où celle-ci est la plus frappante, pour tenter d'infléchir la tendance, tout en répondant aux besoins des populations plus vulnérables en zones péri-urbaines et rurales.

A cet égard, tout en déplorant la situation humanitaire dans la Likouala et le sort des populations déplacées, l'UNFPA s'est engagé dans une stratégie d'assistance humanitaire qui contribuera à long terme au renforcement des centres de santé du département pour le bénéfice des populations locales.

Du reste, dans le cadre de la décentralisation engagée par le Gouvernement, nous entendons intensifier la coopération décentralisée, avec les Directeurs départementaux, mais également les Conseils départementaux, à travers leurs représentants, notamment dans le domaine de la santé.

Monsieur le Ministre, Distingué(e)s invité(e)s, Mesdames et Messieurs,

L'heure est ce matin aux réjouissances et nous pouvons avec vous, Monsieur le Ministre, nous féliciter du chemin parcouru. Mais, nous le savons, d'immenses défis restent à surmonter. Celui tout d'abord de la nécessaire redistribution des personnels de santé hors des grandes agglomérations.

Il est essentiel d'avancer rapidement sur ce dossier et l'UNFPA est prêt à prendre toutes ses responsabilités techniques et financières pour contribuer à un plan d'action du Ministère dans ce domaine. Il nous faut rassembler les données sanitaires, et ainsi mesurer et documenter les progrès accomplis, renforcer davantage la qualité des soins obstétricaux d'urgence, etc.

Des initiatives sont en cours, notamment les audits des décès maternels, initiés en 2009, qui devraient nous permettre d'élaborer une cartographie de la santé maternelle dans le pays et un diagnostic précis des causes de décès maternels par département. On rapporte des progrès en santé maternelle dans certains centres de santé, notamment à Pointe Noire ou dans la Cuvette Ouest. L'UNFPA appuie ainsi activement la collecte des données et l'élaboration et la mise en œuvre de systèmes de suivi et d'évaluation.

Monsieur le Ministre, le lancement de la Feuille de Route pour la réduction de la mortalité maternelle, néonatale et infantile nous engage, sous votre leadership éclairé, à accélérer les efforts en vue de la réalisation des objectifs contenus dans la Feuille de Route visant l'atteinte des Objectifs du Millénaire pour le Développement. Aujourd'hui, nous renouvelons notre engagement auprès du Gouvernement à l'assister pour améliorer davantage la qualité des soins en santé maternelle néonatale et infantile.

Comme en 2008, I'UNFPA soutiendra l'organisation de la Deuxième Journée Nationale de lutte contre la mortalité maternelle au mois de novembre 2010. Celle-ci sera l'occasion de faire le point sur l'état d'avancement de la situation de la santé maternelle. Et puisqu'il nous reste quelques jours pour souhaiter les vœux de nouvel an, comme l'ensemble des populations congolaises, je forme le vœu que s'accélère cette armée, les efforts multiformes pour sauver des vies de femmes, de nouveau-nés, et pour qu'à l'avenir, plus aucune femme ne meurt au Congo en donnant la vie. Je vous remercie de votre attention.

Communication de Monsieur David LAWSON, Représentant Résident du Fonds des Nations Unies pour la population (UNFPA) en République du Congo & Directeur de la Représentation de l'UNFPA en République du Gabon, à l'occasion du Colloque international sur « la Sociologie des Mutations, les Mutations des Sociétés» Thème : «Développement et Santé de la reproduction.» Brazzaville, 18 février 2010

Monsieur le Président de séance,
Monsieur le Recteur de l'Université Marien Ngouabi,
Monsieur le Secrétaire général de l'Université Marien Ngouabi,
Monsieur le Doyen de la Faculté des Sciences économiques de l'Université Marien Ngouabi,
Mesdames et Messieurs les Chefs de Départements de l'Université,
Mesdames et Messieurs les éminents professeurs et enseignants
Distingué(e)s invité(e)s,
Mesdames et Messieurs,
Cher(e)s étudiant(e)s,

C'est tout d'abord un immense honneur que de présider cet atelier sur le thème "Santé et développement" qui rassemble autour de moi des Professeurs et personnalités éminentes.

Mais avant de leur céder la parole, Cher(e)s ami(e)s, je voudrais profiter du fait que je préside cet atelier, pour vous dire quelques mots sur ma perspective quant à la santé comme vecteur indispensable du développement.

L'être humain au centre du développement

La santé est l'état de bien-être général tant physique que mental et social de la personne humaine, non pas seulement l'absence de maladies ou d'infirmités. L'être humain au centre du développement doit donc jouir d'une bonne santé. Santé et développement sont d'autant plus liés que nous assistons avec la pandémie du SIDA et d'autres catastrophes naturelles à l'effondrement des acquis économiques, à la fracture du tissu social, familial et bien d'autres phénomènes sociologiques.

La Conférence Internationale sur la Population et le Développement de 1994 a reconnu l'importance de la santé en général et celle de la santé reproductive en particulier.

Assurer la santé reproductive est un gage indéniable de développement en même temps qu'elle assure une réduction à long terme de la pauvreté, l'équité et l'égalité de genre, l'autonomisation de la femme et une meilleure éducation la prévention des grossesses non désirées par la planification familiale, et partant une meilleure santé maternelle. Cela suppose qu'une personne peut mener une vie sexuelle satisfaisante en toute sécurité, qu'elle soit capable de procréer et libre de le faire aussi souvent ou... aussi peu souvent qu'elle le désire. Cette dernière condition implique qu'hommes et femmes ont le droit d'être informés et d'utiliser la méthode de planification familiale de leur choix, ainsi que d'autres méthodes de leurs choix de régulation des naissances qui ne soient pas contraires a la loi, méthodes qui doivent être efficaces, abordables et acceptables, ainsi que le droit d'accéder à des services de santé qui permettent aux femmes de mener à bien leur grossesse et l'accouchement dans la sécurité et donnent aux couples toutes les chances d'avoir un enfant en bonne santé.

Mesdames et Messieurs, à l'issue de la Conférence internationale sur la population et le développement en 1994, l'accord du Caire reposant sur l'attachement aux droits de la personne et à l'égalité entre les sexes, a invité les pays à assurer à tous la santé et les droits en matière de reproduction, en tant que contribution capitale au développement durable et à la lutte contre la pauvreté, jugés inséparables de la solution des problèmes de population.

La Conférence a fondé son action sur l'hypothèse selon laquelle le chiffre, la croissance et la répartition de la population sont intimement liés dans la perspective d'un développement économique et social et que les mesures prises dans un domaine renforcent les mesures prises dans un autre.

Cette hypothèse de départ a été de plus en plus généralement acceptée au cours des deux décennies qui ont suivi la première conférence mondiale sur la population de 1974, tandis que la population augmentait rapidement dans les régions en développement et que de plus en plus des pays découvraient les programmes de planification familiale.

En 1994, la plupart des pays en développement reconnaissaient la nécessité d'aborder les problèmes de population afin de promouvoir la croissance économique et d'améliorer le bien-être de la population.

La Conférence internationale sur la population et le développement de 1994 a établi expressément un mandat plus large sur les questions touchant au développement que les conférences précédentes sur la population, ce qui traduisait une prise de conscience croissante du fait que la population, la pauvreté, les modes de reproduction et de consommation et d'autres menaces pesant sur l'environnement sont des questions si étroitement imbriquées qu'aucune d'entre elles ne peut être examinée isolément.

Au cours des décennies écoulées depuis cette Conférence, les politiques qui façonnent l'aide internationale au développement ont changé. Le montant de l'assistance est resté stationnaire, aux environs de 60 milliards de dollars par an, résultat tant de la fatigue des donateurs que de l'incertitude du climat économique.

En même temps, les donateurs ont fait preuve d'un esprit plus critique quant à la manière dont leur assistance devait être utilisée. Pour accroître l'impact de l'aide au développement, les donateurs ont fait de la gouvernance un important critère de son attribution et ont vu plus que jamais dans l'allègement de la pauvreté la principale raison de leur assistance. Par ailleurs, les engagement des Chefs d'Etats africains en 2001 de consacrer 15% de leurs budgets nationaux à la santé, n'ont pas non plus été tenus et, par conséquent, n'ont pas contribué significativement à résoudre les problèmes en ce domaine.

Mesdames et Messieurs, le but de centrer plus efficacement l'aide au développement a inspiré le Sommet du Millénaire tenu en l'an 2000, à New York, dans le cadre de l'Assemblée générale des Nations Unies, ainsi que huit Objectifs du Millénaire pour le Développement (OMD) en matière de réduction de la pauvreté et d'amélioration des conditions de vie dans le monde entier d'ici 2015.

La santé reproductive tout en sous-tendant l'Objectif du Millénaire pour le développement 5 sur la réduction de la mortalité maternelle est un objectif sous-jacent vital pour l'atteinte des huit OMD.

Il existe des preuves manifestes qu'en permettant aux individus d'avoir moins d'enfants, s'ils le souhaitent, on stimule le développement et on réduit la pauvreté, tant dans les ménages qu'au niveau macroéconomique.

Une fécondité élevée fait obstacle au développement de diverses manières. La commission sur la macroéconomie et la santé de l'OMS notait en 2001: «au niveau sociétal, la croissance démographique rapide dans les zones rurales, en particulier, exerce une pression énorme sur l'environnement physique et la productivité à mesure que les ratios terre/main-d'œuvre diminuent dans l'agriculture. Les paysans désespérément pauvres risquent alors de venir s'entasser dans les villes, ce qui conduit à des taux plus élevés d'urbanisation, avec une conséquence négative supplémentaire sur le plan de la congestion et de la diminution de la part des ressources urbaines disponibles par personne.»

D'autre part, une fécondité plus faible recèle la promesse de gains économiques.

Il y a aussi des preuves, notamment avec l'émergence du VIH/SIDA, que la croissance économique par habitant diminuera du fait de l'augmentation des ratios personnes à charge/population active, de l'alourdissement des charges imposées au système de santé, d'un investissement limité dans la productivité et de la diminution des effectifs de la population active.

L'importance de la planification familiale

Au titre de ce changement d'optique, la Conférence internationale sur la population et le développement de 1994 a ancré la planification familiale, qui jadis constituait le centre privilégié des politiques et programmes de population, dans un cadre plus large de santé et droits en matière de reproduction y compris la planification familiale et la santé sexuelle.

Elle a reconnu dans la santé en matière de reproduction un droit fondamental de tous à travers l'ensemble du cycle de vie et a exhorté les gouvernements à n'épargner aucun effort pour garantir l'accès universel à des services de santé complets dans le domaine de la santé en matière de reproduction, cela d'ici à l'année 2015.

Cependant, des ressources financières insuffisantes font reculer les efforts déjà accomplis dans ce domaine en marginalisant les pays les plus pauvres creusent un peu plus le fossé. Malheureusement beaucoup de pays notamment les plus pauvres ont un choix et un accès à la contraception très limités.

Les jeunes qui représentent près de 40% de la population mondiale et près de 60% de la population africaine sont les plus affectés par le manque d'accès à la contraception moderne, la confidentialité et l'intimité font souvent défaut; les prestataires sont souvent peu sensibles à leurs besoins et perspectives en matière de santé reproductive. Malgré les progrès déjà accomplis pour réduire ces contraintes dans ce domaine, de nombreux problèmes persistent.

La faible performance du système de santé dans de nombreux pays a réduit considérablement l'accès aux services de qualité. La réduction de l'aide des donateurs ainsi que les investissements inadéquats des pays ont sérieusement entravé la bonne marche des programmes de santé.

La connaissance des prestataires doit être améliorée en définissant les attentes des patients/clients en matière de communication interpersonnelle; ceci ne sera rendu possible qu'en ayant des formations adaptées appuyées par un suivi des performances avec feedback. Il est important d'assurer que l'espace d'accueil soit convivial et ne pose aucun problème pour la confidentialité et l'intimité, des produits et le temps nécessaires pour la consultation, l'affectation doit tenir compte des besoins et du type de personnel en quantité et qualité de façon équitable.

Le rôle du Fonds des Nations Unies pour la Population (UNFPA)

Mesdames et Messieurs, accroître l'accès aux services par la réhabilitation des infrastructures, la fourniture d'équipements et de produits de première nécessité, la formation du personnel, c'est ce à quoi s'atèle l'UNFPA pour assurer des soins de santé de la reproduction de qualité pour les plus les populations les plus vulnérables en appui aux efforts du Gouvernement.

Il sied ici de rappeler la nécessité impérieuse d'un redéploiement rapide et ordonné du personnel de santé dans le pays, en développant concomitamment des stratégies pour maintenir le personnel dans leur lieu d'affectation en mettant en œuvre la fonction publique territoriale. Ceci doit se faire tout en continuant à renforcer les capacités existantes tout en créant de nouvelles ressources humaines dans le pays. Le Fonds des Nations Unies pour la Population considère que cette tâche est prioritaire et contribuera financièrement et techniquement à sa mise en œuvre.

Rien ne pourra réellement s'améliorer sans cette mesure essentielle et indispensable au bien-être des populations en dehors des grandes agglomérations du pays. L'UNFPA entend travailler avec ses partenaires, OMS, UNICEF, et Banque Mondiale notamment, pour appuyer le Ministère de la Santé et le gouvernement dans cette tâche monumentale qui contribuera au programme de développement des services de santé au Congo.

Mesdames et Messieurs, les complications obstétricales sont aujourd'hui la cause majeure de déc ès pour les femmes en âge de procréer dans les pays en développement et constituent l'un des problèmes sanitaires les plus urgents et difficiles à résoudre dans le monde.

Les Objectifs du Millénaire pour le Développement (OMD) voient dans la réduction de la mortalité et de la morbidité maternelles un impératif moral aussi bien qu'une priorité fondamentale pour le développement.

Malgré les progrès réalisés, il est tragique de constater que le nombre de décès maternels dans le monde annuellement (529,000, soit un par minute) n'a pas sensiblement changé depuis quinze ans et que 99% de ces décès surviennent dans les pays en développement. Des millions d'autres femmes survivent mais souffrent d'infirmités permanentes liées à la grossesse et à l'accouchement.

Reconnaissant que la plupart des décès et lésions pourraient être prévenus avec un plus large accès à des soins qualifiés avant, durant et après la grossesse, les pays doivent amplifier les services de santé maternelle dans le contexte des soins de santé primaires et de mettre au point des stratégies en vue de surmonter les causes sous-jacentes de la mortalité et de la morbidité maternelles.

Pour réduire le taux de mortalité maternel au Congo qui se situe à 781 décès pour 100,000 naissances vivantes, dans le cadre de la mise en œuvre de la feuille de route nationale pour accélérer la réduction de la mortalité maternelle néonatale et infantile, les priorités s'avèrent être le renforcement en ressources humaines en quantité et en qualité et d'instauration de la gratuité de la césarienne. Cette dernière mesure pourrait permettre de réduire la mortalité maternelle de 25% au Congo.

Je l'ai dit le jour du lancement de la Feuille de route pour la réduction de la mortalité maternelle, néonatale et infantile, avec quelque 3700 césariennes par an, à prix inabordable pour la majorité des femmes qui en ont besoin, à 150,000FCFA en moyenne, le coût total de la gratuité de la césarienne serait de quelque 550 millions de francs CFA. C'est beaucoup, mais c'est très peu.

Ainsi en terminant, Mesdames et Messieurs, je voudrais rappeler que *l'atteinte par la République du Congo du point d'achèvement de l'initiative PPTE* de la Banque mondiale et du Fonds monétaire international, que je salue au nom de I'UNFPA, et pour laquelle je félicite Gouvernement et le peuple congolais, devrait permettre un allègement de dette extérieure congolaise de quelque trois milliards de dollars, soit près de 1,500 milliard de francs CFA. La gratuité de la césarienne, que j'appelle de mes vœux au Congo pour le bien-être des femmes et pour sauver des vies de femmes, représente une goutte d'eau dans cet océan de ressources libérées.

J'espère que le gouvernement du Congo saisira cette opportunité pour prendre cette mesure, dont j'ai officiellement saisi le Ministre de la Santé et de la Population.

L'Initiative PPTE est une opportunité exceptionnelle et unique d'investissement dans les programmes sociaux, et de santé en particulier, afin de répondre aux besoins criants des populations congolaises et définitivement inverser la tendance en matière de santé maternelle, néonatale et infantile dans le pays.

Avec ces ressources nationales additionnelles, la vision, la volonté et l'engagement politique tracés par le Président de la République dans le *Chemin d'avenir,* avec la Municipalisation accélérée et la d'décentralisation des services de santé, un renforcement et une redistribution des personnels sanitaires à travers le pays, il ne fait aucun doute que des progrès significatifs peuvent être accomplis.

En renforçant la santé reproductive au Congo, c'est aussi la capacité des populations au travail, à l'investissement et au développement du pays pour les 15 ou 20 ans à venir qui se joue. Je vous remercie.

Allocution de M. David LAWSON, Représentant résident du Fonds des Nations Unies pour la Population (UNFPA) en République du Congo & Directeur de l'UNFPA en République du Gabon, à l'occasion de l'Atelier de Sensibilisation des Décideurs sur la Sexualité et la maternité précoces des adolescents à Brazzaville. Brazzaville, 3 juin 2010

Madame la Ministre de la Promotion de la Femme et de l'Intégration de la Femme au Développement,
Mesdames et Messieurs les parlementaires,
Mesdames et Messieurs les Représentants des corps constitués,
Madame la Secrétaire Exécutive du Comité nationale de lutte contre le Sida,
Madame la Présidente de l'Association Mibeko,
Mesdames et Messieurs les Ambassadeurs et Chefs de missions diplomatiques et consulaires en République du Congo,
Mesdames et Messieurs les Représentants des agences du Système des Nations Unies en République du Congo, et Cher(e)s Collègues,
Mesdames et Messieurs les représentants de la Société civile et des medias,
Distingué(e)s invité(e)s, Mesdames et Messieurs,

Je suis heureux de pouvoir prendre part à cette rencontre consacrée à la sensibilisation des décideurs sur la sexualité et la maternité des précoces des jeunes et adolescents du Congo.

A cet égard, j'aimerais d'emblée remercier l'Association Mibeko et plus particulièrement sa Présidente, Madame Rebecca Quionie Bowao, avec l'appui sans faille de Madame Jeanne Françoise Leckomba Loumeto, Ministre de la Promotion de la Femme et de l'Intégration de la Femme au Développement, de nous donner cette opportunité de nous interroger sur des réalités vécues par les jeunes adolescents, dans la découverte de leur sexualité et de ses conséquences dans les différents arrondissements de Brazzaville..

L'Etude qui nous est présentée ce matin a été réalisée avec le soutien du Fonds des Nations Unies pour la Population (UNFPA). En effet, l'UNFPA accorde un intérêt particulier à la protection et à l'autonomisation des jeunes qui sont l'avenir de l'humanité.

Cette vision a d'ailleurs été l'objet du Rapport de l'UNFPA sur l'Etat de la population mondiale en 2003 et appelait l'attention de la communauté internationale sur la nécessité d'investir dans la santé et les droits des adolescents.

Madame la Ministre, Distingué(e)s invité(e)s, Mesdames et Messieurs,

Conformément aux lignes directrices de sa mission, le Fonds des Nations Unies pour la population aborde les questions de sexualité des jeunes sous l'angle de ses répercussions sur leur santé reproductive.

A l'horizon 2020, plus de soixante-dix pour cent de la jeunesse africaine aura moins de vingt-cinq ans, soit près de trois personnes sur quatre. Les jeunes sont l'avenir de leur pays, ils constituent le capital humain qui devra assurer la pérennité du développement national au Congo, comme sur le reste du continent. Les jeunes Africains seront non seulement la source de développement de leur propre pays et de leur propre continent mais la source de jouvence du reste du monde.

Il existe ainsi un lien étroit entre la sexualité, santé reproductive des jeunes et développement national durable. Le développement durable ne peut être atteint que si une attention spécifique est accordée au sort de la jeunesse, notamment dans ce domaine sensible de la reproduction qui dépend fondamentalement de la qualité de leur sexualité.

Peut-on encore douter de ce que seule une jeunesse en bonne santé, bien éduquée et protégée contre le virus du SIDA et contre toutes les formes de violences et discriminations basées sur le genre parviendra valablement à assurer la relève et l'avenir du pays ?

Pour relever un tel défi, l'UNFPA appuie les partenaires institutionnels et civils dans la mise en œuvre des politiques et programmes mettant à la disposition des filles et garçons une information de qualité sur la sexualité et la santé de la reproduction, notamment sur la planification familiale, la prévention des grossesses précoces et non désirées et des avortements clandestins.

Tout ceci, selon une approche qui tient à la fois compte des spécificités culturelles et contextuelles des milieux de vie des jeunes.

Le Rapport qui nous est présenté ce matin fait apparaître un certain nombre de situations aux conséquences graves pour les jeunes. Notre réunion aujourd'hui est l'occasion d'une véritable prise de conscience qui nous incombe collectivement et individuellement, et une opportunité de nous engager plus avant en faveur des jeunes et de leur avenir.

Œuvrer pour l'amélioration de la santé sexuelle et reproductive des jeunes est clairement une condition *sine qua non* pour bâtir un monde nouveau et solide. Les générations futures ne pourront tirer profit des investissements et sacrifices consentis maintenant que si la santé de la reproduction et les droits des adolescents sont sauvegardés. Tous les jeunes ont droit à la santé, y compris la santé en matière de reproduction, ainsi qu'à l'information et aux services nécessaires pour faire de ce droit une réalité. C'est particulièrement urgent dans la lutte contre le VIH/Sida.

Madame la Ministre, Distingué(e)s invité(e)s, Mesdames et Messieurs,

En vertu d'un certain ancrage aux traditions et coutumes anciennes en Afrique, et malgré une natalité galopante, malgré des contextes fragiles et sensibles aux conséquences lourdes pour les jeunes, les tabous limitent les possibilités de dialogue entre adultes et jeunes autour de la sexualité. Mais ignorer la sexualité des jeunes ne résout pas leurs problèmes. Bien au contraire.

Dans ce monde moderne, qu'on le veuille ou non, la sexualité est fortement présente et plus ouverte que par le passé. La question ne consiste pas à se prononcer en faveur ou à l'encontre de l'évolution du monde, mais bien d'accompagner la transition décomplexée entre tradition et modernité, afin de mieux prendre en compte les besoins des jeunes en la matière et de les accompagner en leur fournissant l'information et les moyens de se protéger.

Je voudrais rappeler que dans le monde, chaque année, plus de 15 millions des filles âgées de 15 à 19 ans mettent un enfant au monde. Plus de 4 millions subissent un avortement -souvent pratiqué dans des conditions dangereuses.

Du reste, le taux élevé de décès maternels au Congo, 781 pour 100,000 naissances, n'épargne naturellement pas les jeunes filles et les adolescentes. Par ailleurs, un trop grand nombre de jeunes sexuellement actifs n'utilisent ni contraceptif ni préservatif pour éviter les grossesses non désirées.

Ayant une connaissance limitée de leur propre corps, les adolescents sont facilement exposés aux grossesses précoces, au VIH/Sida et autres infections sexuellement transmissibles, à l'abus et à la violence sexuelle.

La semaine dernière je participais à Libreville, au Gabon, à une Conférence internationale sur les grossesses précoces, à laquelle participait une délégation congolaise. Des recherches récentes ont montré que les ressources financières investies dans les services de planification familiale et de contraception modernes dans les pays en développement permettraient d'éviter 247 millions de grossesses non désirées ou non planifiées et 215,000 décès imputés à ces grossesses dans le monde. La Banque mondiale estime que dans un pays africain type, aux taux de mortalité et de fécondité élevés, le coût de la prévention d'une seule grossesse non désirée, grâce à la planification familiale, coûterait 368 dollars américains et les économies réalisées pour le gouvernement par cet investissement judicieux s'élèveraient à 440 dollars américains.

Au Vietnam, par exemple, chaque dollar investi dans la planification familiale, permet d'économiser environ 8 dollars américains en coûts de services de santé, d'éducation et autres services sociaux.

Par ailleurs, l'accès à la planification familiale permet ainsi aux jeunes filles de maintenir leur accès à l'éducation et au marché de l'emploi et contribue à l'augmentation de leur productivité qui doit ainsi accroître la croissance économique nationale à long terme.

Pour toutes ces raisons, nous avons la responsabilité de protéger les filles et garçons, et de les accompagner vers le chemin de la raison, de la sagesse, de la sexualité raisonnée et de la parenté responsable.

En terminant, Madame la Ministre, je voudrais en appeler aux décideurs, aux pouvoirs publics, aux acteurs sociaux et aux medias ici présents ce matin pour envisager et s'engager activement dans des actions concrètes et pragmatiques. Il s'agit notamment de la responsabilisation et du renforcement de l'éducation et de l'information des parents et des jeunes sur une sexualité responsable, et des jeunes filles sur les risques des grossesses précoces; de l'amélioration de l'accès des jeunes et adolescents aux services de santé de la reproduction spécifiquement articulés pour eux; de l'amélioration de l'accès des jeunes femmes aux services de planification familiale, et de santé maternelle de qualité et à l'information y relative; du renforcement de l'arsenal législatif sanctionnant toutes les formes de discriminations et de violences a l'égard des jeunes filles, et les protégeant contre les mariages précoces et l'exploitation sexuelle; de la révision des textes juridiques en vigueur contenant des dispositions discriminatoires à l'égard des femmes et des filles; et de la promotion de la politique nationale de la jeunesse.

Naturellement, le Fonds des Nations Unies pour la population est disponible pour accompagner la définition de ces mesures. Aux côtés du Gouvernement et avec les autres partenaires au développement, l'UNFPA continuera à soutenir la protection et la promotion des droits des jeunes et adolescents à l'éducation, à l'information et aux soins dans le domaine de la santé de la reproduction.

Je vous remercie de votre aimable attention.

Allocution de M. David LAWSON, Représentant résident du Fonds des Nations Unies pour la Population (UNFPA) en République du Congo & Directeur de I'UNFPA en République du Gabon, à l'occasion du lancement officiel de la Campagne Nationale pour l'Eradication de la Fistule Obstétricale au Congo. Brazzaville, 9 juin 2010

Excellence, Monsieur le Ministre de la Santé et de la Population,
Mesdames et Messieurs les Membres du Gouvernement,
Mesdames et Messieurs les Parlementaires,
Mesdames et Messieurs le Directeurs Généraux et Centraux,
Mesdames et messieurs les Chefs d'agence du Système des Nations Unies, et Cher(e)s Collègues,
Distingué(e)s invité(e)s, Mesdames et Messieurs,

Aujourd'hui nous sommes réunis pour le lancement officiel de la campagne nationale de lutte contre la fistule obstétricale en République du Congo. C'est l'occasion pour nous de nous arrêter sur une thématique mal ou quasi inconnue du grand public, et qui pourtant est une préoccupation de santé publique grave qui ne peut être ignorée des pouvoirs publics en raison de ses conséquences sur la santé maternelle et sur le respect de la condition féminine.

C'est pourquoi je voudrais saluer d'emblée la volonté du Gouvernement congolais d'éradiquer les fistules et la détermination et l'engagement du Professeur George Moyen, Ministre de la Santé et de la Population, qui se concrétise publiquement aujourd'hui.

Monsieur le Ministre, Distingué(e)s invité(e)s, Mesdames et Messieurs,

La fistule obstétricale est une affection qui a été relativement négligée dans le monde malgré son impact dévastateur sur la vie des filles et des femmes. Mais qu'est-ce qu'une fistule ? Et bien une fistule est une blessure survenue au cours d'un accouchement long et difficile. Elle est généralement causée par plusieurs jours de travail avant l'accouchement. Durant cette période prolongée, la pression soutenue de la tête du bébé à naître sur l'os iliaque de la future maman, endommage les tissus mous, créant ainsi un trou appelé fistule.

Les conséquences de la survenue de fistules sont d'désastreuses: bien souvent le bébé meurt. La femme, si elle n'est pas soignée est soumise à une incontinence chronique, qui elle-même contribue souvent à toutes formes de stigmatisation sociale, notamment l'abandon par le mari et la famille, et le rejet par la communauté. Ses perspectives de travail et vie familiale sont considérablement réduites.

Pour des raisons évidentes de ressources, cette affection touche en premier les femmes les plus marginalisées de la société: les analphabètes, les jeunes femmes pauvres vivant dans des localités éloignées. Outre l'aspect sanitaire, les causes des fistules sont souvent plus profondes et incluent la pauvreté, la malnutrition, la mauvaise santé et la discrimination.

Monsieur le Ministre, Distingué(e)s invité(e)s, Mesdames et Messieurs,

Les données fiables sur la fistule sont rares. En 1989, l'Organisation mondiale de la Santé estimait que 2 millions de femmes souffraient de fistules dans le monde et que 50 000 à 100 000 nouveaux cas se produisaient chaque année. Dans un rapport global plus récent, l'UNFPA et l'organisation non gouvernementale EngenderHealth ont réévalué les chiffres à la hausse. Le rapport dénombrait l'apparition de fistules dans neuf nouveaux pays et estimait à 800 000 le nombre de cas de femmes souffrant de fistule au seul Nigeria.

La fistule peut pourtant être évitée et traitée. Elle a d'ailleurs pratiquement disparu dans les pays développés. La chirurgie réparatrice peut guérir quatre-vingt-dix pour cent des cas s'ils sont simples. Mais bien souvent, le coût moyen du traitement, estimé à 500.000 FCFA, est hors de portée des patientes.

Comme dans tout en matière de santé, mieux vaut prévenir que guérir. Le moyen le plus efficace pour prévenir la fistule consiste à promouvoir un accès accru aux soins et services de santé maternelle, y compris la planification familiale et les consultations prénatales. Il faut aussi que l'accouchement soit assisté par du personnel qualifié, formé à pratiquer des soins obstétricaux d'urgence, car une intervention chirurgicale, telle que la césarienne, pratiquée en temps opportun, peut annuler le risque de fistule.

A plus large échelle et à plus long terme, la prévention implique également la lutte contre les inégalités sociales et économiques sous-jacentes par le biais d'initiatives visant à donner aux filles et femmes des compétences, d'améliorer leurs moyens d'existence, et de retarder l'âge de leur mariage et de leur grossesse.

Monsieur le Ministre, Distingué(e)s invité(e)s, Mesdames et Messieurs,

Prévenir et traiter les tragédies sanitaires et humaines liées à la fistule obstétricale est une priorité planétaire du Fonds des Nations Unies pour la population qui a lancé, dans le cadre de la stratégie globale d'amélioration de la santé maternelle, une campagne mondiale pour éradiquer la fistule dans plus de 40 pays, avec le soutien d'un large éventail de partenaires publics et non gouvernementaux.

L'objectif de cette campagne est de rendre cette condition aussi rare en Afrique qu'en Amérique du Nord, aussi peu répandue en Asie qu'en Europe.

Le Fonds des Nations Unies pour la Population apporte aux pays bénéficiaires un appui financier et technique, leur permettant de déterminer l'ampleur du phénomène en évaluant le nombre de cas et de prendre en charge chirurgicalement les cas identifiés. Cet appui inclut également le renforcement du plateau technique des centres de santé, ainsi que la formation du personnel en charge des interventions chirurgicales.

Dans la majorité des cas, les patientes opérées et guéries bénéficient d'une assistance pour leur réinsertion socio-économique, en leur permettant d'acquérir une compétence en vue de développer une activité génératrice de revenus.

Monsieur le Ministre, Distingué(e)s invité(e)s, Mesdames et Messieurs,

Au Congo, depuis 2005, I'UNFPA a mobilisé 205 millions de francs CFA contre les fistules. Ces ressources ont permis la réalisation de deux enquêtes qualitative et quantitative, dont les résultats ont conclu à l'existence de près de 140 cas de fistules obstétricales dans le pays.

Grâce à ces fonds, nous avons pu avec le gouvernement initier un Programme de lutte contre les fistules obstétricales qui s'est matérialisé à travers deux protocoles d'accord signés, d'une part, entre l'UNFPA et le Ministère de la Santé, pour le compte du Centre Hospitalier et universitaire de Brazzaville et la Direction Générale des Affaires Sociales; et d'autre part entre l'UNFPA, l'Hôpital Central des Armées, et le Ministère de la Promotion de la Femme et de l'Intégration de la Femme au Développement.

Ceux-ci ont permis à trente Congolaises affectées de fistules d'être opérées et guéries gratuitement. Parmi elles, vingt ont, sur les mêmes fonds, bénéficié d'une prise en charge pour leur réinsertion socio- économique.

Je tiens, à ce titre, à saluer le travail remarquable accompli par les personnels du CHU et de l'Hôpital Central des Armées, mais aussi le précieux travail d'encadrement effectué par les Directions Générales respectivement de l'Intégration de la Femme au Développement et des Affaires Sociales et de la Solidarité pour la réinsertion socio-économique des patientes.

Cette année, 37,5 millions de francs CFA permettront de poursuivre les efforts de prévention et de prise en charge chirurgicale et socio-économique gratuite des cas de fistules obstétricales au Congo, et nous espérons étendre ce programme en assistant la mise en place d'une telle prise en charge des fistules dans un troisième centre de santé du sud du pays, probablement à Pointe-Noire.

Monsieur le Ministre, Distingué(e)s invité(e)s, Mesdames et Messieurs,

La campagne que nous lançons aujourd'hui a pour but d'éveiller les consciences sur cette tragédie. Il s'agit non seulement de traiter les femmes qui sont touchées, de les aider à retrouver leur dignité, mais aussi d'éviter que les fistules se produisent. Cette campagne a pour vocation également d'appeler l'attention des décideurs et des collectivités, pour réduire ainsi la stigmatisation associée à cette condition et encourager les femmes affectées de fistule à venir se faire soigner gratuitement à Brazzaville.

C'est l'occasion pour nous de profiter de cette tribune pour encourager les femmes diagnostiquées de fistules obstétricales à se rapprocher du CHU ou l'Hôpital Central des Armées de Brazzaville pour recevoir des soins appropriés gratuits.

J'invite aussi les personnels en charge des soins de santé maternelle dans les services sanitaires du pays, les autorités sanitaires et sociales déconcentrées de l'Etat, les collectivités locales et tous leurs partenaires concernés à faciliter l'orientation et l'acheminement des femmes affectées vers Brazzaville.

Monsieur le Ministre, Distingué(e)s invité(e)s, Mesdames et Messieurs,

Avant de conclure, je tiens à remercier le Directeur Général de la Santé, Coordonnateur du Comité national de mise en œuvre de la Feuille de route nationale pour l'accélération de la réduction de la mortalité maternelle, néonatale et infantile dont l'un des objectifs concerne la prise en charge médicale de la fistule.

Mes remerciements s'adressent également aux Directeurs de la Santé de la Famille successifs qui se sont impliqués dans ce programme de lutte contre les fistules.

Je m'en voudrais de ne pas remercier tous les points focaux communication qui ont apporté un appui appréciable dans l'élaboration et la mise en œuvre du plan de campagne nationale de lutte contre la fistule obstétricale, et le Rotary Club de Brazzaville qui est désormais associé à cette campagne.

Je voudrais également saluer les médecins qui ont une part essentielle à jouer pour nous aider à relayer l'information sur cette campagne et ainsi atteindre un maximum de femmes au Congo qui pourraient souffrir de fistules obstétricales, même dans des zones reculées du pays.

Enfin, Monsieur le Ministre, je ne puis terminer mon propos sans réitérer un vœu cher à beaucoup de Congolaises et de Congolais, celui que le

Gouvernement de la République du Congo décrète la gratuité de la césarienne. Quelque 3700 césariennes sont pratiquées chaque année au Congo. La mise en œuvre de la gratuité avec les mesures d'accompagnement nécessaires serait peu coûteuse pour l'Etat, quelque 550 millions de FCFA par an, mais contribuerait à réduire d'au moins vingt-cinq pour cent le taux de mortalité maternelle en République du Congo, estimé à 781 décès sur 100,000 naissances vivantes. L'UNFPA, mais aussi l'OMS et l'UNICEF, sont prêts à accompagner le Gouvernement dans cette direction.

Je vous remercie de votre attention.

Allocution de M. David LAWSON, Représentant résident du Fonds des Nations Unies pour la (UNFPA) en République du Congo & Directeur de l'UNFPA en République du Gabon, à l'occasion de la clôture de l'atelier de sensibilisation des décideurs et partenaires sur la sexualité et la maternité précoce. Brazzaville, 9 juin 2010

Excellence Madame la Ministre de la Promotion de la Femme et de l'Intégration de la Femme au Développement,
Mesdames et Messieurs les Membres du Gouvernement,
Mesdames et Messieurs les parlementaires,
Mesdames et Messieurs les Représentants des corps constitués,
Madame la Secrétaire Exécutive du Comité national de lute contre le Sida,
Madame la Présidente de l'Association Mibeko,
Mesdames et Messieurs les Ambassadeurs et Chefs de missions diplomatiques et consulaires en République du Congo,
Mesdames et Messieurs les Représentants des agences du Système des Nations Unies en République du Congo, et Cher(e)s Collègues,
Mesdames et Messieurs les représentants de la société civile et des medias,
Distingué(e)s invité(e)s, Mesdames et Messieurs,

C'est réellement un plaisir pour moi que d'être à nouveau avec vous dans cette salle à l'occasion de la clôture de cet atelier de sensibilisation des décideurs et leaders d'opinion sur la sexualité et la maternité des adolescents. A cet égard, je tiens à remercier chaleureusement nos hôtes, les organisateurs de cet atelier, Madame Jeanne Françoise Leckomba Loumeto, Ministre de la Promotion de la Femme et de l'Intégration de la Femme au Développement, et Mme Rebecca Quionie Bowao, Présidente de l'Association Mibeko, de me faire l'honneur non seulement de me compter ce soir parmi vous, j'y tenais personnellement compte tenu de l'importance que j'attache à ce sujet, mais aussi de pouvoir prendre à nouveau la parole.

Je serais bref. Je tiens tout d'abord à féliciter les participants à cet atelier qui ont poussé la réflexion et l'analyse sur cette problématique de la sexualité des adolescents et les grossesses précoces et le lien étroit existant entre les jeunes, la sexualité, la santé de la reproduction et le développement durable. Celles-ci sont des questions essentielles qui méritent toute notre attention, celle des medias, des décideurs et des pouvoirs publics pour l'avenir et le développement du Congo.

Je tiens a réitérer mes félicitations à Madame la Ministre dont la clairvoyance dans l'appréciation des problèmes de société et des situations de détresse touchant directement les personnes vulnérables, dont les femmes et les jeunes, permet des débats constants sur des sujets vitaux, une approche participative axée sur le partenariat avec les organisations de la société civile en vue de la complémentarité et pérennisation des actions, et facilite la prise de décision et des solutions objectives et fondées.

J'applaudis votre vision du développement qui place les jeunes et les femmes au centre du développement du pays. Et je me réjouis de la complémentarité des orientations stratégiques du Ministère de la Promotion de la Femme et de l'Intégration de la Femme au Développement, avec le travail exemplaire de l'Association Mibeko, dont le leadership de la Présidente contribue efficacement au débat sur amélioration de la condition féminine et au respect des droits humains, notamment ceux des femmes et des jeunes. L'Association Mibeko est ainsi devenue un des cadres de référence de la société civile d'ou émanent des idées et des réflexions indispensables dans la stratégie de développement du Congo.

Le travail réalisé à travers l'étude sur la sexualité et les maternités précoces des adolescents et des jeunes, financées par le Fonds des Nations Unies pour la Population, ainsi que les sessions tenues lors de ces assises destinées à en vulgariser les résultats, attestent du haut niveau de réflexion atteint par les acteurs nationaux dans la recherche des moyens pour l'amélioration des conditions de vie des populations.

Au cours de ces deux sessions de sensibilisation, nous avons vu comment les résultats d'une étude menée par des experts nationaux sur des situations apparaissant dans les milieux de vie qu'ils maîtrisent mieux que des experts qui seraient venus d'horizons différents ont capté l'attention de tous les participants et ont suscité des échanges plein d'enseignements. Madame la Ministre, Madame Bowao, toutes mes félicitations.

Au nom du Fonds des Nations Unies pour la Population, je voudrais encourager tous les participants à cet atelier et tous les acteurs sociaux intervenant à différents niveaux de la vie nationale à s'approprier les résultats des échanges enregistrés ici et à en faire un large écho.

Il me semble également indispensable de poursuivre ces sessions qui constituent une véritable campagne nationale de sensibilisation permettant de toucher des hommes et des femmes de toutes conditions sociales pour une prise de conscience collective pour l'amélioration de la santé reproductive des jeunes et de la réduction du taux de mortalité maternelle.

Madame la Ministre, Distingué(e)s invité(e)s, Mesdames et Messieurs,

En réponse aux pertinentes questions soulevées dans l'étude sur la sexualité et la maternité précoce et à la lumière des réflexions pertinentes suscitées au cours de cet atelier, j'ai décidé de prendre immédiatement un certain nombre d'actions concrètes sur ces thématiques.

Tout d'abord, je m'engage à initier, sous le leadership du Gouvernement de la République du Congo, avec vous Madame la Ministre, et en partenariat avec I'UNICEF, un programme de prévention des grossesses précoces pour permettre aux jeunes et adolescents de poursuivre leur vie personnelle, leurs études, leurs formations et faire des choix professionnels normalement, avant d'envisager de fonder une famille en toute responsabilité.

Ensuite, dans le cadre de l'initiative du Ministre de la Jeunesse et de l'Education civique, M. Zacharie Kimpouni, sur le civisme au Congo, le Ministre de la Jeunesse et de l'Education Civique et moi-même allons renforcer notre coopération pour protéger les jeunes contre toutes sortes d'abus, y compris contre la maternité précoce et ses conséquences. Nous allons coordonner nos actions et intensifier les activités de communication stratégique articulées autour du civisme pour toucher largement les jeunes, y compris sur les questions de genre, de prévention des maternités précoces et leurs conséquences, de prévention du VIH, et des discriminations et violences faites aux jeunes filles.

Enfin, I'UNFPA travaillera étroitement avec le Ministère de la Promotion de la Femme et de l'Intégration de la Femme au Développement et le Ministère de la Jeunesse et de l'Education civique pour la mise en place ou le renforcement de garde-fous pour protéger les jeunes et les jeunes filles contre toutes sortes d'abus, y compris les leurs, par un réexamen des textes législatifs et réglementaires en la matière, et des sanctions plus sévères contre les auteurs d'actes répréhensibles à l'encontre des jeunes.

Madame la Ministre, Distingué(e)s invité(e)s, Mesdames et Messieurs,

Le Fonds des Nations Unies pour la population ne ménagera aucun effort pour appuyer les efforts et les initiatives du Gouvernement en faveur de l'amélioration de la santé sexuelle et reproductive des adolescents, contre les grossesses précoces et en faveur de la réduction de la mortalité maternelle.

Je vous remercie de votre aimable attention.

Allocution de M. David LAWSON, Représentant résident du Fonds des Nations Unies pour la Population (UNFPA) au Congo & Directeur de la Représentation de l'UNFPA au Gabon, à l'occasion de la cérémonie de remise de médicaments et de produits de Santé de la reproduction au Professeur George Moyen, Ministre de la Santé et de la Population de la République du Congo. Pointe-Noire, 12 juillet 2010

Monsieur le Ministre de la Jeunesse et de l'Education civique,
Monsieur le Préfet de Pointe-Noire,
Monsieur le représentant du Député-Maire de Pointe Noire,
Mesdames et Messieurs les Parlementaires,
Monsieur le Directeur de Cabinet du Préfet de Pointe Noire,
Monsieur le Directeur Général de la Santé,
Monsieur le Directeur de la Santé Familiale,
Messieurs les Directeurs Départementaux,
Mesdames et Monsieur les représentants des organisations du Système des Nations Unies à Pointe Noire,
Distingué(e)s invité(e)s, Mesdames et Messieurs,

J'ai grand plaisir à être une nouvelle fois parmi vous aujourd'hui à Pointe Noire, poumon économique de la République du Congo, pour cette cérémonie officielle de remise de produits de santé de la reproduction du Fonds des Nations Unies pour la population en République du Congo au Gouvernement congolais.

Mais avant d'aller plus loin, je voudrais tout d'abord, à travers Monsieur le Ministre représentant le Gouvernement de la République du Congo pour cette cérémonie et à Monsieur le Préfet pour sa responsabilité sur le Département, exprimer aux familles des victimes du terrible accident de chemin de fer qui a endeuillé le Département et le pays il y a deux semaines, au nom de la Directrice exécutive du Fonds des Nations Unies pour la Population, Madame Thoraya Ahmed Obaid, au nom de la Représentation de I'UNFPA en République du Congo et en mon nom personnel, mes plus sincères condoléances aux familles des victimes pour leurs parents perdus. Je voudrais également exprimer toute ma compassion en faveur des blessé(e)s et leurs familles, et leur souhaiter un prompt rétablissement.

A cet égard, je suis heureux que 1'UNFPA, à travers notre sous-Bureau de Pointe Noire, ait pu contribuer avec le Ministre de la Santé et de la Population, sous la coordination du Représentant de I'OMS et avec les autres organisations des Nations Unies regroupées au sein de notre Bureau conjoint de Pointe Noire, le PNUD et I'UNICEF, aux efforts de recherche et d'évaluation de la situation après l'accident. J'ai également indiqué officiellement au Président de la République toute la disponibilité de notre organisation dans cette terrible épreuve.

Monsieur le Ministre, Distingué(e)s invité(e)s, Mesdames et Messieurs,

Permettez-moi également de remercier Monsieur Zacharie Kimpouni, Ministre de la Jeunesse et l'Education civique, d'être ici parmi nous dans la cadre de sa remarquable initiative sur le Civisme et la Moralisation de la vie publique.

L'activité d'aujourd'hui répond en effet parfaitement à cette thématique. Le changement de mentalités et de comportements que cette initiative appelle de ses vœux est partagé pleinement par le Fonds des Nations Unies pour la Population qui est pleinement associé à cette initiative.

En effet, en matière de santé de la reproduction, il convient pour les jeunes et les moins jeunes de prendre toutes les dispositions nécessaires pour se prémunir du VIH/Sida, mais aussi d'éviter de s'engager pour les jeunes filles trop tôt dans des relations sexuelles qui peuvent avoir des conséquences désastreuses pour leur santé, mais aussi pour leur vie, et à visiter, avant de s'engager dans des relations intimes et régulièrement par la suite, les centres de planification familiale qui pourront les aider à se protéger.

Je voudrais remercier aussi très cordialement le Préfet de Pointe Noire pour le chaleureux accueil qui nous a été réservé, comme à l'accoutume.

Monsieur le Ministre, Distingué(e)s invité(e)s, Mesdames et Messieurs,

Les produits de santé de la reproduction comprennent des contraceptifs, des médicaments pour la prévention et le traitement des infections sexuellement transmissibles, y compris le VIH/Sida, et des médicaments permettant aux structures sanitaires d'assurer la prise en charge de la grossesse et de l'accouchement. L'importance de ces produits a été soulignée avec force dans la Déclaration sanctionnant les travaux du Forum International sur l'Accès Universel à la Santé de la Reproduction, tenu en novembre 2007 à Rabat, au Maroc, forum visant à la réalisation des Objectifs du Millénaire pour le Développement et à ceux de la Conférence internationale sur la population et le développement.

Car la sécurisation des produits de santé de la reproduction, c'est-à-dire la possibilité pour chaque individu de choisir, d'obtenir et d'utiliser chaque fois qu'il en a besoin des produits de qualité, est considérée comme une question de droit humain intimement liée aux questions d'égalité. Par ailleurs, faire progresser la santé reproductive, en permettant notamment un plus large accès aux produits de santé de la reproduction, permettrait de réaliser au moins trois objectifs des Objectifs du Millénaire pour le Développement, à savoir la réduction de la mortalité infantile, l'amélioration de la santé maternelle et la lutte contre le VIH/SIDA, et permettrait également de contribuer indirectement à l'atteinte des autres objectifs.

L'UNFPA estime que la plupart des décès maternels actuels pourraient être évités si des soins d'urgence étaient prodigués à toutes les femmes quel que soit leur niveau de vie. De plus, en donnant aux femmes les moyens d'empêcher des grossesses non désirées, 20 à 35% de plus de décès maternels pourraient être évités. Vous conviendrez avec moi qu'il est impossible de mettre en œuvre un programme de santé s'il n'y a pas de produits. La cérémonie de remise de médicaments de ce jour s'inscrit parfaitement dans ce cadre et a pour but de contribuer à l'amélioration du bien-être des populations congolaises, notamment des femmes qui n'ont pas toujours les moyens financiers nécessaires pour accéder aux soins de santé maternelle de qualité, et surtout au moment voulu.

A cette occasion, je tiens à saluer la volonté politique du gouvernement de la République du Congo, ainsi que l'engagement et les actions concrètes entreprises par les autorités en charge de la santé, qui ont inscrit la problématique de la sécurisation des produits de santé de la reproduction dans le Plan National de Développement Sanitaire, la Feuille de Route Nationale pour l'accélération de la réduction de la mortalité maternelle, néonatale et infantile, et le Plan Stratégique de Sécurisation des Produits de Santé de la Reproduction de la République du Congo.

Je salue aussi les efforts que fournit le Ministère de la Santé et de la Population, sous le leadership du Professeur Georges Moyen, pour renforcer efficacement le système de santé congolais, en vue de rendre accessibles les services de qualité à toutes les couches de la population congolaise, tout en rappelant l'Appel d'Accra invitant les gouvernements et donateurs internationaux, à l'urgence de sécuriser l'engagement politique pour assurer la disponibilité et l'accessibilité des produits de santé de la reproduction de qualité, particulièrement pour les groupes pauvres, désavantagés et desservis. Cet appel demande, en outre, aux pays de s'assurer de la disponibilité de fonds pour les médicaments essentiels en santé de la reproduction, ainsi que de leur prise en compte dans les listes de médicaments essentiels au niveau de chaque pays.

Monsieur le Préfet, Monsieur le Directeur Général, Mesdames et Messieurs,

Dans le cadre de la mise en œuvre du 4ème Programme de coopération liant la République du Congo au Fonds des Nations Unies pour la population, notre organisation s'efforce de tenir ses engagements dans la limite de ses moyens. C'est ainsi que l'UNFPA a déjà remis, au cours des derniers mois, des médicaments, du matériel et des équipements au Ministère de la Santé et de la Population au profit de toutes les structures médicales disséminées à travers le pays.

La cérémonie de ce jour me donne donc à nouveau l'opportunité de faire don de médicaments pour une même cause et avec une même motivation, a savoir, appuyer les efforts du Gouvernement de la République du Congo visant à améliorer la santé maternelle dont l'une des priorités est l'accélération de la réduction de la mortalité maternelle. Ce don d'une valeur de plus de 100 millions FCFA est constitué d'antibiotiques, d'uroniques, de produits contraceptifs et de consommables, produits de première nécessité qui font souvent défaut dans les formations sanitaires.

Monsieur le Préfet, Monsieur le Directeur General, Mesdames et messieurs,

Cette remise de don n'est pas la première; elle ne sera pas non plus la dernière. En effet, la Représentation du Fonds des Nations Unies pour la population en République du Congo est consciente de la nécessité d'apporter une assistance substantielle aux structures sanitaires du pays. Elle continuera à mobiliser les ressources nécessaires pour la dotation des formations sanitaires en matériel, équipements et produits de santé maternelle de qualité.

Monsieur le Préfet, Monsieur le Directeur General, Mesdames et Messieurs,

Je voudrais profiter de cette cérémonie pour réaffirmer aux autorités sanitaires du pays ma détermination à appuyer les efforts du Gouvernement de la République du Congo quant à l'accélération de la réduction de la mortalité maternelle.

Pour terminer, je remercie sincèrement le Directeur Général de la Santé d'avoir bien voulu conduire notre délégation à Pointe Noire. Ses actions avisées vont, je l'espère, influer l'amélioration de la santé au Congo, et la santé maternelle en particulier. Je remercie également le Directeur de la Santé Familiale qui s'est beaucoup consacré à la réussite de notre mission.

Je vous remercie.

Allocution de M. David LAWSON, Représentant résident du Fonds des Nations Unies pour la Population (UNFPA) au Congo & Directeur de la Représentation de l'UNFPA au Gabon, à l'occasion de la cérémonie solennelle de lancement de la Campagne d'Accélération de la Réduction de la Mortalité Maternelle en Afrique (CARMMA) en République du Congo. Brazzaville, 20 octobre 2010

Madame Antoinette SASSOU NGUESSO, Première Dame du Congo,
Monsieur le Ministre de la Santé et de la Population,
Mesdames et Messieurs les Membres du Gouvernement,
Honorables Député(e)s et Vénérables Sénateurs,
Mesdames et Messieurs les Ambassadeurs et représentants du Corps diplomatique et consulaire,
Mesdames et Messieurs les Représentants des agences des Nations Unies et des organisations internationales,
Mesdames et Messieurs les représentants de la société civile et du secteur privé,
Mesdames et Messieurs les représentants des medias,
Distingué(e)s invité(e)s, Mesdames et Messieurs,

C'est un grand honneur pour moi de prendre la parole au nom de la famille des Nations Unies pour cet événement historique que constitue le lancement de la Campagne du Congo pour l'Accélération de la Réduction de la Mortalité Maternelle en Afrique (CARMMA). Il s'agit d'une étape importante en vue de s'assurer qu'aucune femme ne meurt en donnant la vie.

Permettez-moi tout d'abord d'exprimer ma profonde gratitude et mon plus grand respect à la Première Dame du Congo, Mme Antoinette SASOU NGUESSO, pour son leadership et son engagement en faveur des droits des femmes, pour l'amélioration de la santé maternelle et infantile. En acceptant de devenir marraine de la CARMMA et grâce à ses activités dans le cadre de l'Association *Congo Assistance,* je suis convaincu que les efforts mis en œuvre par les pouvoirs publics seront renforcés dans ce domaine.

A ce titre, je voudrais saluer l'engagement du Gouvernement Congolais en faveur de la réduction de la mortalité maternelle et la volonté du Chef de l'Etat, Son Excellence Monsieur Denis SASSOU NGUESSO d'améliorer la santé de tous les congolais et celle des femmes en particulier.

Je tiens également à exprimer mes félicitations au Professeur Georges MOYEN, Ministre de la Santé et la Population, pour son leadership, son engagement et la mobilisation des acteurs sanitaires sur la santé sexuelle et reproductive.

Madame SASSOU NGUESSO, Monsieur le Ministre, Mesdames et Messieurs les Membres du gouvernement, Distingué(e)s invité(e)s,

La lutte contre la mortalité maternelle est aujourd'hui une priorité de santé publique et un impératif social, moral et politique qui s'inscrit dans le cadre de la promotion des droits de la personne et de la femme en particulier, ainsi que de l'équité sociale.

Permettez moi de rappeler que chaque armée, 529.000 décès maternels surviennent dans le monde, dont quarante-huit pour cent (48 %) en Afrique. Au Congo, 781 décès maternels pour 100.000 naissances surviennent chaque année des suites d'une grossesse ou d'un accouchement dans le pays.

Le niveau de mortalité maternelle au Congo est supérieur à la moyenne africaine, malgré les ressources financières et techniques existantes dans le pays, une population en nombre relativement limité et un environnement culturel et socio-sanitaire favorable aux accouchements dans les structures de santé, structures où d'ailleurs la majorité des femmes congolaises accouchent.

Ceci signifie que la majorité des décès maternels au Congo pourrait être évitée moyennant des actions de prévention, un meilleur suivi de la grossesse et une meilleure qualité des soins, ainsi qu'une formation appropriée du personnel en charge de la santé maternelle.

La précocité des rapports sexuels des adolescents constitue un problème important de santé publique. Cette activité sexuelle précoce expose les adolescentes et les jeunes au VIH/Sida, aux infections sexuellement transmissibles et aux grossesses non désirées, ayant pour conséquences des taux élevés de morbidité et de mortalité maternelle et néonatale.

La prévention des grossesses précoces et un meilleur accès à la planification familiale par les jeunes filles doit permettre des grossesses souhaitées dans des conditions de sécurité pour la vie des jeunes filles et des nouveau-nés.

Madame SASSOU NGUESSO, Monsieur le Ministre, Mesdames et Messieurs les Membres du gouvernement, Distingué(e)s invité(e)s,

Le Congo a depuis longtemps fait de la santé une des priorités de sa politique nationale et a adhéré à différentes initiatives internationales visant la réduction de la mortalité maternelle et néonatale, articulées autour des Objectifs du Millénaire pour le Développement 4 et 5 sur la réduction de la mortalité maternelle et infantile à l'horizon 2015.

Pour accélérer la réduction de la mortalité maternelle, le Gouvernement Congolais a développé et adopté avec l'appui technique et financier de l'OMS, de l'UNFPA, de I'UNICEF et de la Banque Mondiale, la Feuille de Route du Congo pour la réduction de la mortalité maternelle, néonatale, infanto juvénile et des adolescents. Lors du Sommet des Chefs d'Etats de l'Union Africaine, à Kampala, au mois de juillet 2010, le Président de la République a réaffirmé l'engagement du Congo sur la réduction de la mortalité maternelle.

Le Ministre de la Santé et de la Population a engagé, avec l'appui de l'UNFPA et d'autres partenaires, la lutte contre les fistules obstétricales, entrepris des formations en audits des décès maternels, et mis en place un Observatoire sur les décès maternels, des semaines de la santé de la mère et de l'enfant. L'annonce par le Chef de l'Etat de la gratuité de la césarienne et des complications liées à l'accouchement est un autre élément fondamental de la stratégie du Gouvernement pour inverser la tendance négative dans ce domaine.

Le Gouvernement doit être félicité pour ces décisions courageuses et exemplaires qui contribuent à la réduction de la mortalité maternelle. Il faut poursuivre les efforts pour atteindre les OMD 4 et 5; les besoins non satisfaits en matière de planification familiale; la qualité des services mère-enfant; la mobilisation des communautés, du secteur privé et de l'ensemble des décideurs à tous les niveaux de la société.

Madame SASSOU NGUESSO, Monsieur le Ministre, Mesdames et Messieurs les Membres du gouvernement, Distingué(e)s invité(e)s,

Si nous nous retrouvons aujourd'hui, c'est parce le Congo veut mobiliser l'ensemble de la société congolaise, toutes les parties prenantes, afin d'améliorer la situation sanitaire des femmes, des mères et des enfants congolais.

En lançant la CARMMA aujourd'hui, le Congo rejoint les pays d'Afrique où les plus hautes personnalités de ces Etats ont décidé de prendre un engagement personnel fort en impliquant tous les acteurs concernés pour améliorer la santé des mères.

Comme le récent Sommet des Chefs d'Etats et des gouvernements sur le suivi des Objectifs du Millénaire pour le Développement l'a montré, le mois dernier, l'amélioration de la santé maternelle est au centre de tous ces Objectifs et de l'agenda international pour le développement. Il s'agit, au-delà de la santé, de l'égalité des femmes et des hommes, des droits humains et de l'autonomisation des femmes.

Ce sujet concerne les acteurs et décideurs du secteur sanitaire, mais aussi de l'éducation nationale, des affaires sociales et de la famille, de la jeunesse, des finances publiques, de l'économie et de la planification, de la communication, de la justice, des transports et des travaux publics. L'accès à la santé génésique, la planification familiale en particulier, et les services de santé maternelle, aide les femmes et les filles à éviter les grossesses non désirées ou précoces, et les handicaps liés à la grossesse. Ainsi les femmes restent en bonne santé, sont plus productives, ont plus d'opportunités pour l'éducation, la formation et l'emploi, et ainsi contribuent à leur tour à soutenir les prestations de familles entières, des communautés et des nations.

Les hommes ne sont pas en reste et jouent un rôle crucial dans la promotion de la santé maternelle. Les hommes, dans leur vie, qu'ils soient des pères, des frères, des maris, des partenaires, des enseignants, des médecins, des dirigeants d'églises ou de mosquées, des responsables culturels, ou autres, doivent s'engager et soutenir tous les efforts visant à réduire les décès maternels, car ils font également partie de la solution.

A ce titre, je tiens à saluer l'initiative sur le leadership masculin lancée au mois de mai dernier à Brazzaville par Madame Françoise LECKOMBA LOUMETO-POMBO, Ministre de la Promotion de la Femme et de l'Intégration de la Femme au Développement, et moi-même.

Il faut également donner priorité aux jeunes. Ce sont les filles jeunes qui meurent en plus grand nombre durant la grossesse et l'accouchement; changer le cours de leur vie assurera l'avenir du pays. Il faut donner priorité aux jeunes et à la planification familiale. La planification familiale seule peut réduire la mortalité maternelle de près de 40 pour cent. Au Congo, les besoins non satisfaits en matière de planification familiale restent importants.

Le système de santé doit être renforcé, pour offrir des services de qualité avec des maternités bien équipées, des médicaments adéquats en permanence et du personnel qualifié et cela sur l'ensemble du territoire congolais, et il faut saluer les engagements budgétaires et programmatiques décidés par le Gouvernement à cet égard.

Finalement, il faut aussi impliquer davantage les medias, les leaders religieux et traditionnels et le secteur privé qui peuvent être des sources importantes de mobilisation de ressources humaines, techniques et financières, mais aussi des vecteurs d'information et de changement de comportements qui participent à l'amélioration de la santé de la population congolaise.

Madame, SASSOU NGUESSO Monsieur le Ministre, Mesdames et Messieurs les Membres du Gouvernement, Distingué(e)s invité(e)s,

En terminant, je voudrais dire que les expériences des campagnes CARMMA lancées dans d'autres pays, ont montré qu'elles pouvaient être de formidables accélérateurs d'actions concrètes et mesurables, qui doivent s'agréger de la part des différents acteurs impliqués pour réduire de façon durable la mortalité maternelle au Congo.

Enfin, j'aimerais réaffirmer la disponibilité et l'engagement sans faille de l'ensemble du Système des Nations Unies et de l'OMS, du Fonds des Nations Unies pour la Population et de l'UNICEF et la Banque Mondiale en particulier, aux côtés du Gouvernement et de toute la population du Congo, pour soutenir les actions du Gouvernement, afin que l'amélioration de la santé maternelle et néonatale soit un facteur clé de développement social et économique du pays et une réalité pour le bien-être des femmes et des jeunes filles congolaises.

Je vous remercie de votre aimable attention.

Allocution de M. David LAWSON, Représentant résident du Fonds des Nations Unies pour la Population (UNFPA) au Congo & Directeur de la Représentation de l'UNFPA au Gabon, lors de la causerie-débat sur l'ampleur et les perspectives de la mortalité maternelle au Congo, à l'occasion de la célébration de la Journée internationale de la Femme. Pointe-Noire, 10 mars 2011

Monsieur le Préfet du Département de Pointe-Noire,
Monsieur le Député-Maire de Pointe-Noire,
Monsieur le Directeur général de l'hôpital de Loandjili,
Madame la Présidente de l'Association des sages-femmes de Pointe-Noire et du Kouilou,
Mesdames et Messieurs les Parlementaires,
Madame la Directrice générale de l'hôpital Adolphe Cissé,
Mesdames et Messieurs les Consuls accrédites en République du Congo à Pointe-Noire, et Cher(e)s Collègues,
Mesdames et Messieurs les délégué(e)s des Représentants des agences du Système des Nations Unies en République du Congo à Pointe Noire, et Cher(e)s Collègues,
Madame la Directrice départementale de la Promotion de la Femme et de l'Intégration de la Femme au développement,
Mesdames et Messieurs les représentants des corps constitués civils et militaires,
Mesdames et Messieurs les Directeurs départementaux,
Mesdames et Messieurs les représentants des organisations non gouvernementales, de la société civile et du secteur privé,
Mesdames et Messieurs les représentants de la presse et des media,
Distingué(e)s invité(e)s, Mesdames et Messieurs,

Je suis très heureux d'être ici aujourd'hui à l'hôpital de Loandjili que je visite pour la première fois à l'occasion de cet événement organisé par l'Association des Sages-femmes de Pointe-Noire et du Kouilou, dans le cadre la Journée internationale de la Femme 2011.

Je voudrais remercier le Directeur général de Loandjili pour sa patience à mon égard et pour avoir accepté d'accueillir cette causerie-débat sur l'ampleur et les perspectives de la mortalité maternelle au Congo.

Dans le monde entier, au mois de mars chaque année, nous célébrons le mois de la femme; les femmes qui sont le pilier de toute société, s'il en est, et berceau fondateur et indispensable de la vie humaine.

Durant ce mois de mars 2011, les femmes du Congo sont en fête; et elles ont beaucoup de raisons de l'être. Tous ceux qui ont vu défiler plus de 150,000 femmes, le 8 mars 2010, à Brazzaville... Tous ceux qui ont suivi le Forum de l'Indépendance des Femmes congolaises... Ceux qui ont participé au Forum Mibeko sur le leadership féminin à Brazzaville l'an dernier, ont senti une mobilisation sociale sans précédent en faveur des femmes dans le pays, et le souffle d'un vent nouveau de changement dans leur vie et la prise en charge de leur destin.

Ce vent se répand sur l'ensemble du territoire national. A cet égard, il convient de saluer la vision et le leadership du Chef de l'Etat, le Président Denis Sassou Nguesso, qui est non seulement depuis longtemps un défenseur convaincu de la cause féminine et du genre, mais qui a également écouté attentivement et entendu leur appel pour accompagner ce magnifique mouvement social.

Lors de son adresse sur l'Etat de la Nation à la veille de la célébration du Cinquantenaire de l'Indépendance, plusieurs mesures phares de portée historique ont été annoncées et vont, bel et bien, révolutionner pour longtemps la vie des femmes au Congo.

Tout d'abord, une loi sur la parité hommes-femmes aux fonctions électives, politiques et administratives. Cette loi, qui est en préparation au Gouvernement sous l'autorité éclairée et visionnaire de Madame Jeanne-Françoise Leckoumba Loumeto Pombo, Ministre de la Promotion de la Femme et de l'Intégration de la Femme au développement, devrait non seulement rééquilibrer la présence des femmes aux postes de responsabilité, mais aussi permettre aux femmes de participer pleinement et équitablement aux processus de décision politique, économique et sociale du pays à tous les niveaux.

Je suis convaincu que cette loi et l'accès des femmes à ces postes de responsabilités insuffleront un élan nouveau qui donnera aux Congolaises la pleine mesure de leurs droits et leur permettra de les revendiquer pleinement, notamment en ce qui concerne le droit à la santé de la reproduction.

Ensuite, le Président de la République a annoncé la gratuité de la césarienne. Il s'agit d'une mesure essentielle pour améliorer la qualité de services et des soins de santé maternelle et ainsi sauver beaucoup de vie de femmes, pour qu'«aucune femme ne meure en donnant la vie.»

Je me réjouis que la gratuité de la césarienne, dont les modalités de mise en oeuvre sont préparées sous le leadership discret mais dynamique et efficace du Professeur George Moyen, Ministre de la Santé et de la Population, entre prochainement en vigueur.

A cet égard, je tiens à rendre un vibrant hommage à l'engagement et à l'activisme de la Première Dame, qui en devenant la marraine de la Campagne nationale d'Accélération de la Réduction de la Mortalité Maternelle - la CARMMA -, contribue efficacement à l'action du Chef de l'Etat et du Gouvernement pour améliorer les conditions de vie et la santé des femmes.

Au passage, je tiens également à saluer l'engagement de l'ambassadrice de la CARMMA, la Vénérable Philomène Fouty-Soungou, qui aurait dû être aujourd'hui parmi nous, mais qui est empêchée du fait d'autres obligations d'Etat.

Mesdames et Messieurs, Distingué(e)s invité(e)s,

Le Fonds des Nations Unies pour la population - l'UNFPA - soutient pleinement les efforts du Gouvernement de la République du Congo et de la société civile en faveur de l'amélioration de la condition des femmes et de la santé maternelle. A ce titre, nous appuyons techniquement et financièrement la mise en œuvre de la Feuille de Route nationale pour l'accélération de la réduction de la mortalité maternelle, adoptée en janvier 2010, notamment par des formations de personnels de santé et des sages-femmes aux soins obstétricaux d'urgence.

Le renforcement des compétences et de l'expertise des sages-femmes est essentiel à la réduction de la mortalité maternelle. Et je voudrais saluer l'action de l'Association des sages-femmes de Pointe Noire et du Kouilou qui mène des actions de sensibilisation, de plaidoyer auprès des décideurs politico-administratifs et de la prise en charge des femmes enceintes. L'UNFPA entretient un partenariat étroit avec la confédération internationale des Sages-femmes. A ce titre, nous sommes heureux d'être associé à cet événement et nous entendons soutenir les efforts déployés par votre Association.

Le Fonds des Nations Unies pour la population fournit également aux centres de santé du pays des équipements et matériels médicaux et chirurgicaux visant à faciliter et améliorer la qualité des services et des soins liés à la grossesse et aux accouchements.

Nous finançons intégralement un programme de lutte contre les fistules obstétricales, une affection qui survient en cas d'accouchement prolongé et difficile et provoque souffrance et stigmatisation de la femme. Ce programme permet aux femmes souffrant de cette pathologie d'être prise en charge et guéries gratuitement et de bénéficier d'un programme de réinsertion social et professionnel.

Ce programme est actuellement mis en œuvre au Centre hospitalier universitaire et à l'Hôpital Central des Armées Pierre Mabengo de Brazzaville. Mais le Ministre de la Santé et de la Population m'a récemment donné son accord pour une extension du programme au sud et au nord du pays. Ainsi deux nouveaux centres de traitement de la fistule devraient prochainement en bénéficier. Il s'agit de l'Hôpital d'Owando dans le département de la Cuvette et de l'Hôpital Adolphe Cissé de Pointe-Noire.

Et je suis heureux que dans la capitale 'économique du pays notamment, l'UNFPA devrait, bénéficier de l'appui de la Société Total pour la mise en œuvre de ce programme, en coopération avec les Ministères de la Santé et de la Population, des Affaires sociales et de l'Action humanitaire et de la Promotion de la Femme et de l'Intégration de la Femme au développement.

Avec la Banque mondiale, l'OMS, l'ONUSIDA et l'UNICEF notamment, nous appuyons le Ministre de la Santé et de la Population qui, suivant les orientations du Chef de l'Etat, a fait de la lutte contre la mortalité maternelle une des principales priorités nationales, afin de rendre accessibles à toutes les couches de la population congolaise des services et des soins de qualité. Ce séminaire s'inscrit dans cette volonté.

Je le dis et je le répète, la formation des sages-femmes et la mise à jour de leurs compétences sont essentielles pour réduire le taux de mortalité maternelle au Congo qui reste élevé, avec 781 femmes qui meurent en donnant la vie ou des suites d'une grossesse pour 100,000 naissances vivantes. De même, il est important que les ressources humaines sanitaires soient mieux réparties sur le territoire national, afin que chaque structure de santé bénéficie de personnels sanitaires en nombre suffisant et de qualité pour que chaque accouchement soit sans risque.

Mesdames et Messieurs, Distingué(e)s invité(e)s,

«Il est temps de libérer le plein potentiel des femmes (...), car le progrès des femmes est le progrès pour tous», affirme le Directeur exécutif de l'UNFPA dans son message à l'occasion de la Journée Internationale de la Femme.

A cette fin, je tiens à profiter de cette célébration de la femme, pour rappeler l'importance de la participation des hommes, et en particulier du leadership masculin sans l'intervention desquels il difficile de faire avancer cette cause. A ce titre, je tiens à saluer la mobilisation des autorités masculines de Pointe-Noire et du Kouilou qui ont lancé cette initiative en décembre dernier, ici à Pointe-Noire, en présence de Madame la Ministre de la Promotion de la Femme et de l'Intégration de la Femme au développement et moi-même.

Nous comptons sur cet engagement pour faire avancer cette cause de la réduction de la mortalité maternelle qui doit être et est notre cause à tous.

En terminant, je voudrais réaffirmer au Gouvernement et à la société civile, de même qu'au peuple congolais, l'engagement et la détermination du Fonds des Nations Unies pour la population à soutenir et accompagner ce mouvement historique d'autonomisation des femmes congolaises, et d'intensifier son appui technique et financier, avec ses partenaires, à la lutte contre la féminisation de l'épidémie de Sida, et à l'amélioration de la santé maternelle et de la condition féminine au Congo.

Je vous remercie de votre aimable attention.

Allocution de M. David LAWSON, Représentant Résident du Fonds des Nations Unies pour la population (UNFPA) en République du Congo & Directeur de la Représentation de l'UNFPA en République du Gabon, à l'occasion de la célébration de la Journée Internationale de la Sage-Femme. Brazzaville, 5 mai 2011

Monsieur le Ministre de la Santé et de la Population,
Vénérable Ambassadrice de la Campagne nationale pour l'Accélération de la Réduction de la Mortalité maternelle en Afrique,
Honorable député(e)s, Vénérables sénateurs,
Monsieur le Représentant de l'OMS, et Cher Collègue,
Madame et Messieurs les Représentants des agences du Système des Nations Unies, et Cher(e)s Collègues,
Mesdames et Messieurs les Directeurs généraux,
Madame la Présidente de l'Ordre National des Sages-Femmes,
Mesdames et Messieurs les sages-femmes,
Mesdames et Messieurs les représentants des organisations non gouvernementales et de la société civile,
Mesdames et Messieurs les Représentants de la presse et des media,
Distingué(e)s invité(e)s, Mesdames et Messieurs,

C'est un grand plaisir pour moi d'être avec vous aujourd'hui pour célébrer la Journée internationale de la sage-femme.

Tout d'abord, je voudrais adresser mes salutations fraternelles à toutes les sages-femmes du Congo.

Ensuite, avec une émotion particulière, je voudrais rendre un vibrant hommage à Madame Antoinette Sassou Nguesso, Première Dame du Congo, pour son engagement inébranlable en faveur des femmes africaines, des Congolaises et pour son action en tant que marraine de la Campagne congolaise pour l'Accélération de la Réduction de la Mortalité Maternelle en Afrique, -la CARMMA.

Je remercie la Vénérable Philomène Fouty-Soungou, Ambassadrice de la CARMMA, ancienne sage-femme elle-même, pour son rôle aux côtés de la Première dame, dans la lutte contre la mortalité maternelle au Congo.

Je tiens à exprimer ma gratitude à la Présidente de l'Ordre National des Sages-Femmes du Congo pour l'organisation avec l'OMS et l'UNFPA de cette rencontre sur le thème : «la sage-femme et l'atteinte des Objectifs du

Millénaire pour le Développement 4 et 5», les OMD 4 et 5 portant respectivement sur la réduction de la mortalité infantile et maternelle. Je salue cet engagement des sages-femmes congolaises à lutter contre la mortalité maternelle et infantile.

Enfin, je voudrais profiter de cette occasion pour saluer avec respect le Professeur George Moyen qui, depuis qu'il est à la tête du Ministère de la Santé et de la Population, a entrepris avec conviction, détermination et vigueur des actions exceptionnelles pour renforcer le système de santé congolais et améliorer la santé des populations congolaises, notamment des femmes et des enfants.

Il s'agit, entre autres, de la mise en œuvre de la Feuille de route sur l'accélération de la réduction de la mortalité maternelle, néonatale et infantile, du renforcement des capacités humaines, de la lutte contre les fistules, de la gratuité de la césarienne, de la mise en place de l'Observatoire des décès maternels, de l'enquête sur les soins obstétricaux et néonataux d' urgence.

En effet, un système de santé fonctionnant bien est un système qui peut servir efficacement les femmes, notamment quand ces dernières sont prêtes à accoucher. Si le système de santé peut répondre aux exigences médicales d'un accouchement sans danger, alors il peut répondre à d'autres urgences. Le travail des sages-femmes est un élément essentiel des soins de santé primaires et il aide à renforcer les systèmes de santé.

Monsieur la Ministre, Distingué(e)s invité(e)s,

Le monde a besoin de sages-femmes ! Chaque année dans le monde, y compris au Congo, des centaines de milliers de femmes meurent et trois millions de nouveau-nés ne survivent pas au-delà de la première semaine parce qu'ils n'ont pas accès à des services de santé maternelle et néonatale de qualité, ni aux soins de sages-femmes qualifiées. Chaque minute dans le monde, une femme meurt en accouchant ou des suites d'un accouchement. Au Congo, sur cent mille bébés qui voient le jour, 781 mamans meurent en leur donnant la vie.

Nous pouvons sauver ces femmes ! Nous pouvons sauver ces femmes en introduisant ou en renforçant la présence des sages-femmes dans les communautés. En effet, en investissant dans les sages-femmes, les gouvernements peuvent assurer l'accès universel à la santé reproductive et permettre l'atteinte de l'Objectif du Millénaire pour le développement 5 sur l'amélioration de la santé maternelle.

Jusqu'à quatre-vingt-dix pour cent des décès maternels peuvent être évités lorsqu'un personnel de santé compétent, notamment des sages-femmes, en nombre suffisant et bien formé, est autorisé à pratiquer en toute légalité les soins obstétricaux et néonataux d'urgence. Pour cela, le monde a besoin de 350,000 sages-femmes supplémentaires.

Quand elles ont la formation et l'encadrement appropriés, les sages-femmes constituent l'intermédiaire de santé le plus rentable et de la plus haute qualité pour assurer la santé maternelle et néo-natale: les sages-femmes dispensent des soins aux femmes durant la grossesse, l'accouchement et le suivi après la naissance.

En cas de complications pendant la grossesse et en cas d'urgence lors de l'accouchement, les sages-femmes remplissent des fonctions essentielles qui permettent de sauver la vie des patientes.

Elles dispensent une information et des services en matière de santé reproductive, ce qui inclut la planification familiale qui permet aux femmes de choisir le moment de leur grossesse et la prévention du VIH, y compris la prévention de la transmission du virus de la mère à l'enfant.

Là où leurs services sont largement disponibles et accessibles, la mortalité maternelle et néo-natale diminue, tandis que le bien-être des familles et des communautés s'accentue.

Monsieur le Ministre, Distingué(e)s invité(e)s,

En Afrique sub-saharienne, et particulièrement au Congo, des progrès ont été réalisés en ce qui concerne la santé de la mère et de l'enfant; mais beaucoup reste à faire.

La sage-femme doit ainsi être au centre de la problématique de la réduction de la mortalité maternelle, néonatale et infantile dans le monde et en République du Congo. C'est pourquoi l'OMS, l'UNICEF, la Banque Mondiale et l'UNFPA ont joint leurs forces pour réduire ce fléau inacceptable car aucune femme ne doit mourir en donnant la vie.

Et l'UNFPA a établi, en 2008, un fonds fiduciaire soutenir les sages-femmes, notamment dans les pays les plus pauvres d'Afrique. Ce fonds est désormais partie intégrante du fonds fiduciaire de l'UNFPA pour la santé maternelle.

En cette Journée internationale de la sage-femme, le Fonds des Nations Unies pour la population rend hommage au travail des sages-femmes dans le monde entier. Cette Journée est l'occasion pour nous de manifester notre admiration et notre solidarité aux sages-femmes, pour le travail remarquable qu'elles accomplissent chaque jour, dans des conditions parfois difficiles, pour améliorer la santé maternelle, néonatale et infantile.

Ici au Congo, à travers son Représentant, l'UNFPA rend un hommage appuyé et chaleureux au travail des sages-femmes congolaises et demande solennellement au Gouvernement des investissements accrus pour former des sages-femmes et les retenir là où elles sont le plus nécessaires.

Au Congo comme ailleurs, les sages-femmes doivent être une priorité des investissements, programmes, politiques et budgets de santé.

J'ajoute qu'à l'heure de la crise financière internationale, de la réduction de l'aide au développement, des économies d'échelle et de l'intégration de services de santé de la reproduction et de VIH/Sida, les sages-femmes sont en modèle économique d'intégration et de retour sur investissement à moindre coût.

Monsieur le Ministre, Distingué(e)s invité(e)s,

Au mois de septembre dernier, à New York, en marge du Sommet des Chefs d'Etats sur le suivi du Sommet du Millénaire, le Secrétaire général des Nations Unies, Ban Ki-Moon, lançait un Plan d'action conjoint pour la santé des femmes et des enfants.

Il est donc essentiel que le gouvernement, ainsi que tous les partenaires au développement, accroissent les investissements non seulement dans la santé, mais aussi dans les domaines connexes mais tout aussi vitaux pour la santé: à savoir l'éducation et la formation notamment. Fournir l'éducation et la formation de base dans les compétences essentielles à la pratique des sages-femmes est une question d'urgence pour atteindre les OMD d'ici à 2015.

Tous ensemble, il nous appartient de soutenir le gouvernement et veiller à la mise en œuvre de plans de développement des ressources humaines et de renforcer les capacités du Ministère de la Santé et de la Population, en matière de formation, de recrutement, de rétention et de redéploiement des personnels de santé, et des sages-femmes en particulier, sur toute l'étendue du territoire national, afin de combler les déficits en personnels sanitaires en zones rurales et péri-urbaines.

Il faut également songer à renforcer les cadres législatifs et réglementaires pour assurer les normes appropriées de la pratique des sages-femmes, tels que définies par l'Organisation mondiale de la santé. S'assurer également que la notification des décès maternels est obligatoire pour aider l'Observatoire des décès maternels à faire le point et le suivi précis de la santé maternelle et sur les progrès accomplis.

Monsieur le Ministre, Distingué(e)s invité(e)s,

La Journée internationale de la sage-femme est une célébration du rôle central des sages-femmes pour la maternité, mais elle est également une opportunité pour échanger avec les sages-femmes elles-mêmes sur les meilleures stratégies à mettre en œuvre pour améliorer leurs conditions de travail et renforcer leurs rôles et responsabilités dans le combat que nous menons chaque jour pour éviter que des femmes ne meurent en donnant la vie. Je suis heureux que nous puissions bénéficier de ce débat et d'un dialogue constructif.

En terminant, Monsieur le Ministre, je voudrais répéter ce que j'ai déjà eu à dire publiquement la Présidente de l'Ordre des Sages-Femmes du Congo, c'est-à-dire que l'UNFPA, à travers moi, continuera à soutenir les initiatives visant à renforcer le nombre et les compétences des sages-femmes congolaises.

Parallèlement, je voudrais également inviter l'Ordre national des Sages-Femmes et l'Association des Sages-Femmes du Congo et leurs Présidentes respectives, à la cohésion et la collégialité professionnelles, et au dynamisme et au pro-activisme corporatiste qui, dans l'esprit associatif, doivent permettre aussi aux sages-femmes de se donner les moyens d'un plaidoyer et de leviers efficaces, et d'une action visible en faveur de la profession, et par là même en faveur de l'amélioration de santé maternelle.

A ce titre, je renouvelle l'engagement du Fonds des Nations Unies pour la population à travailler avec le gouvernement, l'Ordre et l'Association des Sages-Femmes du Congo, la société civile et les partenaires internationaux au renforcement des capacités humaines des sages-femmes pour assurer l'accès universel à la santé reproductive et l'amélioration de la santé maternelle en République du Congo.

Je vous remercie de votre attention.

Allocution de M. David LAWSON, Représentant Résident du Fonds des Nations Unies pour la population (UNFPA) en République du Congo & Directeur de la Représentation de l'UNFPA en République du Gabon, à l'occasion de l'ouverture du séminaire de renforcement des capacités des membres de l'Association Femmes Vaillantes du Congo sur « Eduquer les femmes et les jeunes filles pour prévenir les grossesses précoces et non désirées sources de complications et de mortalité. » Brazzaville, 24 mai 2011

Madame la Ministre de la Promotion de la Femme et de l'Intégration de la Femme au développement,
Madame la Présidente de l'Association Femmes Vaillantes du Congo,
Madame la Directrice de cabinet de Madame la Ministre de la Promotion de la Femme et de l'Intégration de la Femme au développement,
Mesdames les Directrices générales,
Mesdames les membres de l'Association des Femmes Vaillantes du Congo,
Chères Femmes vaillantes du Congo,
Mesdames et Messieurs les représentants de la presse,
Distingué(e)s invité(e)s, Mesdames et Messieurs,

Permettez-moi tout d'abord de remercier chaleureusement l'Association des Femmes Vaillantes du Congo, et tout particulièrement sa Présidente, pour avoir pris l'initiative de ce séminaire avec l'UNFPA sur un sujet fondamental pour la société congolaise, ses femmes en particulier, mais également le développement du pays, à savoir *l'éducation des femmes et des jeunes filles pour prévenir les grossesses précoces et non désirées, sources de complications et de mortalité. »*

Madame la Ministre, Madame la Présidente, Chères Femmes vaillantes du Congo,

A l'initiative du Président de la République, les pouvoirs publics de la République du Congo mettent en œuvre la gratuité de la césarienne parmi une série de mesures courageuses visant à réduire la mortalité maternelle au Congo.

Je voudrais profiter de cette occasion pour saluer la mise en œuvre effective de cette mesure, dont nous sommes convaincus, si appliquée de manière appropriée, contribuera à une diminution de taux de mortalité maternelle de l'ordre de 25 pour cent.

Mais, il appartient non seulement aux personnels de santé de prendre leurs responsabilités pour rendre cette mesure efficace, mais également aux populations et aux communautés, dont les changements de comportements doivent contribuer à accompagner les mesures gouvernementales et les transformer en succès pour le bien-être de tous.

Je salue ainsi l'engagement et la volonté des Femmes Vaillantes du Congo dans cette voie pour l''amélioration de la santé de la mère et de l'enfant.

Madame la Ministre, Madame la Présidente, Chères Femmes Vaillantes du Congo,

D'après l'OMS, dans le monde, chaque minute, 380 femmes sont enceintes. La moitié d'entre elles, soit 190 n'avaient ni planifié, ni souhaité, ni désiré cette grossesse. Parmi ces 190 femmes, 40 essaient désespérément de mettre un terme prématuré à leur grossesse souvent au péril de leur vie.

Chaque année, plus de 15 millions de jeunes filles âgées de 15 à 19 ans mettent un enfant au monde. Plus de 4 millions de jeunes filles de cette même tranche d'âge subissent un avortement. Ces avortements sont souvent pratiqués dans des conditions médicales impropres à cette procédure risquée, et elles mettent ainsi leur vie en danger.

Dans ce contexte, les jeunes filles sont particulièrement vulnérables. En effet, pour des raisons physiologiques, une adolescente est plus facilement sujette à des problèmes de santé reproductive. Une jeune fille enceinte à moins de vingt ans est deux fois plus exposée à des risques de complications lors de l'accouchement qu'une femme plus âgée.

Du reste, le taux élevé de décès maternels au Congo, 781 pour 100,000 naissances vivantes, n'épargne naturellement pas les jeunes filles et les adolescentes.

Madame la Ministre, Madame la Présidente, Chères Femmes Vaillantes du Congo,

Une naissance est certes toujours un don merveilleux de la vie. Mais une maternité est toujours dangereuse, et la maternité précoce comporte des risques de mortalité maternelle supérieurs à la moyenne. De même, les décès de nouveau-nés de mamans trop jeunes sont plus nombreux que la moyenne.

Par ailleurs, partout dans le monde, comme au Congo, la maternité précoce fait obstacle à l'amélioration du statut économique et social des jeunes. Elle réduit fortement la possibilité des jeunes femmes de faire des études supérieures et de travailler, et risque de porter un préjudice durable à la qualité de leur vie et à celle de leurs enfants.

Outre les avortements, la précocité des rapports intimes constitue un autre corollaire des grossesses précoces et non désirées au Congo, comme ailleurs.

Ayant une connaissance limitée de leur propre corps, les adolescents sont facilement exposés aux grossesses précoces, au VIH/Sida, aux infections sexuellement transmissibles, et à l'abus et à la violence sexuels. Du reste, un trop grand nombre de jeunes sexuellement actifs n'utilisent ni contraceptif ni préservatif pour éviter les grossesses non désirées.

Madame la Ministre, J'ai déjà eu l'occasion de le dire, mais je le répète ici aujourd'hui: en vertu d'un certain ancrage aux traditions et coutumes anciennes en Afrique, et malgré une forte natalité, malgré des contextes fragiles et sensibles aux conséquences lourdes pour les jeunes, les tabous limitent malheureusement les possibilités de dialogue entre adultes et jeunes autour de la sexualité.

Le manque de dialogue parental en matière de sexualité contribue largement à exposer les jeunes aux risques liés à une sexualité précoce mal informée et non protégée, y compris le virus du Sida et aux autres maladies sexuellement transmissibles.

Ceci est dommageable, car ignorer la sexualité des jeunes ne résout pas leurs problèmes. Bien au contraire. Dans ce monde moderne, qu'on le veuille ou non la sexualité est fortement présente et plus ouverte que par le passé.

La question ne consiste donc pas pour les parents à se prononcer en faveur ou à l'encontre de l'évolution du monde, mais bien d'accompagner une transition décomplexée entre tradition et modernité, afin de mieux prendre en compte les besoins des jeunes en la matière et de les accompagner en leur fournissant l'information, les conseils et les moyens de se protéger.

Madame la Ministre, Madame la Présidente, Chères Femmes Vaillantes du Congo,

Les jeunes constituent un groupe social très vulnérable qu'il convient de prendre en compte par des mesures appropriées et adaptées.

A ce titre, je voudrais saluer l'action volontariste et vigoureuse de Madame Jeanne-Françoise Loumeto Pombo, Ministre de la Promotion de la Femme et de l'Intégration de la Femme au développement, du Professeur George Moyen, Ministre de la Santé et de la Population, et de Monsieur Zacharie Kimpouni, Ministre de l'Instruction civique et de la Jeunesse, visant à protéger les jeunes et promouvoir leur santé reproductive, en vue de réduire les grossesses précoces et non désirées.

La pauvreté et l'ignorance des risques encourus par des rapports sexuels précoces chez les jeunes filles et les femmes amplifient le phénomène des grossesses précoces. Le faible recours aux services de planification familiale et le faible taux d'utilisation des méthodes modernes de contraception à seulement 13 pour cent ici au Congo, sont des facteurs aggravants du nombre des grossesses précoces.

Les jeunes sont également confrontés à l'absence ou à l'insuffisance de structures de santé, de services et d'information adaptées à leurs besoins en matière de santé sexuelle et reproductive.

A ce fléau sanitaire et social inacceptable, s'ajoute une réalité économique non négligeable. Ainsi des études récentes ont montré que les ressources financières investies dans les services de planification familiale et de contraception moderne dans les pays en développement permettraient d'éviter 247 millions de grossesses non désirées ou non planifiées et 215,000 décès imputés à ces grossesses.

La Banque mondiale estime que dans un pays africain type, aux taux de mortalité et de fécondité élevés, comme au Congo, le coût de la prévention d'une seule grossesse non désirée, grâce à la planification familiale coûterait 185,000 francs CFA, et le gouvernement réaliserait à travers cet investissement une économie budgétaire de 220,000 francs CFA, soit un solde positif de 35,000 francs CFA pour chaque grossesse non désirée évitée.

Par ailleurs, l'accès à la planification familiale augmente aussi les possibilités d'accès à l'éducation et au marché de l'emploi pour les jeunes filles et contribuent à l'augmentation de leur productivité qui doit ainsi accroître la croissance économique nationale à long terme.

Madame la Ministre, Madame la Présidente, Chères Femmes Vaillantes du Congo,

L'UNFPA appuie les efforts du gouvernement et contribue ainsi à la prévention des grossesses précoces et à la réinsertion sociale et professionnelle de jeunes filles mères.

Outre les pouvoirs publics, toutes et tous, hommes et femmes, jeunes et moins jeunes au sein de la société congolaise, nous avons le devoir de nous renseigner et d'informer nos proches et nos amis sur les moyens qui permettent à celles qui le désirent de planifier les grossesses.

Là où des services de planification familiale sont accessibles, la mortalité maternelle et néo-natale diminue, permettant un accroissement du bien-être des familles et des communautés.

Il est nécessaire d'informer les adolescentes sur les dangers des grossesses précoces, sur l'importance du recul de l'âge du premier rapport sexuel, et sur les moyens de planification familiale. Le préservatif est un élément incontournable et son utilisation permet également de se protéger du VIH et des autres infections sexuellement transmissibles.

Madame la Ministre, Madame la Présidente, Chères Femmes Vaillantes du Congo,

Les grossesses précoces et non désirées sont un fléau sanitaire, social, économique et politique qu'il faut éradiquer. Les remèdes sont connus qui doivent être mis en œuvre énergiquement par les pouvoirs publics, la société civile et les populations. Il s'agit notamment de la responsabilisation et du renforcement de l'éducation et de l'information des parents et des jeunes filles quant aux risques des grossesses précoces et non désirées; de l'amélioration de l'accès des jeunes femmes à l'information et aux services de planification familiale et de santé maternelle de qualité; du renforcement de l'arsenal législatif sanctionnant toutes les formes de discriminations et violences à l'égard des femmes, et protégeant les jeunes filles contre les mariages précoces et l'exploitation sexuelle.

En terminant, Madame la Ministre, je voudrais vous confirmer mon engagement à accompagner les efforts du gouvernement congolais et de la société civile pour que toutes les grossesses soient souhaitées, désirées, sans risque et leur moment choisi librement par les Congolaises.

Aux côtés du gouvernement et de la société civile, avec les autres partenaires au développement, l'UNFPA continuera à soutenir la protection et la promotion des droits des adolescentes à l'éducation, l'information et aux soins de santé de la reproduction, et faire ainsi en sorte que le nombre des grossesses précoces et non désirées diminue considérablement au Congo, afin d'atteindre l'Objectif 5 du Millénaire pour le Développement sur la réduction de la mortalité maternelle.

Je vous remercie.

Allocution de M. David LAWSON, Représentant Résident du Fonds des Nations Unies pour la population (UNFPA) en République du Congo & Directeur de la Représentation de l'UNFPA en République du Gabon, à l'occasion de l'atelier de formation des formateurs en gestion des produits de la Santé de la reproduction. Représentation de l'UNFPA. Brazzaville, 31 mai 2011

Monsieur le Directeur du Cabinet du Ministre de la Santé et de la Population,
Monsieur le Directeur Général de la Santé,
Monsieur le Directeur de la Santé de la Famille, Mesdames et Messieurs les professionnels de santé,
Mesdames et Messieurs les représentants de la presse,
Distingué(e)s invité(e)s, Mesdames et Messieurs,

Au mois de juillet 2010, le Président de la République s'engageait avec les autres Chefs d'Etats africains dans le cadre de l'Union africaine à réduire la mortalité maternelle en Afrique pour qu' «*aucune femme ne meure en donnant la vie.*» A New York, au mois de septembre 2010, le Congo devenait l'un des pays bénéficiaires de la Stratégie globale du Secrétaire général de l'ONU, Ban Ki-Moon, pour la réduction de la mortalité maternelle.

Le 6 mai dernier, à la suite d'une série d'autres mesures essentielles dans le cadre de la Feuille de Route nationale sur l'Accélération de la Réduction de la Mortalité maternelle, néonatale et infantile, le Ministre de la Santé et de la Population, le Professeur George Moyen, lançait officiellement la gratuité de la césarienne, mesure politique annoncée par le Chef de l'Etat lui-même, en août 2010.

L'atelier que nous inaugurons ce matin sur la formation des formateurs en gestion des produits de la santé de la reproduction s'inscrit dans le cadre du Plan National de Développement Sanitaire, et répond à ces objectifs nationaux majeurs à la fois sanitaires et politiques.

Monsieur le Directeur de Cabinet, Mesdames et Messieurs,

Les produits de la santé de la reproduction constituent des éléments essentiels dans la prévention et la prise en charge de la grossesse, de l'accouchement et de la maladie. Ils doivent être à tout moment disponibles sur l'ensemble du territoire national à toutes les Congolaises et les Congolais.

Ces produits sont constitués notamment de préservatifs féminins et masculins, contraceptifs, de partogrammes, de forceps, trousses d'accouchements, et médicaments contre les infections sexuellement transmissibles, pour la grossesse, l'accouchement et le suivi de la grossesse, les suppléments vitaminés, etc.

Je ne crois pas trahir la pensée ni la vision du Ministre de la Santé et de la Population que je salue et que je partage, en vous disant l'importance de ce séminaire et les attentes qui sont placées en les participants pour le succès de la mise en œuvre de la stratégie de sécurisation des produits de la santé de la reproduction, et surtout, *in fine,* pour le mieux-être des populations congolaises, la lutte contre le VIH/Sida et la réduction de la mortalité maternelle notamment.

De votre responsabilité, Mesdames et Messieurs, dépend largement l'avenir des stratégies nationales de lutte contre ces fléaux. Dans le cadre de cette mobilisation, la mise en place d'un système performant de gestion des produits de santé de la reproduction est une nécessité.

Ainsi, au terme de la formation, les participants doivent être en mesure de définir et mettre en œuvre une stratégie de sécurisation des produits en santé de la reproduction, ainsi que sa relation avec les fonctions de la chaîne d'approvisionnement, avec pour objectif d'éviter les ruptures de stocks et la disponibilité et l'accessibilité des produits et médicaments pour les populations congolaises sur toute l'étendue du territoire national.

Monsieur le Directeur de Cabinet, Mesdames et Messieurs,

Une analyse situationnelle réalisée lors de l'élaboration du Plan Stratégique de Sécurisation des Produits de la Santé de la Reproduction, avec l'appui de l'UNFPA et de l'Union européenne, avait souligné la défaillance du Système d'information et de gestion logistique national, en raison notamment de l'insuffisance des capacités de gestion des ressources humaines.

L'actualisation du manuel national de gestion des produits de la santé de la reproduction et la formation du personnel chargé de la gestion de ces produits sont parmi les objectifs fixés pour relever le défi. A cet égard, la formation de gestionnaires de médicaments, médecins et sages-femmes dans tous les Départements du pays est une stratégie indispensable. Ces personnels ainsi formés, formeront à leur tour d'autres personnels dans leur Département d'origine.

Il est essentiel que les capacités des agents en charge de la gestion de ces produits soient renforcées à tous les niveaux, surtout dans les circonscriptions socio-sanitaires et les centres de santé, en vue d'éviter les ruptures de stock, le sur stockage et d'assurer de bonnes conditions d'emmagasinage des produits de santé.

Monsieur le Directeur de Cabinet, Mesdames et Messieurs,

L'analyse de la chaîne d'acquisition, d'approvisionnement et de distribution des médicaments au Congo montre que les produits de santé ne sont pas disponibles et accessibles au moment opportun aux populations congolaises.

Ces dernières, pour suppléer cette faiblesse, utilisent de plus en plus le circuit informel, en l'occurrence les vendeurs ambulants pour s'approvisionner en médicaments dont elles ont besoin. Elles exposent ainsi leur vie et celles de leurs proches à des médicaments d'origine souvent douteuse.

Il nous faut tous ensemble renforcer nos efforts pour faire face à cette situation qui peut conduire les populations vers des maladies graves liées aux médicaments de contrefaçon, telles les insuffisances rénales et hépatiques.

La prise de conscience par les agents de santé et ceux chargés des produits de la santé de la reproduction, du danger que représente ainsi la mauvaise gestion des produits de la santé de la reproduction, et de la nécessité d'un comportement éthique et responsable constitue l'arme la plus efficace pour atteindre l'objectif d'une stratégie de sécurisation des produits de santé de la reproduction performante au Congo.

Le Fonds des Nations Unies pour la population soutient pleinement les efforts du gouvernement congolais allant dans ce sens. Nous avons soutenu la réalisation de la Stratégie de sécurisation des produits de la santé de la reproduction.

Nous soutenons la mise en œuvre du logiciel CHANNEL qui doit renforcer le système d'information et de gestion logistique pour la sécurisation des produits de la santé de la reproduction. Nous avons renforcé notre Représentation nationale avec un Spécialiste international de haut niveau en sécurisation des produits de santé de la reproduction. L'UNFPA fournit au Congo deux cents millions de francs CFA, en 2011, pour la formation, l'approvisionnement, l'appui et la sécurisation des produits de la santé de la reproduction.

Cette formation est un élément de la stratégie d'appui au gouvernement de l'UNFPA pour le renforcement du système congolais visant la mise à disposition de tous les Congolais des produits de la santé de la reproduction. Et nous ne ménagerons aucun effort avec le gouvernement pour que toutes les Congolaises et tous les Congolais disposent des médicaments et produits de la santé de la reproduction dont ils besoin.

En terminant, Monsieur le Directeur de Cabinet, Mesdames et Messieurs, à l'occasion de cette formation et pour renforcer le système d'information et de gestion logistique des médicaments au Congo, et assurer la collecte les données sur la consommation des produits de la santé de la reproduction, indispensable pour une bonne prévision des quantités de produits à commander, j'ai le plaisir de mettre à disposition du Ministère de la Santé et de la Population, 15 micro-ordinateurs.

Ceux-ci seront à la disposition des participants pendant toute la durée du séminaire et seront ensuite destinés aux Directions départementales de la Santé, aux circonscriptions socio-sanitaires et au Secrétariat exécutif permanent du Comité national de lutte contre le Sida.

Je vous remercie de votre attention.

Allocution de M. David LAWSON, Représentant Résident du Fonds des Nations Unies pour la population (UNFPA) en République du Congo & Directeur de la Représentation de l'UNFPA en République du Gabon, àl'occasion du 5è congrès de la Société Congolaise des Gynécologues Obstétriciens. Pointe-Noire, 5 novembre 2011

Monsieur le Ministre de la Santé et de la Population,
Mesdames et Messieurs les Représentants du corps consulaire de Pointe Noire,
Messieurs les délégués des agences du Système des Nations Unies à Pointe-Noire,
Monsieur le Président de la Société Congolaise des Gynécologues Obstétriciens,
Mesdames et Messieurs les gynécologues obstétriciens,
Mesdames et Messieurs les personnels de santé,
Mesdames et Messieurs les représentants des organisations non gouvernementales, religieuses et de la société civile,
Mesdames et Messieurs de la presse et des media,
Distingué(e)s invité(e)s, Mesdames et Messieurs,

Je suis très honoré d'être avec vous à l'occasion de cette cérémonie d'ouverture du 5eme Congrès de la Société Congolaise des Gynécologues Obstétriciens, société savante dont l'une des principales missions est la formation continue des gynécologues obstétriciens.

Je voudrais saisir cette occasion pour remercier le Ministre de la Santé et de la Population, le Professeur Georges Moyen, et à travers lui le Gouvernement de la République du Congo pour son appui à la tenue régulière des congrès nationaux de la Société Congolaise des Gynécologues Obstétriciens.

Le congrès de la Société des Gynécologues Obstétriciens est reconnu dans le monde entier comme un véritable forum d'enseignement postuniversitaire et de formation continue pour les gynécologues obstétriciens et est donc essentiel dans l'objectif de réduction de la mortalité maternelle que s'est fixé le Gouvernement.

Je voudrais également remercier Monsieur Gaspard Ligace Lingouala, Président de la Société Congolaise des Gynécologues Obstétriciens, pour avoir convié le Fonds des Nations Unies pour la Population à cet important Congrès.

Monsieur le Ministre, Monsieur le Président, Distingué(e)s invité(e)s,

Le Cinquième Congrès de la Société congolaise des gynécologues obstétriciens se tient cette année à un moment important pour nous tous. La population mondiale a en effet atteint sept milliards d'habitants. Ceci signifie que les besoins en matière de santé augmentent en volume et aussi sous l'effet de l'allongement de la vie. Dans les pays en croissance économique, les couples optent de plus en plus pour des familles moins nombreuses et saines. Néanmoins, beaucoup de femmes vivant dans les pays en développement désireuses de planifier et d'espacer les naissances n'ont pas accès à une contraception efficace et à des soins de qualité. L'égalité des chances est encore refusée à trop de femmes et ceci n'est pas juste, car aucune femme ne doit mourir en donnant la vie.

Au Congo, vous le savez, la vaste majorité des femmes, plus de 85%, accouchent dans les centres de santé et c'est un paradoxe en Afrique: celles qui meurent en donnant la vie, ne meurent pas au village, mais dans les structures de santé. Les personnels opérant dans les maternités et les gynécologues obstétriciens, comme les sages-femmes, ont un rôle crucial et essentiel pour renverser cette tendance néfaste.

Chacun de nous opérant dans le domaine de la santé maternelle a un rôle à jouer: les décideurs pour renforcer les budgets et l'attention sur cette thématique vitale et les acteurs de la santé maternelle doivent veiller et s'assurer que nos femmes sortent de la maternité debout et avec leurs bébés dans les bras.

Le Fonds des Nations Unies pour la Population, que je représente au Congo, appuie les décideurs et les acteurs de la santé maternelle. C'est pourquoi nous prenons très au sérieux le rôle de la Société congolaise des Gynécologues Obstétriciens et la soutenons, y compris ce Congrès, en espérant qu'il contribuera à des discussions substantielles utiles qui aboutiront à l'amélioration de la santé maternelle dans le pays.

Monsieur le Ministre, Monsieur le Président, Distingué(e)s invité(e)s,

Le métier de gynécologue consiste en effet à accompagner les femmes tout au long de leur vie à travers les étapes de leur santé reproductive (puberté, consultations pré- et post-natales, grossesses, accouchements et ménopause).

En tant que spécialiste de la prise en charge des grossesses, le gynécologue obstétricien est efficacement aidé dans son action par des sages femmes. Mais celles-ci ne sont pas responsables des conditions de l'accouchement. Elles ne peuvent se substituer aux gynécologues en aucun cas. Le rôle du gynécologue au moment de l'accouchement est d'être auprès des femmes enceintes qu'ils ont accompagnées, surtout à l'accouchement. Cette réalité évidente se doit d'être rappelée.

Malgré l'engagement politique au plus haut niveau de l'Etat, l'activisme du Ministre de la Santé et de la Population, le Professeur Georges Moyen, dont la présence ici confirme l'importance attachée par le Gouvernement à la santé maternelle, les efforts collectifs et les avancées positives enregistrées au Congo, la question de la santé maternelle reste une grande préoccupation.

Malgré une tendance à l'amélioration observée par l'observatoire des décès maternels, dont je salue ici le Coordonnateur, le Professeur Hervé Iloki, qui est aussi un gynécologue obstétricien de renom, les complications de la grossesse et de l'accouchement demeurent une des principales causes de mortalité chez les femmes au Congo.

Certes, une forte proportion des complications vitales de la grossesse et de l'accouchement ne peuvent être ni prévues, ni prévenues par les consultations prénatales, ni prises en charge correctement dans un centre de santé de premier échelon. Si bien que lorsque ces complications surviennent, le décès ne peut être évité que par une prise en charge en urgence au niveau d'un centre de santé de première référence doté d'un plateau technique - humain et matériel- lui permettant de prodiguer des soins obstétricaux d'urgence, et notamment de pratiquer, en cas de besoin, des transfusions sanguines sécurisées et des césariennes.

Je voudrais, au passage, saluer une fois de plus et sans réserve la décision du Gouvernement de rendre gratuite la césarienne. Cette mesure sauve chaque jour des vies de femmes, et les anecdotes sur quelques difficultés ça et là, ne sauraient remettre en cause cette mesure vitale pour les femmes. Des garde-fous ont été mis en place par le Ministre de la Santé et de la Population au moment de la mise en place de cette mesure salvatrice. A l'époque, le Ministre avait annoncé que ces dispositions seraient revisitées au fur et à mesure et ajustées en tant que de besoin.

Mesdames et Messieurs les gynécologues obstétriciens, vous êtes la cheville ouvrière de cette mesure essentielle. En effet, la Société Congolaise des Gynécologues obstétriciens tient un rôle avant-gardiste, avec les pouvoirs publics, dans la réponse aux défis majeurs posés aux populations par la santé de la reproduction et la santé maternelle.

A cet égard, en tant que gynécologues obstétriciens, la lutte contre la mortalité maternelle doit être Votre Cause, dans la droite ligne des actions décidées par le Gouvernement. Vous devez protéger la vie, la vie des femmes, de leurs enfants à naître, et de leurs bébés.

Je pense que pour répondre aux défis de l'heure en matière de santé maternelle, néonatale et infantile, la Société congolaise des Gynécologues obstétriciens devrait s'organiser et travailler en étroite collaboration avec l'Ordre national des Sages-femmes et les associations de sages-femmes et d'infirmiers pour de plus grandes synergies et un renforcement de l'efficacité et d' efficience. Une de vos principales responsabilités dans ce combat pour la vie, me semble-t-il, est de superviser, motiver, encadrer, former et motiver les personnels de santé, et plus particulièrement le personnel qui réalise les soins gynécologiques et obstétriques, les consultations prénatales et les accouchements.

Monsieur le Ministre, Monsieur le Président, Distingué(e)s invité(e)s,

Le Ministre de la Santé et de la Population y a fait allusion au cours des dernière semaines, des progrès semblent avoir été enregistrés au Congo en matière de réduction de la mortalité maternelle, néonatale et infantile, et nous attendons impatiemment les résultats de l'Enquête démographique et de santé, l'an prochain pour confirmer cette tendance positive. Mais les efforts doivent se poursuivre et s'intensifier pour atteindre les Objectifs du Millénaire pour le Développement 4 et 5 consacrés à la réduction de la mortalité maternelle, néonatale et infantile.

Je suis convaincu que les résultats des études et les différentes communications qui seront présentées au cours de ce Congrès aborderont des thèmes essentiels de gynécologie obstétrique, notamment des stratégies de réduction de la mortalité maternelle et néonatale, la planification familiale, les soins obstétricaux et néonataux d'urgence, la prévention de la transmission du VIH de la mère à l'enfant, et permettront de renforcer le système de santé congolais, d'améliorer la qualité des services de santé, et les conditions de vie des populations.

En terminant, Monsieur le Ministre, Monsieur le Président, Distingué(e)s invité(e)s, je voudrais réitérer un point sur la responsabilité collective de la Société congolaise des Gynécologues et obstétriciens, de la responsabilité individuelle des gynécologues obstétriciens, de la nécessité de la proximité avec les communautés et les populations pour des services de qualité. Vous savez compter sur l'appui du Gouvernement et de l'UNFPA dans cette tâche ardue.

Nous le savons, en matière de gynécologie obstétrique, les défis sont immenses. En ce jour d'ouverture de votre Congrès annuel, je voudrais saluer le travail titanesque accompli par les gynécologues obstétriciens et votre contribution essentielle à l'amélioration de la santé de la mère et de l'enfant.

Je tiens à renouveler l'engagement du Fonds des Nations Unies pour la population à travailler avec les gynécologues obstétriciens, et à soutenir la Société congolaise des gynécologues obstétriciens pour la mise en œuvre des stratégies efficaces pour la réduction de la mortalité maternelle, néonatale et infantile au Congo.

Je vous remercie de votre attention.

Communiqué de presse: Le Représentant de l'UNFPA salue la réduction de la mortalité maternelle au Congo. Brazzaville, 22 décembre 2012

Le Représentant du Fonds des Nations Unies pour la population (UNFPA) au Congo, David Lawson, s'est réjoui, dans un communiqué du 22 décembre, de la performance du gouvernement congolais: le pays pourrait atteindre le cinquième Objectif du Millénaire pour le développement (OMD) visant à réduire de trois quarts la mortalité maternelle entre 1990 et 2015.

La mortalité maternelle a chuté de plus de 45 % depuis 2005, passant à 426 décès pour 100 000 naissances vivantes, d'après les résultats de l'enquête démographique et de santé (EDS) 2012, réalisée avec l'appui de 1'UNFPA.

Entre 1990 et 2002, les données du Ministère de la Santé et de la population indiquent que le taux de mortalité maternelle était passé de 890 à 1 100 décès maternels pour 100 000 naissances vivantes. En 2005, il était de 781 décès maternels pour 100 000 naissances vivantes selon la précédente EDS.

Le Représentant de l'UNFPA, qui a fait de la réduction de la mortalité maternelle sa priorité depuis 2009, a fait ce commentaire: *«Si la tendance baissière de la mortalité maternelle se poursuit à ce rythme, le pays pourrait atteindre l'OMD 5 en 2015.»*

Depuis 2009, I'UNFPA a investi plus de 3 milliards FCFA (6 millions de dollars américains) dans la lutte contre la mortalité maternelle, notamment pour le plaidoyer et l'appui technique et financier en faveur de la feuille de route nationale pour l'accélération de la réduction de la mortalité maternelle au Congo en 2010; la gratuité de la césarienne adoptée en 2011; le renforcement de la formation des sages-femmes et chirurgiens en soins obstétricaux et néonataux d'urgence; l'achat de matériel médical pour équiper les salles d'accouchement et maternités à travers tout le pays; le renforcement de la planification familiale; un programme de traitement gratuit de la fistule obstétricale; l'appui à la mise, en place de l'Observatoire sur les décès maternels qui offre des outils statistiques permettant l'analyse et la formulation de politiques et programmes répondant précisément aux problèmes rencontrés.

« Je tiens à féliciter la volonté et l'action du gouvernement de la République du Congo dans ce dossier, et en particulier les autorités sanitaires, pour les mesures décisives adoptées qui ont abouti à cet excellent résultat. Je suis heureux que 1'UNFPA soit l'un des principaux partenaires au développement ayant contribué à sauver beaucoup de vies de femmes», a déclaré David Lawson.

«Les efforts doivent se poursuivre, avec l'appui de l'UNFPA, pour que, comme le Président de la République s'y est engagé dans le cadre de l'Union africaine, plus aucune femme ne meure en donnant la vie», a-t-il conclu.

Lors du Sommet des Chefs d'Etat et de gouvernement, à Addis-Abeba, fin janvier, l'UNFPA organisera avec l'Union africaine (UA) une réunion spécifique dédiée à la Campagne pour l'accélération de la réduction de la mortalité maternelle en Afrique, une initiative que le Fonds a lancée avec l'Union africaine en 2010.

Article rédigé par David LAWSON, Représentant résident du Fonds des Nations Unies pour la population (UNFPA) au Congo: Réduction de la mortalité maternelle au Congo : Sauver des vies de femmes. Brazzaville, 30 janvier 2013

Chaque jour, 450 femmes et jeunes filles meurent en Afrique des suites de complications liée à la grossesse ou à l'accouchement. Avec seulement 14 pour cent de la population mondiale, l'Afrique représente plus de la moitié des décès maternels dans le monde, des décès évitables dans la majorité des cas.

Au cours du dernier Sommet de l'Union africaine, réuni les 27 et 28 janvier 2013, à Addis-Abeba, les Chefs d'Etat et de gouvernement africains ont tenu session spéciale consacrée à la Campagne pour l'Accélération de la Réduction de la Mortalité Maternelle en Afrique (CARMMA). Cette Campagne, lancée en 2009 par ces mêmes Chefs d'Etat et de gouvernement sous les auspices de l'Union africaine et du Fonds des Nations Unies pour la population (UNFPA), rassemble 37 gouvernements.

Au Congo, le Président Denis Sassou Nguesso a été parmi les premiers Chefs d'Etat à s'engager au niveau de l'Union africaine dans cette Campagne pour *qu'aucune femme ne meure en donnant la vie.* Avec le soutien de l'UNFPA, la Campagne nationale de la CARMMA a été lancé à Brazzaville, le 10 octobre 2010, sous le haut patronage de Madame Antoinette Sassou Nguesso, Première Dame du Congo, qui en est la marraine. Elle est assistée par la Vénérable Philomène Fouty-Soungou, désignée ambassadrice de la CARMMA pour les activités quotidiennes de la Campagne.

La croissance économique continue au Congo au cours des quatre dernières années reste stable à 5% en 2012, et ce en dépit de la récession et de la crise financière internationale et fait du Congo un des pays les plus compétitifs de la région. Ces résultats en matière économique sont à saluer et se traduisent par une amélioration sensible des indicateurs sociaux et sanitaires et de la qualité de vie des populations: le taux de pauvreté est passé de 50,1 à 39,8% entre 2005 et 2012. Dans le domaine de la santé de la reproduction qui relève du mandat du Fonds des Nations Unies pour la Population, le taux de prévalence au VIH/Sida est passé de 4,1 à 3,2% entre 2005 et 2009; le taux de mortalité maternelle a drastiquement diminué de plus de 45% entre 2005 et 2012, pour atteindre 426 décès maternels pour 100,000 naissances vivantes, contre 781 décès en 2005.

Ces résultats positifs ne sont pas un hasard. L'engagement politique du Chef de l'Etat sur l'amélioration de la santé maternelle au Congo et la mobilisation des moyens engagés par le gouvernement et ses partenaires expliquent largement les progrès réalisés. Ainsi, tout d'abord, dès 2010, le gouvernement a adopté, avec l'appui technique et financier de l'UNFPA, sa Feuille de Route Nationale pour l'Accélération de la Réduction de la Mortalité maternelle, néonatale et infantile au Congo. L'adoption et la mise en œuvre de la gratuité de la césarienne, proclamée par le Président de la République en août 2010, suite au plaidoyer vibrant de l'UNFPA qui prévoyait en consultation avec les Directeurs départementaux de la santé que la mortalité maternelle puisse diminuer de 20%, aura contribué à cette réduction du nombre des décès maternels.

Au Congo, les hémorragies (40%) constituent la principale cause de décès maternels. Les infections post-abortum et post-partum (35,5%) en sont la seconde principale cause. Paradoxalement, à la différence des principaux pays africains, près de 94% des Congolaises accouchent dans des structures de santé et 93% des femmes enceintes suivent les consultations prénatales.

La Feuille de Route nationale pour l'Accélération de la Réduction de la Mortalité maternelle relève que le problème de la mortalité maternelle au Congo se situe au niveau de l'insuffisance de la qualité de l'offre des soins pendant la grossesse et l'accouchement, et de la mauvaise répartition et de l'insuffisance des soins obstétricaux d'urgence.

Des études internationales révèlent que l'extension de la planification familiale, appuyée par l'UNFPA, peut réduire la mortalité maternelle de 30%. La réduction des grossesses non désirées et précoces contribue significativement à la réduction des décès maternels, en évitant des grossesses mal suivies ou contrôlées et des avortements pratiques dans des conditions sanitaires impropres. Ainsi l'appui de l'UNFPA en matière de planification familiale a permis de réduire drastiquement au Congo les besoins non satisfaits de planification familiale de 42 à 18% entre 2005 et 2012.

L'intensification du renforcement des formations en direction des personnels de santé qui participent aux accouchements, notamment les sages-femmes et les chirurgiens-obstétricaux par le gouvernement et l'UNFPA, notamment en soins obstétricaux d'urgence, auront contribué à la réduction de la mortalité maternelle.

Le renforcement des plateaux techniques des centres de santé sous l'effet de la municipalisation accélérée, de la gratuité de la césarienne et des investissements du gouvernement et de l'UNFPA, qui aura contribué près d'un milliard de francs CFA en équipements médicaux et obstétricaux et néonataux d'urgence des centres de santé (tables d'accouchement, échographes, partogrammes, pèse-bébé, instruments chirurgicaux, kit d'accouchement, etc.) et produits de la santé maternelle auront également contribué à ce résultat. Le traitement gratuit de la fistule obstétricale subventionné par l'UNFPA est un programme qui contribué à la réduction de la mortalité maternelle. L'extension de ce programme de l'UNFPA par le gouvernement, de deux centres de santé de Brazzaville à deux nouveaux centres de traitement à Pointe-Noire et Owando, est un élément supplémentaire de ce résultat. Enfin, la mise en place d'un Observatoire national des décès maternels, afin d'analyser et évaluer les causes des décès, département par département, quasiment en temps réel, a contribué à un meilleur diagnostic des tendances et à la formulation d'interventions gouvernementales appropriées.

La forte mobilisation politique, médiatique, sociale et communautaire suscitée par l'UNFPA et la CARMMA au Congo n'est pas étrangère aux résultats obtenus. Une large mobilisation et sensibilisation des acteurs de santé et des communautés sont en effet essentielles à la réduction de la mortalité maternelle. A cet égard, une attention particulière doit être portée sur la santé de la reproduction des jeunes qui représentent aujourd'hui près de 40 % de la population du Congo. Les activités de prévention et de sensibilisation à large impact doivent s'accentuer pour permettre aux jeunes une meilleure connaissance de la santé reproductive et de l'information et des moyens à leur disposition. Les populations elles-mêmes, mais les jeunes en particulier, sont des acteurs centraux de la réduction de la mortalité maternelle. La mobilisation de la jeunesse pour l'accès aux services de santé sexuelle et reproductive de qualité est donc un ingrédient essentiel du succès de la CARMMA.

C'est l'ensemble de ces mesures courageuses adoptées par le gouvernement et impulsées par le Président de la République et appliquées par le Ministre de la Santé et de la Population, George Moyen, au cours des quatre dernières années qui auront fortement contribué à cette réduction de la mortalité maternelle au Congo, à laquelle le Fonds des Nations Unies pour la Population aura fortement contribué en faisant de ce dossier sa principale priorité, par le plaidoyer, l'assistance technique et financière en y consacrant plus de 3 milliards de francs CFA depuis fin 2009.

Si la mortalité maternelle a chuté de plus de 45% entre 2005 et 2012, elle a baissé de plus de 52 pour cent depuis 1990, où le nombre de décès maternels s'établissait à 890 pour 100,000 naissances vivantes. La baisse est même beaucoup plus significative si l'on tient compte des années de troubles civils qui ont marqué le Congo au début des années 2000. Les conséquences de ces troubles auront porté le taux de mortalité maternelle à 1,100 décès pour 100,000 naissances vivantes, en 2002. C'est donc une réduction spectaculaire de plus de 61% qui a été réalisée au cours des dix dernières années, entre 2002 et 2012.

L'Objectif du Millénaire pour le Développement 5 (OMD5) prévoit la réduction de la mortalité maternelle de 75% entre 1990 et 2015. Pour atteindre l'OMD5, la République du Congo doit donc réduire le taux de mortalité maternelle à 223 pour 100,000 naissances vivantes, d'ici à 2015. Le temps presse, mais cet objectif est à la portée du pays, *"si les efforts se poursuivent et s'intensifient"* comme le souligne le Ministre de la Santé et de la Population, François Ibovi qui entend relever ce défi.

La Guinée équatoriale a déjà atteint l'OMD5. L'Erythrée, l'Ethiopie et le Rwanda ont vu leurs taux de mortalité maternelle réduits de plus de 60% et sont en voie d'atteindre la réduction des trois quarts entre 1990 et 2015. La République du Congo a mis en place des mesures efficaces. Le gouvernement doit maintenant poursuivre sur cette voie avec cet objectif que le Président Sassou Nguesso lui-même a proclamé pour l'Afrique, *qu'aucune femme ne meurt en donnant la vie.* Il n'existe pas de plus grande tragédie humaine qu'une femme qui meurt en donnant la vie. L'impact de ces tragédies va au-delà de l'individu ou de la famille, mais constitue un véritable frein pour le développement économique et social du pays.

A Addis-Abeba, le 27 janvier dernier, les Chefs d'Etat et de gouvernement ont pris acte des progrès réalisés et des défis en la matière sur le continent africain. Ils ont confirmé leur détermination à réduire la mortalité maternelle, en intensifiant les actions, notamment en renforçant les systèmes de santé, les ressources humaines, financières et techniques dédiées à ce combat et en étendant l'accès des populations à la planification familiale. Ils ont également estimé nécessaire de tenir une Conférence internationale sur cette thématique en 2013.

Pour poursuivre les progrès économiques remarquables en Afrique de ces dernières décennies, les gouvernements africains doivent faire de la réduction de la mortalité maternelle une priorité majeure. Sauver la vie des femmes qui donnent la vie n'est pas seulement une obligation sanitaire, c'est un impératif moral, politique et social.

DÉFENSE ET PROMOTION DE LA CONDITION FÉMININE ET DES DROITS DES FEMMES

Les Congolaises représentent plus de 51 pour cent de la population nationale. De 2009 à 2013, le Représentant de l'UNFPA au Congo, David Lawson, a présidé le Groupe de coordination des Nations Unies sur le Genre dont la vocation est d'assurer la cohérence des interventions des Nations Unies à l'appui du gouvernement. Après la lutte contre la mortalité maternelle et la prévention du VIH, l'égalité de genre et la défense des droits des femmes étaient la troisième priorité de l'UNFPA au Congo de 2009 à 2013.

Au cours de cette période, l'UNFPA aura ses efforts de plaidoyer et son assistance technique au renforcement de la place des femmes au sein de la société congolaise, au renforcement du leadership féminin, à l'égalité de genre et à la prévention des violences faites aux femmes, y compris violences sexuelles dont les mutilations génitales. L'action de l'UNFPA s'est traduite par l'assistance technique dans la formulation et la mise en œuvre de la politique nationale Genre adoptée en 2009 par le gouvernement congolais et aux stratégies de lutte toutes formes de discriminations faites aux femmes, notamment la mise en place d'un Observatoire national sur les violences sexuelles, un réseau national de lutte contre les violences faites aux femmes et la mise en place d'une ligne verte gratuite et de services d'appui psychologique et médical, de même qu'une assistance juridique aux femmes victimes de violences. L'UNFPA aura assuré un fort plaidoyer avec et auprès de Mme Jeanne Leckoumba Loumeto Pombo, Ministre de la Promotion de la Femme et de l'Intégration de la Femme au développement, entre 2009 et 2012, en faveur de la mise en œuvre de la Convention sur l'élimination de toutes formes de discriminations à l'égard des femmes (CEDEF).

L'UNFPA aura consacré beaucoup de temps de moyens et d'énergie à la sensibilisation des populations, la mobilisation politique et sociale contre les inégalités de genre, y compris la mise en place d'une initiative de mobilisation du leadership masculin en faveur des droits des femmes. Grâce au plaidoyer et à l'appui technique et financier de l'UNFPA qu'une loi sur la parité 50-50 aux fonctions politiques, administratives et électorales. En 2010, le Président de la République a annoncé que l'adoption de cette loi sur la parité serait adoptée par le Parlement.

Par l'intermédiaire d'un programme de mobilisation des femmes aux élections législatives, financé par le Département d'Etat américain et un important effort de plaidoyer et de mobilisation médiatique, l'UNFPA a également contribué à la mobilisation des femmes aux élections législatives de 2012, y compris les femmes autochtones et aura permis malgré un taux d'abstention élevé, un taux de participation des femmes autochtones quatre fois supérieur à celui des élections précédentes. Cette mobilisation continue pendant quatre années aura placé la condition féminine au cœur de l'agenda politique national.

Allocution de Monsieur David LAWSON, Représentant résident du Fonds des Nations Unies pour la population (UNFPA) au Congo, et Directeur de la Représentation de l'UNFPA au Gabon, à l'occasion de la causerie-débat organisée dans le cadre de la Journée internationale de la Femme Rurale. Maison de la Femme. Brazzaville, 15 octobre 2009

Madame la Ministre de la Promotion de la Femme et de l'Intégration de la Femme au Développement,
Monsieur le Ministre de l'Agriculture,
Mesdames et Messieurs les Directeurs de cabinet,
Mesdames et Messieurs les Directeurs généraux,
Monsieur le Représentant résident de la FAO au Congo,
Mesdames et Messieurs les Conseillers et Représentants des agences du Système des Nations Unies,
Mesdames et Messieurs les représentants des organisations non gouvernementales,
Distingué(e)s invité(e)s,
Mesdames et Messieurs,

C'est avec un grand plaisir que je prends la parole à cette tribune à l'occasion de la célébration de la Journée internationale de la Femme Rurale, autour du thème *«Atteindre la sécurité alimentaire en temps de crise»,* en ma qualité de Représentant du Fonds des Nations Unies pour la Population (UNFPA) au Congo.

La célébration de Journées mondiales de la Femme Rurale et de l'Alimentation, respectivement les 15 et 16 octobre, c'est-à-dire aujourd'hui et demain, nous donne l'occasion de contribuer aux efforts nationaux de plaidoyer visant l'amélioration du statut socio-économique, juridique, politique et culturel des femmes et des filles au Congo.

Cette journée consacrée aux femmes rurales est l'occasion pour moi de rappeler que face à la crise économique mondiale, investir dans les femmes est un choix avéré. Par rapport à la situation des femmes rurales, ce thème est d'une actualité brûlante.

Madame la Ministre, je voudrais saisir cette opportunité pour vous remercier de vos efforts inlassables de sensibilisation et de concertation sur les conditions de vie des femmes congolaises et l'impact sur elles d'un certain nombre de phénomènes socio-économiques, tels que la crise économique mondiale, les violences et la pauvreté.

En mettant un accent particulier sur les femmes, il est important de rappeler que leurs conditions de vie sont aggravées en zone rurale et accentuées par la crise économique pourtant née loin du Congo.

Œuvrant pour la réussite de la mise en œuvre des recommandations du Programme d'Action de la Conférence internationale de la population et le développement (CIPD), le Fonds des Nations Unies pour la Population (UNFPA) appuie les actions qui permettent aux femmes de donner la pleine mesure de leurs capacités par l'éducation, la formation et l'emploi, afin de contribuer durablement à la réduction de la pauvreté, et en particulier celles des populations plus vulnérables, parmi lesquelles les femmes rurales.

Nous savons que les femmes et les filles constituent la majorité des pauvres dans le monde. L'actuelle crise financière les enfonce davantage dans la pauvreté et leur fait courir des risques accrus de santé, surtout si elles sont enceintes.

Alors que nous allons également célébrer la Journée internationale pour l'élimination de la pauvreté, samedi 17 octobre, la crise économique sans précédent que nous connaissons continue de se propager à travers le globe. Elle menace les efforts visant à réduire la pauvreté, et la réalisation des Objectifs du Millénaire pour le développement. Le nombre de personnes vivant dans l'extrême pauvreté pourrait passer de 55 millions, avant la récession, à 90 millions avec la crise actuelle. Je rappelle également que chaque jour plus d'un milliard de personnes vont se coucher le ventre vide. Et ceux qui sont vulnérables, comme les familles pauvres, les migrants, les femmes et les filles, vont souffrir le plus.

Dans les pays en développement, les femmes représentent plus de 50% de la population, mais paradoxalement, elles ont beaucoup de mal à accéder aux services sociaux de base, notamment à la santé, l'éducation, la justice et l'emploi.

Pourtant, elles sont le ferment des familles et des sociétés, elles mettent les enfants au monde, les éduquent, entretiennent les ménages, constituent une large partie de la main-d'œuvre agricole et sont à l'origine de près de 80 % des cultures de base en Afrique. Cependant, tous ces efforts sont consentis souvent dans des conditions sanitaires déplorables et dans l'ignorance des droits fondamentaux et des connaissances de base sur plusieurs questions touchant leur survie et celles de leurs enfants.

Préoccupé par le situation des femmes, le Secrétaire Général de l'ONU, Ban Ki-Moon, a appelé en juillet dernier les dirigeants politiques à protéger la capacité des femmes à gagner un revenu, garder leurs filles à l'école et obtenir l'information et l'accès aux services de santé reproductive, y compris la planification familiale, sans obligation.

Il est donc essentiel de faire progresser les droits des femmes et des filles, et de leur conférer l'autonomie en tant que vecteurs productifs de la société, capables de contribuer au redressement et à la croissance économiques. Il ne saurait y avoir un meilleur investissement pour l'avenir.

Madame la Ministre,

La situation des femmes rurales nous interpelle un peu plus que celle des femmes urbaines, en ce que de nombreux facteurs propres au monde rural ont des répercussions sur leur santé, leur éducation et leurs capacités de production.

Dans ce contexte, l'analyse en termes de genre qui revêt une importance spécifique, montre souvent que le différentiel de libertés et d'opportunités existant entre les hommes et les femmes n'est pas, la plupart du temps, réductible à une part de revenus ou d'accès aux ressources.

Notre réflexion doit s'inscrire dans une perspective qui vise la mise en place de mécanismes pouvant contribuer à prévenir les graves retombées de la crise économique mondiale sur les conditions de vie des femmes rurales du Congo.

Ceci en montrant l'importance de la prise en compte des inégalités selon le genre, inhérentes à la participation des femmes rurales à la vie socioéconomique locale et nationale, à leur capacité d'accéder aux services sociaux de base, et à leur capacité à faire valoir leurs droits en matière de santé de la reproduction.

Si en temps normal, les femmes rurales n'ont ni les mêmes responsabilités, ni les mêmes opportunités, ni les mêmes stratégies que les hommes pour s'en sortir, que deviennent-elles en période de grande crise économique ?

Eh bien, leur marginalisation politique et leurs difficultés socio-économiques se renforcent mutuellement. Sans prise en compte de ces réalités, les politiques, les programmes et les projets de développement tendent à renforcer les hiérarchies et les facteurs d'exclusion qui agissent contre les femmes.

Voilà pourquoi il convient de reconnaître que l'éradication de la pauvreté est illusoire sans une meilleure participation des femmes au développement, en général, et au marché du travail plus spécialement.

L'engagement du Fonds des Nations Unies pour la population en faveur de la promotion de l'autonomisation de toutes les femmes, et des femmes rurales en particulier.

Madame la Ministre,

La population congolaise est composée de 52% de femmes contre 48 % d'hommes. Au-delà d'une simple question de droit, l'égalité de genre est un enjeu du développement humain, harmonieux et durable. Or, pour atteindre les Objectifs du Millénaire pour le développement (OMD) à l'horizon 2015, le Congo a besoin d'un taux de croissance appréciable, qui ne sera possible que s'il prend en compte la partie la plus importante de ses ressources humaines et donc de sa population active constituée en majorité des femmes.

En effet, ce potentiel ne saurait être valorisé et devenir partie prenante décisive dans les perspectives de développement des communautés, que si les femmes, au même titre que les hommes, ont la possibilité d'investir pleinement de toutes leurs capacités, d'influencer les opportunités de développement et d'y intégrer leurs préoccupations et expériences.

Madame la Ministre,

Le monde rural congolais reste marqué par l'agriculture qui est très pratiquée par les femmes. Elles représentent près de 64 % des actifs agricoles. Elles assurent 60 à 80 % de la production vivrière et contribuent à près de 100% dans la transformation artisanale des produits agricoles. Malheureusement, les moyens de production utilisés sont encore rudimentaires et archaïques, ce qui accentue la pénibilité du travail. Par ailleurs, les femmes rurales transforment la plupart des produits agricoles avec des technologies peu performantes, ce qui ne leur permet pas de gagner des recettes conséquentes.

En outre, les femmes rurales du Congo sont encore assujetties au poids de la tradition dans ce domaine. En effet dans les zones rurales, certaines femmes sont parfois exploitées par leurs époux en ce qui concerne le revenu de la vente. Les femmes s'investissent également dans la cueillette et peu dans l'élevage qui reste l'apanage des hommes.

Le gros bétail est exclusivement élevé par les hommes tandis que les femmes s'investissent plus dans l'élevage de volailles. Malgré de timides avancées des femmes dans les secteurs de l'industrie et du secteur privé et en raison de difficultés d'accès au crédit dans le système bancaire moderne, les femmes dépassent difficilement le stade de petites revendeuses.

Madame la Ministre,

La non-disponibilité de l'énergie affecte particulièrement les femmes rurales qui doivent parcourir quotidiennement des longues distances, de 5 à 10 km pour s'approvisionner en bois de chauffe.

Cette difficulté d'accès à l'énergie en milieu rural est un obstacle à l'utilisation des équipements motorisés pour la réalisation de tâches domestiques ou de production telle que la transformation mécanisée des céréales, ou l'extraction des produits. Toutes ces contraintes se traduisent par une surcharge de travail des femmes et ont un impact négatif sur leur santé. Elles n'ont que peu de temps à consacrer aux activités productives rémunérées et au repos.

Le Fonds des Nations Unies pour la Population se réjouit que les stratégies retenues dans la Politique Nationale Genre du Congo pour lever ces contraintes démontrent l'intérêt que le Gouvernement de la République porte à la condition des femmes rurales du pays, et rejoignent nos préoccupations, notamment celles portant sur :

- l'amélioration de la productivité pour un accroissement des revenus des femmes;
- l'amélioration de l'accès aux services d'appui à la production;
- l'amélioration de l'accès aux services sociaux, y compris la santé de la reproduction; et
- la promotion de la participation équitable à la gestion du pouvoir, au respect des droits et la suppression des violences.

Madame la Ministre,

Protéger les femmes rurales, qui constituent un groupe vulnérable durant cette crise économique mondiale, en augmentant les investissements sociaux, surtout dans le domaine de l'éducation et la santé, notamment la santé de la reproduction, doit permettre de réduire la pauvreté, promouvoir le développement et faire baisser la mortalité maternelle. Cela aura un impact direct sur la capacité d'atteindre les Objectifs du Millénaire pour le développement liés à la santé, le VIH/sida, la réduction de la pauvreté et la sécurité alimentaire.

Je voudrais rappeler, avant de conclure, que faciliter l'accès des femmes et des jeunes filles rurales à l'information et aux services en matière de santé reproductive, y compris la planification familiale, constitue un investissement stratégique et peu coûteux pour les gouvernements, d'un excellent rendement sur les plans économique et social.

Madame la Ministre,

Il faut reconnaître le rôle protagoniste des femmes rurales dans la production de richesses et la promotion du bien-être des familles car leurs capacités à gérer l'économie familiale est légendaire.

Il paraît tout autant essentiel de valoriser le travail non monétaire assuré par les femmes rurales, tout en leur facilitant l'accès au travail rémunéré, garant d'une autonomie durable, et en contribuant au changement de mentalités et de comportement, en vue d'assurer l'égale division des tâches domestiques entre femmes et hommes, en complément de la lutte pour l'égalité professionnelle et le droit à l'initiative.

Encourager la propriété collective des moyens de production et l'accès à la terre pour les femmes et promouvoir les valeurs de solidarité et de réciprocité véhiculées par les femmes, qui ne divisent pas vie au travail et vie familiale, garantit aussi une organisation démocratique.

Madame la Ministre,

En terminant, je voudrais saluer l'accord de l'Aquila pour la Sécurité alimentaire mondiale, signé en Italie au mois de juillet dernier par les membres du G8 et souhaiter que sa mise en œuvre effective et rapide avec les financements accrus des bailleurs de fonds et de l'appui des agences des Nations Unies, notamment la FAO, le Programme Alimentaire Mondial (PAM) et le Fonds International pour le Développement Agricole (FIDA), contribuera à renforcer la sécurité alimentaire mondiale et la condition des femmes rurales congolaises.

Enfin, je ne saurais conclure sans saluer les efforts et les investissements du Gouvernement de la République du Congo et de Son Excellence, le Président de la République, Chef de l'Etat, M. Denis Sassou Nguesso, dans les villages agricoles qui, sans nul doute, contribueront à améliorer les conditions des populations et des femmes rurales congolaises en particulier.

Je vous remercie.

Allocution de Monsieur David LAWSON, Représentant Résident du Fonds des Nations Unies pour la population (UNFPA) en République du Congo & Directeur de la Représentation de l'UNFPA au Gabon, à l'occasion de la cérémonie d'ouverture de la troisième session de formation des filles-désœuvrées et déscolarisées en couture et broderie. Maison de la femme. Brazzaville, 13 novembre 2009

Madame la Ministre de la Promotion de la Femme et de l'Intégration de la Femme au Développement,
Mesdames les Directrices Générales,
Mesdames et Messieurs les Directeurs Centraux,
Distingué(e)s invité(e)s, Mesdames et Messieurs,

Plus d'un 1,5 milliard des personnes à travers le monde ont entre 10 et 25 ans. C'est la plus importante génération de jeunes que le monde ait jamais connue. Cependant, la moitié de ces jeunes, filles et garçons confondus, ceux notamment des pays en développement, sont confrontés à la pandémie du VIH/SIDA, aux difficultés d'accès aux services de santé de qualité, au chômage, à la pauvreté, aux discriminations basées sur le sexe, au mariage précoce, aux grossesses précoces, à la mortalité maternelle.

A cela s'ajoutent les difficultés d'accès à l'éducation ou les abandons scolaires, les effets des changements climatiques, les conséquences des conflits armés, les abus sexuels et tant d'autres facteurs ne permettant pas aux jeunes de développer leur plein potentiel.

Tous ces éléments aggravent la vulnérabilité des jeunes filles et contraignent certaines à la marginalisation et contribuent aux violations de leurs droits. C'est pourquoi il est important de saluer et de soutenir l'effort fourni par le Gouvernement de la République du Congo pour promouvoir la femme et permettre aux jeunes filles mères désœuvrées de refaire leur vie à la suite des grossesses précoces et souvent non désirées.

Madame la Ministre, Mesdames et Messieurs,

Les jeunes méritent mieux. Ils méritent le soutien et l'attention des familles, des communautés et de la société. Car investir dans les jeunes, garçons et filles, constitue une solide fondation pour garantir le développement durable. C'est pourquoi le Fonds des Nations Unies pour la population ne cesse de plaider pour un monde qui encourage et protège les droits des jeunes. Un monde où filles et garçons ont les chances optimales de développer leur plein potentiel, de s'exprimer librement, de voir leurs points de vue entendus, respectés et pris en compte dans les politiques et programmes de développement. J'ai la vision d'un monde où les jeunes vivent à l'abri de la pauvreté, de la discrimination et de la violence.

Notre rencontre de ce matin, consacrée à l'ouverture de la troisième édition de Formation de trente filles-mères désœuvrées et déscolarisées de Brazzaville en couture et broderie, intervient juste trois jours après celle lancée à Pointe-Noire, sous le leadership de la Ministre de la Promotion de la Femme et de l'Intégration de la Femme au Développement, Mme Jeanne Françoise Leckomba Loumeto, dont la volonté d'améliorer davantage le sort des Congolaises, celui des jeunes filles en particulier, doit être saluée et soutenue.

A travers moi, le Fonds des Nations Unies pour la population se félicite de ces efforts importants en direction des populations vulnérables et continuera à soutenir ces initiatives du Gouvernement congolais visant à mettre les filles mères à l'abri du chômage, de la pauvreté et des discriminations.

Par ailleurs, je me réjouis que les modules de formation intègrent les préoccupations liées à la prévention du VIH/SIDA et des grossesses non désirées. Il est en effet important de donner aux jeunes femmes les moyens de négocier leurs rapports sexuels en toute responsabilité pour éviter les grossesses précoces dont les conséquences compromettent leur épanouissement si les parents et la société ne leur offrent pas la possibilité d'aller de l'avant. Retarder l'âge du premier mariage est essentiel, voire vital, si la femme est encore trop jeune, pour éviter les complications liées à une grossesse précoce.

Il est donc important de prévenir en amont les facteurs favorisant le mariage précoce, les grossesses précoces et non désirées pour maximiser les chances des femmes et jeunes filles de se former et de se prendre en charge.

Pour le Fonds des Nations Unies pour la population, investir dans la santé, l'éducation, les droits des femmes et des filles un moyen particulièrement stratégique pour lutter contre la pauvreté et accélérer les progrès vers la réalisation des Objectifs du Millénaire pour le développement. Les investissements qui permettent aux filles de réaliser leur plein potentiel offrent un double gain en termes de réalisation de ces objectifs en raison du double rôle productif et reproductif que jouent les femmes.

Ainsi, des programmes complets d'enseignement et d'apprentissage des compétences doivent permettre aux futures mamans de jouer un rôle clé dans la réduction de la mortalité maternelle et infantile et de mettre fin aux cycles de la pauvreté intergénérationnelle.

Madame la Ministre, Mesdames et Messieurs,

Au moment où se profile le début de l'année 2010 qui constituera la deuxième année du 4e Programme de coopération entre la République du Congo et le Fonds des Nations Unies pour la population, et à la lumière des succès de ces formations, notre Représentation au Congo souhaite continuer à soutenir le Ministère de la Promotion de la Femme et de l'Intégration de la Femme au Développement dans le renforcement de l'assistance aux femmes et jeunes filles vulnérables et diversifier les filières de formation pour mettre à la disposition de la société congolaise un nombre important de femmes avec des compétences professionnelles.

En effet, l'adoption de mesures pouvant offrir aux femmes des moyens de gagner un revenu autres que les emplois traditionnels et leur permettre d'accéder à l'autonomie financière, au marché de l'emploi et aux régimes de sécurité sociale sur le même pied d'égalité que les hommes, constitue un objectif primordial de l'égalité entre l'homme et la femme.

Les activités relatives à la formation des filles désœuvrées, aux activités génératrices de revenus, profitent directement aux populations et doivent à ce titre bénéficier d'un appui soutenu et substantiel. Dans cette perspective, il est indispensable de mobiliser davantage de ressources pour pouvoir répondre aux attentes des populations et faire en sorte que les interventions du programme touchent un plus grand nombre de femmes et de filles nécessiteuses. En ce qui nous concerne, nous ne ménageons aucun effort pour atteindre cet objectif en dépit de la persistance des effets de la crise financière mondiale.

Madame la Ministre, Mesdames et Messieurs,

En terminant, je tiens à encourager les apprenantes. Plusieurs filles aimeraient se retrouver avec vous en ce moment pour suivre cette formation. Mais pour des raisons liées au nombre limité de places et aux critères de sélection, elles doivent espérer une autre occasion. Vous avez donc une chance à saisir, et qui vous aidera à vous prémunir des difficultés à venir. C'est pourquoi je vous prie de saisir cette opportunité généreusement offerte par le Ministère de la Promotion de la Femme et de l'Intégration de la Femme au Développement pour apprendre un métier qui vous procurera une source de revenus pour l'avenir si vous êtes assidues et aussi une protection contre les épreuves de la vie. Je souhaite à toutes, bon courage et bonne chance.

Je vous remercie.

Allocution de Monsieur David LAWSON, Représentant résident du Fonds des Nations Unies pour la population (UNFPA) en République du Congo & Directeur de la Représentation de l'UNFPA au Gabon, à l'occasion de la validation du Rapport sur les Stéréotypes sexospécifiques dans les manuels scolaires du Congo. Brazzaville, 12 novembre 2009

Madame le Ministre de la Promotion de la Femme et de l'Intégration de la Femme au développement,
Madame le Ministre de l'Enseignement Primaire, Secondaire et de l'Alphabétisation,
Monsieur le Représentant résident de l'UNESCO au Congo,
Excellences, Mesdames et Messieurs les Ambassadeurs et Chefs de Missions diplomatiques,
Mesdames et Messieurs les Chefs d'agence et Représentants des organisations internationales et du Système des Nations Unies,
Mesdames et Messieurs les Directeurs généraux et centraux,
Distingué(e)s invité(e)s,
Mesdames et Messieurs,

Notre réunion de ce jour pour la validation du rapport de l'Etude sur les stéréotypes dans les manuels scolaires est une nouvelle étape dans notre combat pour l'égalité entre hommes et femmes et contre les discriminations à regard des femmes et des filles au Congo. C'est pourquoi je me réjouis de pouvoir y prendre part et de la forte mobilisation dans cette salle.

La discrimination fondée sur le sexe commence, dans toutes les sociétés, dès la petite enfance. Les meilleures conditions d'égalité pour la petite fille constituent donc une première étape nécessaire si l'on veut que la femme réalise pleinement ses potentialités et participe au processus de développement sur un pied d'égalité avec l'homme. Il est donc important de valoriser la petite fille dans les mentalités et, parallèlement, rehausser l'image et l'estime qu'elle a d'elle-même. C'est en ces termes que le Programme d'action de la Conférence internationale sur la population et le développement, adopté par les gouvernements au Caire, en 1994, encourageait le sens de l'action collective de toute la communauté internationale. Quinze ans plus tard, ces recommandations demeurent d'une incroyable actualité. D'après le Programme d'action du Caire, il convient ainsi pour les gouvernements, d'ici à fin 2015, «d'éliminer toutes formes de discrimination à l'égard des fillettes et de faire disparaître les préjugés favorables aux garçons, qui sont à l'origine de pratiques dangereuses et immorales — infanticide des petites filles et sélection prénatale en fonction du sexe» ; et «de valoriser la petite fille dans les mentalités et, parallèlement rehausser l'image et l'estime qu'elle a d'elle-même et renforcer sa position dans la société.»

A cet effet, le Programme du Caire demande aux établissements scolaires, aux medias et autres institutions pertinentes de «bannir de tout matériel de communication ou d'enseignement les stéréotypes qui perpétuent les inégalités entre hommes et femmes et amènent les filles à se dévaloriser. »

Mesdames les Ministres, Mesdames et Messieurs,

Le rapport qui nous est présenté aujourd'hui confirme que les manuels scolaires ne sont jamais neutres, et souligne le fait que des supports d'enseignement de qualité et d'efficacité pédagogiques prouvés, offrant aux apprenants un contenu exact, objectif et mis à jour, ne sont pas forcément un gage de respect de la dimension du genre.

Afin de valoriser et améliorer la condition de la jeune fille, il est nécessaire d'investir dans l'école, un cadre de référence indispensable pour la socialisation. L'adoption et la mise en œuvre de politiques éducatives prônant l'égalité des sexes doivent permettre à la jeune fille de prendre conscience, très tôt, de ses potentialités et de son rôle comme actrice dans son environnement.

En effet, les écoles sont des lieux où les jeunes grandissent, découvrent le monde et la société dans lesquels ils vivent, construisent leur identité et imaginent leur avenir. Adopter des mesures visant à améliorer le cursus scolaire des filles et des garçons, nécessite que la dimension du genre soit prise en compte dans la conception des interventions dans le domaine de l'éducation.

La qualité de l'enseignement et des programmes scolaires ne doivent ainsi pas se mesurer uniquement à la lumière des contenus pédagogiques, mais aussi aux concepts de respect des jeunes filles, d'acceptation et de respect mutuel et d'équivalence de droits entre les sexes, qu'ils véhiculent. Pour préparer un avenir serein, dénué de violences, de discriminations et de préjugés à l'encontre des femmes et des jeunes filles, il est essentiel que les manuels scolaires respectent ces préceptes.

Les manuels scolaires sont ainsi à la fois porteurs d'enjeux pédagogiques, idéologiques, économiques, mais aussi des vecteurs essentiels de socialisation et de respect, transmettant non seulement des connaissances et mais également et, peut-être surtout, des valeurs. Par conséquent, explorer toutes les potentialités du manuel scolaire comme vecteur d'égalité ou d'inégalité entre les sexes, afin d'envisager une véritable réforme du programme scolaire devient un impératif social et sociétal.

Mesdames les Ministres, Mesdames et Messieurs,

La validation de ce rapport sur les stéréotypes sexospécifiques dans les manuels scolaires arrive à son heure, puisque nous allons célébrer dans quelques jours, le 25 novembre, la Journée internationale de lutte contre les violences sexuelles, et le 20 décembre prochain le trentième anniversaire de la Convention des Nations Unies sur l'Elimination de toutes les Formes de Discriminations à l'Egard des Femmes.

Cette Convention est devenue un instrument essentiel de la défense des droits des femmes et encourage les États à modifier les schémas et modèles de comportement socio-culturels qui réduisent à des stéréotypes l'un ou l'autre sexe ou mettent les femmes dans une position d'infériorité. La Convention vise également à ce que les États veillent à ce que les femmes aient des droits égaux à ceux des hommes, en matière d'éducation et d'accès à l'information.

Le Fonds des Nations Unies pour la population accorde une importance particulière à la thématique du genre, notamment la condition féminine, la protection des droits de la femme et de la jeune fille, la promotion de la place et du rôle de femme dans la société et dans la prise de décision.

Le genre constitue ainsi une des priorités essentielles de notre action en République du Congo, ou malgré des progrès notoires, des efforts considérables restent à fournir pour améliorer la condition de la jeune fille, pour la valoriser et lui donner des aptitudes susceptibles de forger son caractère et sa détermination à réaliser ses rêves, sans le moindre complexe d'infériorité par rapport au garçon. Le fait que la majorité des filles congolaises inscrites à l'école primaire arrêtent leurs études après le baccalauréat illustre bien cette préoccupation.

Mesdames les Ministres, Mesdames et Messieurs,

D'après le rapport aujourd'hui présente, les textes et les images contenus dans les livres d'enseignement destinés à éduquer les enfants doivent être le reflet du monde actuel: les livres scolaires doivent ainsi refléter les aspirations des parents à voir leurs filles occuper une place clé au sein de la communauté nationale, plus uniquement en tant que mère, épouse et grand-mère bienveillante, mais aussi en tant que médecin, ingénieur, menuisière, chef d'entreprise, militaire, parlementaire ou ministre.

A cet égard, j'étais hier en déplacement officiel à Pointe-Noire et j'étais accompagné durant cette mission par la Secrétaire exécutive du Comité national de Lutte contre le VIH/Sida et la Directrice générale de l'Hôpital

Adolphe Cissé et des directrices dynamiques d'associations et organisations non gouvernementales, toutes des femmes remarquables et ingénieuses. Aujourd'hui même, je suis honoré et heureux d'être à cette tribune aux côtés de deux éminentes femmes ministres parmi les plus brillantes du pays. Toutes ces femmes sont l'incarnation de la transformation que nous appelons de nos vœux pour la promotion et la progression des femmes dans la société congolaise.

Il faut ainsi maintenir une forte volonté politique pour soutenir cet effort de transformation des mentalités et des approches pédagogiques. Il faut également accompagner et *conditionner* les filles pour leur faire accepter leurs propres potentialités, trop longtemps inhibées, et les accompagner dans leur prise de décisions.

Ceci sera possible si l'école parvient à promouvoir l'égalité et l'équité entre les sexes, et surtout à former aujourd'hui des élèves, filles et garçons, futurs cadres de demain, de manière à les rendre sensibles aux préoccupations du genre et au respect des filles et des femmes.

Le chantier est immense. Il nécessite non seulement de persévérer, mais aussi de promouvoir des partenariats en vue d'engendrer des synergies positives, vectrices de transformation des mentalités dans notre société. J'en appelle à ce que nous gardions fermement le cap avec courage et passion, pour vaincre ensemble ce grand combat contre la reproduction d'images et représentations sexuées en défaveur des femmes, non seulement à travers les manuels scolaires, mais aussi à travers d'autres supports de communication qui déterminent les attitudes et les comportements dans toutes les sphères de la vie sociétale.

Je puis vous assurer que je prendrai toutes mes responsabilités dans ce combat et ne manquerai pas d'accompagner le Gouvernement de la République sur cette voie, avec toutes les parties prenantes, notamment pour la mise en œuvre des recommandations de cette étude qui nous fournit une base d'action appréciable et solide pour le Congo.

Mesdames les Ministres, Mesdames et Messieurs,

C'est conscient de l'importance de ce travail de fond qui doit produire des effets à long terme que le Fonds des Nations Unies pour la population en étroite collaboration avec l'UNESCO s'est engagé dans le projet de réalisation de cette étude, dont je salue et remercie sincèrement les auteurs, les experts nationaux de l'Institut National de la Recherche Pédagogique, pour leur courage et la qualité du travail accompli.

En terminant, je voudrais rendre hommage à Madame Rosalie Kama-Niamayoua, Ministre de l'Enseignement Primaire, Secondaire et de l'Alphabétisation, qui a su donner une nouvelle impulsion au système éducatif congolais depuis son entrée au Gouvernement en 2002, mais également à la clairvoyance de Madame Jeanne Françoise Leckomba Loumeto, Ministre de la Promotion de la Femme et de l'Intégration de la Femme au Développement, dans sa lutte inlassable en faveur de la femme congolaise et à sa détermination à promouvoir un enseignement de qualité à la portée de toutes les couches de la population congolaise.

Enfin, je souhaite que ce rapport dans le droit fil des orientations tracées par le Chef de l'Etat, le Président de la République, Denis Sassou N'Guesso, dans *«le Chemin d'Avenir»*, soit une invitation aux changements des mentalités et une source inépuisable d'inspiration pour les dirigeants, les décideurs, les cadres de l'enseignement, les chefs d'établissements, les enseignants et les élèves, et apporte un nouvel élan aux initiatives visant la promotion de la femme et de la jeune fille en au Congo, afin qu'à l'avenir, les jeunes femmes occupent leur pleine et juste place dans la société congolaise d'aujourd'hui et de demain.

Je vous remercie de votre attention.

Communication de M. David LAWSON, Représentant résident du Fonds des Nations Unies pour la Population (UNFPA) au Congo & Directeur de la Représentation de l'UNFPA au Gabon sur le thème « La réduction de la mortalité maternelle comme défi du développement durable», à l'occasion du Forum Mibeko sur le Leadership féminin en Afrique (Brazzaville, 7-9 décembre 2009). Brazzaville, 7 décembre 2009

Madame Antoinette Sassou Nguesso, Première Dame de la République du Congo,
Madame la Ministre de la Promotion de la femme et de l'Intégration de la femme au développement,
Madame la Ministre des Affaires sociales, de l'Action humanitaire et de la solidarité,
Madame la Présidente de l'Association Mibeko,
Honorables député(e)s, Vénérables sénateurs,
Mesdames et Messieurs les Chefs de délégations,
Mesdames et Messieurs les Ambassadeurs et représentants diplomatiques et consulaires au Congo, et Cher(e)s Collègues,
Mesdames et Messieurs les Représentants des agences des Nations Unies et des organisations internationales au Congo, et Cher(e)s Collègues,
Madame et Messieurs les Directeurs de cabinet,
Mesdames et Messieurs les Conseillers ministériels,
Mesdames et Messieurs les Directeurs généraux et centraux,
Mesdames et Messieurs les représentants des organisations non gouvernementales,
Mesdames et Messieurs les représentants de la presse et des medias,
Distingué(e)s invité(e)s,
Mesdames et Messieurs,

Je voudrais tout d'abord remercier chaleureusement Madame Rebecca Kionie Bowao, Présidente de l'Association Mibeko, de m'avoir invité à prendre part à cette importante table ronde, intitulée *La Réduction de la mortalité maternelle comme défi du développement durable.*

Le thème dont on m'a demandé de vous parler aujourd'hui reflète bien la problématique de ce Forum qui traite de différents aspects et de la promotion du leadership féminin en tant qu'outil de développement durable en Afrique.

L'objectif de ma communication consiste donc à montrer comment la réduction de la mortalité maternelle contribue au développement durable.

Le Fonds des Nations Unies pour la population — l'UNFPA — que je représente au Congo et au Gabon a longuement développé cette question à travers divers messages et documents produits depuis plus de vingt ans. Ceux-ci sont disponibles, utiles et exploitables par un très large public.

Mais laissez-moi vous dire, sans l'ombre d'un doute ou d'une ambiguïté, et c'est une conviction profonde qui est celle de l'Organisation que je représente au Congo, mais qui est également partagée par l'ensemble des agences des Nations Unies, et il s'agit d'une conviction personnelle pour moi: il ne peut y avoir de développement durable sans leadership féminin. En d'autres termes, le leadership féminin en Afrique est un fondement, une condition même, sans lequel il ne saurait y avoir de développement durable.

Madame la Ministre, Monsieur le Ministre, Mesdames et Messieurs,

Tout le monde reconnaît l'importance de la femme dans la vie sociétale et familiale. Pour cette raison, les questions liées aux femmes doivent faire partie intégrante des politiques de développement adoptées dans le monde contemporain.

En quoi la prise en compte du leadership féminin peut-il servir au développement durable ? Le développement durable est une notion qui renvoie à une aspiration au bien-être ou au mieux-être. Aujourd'hui, trop de peuples vivent encore dans la pauvreté. Nous ne pouvons malheureusement reléguer la pauvreté à une époque ancienne.

Nous ne pourrons pas reléguer la pauvreté dans le passé avant que les femmes ne jouissent de la plénitude de leurs droits sociaux, culturels, économiques et politiques, et tant que nous n'arrêterons pas la violence l'égard des femmes et des filles.

Le rapport sur *l'Etat de la population mondiale de 2005* portait sur l'égalité de droits des femmes et des hommes. Ce rapport soulignait que les investissements dans les femmes et les filles constituaient une démarche logique et nécessaire sur le plan économique et social. En effet, les discriminations à l'égard des femmes aboutissent à une productivité réduite et des coûts de santé plus élevés. Elles entraînent aussi des taux de mortalité plus élevés chez les mères et les enfants et menace sérieusement les efforts faits pour réduire la pauvreté dans le monde entier.

De même, les efforts conduits dans l'ensemble des pays de la planète pour éliminer la pauvreté ne peuvent réussir que si les gouvernants agissent dès maintenant pour mettre fin à la discrimination sexuelle. Il est absolument essentiel que les dirigeants internationaux tiennent les promesses faites aux femmes et aux jeunes du monde entier dans différentes enceintes des Nations Unies notamment, afin d'atteindre l'objectif de réduction de la pauvreté tel que défini par les Objectifs du Millénaire pour le développement (OMD) et réaffirmés lors de la revue par l'Assemblée générale des Nations Unies en 2005, des engagements pris lors du Sommet du Millénaire, en ces termes :

«Investir dans les femmes et les jeunes — qui constituent la majorité de la population mondiale — accélérera le développement à long terme. L'inaction risque d'affermir l'emprise de la pauvreté pour des générations à venir.»

Madame la Ministre, Monsieur le Ministre, Mesdames et Messieurs,

Est-il nécessaire pour moi de rappeler que les femmes sont le centre de la famille et des communautés ? Les femmes sont en effet génitrices, éducatrices, pourvoyeuses de soins, citoyennes, contributrices au développement économique et social, et conservatrices des valeurs culturelles.

La santé maternelle est le cinquième des Objectifs du Millénaire pour le développement. Celui-ci vise à réduire, d'ici à 2015, de 75 % par rapport à son niveau de 1990, le taux de mortalité maternelle dans les pays en développement. Cette cible est ambitieuse et de nombreux pays auront beaucoup de mal à l'atteindre. Néanmoins, la volonté politique internationale a été réaffirmée en septembre 2005 par l'Assemblée générale des Nations Unies et renforcée en 2006 par l'addition d'une autre cible, celle de l'accès universel à la santé de la reproduction.

L'amélioration de la santé sexuelle et reproductive des femmes appelle des interventions dans des domaines allant bien au-delà des soins médicaux. Les résultats ne s'amélioreront que si d'autres questions sont prises en considération. Il s'agit de l'égalité entre les sexes, de la programmation fondée sur les droits humains, et l'intégration de ces différentes composantes dans l'ensemble des soins de la santé sexuelle et de la reproduction, y compris la santé reproductive des adolescents et la prévention du VIH.

Tout le monde s'accorde aujourd'hui pour reconnaître que sauver des vies de femmes est certes un impératif pour le développement social et économique, mais aussi et, peut-être surtout, une obligation morale au regard du respect des droits humains fondamentaux. Que toute femme et tout nourrisson aient accès aux meilleurs soins de santé disponibles, pour permettre à la mère de vivre une grossesse et un accouchement sans risque, doit être considéré comme un droit humain fondamental.

Madame la Ministre, Monsieur le Ministre, Mesdames et Messieurs,

Alors que les techniques et les stratégies qui permettraient d'améliorer la santé maternelle sont mieux connues et plus largement acceptées, le secteur le plus négligé au cours des 10 dernières années est celui des ressources humaines. Sans accroître le nombre des sages-femmes et les autres personnels compétents dans la pratique de sage-femme, il ne sera pas possible de réduire la mortalité et la morbidité maternelles.

Pourtant, le nombre de ces personnels soignants qualifiés n'a pas notablement augmenté et a même commencé à diminuer dans certains pays, par suite de migrations, en raison des discriminations envers les personnes vivant avec le VIH/SIDA, ou par désaffection en raison de la faiblesse des rémunérations et de conditions de travail parfois difficiles. En même temps, les problèmes de qualité des soins demeurent, en particulier quand les systèmes de soins n'apportent pas l'appui auxiliaire nécessaire.

Au niveau mondial, les problèmes de santé de la reproduction — dont le VIH/SIDA — constituent la cause principale de mortalité et de morbidité chez les femmes âgées de 15 à 44 ans. En fait, ils entraînent la perte de plus de 250 millions d'années de vie productive par an au niveau mondial. Chaque année, sur notre planète, environ 529,000 femmes meurent de causes liées à la grossesse, qui sont presque entièrement évitables. Le manque d'accès aux contraceptifs modernes est la cause principale de plus de 76 millions de grossesses non désirées dans le seul monde en développement et d'environ 20 millions d'avortements pratiqués dans des conditions dangereuses au niveau mondial; et cela chaque année. Dans beaucoup de cas, le résultat en est une infirmité permanente ou la mort.

Le manque d'accès à la planification familiale et à la santé de la reproduction est intimement lié à la pauvreté. Aujourd'hui, la population mondiale compte plus de 7 milliards d'âmes et, selon les prévisions, elle atteindra plus de 9 milliards en 2050. Ce dernier chiffre suppose qu'hommes et femmes continueront à avoir les moyens de décider du nombre de leurs enfants et du moment de leur naissance.

De nombreuses vies humaines pourraient être sauvées, si toutes les femmes avaient accès à des moyens volontaires de planification familiale susceptibles de garantir que toutes les naissances soient désirées, et si elles avaient accès à des soins de qualité lors des accouchements et à des soins obstétricaux d'urgence en cas de complications. En réponse aux besoins exprimés par les gouvernements dans ce domaine et afin d'atteindre les Objectifs du Millénaire pour le Développement, le Fonds des Nations Unies pour la population s'est fixé pour objectif de contribuer à la réduction des taux élevés de mortalité maternelle et d'incapacités en résultant qui persistent à ce jour. Comme vous le savez, c'est un objectif prioritaire que j'ai fixé à notre Représentation ici en République du Congo, mais je sais que d'autres

Représentants de l'UNFPA s'attellent à la même tâche dans d'autres pays du continent.

Madame la Ministre, Monsieur le Ministre, Mesdames et Messieurs,

Investir dans des opportunités offertes aux femmes et aux filles sur les plans politique, économique et éducatif produit des gains rapides et d'importants bénéfices qui se traduisent par une amélioration des perspectives économiques, des familles moins nombreuses, des enfants en meilleure santé et plus instruits, une baisse des taux de prévalence du VIH et une moindre incidence des pratiques traditionnelles nuisibles. Du reste, il est démontré que les femmes qui contrôlent les ressources financières familiales tendent à investir un pourcentage plus élevé de leurs gains que les hommes dans la satisfaction des besoins de leur famille.

D'autre part, la violence — qui est sans doute la forme de violation des droits humains la plus systématique et la plus répandue — continue à terroriser des millions de femmes et de filles, indépendamment de leur pays d'origine, de leur race ou de leur situation socio-économique. A l'échelle mondiale, une femme sur trois est victime au cours de sa vie de sévices physiques, sexuels, psychologiques ou autres. Le plus tragique, sans doute, est que le plus souvent ces sévices sont le fait d'un membre de la famille ou d'une connaissance. Les adolescentes sont plus particulièrement vulnérables. Les chiffres donnent le vertige: près de 50 % des agressions sexuelles commises dans le monde entier frappent des filles âgées de 15 ans ou plus jeunes encore.

Madame la Ministre, Monsieur le Ministre, Mesdames et Messieurs,

Si au cours des 10 prochaines années, et en raison de la croissance démographique, aucune amélioration et changement dans les services de santé ayant pour objectif l'amélioration de la santé maternelle, alors on comptera 2 millions et demi de décès maternels, 7 millions et demi de décès d'enfants, et 49 millions d'incapacités maternelles.

L'économie mondiale subira des pertes énormes: 45 milliards de dollars américains en productivité, 22 milliards de dollars dus à la mortalité, et 23 milliards de dollars liés aux incapacités résultant de la maternité.

Madame la Ministre, Monsieur le Ministre, Mesdames et Messieurs,

La mort d'une femme et d'une mère est une perte immense et tragique, non seulement pour la famille mais également pour la communauté et la nation tout entière.

Comme je le disais précédemment, en réponse à ces situations, l'UNFPA a décidé de faire du cinquième Objectif du Millénaire pour le développement sa priorité, et a largement promu le système des soins en mettant l'accent sur la valorisation des ressources humaines et notamment l'aspect important de la pratique de sage-femme, en même temps que la sécurité des installations, le suivi et l'évaluation.

Où en sommes-nous au Congo ? L'analyse de la santé maternelle au Congo s'est appuyée sur les résultats de l'Enquête démographique et de santé (EDS) de 2005, une enquête d'évaluation rapide de la situation du ministère de la Santé en 2006, et des données de sources hospitalières. Il en résulte que la santé de la mère est caractérisée par un taux de décès maternels qui se situe parmi les plus élevés d'Afrique subsaharienne avec 781 décès maternels pour 100,000 naissances vivantes.

Cette analyse a mis en exergue le fait que depuis plusieurs années, malgré des efforts notoires, les taux de mortalité maternelle, néonatale et infantile demeurent à des niveaux inacceptables.

Celle-ci a également permis de relever, à tous les niveaux du système national de santé, les conditions qui ne permettent pas d'assurer un environnement propice à la réduction de la mortalité maternelle, néonatale et infantile, parmi lesquelles, on peut citer :

- la faible participation des communautés aux activités des services de soins maternels, néonatals et infantiles, y compris les accoucheuses traditionnelles ;
- l'insuffisance d'information des populations sur les problèmes liés à la santé maternelle, les femmes et leurs familles, par exemple, connaissant mal les signes d'alerte pendant la grossesse et les dispositions à prendre ;
- le déficit en qualité et en quantité de personnels qualifiés ;
- l'insuffisance de matériels et d'équipements de base dans les formations sanitaires ;
- l'insuffisance de la formation continue des personnels ;
- la faiblesse du partenariat pour la réduction de la mortalité maternelle, néonatale et infantile ;
- et la faiblesse du système d'information sur la santé de la mère et de l'enfant.

Madame la Ministre, Monsieur le Ministre, Mesdames et Messieurs,

Face à cette situation préoccupante, le gouvernement de la République du Congo a souscrit aux Objectifs du Millénaire pour le développement. Le gouvernement a également adhéré à la Feuille de Route de l'Union Africaine pour l'accélération de la réduction de la mortalité maternelle et des nouveaux- nés, puis à l'Appel de Johannesburg sur l'élimination des fistules obstétricales.

La mise en œuvre de la Feuille de Route nationale pour accélérer la réduction de la mortalité maternelle, néonatale et infantile, développée au Congo avec l'appui de l'OMS, l'UNFPA, l'UNICEF et la Banque mondiale constitue indéniablement une opportunité pour inverser la tendance.

L'UNFPA œuvre en faveur du droit à la santé et de l'égalité des chances pour chaque femme, homme et enfant, pour que toutes les grossesses soient désirées, que tous les accouchements soient sans danger, que tous les jeunes soient protégés du VIH/SIDA et que toutes les filles et toutes les femmes soient traitées avec dignité et respect. C'est dans cet esprit, que je continuerai à appuyer avec tous les moyens dont nous disposons les efforts du gouvernement engagé dans la lutte contre la mortalité maternelle, pour que *«plus aucune femme ne meure en donnant la vie. »*

Je vous remercie.

Allocution de Monsieur David LAWSON, Représentant résident du Fonds des Nations Unies pour la Population (UNFPA) en République du Congo & Directeur de la Représentation de l'UNFPA au Gabon, à l'occasion de la cérémonie de lancement de l'Initiative « Mobilisation du Leadership masculin pour la promotion des droits des femmes au Congo. »
Brazzaville, 11 mai 2010

Madame la Ministre de la Promotion de la Femme et l'Intégration de la Femme au Développement,
Madame la Ministre de l'Action Humanitaire, des Affaires sociales et de la Famille,
Monsieur le Ministre de la Jeunesse et de l'Education civique,
Mesdames et Messieurs les membres du Gouvernement,
Monsieur le Premier Secrétaire de l'Assemblée Nationale,
Messieurs les Présidents des Commissions « Santé, Affaires Sociales, Famille et Genre » de l'Assemblée Nationale et du Sénat,
Mesdames et Messieurs les Parlementaires,
Monsieur le Préfet de Brazzaville,
Monsieur le Conseiller du Chef de l'Etat,
Mesdames et Messieurs les Ambassadeurs et Chefs de missions diplomatiques accrédité(e)s en République du Congo, Cher(e)s Collègues,
Messieurs les Représentants des agences du Système des Nations Unies accrédités en République du Congo, Chers Collègues,
Distingué(e)s invité(e)s, Mesdames et Messieurs,

Le 10 décembre 2009, journée internationale des droits de l'homme, nous célébrions ensemble à Brazzaville, au Congo, le trentième anniversaire de la Convention sur l'élimination de toutes les formes de discriminations faites aux femmes - la CEDEF. Lors de cette rencontre, nous avions entendu des femmes, des victimes de violences et de discriminations, des magistrates, de simples citoyennes, témoigner courageusement sur les rapports de force qui empêchent la femme congolaise de s'épanouir pleinement à de nombreux échelons de la société, tant dans la vie privée que dans les sphères de la vie publique.

L'an dernier, lors de cette cérémonie, j'avais annoncé le lancement en 2010 d'une grande initiative en direction du leadership masculin pour promouvoir et défendre les droits des Congolaises. C'est donc avec un immense plaisir que je m'adresse à vous aujourd'hui, au sein de cette auguste enceinte de la représentation nationale. Et je me réjouis de voir tant d'hommes si influents de la société congolaise et des partenaires au développement ici présents aux côtés des Congolaises pour défendre leur cause, qui doit être *notre* cause, et je salue leur engagement.

Madame la Ministre, Madame et Monsieur les membres du Gouvernement, distingué(e)s invité(e)s,

Dans son rapport 2008-2009 sur les progrès des femmes dans le monde, la Directrice Exécutive du Fonds des Nations Unies pour la femme décrivait en ces termes les pesanteurs persistantes à l'épanouissement de la femme. Je cite: « *De grands progrès ont été enregistrés au cours des dernières décennies, tant au niveau national qu'au niveau mondial dans le domaine des droits des femmes. Toutefois, les engagements pris en faveur de la réalisation de ces droits ne sont pas toujours suivis d'actions concrètes. Pour trop de femmes encore, la pauvreté et la violence sont des réalités quotidiennes auxquelles elles font face dans leur lutte pour parvenir la parité avec les hommes, dans les domaines de l'emploi, de la famille et de la propriété ainsi qu'en matière d'accès aux ressources et aux services publics*». Fin de citation.

Le rapport annuel du Fonds des Nations Unies pour la Population sur l'Etat de la population mondiale en 2008, qui portait spécifiquement sur le lien entre la culture, le genre et les droits humains, révélait des statistiques poignantes:

- soixante pour cent des personnes les plus pauvres sur notre planète sont des femmes et des filles.
- Les deux tiers des 960 millions d'adultes illettrés dans le monde sont des femmes.
- Sur les 130 millions d'enfants non scolarisés dans le monde, soixante-dix pour cent sont des filles.

Certaines normes et traditions sociales et culturelles perpétuent la violence sexo-spécifique et les femmes peuvent, comme les hommes, être amenées à l'ignorer ou à l'accepter. Les femmes défendent en effet parfois les structures qui les oppriment. Source de plusieurs maux, les disparités entre les sexes perdurent parce qu'elles ont envahi les institutions, les usages domestiques, ainsi que l'économie. Elles nuisent ainsi à l'évolution normale des relations entre les hommes et les femmes.

La Convention sur l'élimination de toutes formes de discriminations à l'égard des femmes a été adoptée en 1979. Pourtant, en 1994, tous les États du monde réunis à la Conférence internationale sur la population et le développement au Caire, se sont engagés à donner aux femmes la pleine mesure de leurs capacités par l'éducation, la formation et l'emploi, tout en donnant une importance primordiale à l'élimination de la pauvreté, de l'analphabétisme, de la morbidité chez les femmes et toutes les pratiques discriminatoires à leur égard. Preuve, s'il en est, que la nécessité sans cesse renouvelée d'aider les femmes à faire valoir et à exercer leurs droits, notamment dans le domaine de la santé en matière de reproduction et de sexualité, s'impose à nous tous.

Madame la Ministre, Madame et Monsieur les membres du Gouvernement, distingué(e)s invité(e)s,

L'initiative sur la *Mobilisation du Leadership masculin en faveur des droits des femmes* lancée ce matin, 11 mai 2010, par le Ministère de la Promotion de la femme et de l'intégration de la femme au développement, en partenariat avec le Fonds des Nations Unies pour la Population, vise l'accélération des progrès du Congo en matière de promotion des femmes et de leurs droits.

Par cette initiative, nous voulons appeler l'attention des leaders masculins sur la persistance de discriminations et de violences faites aux femmes. Nous voulons amener les leaders masculins dans toutes les sphères de la société, politique, économique, sociale, commerciale, médiatique, artistique et culturelle, à s'engager concrètement dans la mise en œuvre systématique des dispositions de la CEDEF. Nous voulons que les leaders masculins au Congo contribuent à l'application des textes législatifs et veillent à leur respect scrupuleux dans leur sphère d'influence. Enfin, nous voulons impliquer les leaders masculins dans la lutte contre les violences domestiques, sexuelles et pour l'amélioration de la santé des femmes et la réduction de la mortalité maternelle.

En soutenant cette initiative, le Fonds des Nations Unies pour la Population entend contribuer à l'éclosion d'une société congolaise plus égalitaire entre l'homme et la femme. Mais notre démarche tient compte de la sensibilité culturelle. Car le développement humain, dépend largement d'une action soutenue et sérieuse, mais également respectueuse des cultures.

En tenant compte de nos différentes sensibilités culturelles, sensibiliser les hommes à œuvrer pour la promotion des droits des femmes et du leadership féminin au Congo constitue une initiative qui sera considérée par beaucoup comme innovante, voire audacieuse... mais de plus en plus admise par d'autres au regard des contraintes liées à l'évolution du monde et de la société congolaise, comme une exigence sociale, économique, démocratique et de modernité.

A ce titre, il faut souligner que le Congo dispose d'un cadre législatif et réglementaire riche sur la protection des biens et des personnes, sans distinction de sexes, qui répond aux exigences et aux normes internationales auxquelles a adhéré le pays.

Il faut également rappeler que cette initiative est avant tout l'expression manifeste de la volonté du Gouvernement de la République du Congo de traduire dans les faits le principe d'égalité entre l'homme et la femme consacré dans la Constitution du 20 janvier 2002.

L'élaboration d'une Politique Nationale «Genre», la mise en place d'un Observatoire des violences faites aux femmes en 2008, et les consultations en cours pour l'adoption prochaine d'une loi sur la représentativité de la femme dans les fonctions politiques, électives et administratives, en sont les démonstrations récentes les plus éclatantes.

Et je voudrais saluer le leadership, la clairvoyance et l'activisme sans relâche de l'une des plus brillantes congolaises, Madame Jeanne Françoise Leckomba Loumeto, Ministre de la Promotion de la Femme et de l'Intégration de la Femme au développement.

Ces initiatives, tout comme la présence de femmes à un certain nombre de postes de haute responsabilité dans l'appareil d'Etat démontre l'engagement du gouvernement congolais à défendre et promouvoir les droits des femmes. Toutefois, ces progrès réels et tangibles doivent être renforcés par des actions concrètes en profondeur, afin que les filles et les femmes congolaises de tous âges qui subissent encore des discriminations dont les conséquences sont lourdes et nombreuses sur leur santé, leur dignité, leur bien-être, et leurs capacités à contribuer au développement national, puissent occuper leur juste place au sein de la société et ainsi contribuer pleinement à l'avenir du Congo.

Il en va notamment ainsi, comme dans de nombreux autres pays, de l'amélioration de l'accès des femmes aux services de santé maternelle de qualité; du renforcement de l'arsenal législatif sanctionnant toutes les formes de discriminations et violences à l'égard des femmes; protégeant les jeunes filles contre les mariages précoces et l'exploitation sexuelle; de la révision des textes juridiques en vigueur contenant des dispositions discriminatoires à l'égard des femmes; de la réduction des taux d'analphabétisme des femmes et la promotion de mesures incitatives pour améliorer les effectifs des filles dans l'enseignement supérieur et dans les filières scientifiques; du développement de services judiciaires en zones rurales et le renforcement des capacités des agents de justice dans la prise en compte des discriminations et des violences faites aux femmes.

Je me réjouis que le Ministère de la Promotion de la Femme et de l'Intégration de la Femme au développement se soit saisi de certains de ces dossiers, notamment avec l'appui du Fonds des Nations Unies pour la population, et nous préparons la traduction en langues véhiculaires de la

CEDEF pour sa vulgarisation au sein des populations, afin que les femmes elles-mêmes aient pleine connaissance et conscience de leurs propres droits.

Madame la Ministre, Madame et Monsieur les membres du Gouvernement, distingué(e)s invité(e)s,

Il est temps que les hommes acquis à la cause des femmes et de ses droits, conscients de leur rôle dans la protection de la famille et le processus de développement national, prennent une part active et concrète pour les défendre et les promouvoir.

Il est essentiel qu'une majorité d'hommes s'impliquent dans la lutte contre toutes les discriminations et violences subies par les femmes, les accompagnent dans les démarches de recours à la justice et la recherche des thérapies appropriées, y compris la mise en place des mécanismes institutionnels et communautaires de prévention des dérives sociales. C'est là une occasion exceptionnelle et unique de dénoncer et confronter ensemble, hommes et femmes main dans la main, des pratiques de plus en plus courantes et graves, souvent banalisées et tolérées.

Nous espérons que cette initiative soit le premier pas significatif d'un engagement volontaire et proactif des hommes, à commencer par les plus influents d'entre eux, les décideurs, pour mettre un terme aux discriminations et aux violences injustes subies par les femmes.

Madame la Ministre, Madame et Monsieur les membres du gouvernement, distingué(e)s invité(e)s,

En terminant, je vous livre cette réflexion pleine d'inspiration et de sagesse du Secrétaire général des Nations Unies Ban Ki-Moon; je cite: *"deux éléments sont indispensables pour faire prévaloir la redevabilité envers les femmes. En premier lieu, il faut que les femmes participent à part entière aux processus de décision et de responsabilisation. En second lieu, les engagements nationaux relatifs à l'égalité des sexes et aux droits des femmes doivent figurer parmi les critères selon lesquels sont évaluées les décisions publiques".* Fin de citation.

Pour conclure, je voudrais rappeler que le lancement de l'Initiative sur *la Mobilisation du Leadership masculin pour la promotion des droits des femmes au Congo* et la signature de la *Déclaration d'engagement solennel* nous engage tous à participer activement à la réussite des efforts nationaux pour les droits des femmes. L'heure est donc pour chacun de nous, hommes et leaders en tête, à l'interpellation et à l'examen de conscience, afin de nous permettre d'apprécier l'ampleur des discriminations quotidiennes, visibles et indicibles, vécues par nos femmes, nos sœurs, nos mères, nos grands-mères, nos tantes, nos amies et nos filles.

Il nous faut ouvertement unir nos volontés et nos forces à celles des femmes congolaises, pour changer les comportements et les mentalités et atteindre *l'égalité des droits* et *l'égalité des chances* et ainsi *le progrès pour tous.*

Je vous remercie.

Allocution de Monsieur David LAWSON, Représentant résident du Fonds des Nations Unies pour la population (UNFPA) en République du Congo & Directeur de la Représentation de l'UNFPA au Gabon, à l'occasion du lancement officiel des formations des filles-mères en couture et broderie, mécanique et électricité automobile, et bureautique. Pointe-Noire, 17 mai 2010

Madame la Ministre de la Promotion de la Femme et de l'Intégration de la Femme au Développement,
Vénérables sénateurs, Honorables député(e)s,
Monsieur le Préfet de Pointe-Noire,
Monsieur le Maire de l'arrondissement de Lumumba,
Madame la Maire de l'arrondissement de Loandjili,
Madame la Secrétaire générale de la Chambre de Commerce, de l'Industrie, de l'Agriculture et des Métiers,
Madame la Directrice de Cabinet de la Ministre,
Mesdames et Messieurs les Directeurs généraux,
Mesdames et Messieurs les Représentants des agences du Système des Nations Unies,
Mesdames et Messieurs les Directeurs Départementaux,
Mesdames et Messieurs les responsables des Organisations non gouvernementales et des Associations,
Mesdames et Messieurs les représentants des media,
Chères apprenantes,
Distingué(e)s invité(e)s,

C'est avec un réel plaisir que je me trouve, une nouvelle fois, parmi vous ici à la Chambre de Commerce de Pointe-Noire pour parler des projets qui nous tiennent tous à cœur.

Je suis très honoré d'être ici, cet après-midi, aux côtés de Madame Jeanne Françoise Leckomba Loumeto, Ministre de l'Intégration de la Femme et de la Promotion de la Femme au Développement, dont je salue l'énergie, le leadership, la vision et le dévouement à la défense de la cause des femmes et des jeunes filles congolaises. Madame la Ministre donne beaucoup à son pays, pour les jeunes filles dont nous attendons la cause ensemble et elle donne beaucoup de sa personne.

Même si l'UNFPA apporte un soutien non négligeable, c'est sous l'impulsion de Madame la Ministre et des services de son Ministère que nous parvenons à faire beaucoup pour les jeunes filles congolaises. Je suis donc très heureux d'être avec Madame la Ministre au milieu des jeunes filles retenues pour prendre part à trois formations qualifiantes en couture (25 places), en bureautique (10 places) et en mécanique/électricité (6 places). Nous savons que beaucoup de jeunes filles souhaitent bénéficier de ces formations. Le nombre est en accroissement constant chaque année. Nous en sommes conscients et essayons autant que faire se peut d'augmenter le nombre. Cette année à Pointe-Noire, par exemple, compte tenu des opportunités de placement professionnel des jeunes diplômées, nous avons multiplié par deux le nombre des formations disponibles en bureautique.

La cérémonie qui nous réunit aujourd'hui concerne les «jeunes filles-mères déscolarisées et désœuvrées», des jeunes filles dont la vulnérabilité est aggravée par une maternité précoce et un arrêt des études. Les formations offertes doivent permettre de faciliter leur réinsertion professionnelle. Elles tiennent compte à la fois des facilités de débouchés sur le marché de l'emploi, des goûts des jeunes filles, et doivent contribuer à la réduction des stéréotypes sexo-spécifiques en matière de formation professionnelle, pour donner les mêmes chances de réussite économiques et sociales aux filles et aux garçons au Congo.

Ces formations visent donc non seulement la réinsertion socio-économique, mais également l'autonomisation de ces jeunes filles; une cause qui nous est chère et que nous défendons au-delà du cas spécifique de la situation des jeunes filles-mères.

Je voudrais également signaler que chaque année, nous veillons à ce que ces formations comportent des modules de sensibilisation sur la planification familiale et la prévention du VIH, ainsi que sur l'alphabétisation fonctionnelle, de manière à renforcer davantage les capacités techniques et de gestion des jeunes filles formées.

Après bientôt dix années d'expérimentation, cette programmation, y compris la qualité des encadrements nous ont permis de constater que pendant la période de formation, soit douze mois, aucune des jeunes filles en formation n'ont expérimenté une autre grossesse non désirée.

Ceci est un indicateur significatif de l'importance à la fois de la formation en planification familiale et que la réinsertion professionnelle ou éducative permet de limiter les grossesses précoces.

Madame la Ministre, distingué(e)s invité(e)s, Chères apprenantes,

Aujourd'hui nous voulons nous réjouir; nous voulons en effet nous réjouir que quarante-et-une jeunes filles et jeunes mamans âgées de 16 à 24 ans puissent se réinsérer. Etre maman est un merveilleux don de la vie, mais le

Fonds des Nations Unies pour la population appuie le Gouvernement de la République du Congo pour que toutes les grossesses soient souhaitées, désirées, sans risque et leur moment choisi par les filles et les femmes congolaises. Je voudrais donc profiter de cette tribune pour encourager les jeunes à ne pas s'engager dans des relations intimes trop précoces ou de bien en considérer les implications et les conséquences, y compris les risques de contamination au virus du Sida.

Pour celles qui sont arrivées à ce point, à ce choix, qui ne sont pas forcément avec nous aujourd'hui, mais que nous pouvons atteindre par la magie des medias, dont je remercie la sollicitude pour leur accompagnement à relayer ces messages essentiels, je voudrais rappeler l'importance des moyens de se prémunir des grossesses non désirées et du VIH/Sida.

Mesdames et Mesdemoiselles qui avaient déjà expérimenté une grossesse à un très jeune âge, et à un moment de votre vie que vous n'avez pas choisi et si vous avez d'autres aspirations pour votre avenir personnel, je vous incite à vous prémunir d'une nouvelle grossesse non désirée en vous rapprochant des services de planification familiale des centres de santé les plus proches de chez vous ou des conseils en planification familiale fournis par des Associations locales dont certaines sont représentées ici aujourd'hui, notamment l'Association congolaise de bien-titre familial, 1'ACBF.

Madame la Ministre, distingué(e)s invité(e)s, Chères apprenantes,

En terminant, je voudrais remercier et féliciter les responsables de l'ONG «Serment Merveille» et les dirigeantes des associations «Mouvement des Mères pour la Paix, Solidarité et le Développement» et «Force et Lumière» qui ont permis d'identifier les besoins des jeunes filles, en partenariat avec le Ministère de la Promotion de la Femme et de l'Intégration de la Femme au Développement.

Je voudrais également en appeler aux représentants des différents secteurs de l'enseignement, y compris l'Enseignement Primaire, Secondaire et chargé de l'Alphabétisation, l'Enseignement Technique et Professionnel, et de la Jeunesse, à développer des synergies autour de ces formations pour des actions concertées et complémentaires de celle du Ministère de la Promotion de la Femme et de l'Intégration de la Femme au Développement.

J'en appelle également à tous les décideurs de Pointe-Noire présents aujourd'hui et pour les autres par l'intermédiaire des représentants la Chambre de Commerce, de l'Industrie, de l'Agriculture et des Métiers, à nous aider activement à faciliter l'intégration professionnelle de ces jeunes filles dont la formation de qualité est largement reconnue et respectée.

Madame la Ministre, Distingué(e)s invité(e)s, Chères apprenantes,

Notre volonté commune est de contribuer à prévenir les grossesses précoces non désirées, tout en répondant aux besoins de jeunes filles-mères déscolarisées et désœuvrées.

Tout ceci répond bien entendu à l'impérieuse nécessité d'améliorer la santé maternelle néonatale et infantile au Congo et lutter contre les discriminations sexo-spécifiques qui contribuent pour une large part aux grossesses précoces et qui nuit gravement non seulement à l'avenir des jeunes filles congolaises, mais au développement du pays tout entier, dont l'essentiel de la population repose sur sa jeunesse. Dans l'atteinte de ces objectifs multiples mais intimement liés, vous savez pouvoir compter, Madame la Ministre, sur mon engagement.

Je vous remercie.

Allocution de M. David LAWSON, Représentant résident du Fonds des Nations Unies pour la Population (UNFPA) en République du Congo & Directeur de l'UNFPA en République du Gabon, à l'occasion de l'ouverture des travaux de la 3eme édition du Forum International Mibeko sur le leadership féminin. Brazzaville, 19 octobre 2010

Madame la Ministre de la Promotion de la Femme et l'Intégration de la Femme au Développement,
Monsieur le Président de l'Union Africaine,
Mesdames et Messieurs les Membres du Gouvernement de la République du Congo,
Mesdames les Ministres Chefs de délégations,
Honorables Député(e)s, Vénérables Sénateurs,
Monsieur le Directeur Régional pour l'Afrique de l'Ouest et du Centre de l'UNICEF,
Mesdames et Messieurs les Ambassadeurs et représentants du corps diplomatique et consulaire au Congo, et Cher(e)s Collègues ;
Madame et Messieurs les Représentant des agences du système des Nations Unies et des Organisation internationales au Congo, et Cher(e)s Collègues,
Madame la Présidente de l'Association Mibeko,
Mesdames et Messieurs les représentants des organisations non gouvernementales et de la société civile,
Distingué(e)s invité(e)s, Mesdames et Messieurs,

C'est un immense honneur et un insigne privilège pour moi d'être à cette tribune et de pouvoir partager cet important moment de l'Histoire des femmes africaines, après 50 ans d'indépendance, avec tant d'éminentes personnalités, toutes engagées pour promouvoir le leadership féminin en Afrique.

Permettez-moi tout d'abord d'adresser au peuple congolais, et plus particulièrement aux Congolaises, ainsi qu'à toutes les participantes de cette troisième édition du Forum International Mibeko, les salutations fraternelles de Madame Thoraya Ahmed Obaid, Directrice Exécutive du Fonds des Nations Unies pour la Population.

Avec une émotion particulière, je voudrais également saisir cette occasion pour rendre un vibrant hommage à son Excellence Denis Sassou

Nguesso, Chef de l'Etat congolais, Homme d'Etat éminent et diplomate infatigable, pour son engagement en faveur des femmes africaines, des Congolaises, et du continent africain.

Je salue son incontestable engagement dans le combat du développement de l'Afrique et pour l'amélioration des conditions de vie et du statut socio-économique, juridique et politique des femmes africaines et congolaises, de sorte qu'elles participent à part entière aux efforts de développement national.

La décision du Président Denis Sassou Nguesso de mettre en œuvre la parité aux fonctions politiques, électives et administratives, place le Congo parmi les pionniers de l'accélération de l'Histoire, et fera date ici et dans le monde, car peu de pays ont adopté des approches si progressistes.

De même, la gratuité de la césarienne annoncée par le Chef de l'Etat améliorera pour longtemps la santé maternelle au Congo.

Madame la Ministre, Distingué(e)s invité(e)s,

Je tiens à exprimer mes respects les plus distingués à l'endroit de Madame Antoinette Sassou-Nguesso, Première Dame du Congo, qui depuis plusieurs décennies, mène des actions exceptionnelles pour le bien-être des populations congolaises, avec un accent particulier sur les femmes et les enfants, notamment à travers la Fondation Congo Assistance.

Je salue également son action internationale contre la Drépanocytose et pour son rôle éminent dans le mouvement féminin, notamment celui des Premières Dames d'Afrique.

Enfin, je voudrais adresser un hommage vibrant à Madame Jeanne Françoise Leckomba Loumeto Pombo, Ministre de la Promotion de la Femme et de l'Intégration de la Femme au Développement.

Madame la Ministre, le travail que vous réalisez est titanesque, eu égard à l'histoire mouvementée du pays, de celle des Congolaises et aux efforts continus et inlassables que vous menez pour améliorer sans cesse leur condition, et je tiens à vous exprimer toutes mes félicitations pour les nombreux succès enregistrés par les femmes au Congo.

Madame la Ministre, Distingué(e)s invité(e)s,

En Afrique, comme dans le monde, malgré des progrès significatifs, vous conviendrez avec moi que beaucoup reste à faire, par rapport aux recommandations des principales conférences internationales concernant les femmes, telles que la Conférence internationale sur la population et le développement du Caire, la Conférence internationale des Femmes de Pékin, le Sommet du Millénaire, etc.

Pour le bien-être des femmes, il convient ainsi de redoubler de vigilance pour ne pas perdre les acquis; de prévenir les risques d'apparition des situations augmentant la vulnérabilité des femmes et autres groupes vulnérables, et surtout d'accélérer les progrès dans les domaines centraux de la vie des groupes les plus vulnérables, afin de réduire les tendances actuelles de la morbidité et mortalité maternelle et infantile, des avortements, la prévalence au VIH/SIDA, les blessures consécutives aux violences faites aux femmes et aux filles, de l'analphabétisme et de la pauvreté.

A ce titre, le renforcement des partenariats multiformes est indispensable. C'est en cela que le Forum International Mibeko est devenu un rendez-vous important du leadership féminin africain pour l'analyse des tendances des stratégies de succès, la réflexion et les grandes orientations pour l'avenir.

Face à la complexité et à la gravité des problèmes de l'heure en matière de genre, du poids des obstacles à surmonter, ainsi que de la limite des moyens dont nous disposons, l'unité et la complémentarité des actions sont essentielles.

C'est pourquoi les partenariats publics-privés, administration-société civile placent les organisations non gouvernementales et les associations au cœur de l'amélioration du statut socio-économique, juridique et politique des femmes et des filles d'Afrique. Ainsi, les contributions aux débats du Forum International Mibeko préparent les perspectives d'évolution de la condition féminine aujourd'hui et pour demain.

Madame la Ministre, Distingué(e) invité(e),

Je voudrais ici rendre hommage à Madame Rebecca Quionie Bowao, Présidente de l'Association Mibeko, pour son dynamisme et son engagement en faveur des femmes congolaises et africaines et pour avoir fait du Forum Mibeko ce qu'il est aujourd'hui: une vitrine de l'intelligentsia féminine africaine.

Le leadership féminin contribue ainsi par cette initiative aux grands débats de société visant des progrès durables pour les pays africains, en matière de santé, d'éducation, de sécurité et de démocratie.

Les thèmes de réflexion de cette année: «Genre, OMD et Réchauffement climatique» constituent de véritables défis pour l'Afrique et l'humanité tout entière, auxquels les femmes, intellectuelles et autres, doivent contribuer.

Au regard de l'expertise des hautes personnalités prenant part à ce Forum pour les femmes d'Afrique et du monde, je me réjouis d'avance de la qualité des débats qui se dérouleront ici.

Madame la Ministre, Distingué(e) invité(e),

Pour conclure, je dois me tourner vers nos pères, nos frères et nos fils pour les inviter à adhérer massivement aux combats menés par les femmes. La participation des hommes est une des conditions *sine qua non* de l'amélioration de la condition féminine et pour l'atteinte du développement durable en Afrique.

C'est l'une des raisons principales pour lesquelles, je me bats et continuerai à me battre aux cotés des Congolaises.

J'attends avec enthousiasme les conclusions de vos travaux et vous souhaite plein succès dans vos délibérations. Je vous remercie de votre attention.

Communication de Monsieur David LAWSON, Représentant résident du Fonds des Nations Unies pour la Population (UNFPA) en République du Congo & Directeur de la Représentation de l'UNFPA au Gabon, à l'occasion de la 3e édition du Forum International Mibeko (19-22 octobre 2010). Le rôle des hommes dans l'application de la Convention sur toutes formes de discriminations à l'égard des femmes. Brazzaville, 19 octobre 2010

Madame la Ministre de la Promotion de la Femme et l'Intégration de la Femme au Développement,

Mesdames et Messieurs les Membres du Gouvernement du Congo,

Honorables Député(e)s, Vénérables Sénateurs,

Madame la Ministre de la Promotion de la Femme et de la Famille du Cameroun,

Madame la Ministre des Affaires Sociales, de la Solidarité nationale et de la Famine de la République Centrafricaine,

Madame la Ministre du Genre, de la Famille et de l'Enfant de la République Démocratique du Congo,

Mesdames les Chefs de délégations,

Monsieur le Secrétaire Général de la Communauté Economique des États de l'Afrique Centrale, et Cher ami,

Madame la Présidente de la Commission africaine des droits de l'homme et des peuples,

Madame la Directrice des opérations de la Banque Mondiale pour la République Démocratique du Congo et la République du Congo, et Chère Collègue,

Mesdames et Messieurs les Ambassadeurs et représentants du corps diplomatique et consulaire au Congo, et Cher(e)s Collègues,

Madame et Messieurs les Représentants des agences du Système des Nations Unies et des Organisations internationales au Congo, et Cher(e)s Collègues,

Madame la Présidente de l'Association Mibeko, et Chère amie,

Mesdames et Messieurs les représentants des organisations non gouvernementales et de la société civile,

Mesdames et Messieurs les représentants des medias,

Distingué(e)s invité(e)s, Mesdames et Messieurs,

«De grands progrès ont été enregistrés au cours des dernières décennies, tant au niveau national qu'au niveau mondial dans le domaine des droits des femmes. Toutefois, les engagements pris en faveur de la réalisation de ces droits ne sont pas toujours suivis d'actions concrètes. Pour trop de femmes encore, la pauvreté et la violence sont des réalités quotidiennes auxquelles elles font face dans leur lutte pour parvenir à la parité avec les hommes, dans les domaines de l'emploi, de la famille et de la propriété ainsi qu'en matière d'accès aux ressources et aux services publics.» C'est en ces termes que l'UNIFEM décrivait dans un rapport publié en 2009 les pesanteurs encore persistantes contre l'épanouissement des femmes dans le monde.

L'accès inégal à l'éducation, à la formation, aux soins de santé, la violence et les discriminations à l'égard des femmes, l'accès inégal aux fonctions de prise de décision à tous les niveaux de la société, la persistance des stéréotypes sur les femmes, l'insuffisance des mécanismes de promotion de la femme à tous les niveaux restent des injustices criantes à l'égard des femmes. Ainsi, soixante pour cent des personnes les plus pauvres sur notre planète sont des femmes et des filles. Le monde compte près d'un milliard d'adultes illettrés dont près de soixante-dix pour cent sont des femmes. Soixante-dix pour cent des 130 millions d'enfants non scolarisés dans le monde, sont des filles.

Pourtant depuis plusieurs années les gouvernements et les organisations internationales accordent une priorité importante à la problématique du genre dans les orientations stratégiques et les politiques nationales.

La parité entre hommes et femmes et les opportunités de promotion économique et sociale par les deux sexes sont devenues des sujets récurrents des ordres du jour des grandes conférences internationales, y compris le changement climatique qui est l'un des thèmes de notre Forum.

L'évaluation des progrès accomplis à travers le monde montre que sous les effets conjugués de divers facteurs socio-économiques, juridiques et politiques, l'engagement des hommes dans la promotion de l'égalité des sexes et la participation égale des hommes et des femmes dans tous les domaines des responsabilités familiales et domestiques reste timide ou peu visible.

Certaines normes et traditions sociales et culturelles perpétuent les discriminations faites aux femmes. Par ailleurs, ces dernières peuvent parfois, comme les hommes, être amenées à les ignorer ou à les accepter. Les femmes défendent en effet parfois des structures qui les oppriment, soit parce qu'elles acceptent un ordre des choses établi, même inconsciemment dans des sociétés centrées autour des besoins des hommes, soit parce qu'elles le défendent en tant que valeur culturelle acceptée, profondément assimilée.

Source de plusieurs maux, les disparités entre les sexes perdurent parce qu'elles ont envahi insidieusement les institutions, les usages domestiques, ainsi que l'économie. Elles nuisent ainsi à l'évolution normale des relations entre les hommes et les femmes.

Alors, comment faire pour améliorer ces situations déplorables et assurer la pleine participation des femmes ?

Madame la Ministre, Distingué(e)s invité(e)s, Mesdames et Messieurs,

D'après moi, le succès du renforcement de l'égalité entre l'homme et la femme appelle des actions dans deux directions concomitantes. Il nous faut poursuivre les efforts et la lutte pour renforcer la place et le rôle des femmes dans la société. Pour cela, il faut renforcer la confiance et le sens d'elles-mêmes et de leur capacité en tant que femmes à contribuer pleinement à leur épanouissement personnel et au développement national. Mais en même temps, il faut impliquer davantage les hommes dans des approches genre et la défense des droits des femmes.

Le Programme d'action de la Conférence internationale sur la population et le développement de 1994 affirmait ainsi la nécessité d'impliquer les hommes pour atteindre l'égalité entre les sexes et la participation égale des hommes et des femmes dans tous les domaines de la vie familiale, y compris en prenant des responsabilités égales pour la promotion de leur santé sexuelle et reproductive.

Ainsi, des efforts particuliers doivent être faits pour mettre l'accent sur la responsabilité des hommes et la promotion de leur participation active à la paternité responsable, à un comportement sexuel responsable, à la prévention des maladies sexuellement transmissibles, y compris le VIH, à la prévention des grossesses non désirées et à hauts risques, à la gestion commune du revenu familial, et à l'éducation des enfants.

Madame la Ministre, Distingué(e)s invité(e)s, Mesdames et Messieurs,

Les entraves à l'égalité entre les femmes et les hommes sont encore trop nombreuses et surtout profondément ancrées dans les mentalités. Les stéréotypes qui naissent et sont entretenus involontairement dans les manuels scolaires et au sein des familles, apparaissent également à travers tous les rapports que les femmes établissent au sein de la communauté, en milieu de travail et de loisirs.

Les obstacles sont bien connus: des mentalités qui persistent, un regard restrictif porté sur les rôles respectifs des femmes et des hommes, ainsi que des stéréotypes sexo-spécifiques persistants à divers niveaux de leurs vies. Ces obstacles vécus au quotidien deviennent chroniques du fait de la passivité des hommes et du fatalisme des femmes.

Pour les surmonter, il faut prendre en considération le rôle des hommes dans la construction d'une société plus démocratique et égalitaire; et comment susciter leur prise de conscience, pour une meilleure contribution des hommes et des pères dans la résolution de divers phénomènes affectant la vie des femmes et des jeunes filles.

Longtemps, les femmes pour des raisons évidentes ont fait cavaliers seuls pour défendre leurs droits. De nos jours encore, beaucoup de personnes continuent à croire que l'égalité entre les sexes est une question qui concerne d'abord les femmes, y compris beaucoup de femmes elles-mêmes. Ceci s'explique par le fait que cette prise de conscience s'est construite sur un féminisme militant qui a certes permis de faire progresser les idées et les mentalités, mais a cantonné la lutte pour l'émancipation et l'autonomisation féminine à un combat purement de femmes.

Pour modifier les rapports de force toujours inégaux, il est indispensable d'impliquer non seulement les hommes, mais aussi les femmes à niveau égal dans le processus de changement des sociétés.

Il faut obtenir un changement des mentalités avec une redéfinition du rôle des hommes en faveur des femmes. Il faut montrer l'utilité et les bénéfices pour la société et la vie économique de changer les rôles stéréotypes des hommes et des pères, en particulier en liaison avec la conciliation entre vie professionnelle et vie privée, et encourager les hommes et les femmes à se partager à égalité les charges professionnelles, privées et familiales.

Avec ce changement de mentalités, les hommes se rendront compte qu'ils ne seront plus seuls à contribuer financièrement au ménage. Ils partageront leur travail avec les femmes, tant dans la vie professionnelle que dans la vie privée. Par ailleurs, les hommes apprendront que l'éducation et la santé des enfants peuvent être tout aussi précieuses et enrichissantes pour eux.

Ceci exige de dépasser le niveau individuel pour toucher au contexte social — comprenant les réseaux de relations, les institutions sociales, les agents de santé modernes et traditionnels, les leaders locaux et d'autres acteurs de la société.

Madame la Ministre, Distingué(e)s invité(e)s, Mesdames et Messieurs,

Il est de plus en plus clair que les normes sexo-spécifiques - c'est-à-dire les attentes sociales concernant les rôles et les comportements propres aux hommes et aux femmes - ainsi que leur reproduction sous forme d'institutions et de pratiques culturelles, influencent directement la plupart des comportements masculins en matière de santé, avec des implications sanitaires pour les hommes eux-mêmes, pour leur famille et leurs enfants.

Les attentes sociales à propos de ce que les hommes et les garçons devraient faire et ne pas faire, de ce qu'ils devraient être et ne pas être influencent directement leurs attitudes et leurs comportements. Des recherches ont établi que les hommes et les garçons adhérant à une perspective rigide de la virilité, par exemple, penser que les hommes ont plus de besoins sexuels que les femmes, que les hommes doivent dominer les femmes et que les femmes sont en charge des tâches domestiques, sont plus susceptibles de commettre des violences à l'encontre de leur partenaire, de contracter une maladie sexuellement transmissible, d'être arrêtés et de consommer de la drogue.

De même, une récente revue globale des facteurs déterminant le comportement sexuel des jeunes, a confirmé que les stéréotypes sexuels et les attentes à propos de ce qui constitue un comportement sexuel adapté pour un garçon et pour une fille sont des facteurs-clés déterminant le comportement sexuel des jeunes.

Ces études concluent que les hommes et les femmes sont en péril du fait de normes spécifiques concernant la virilité. A certains endroits, par exemple, être un homme signifie «être fort», courageux, agressif, prendre des risques et ne pas se soucier de son corps.

Au fil des années, l'évaluation des programmes intégrant les hommes et les garçons en matière de santé sexuelle et génésique, de prévention du VIH, de son traitement, de la paternité, de la violence à l'égard des femmes, de la santé de la mère, du nourrisson et de l'enfant et de la socialisation sexo-spécifique, a permis de définir la perspective à prendre en compte pour les hommes et les garçons dans les programmes de santé.

On dit souvent que l'identité masculine est moins claire à notre époque, en partie parce que la gamme de modèles disponibles s'est élargie et n'est plus aussi fermement axée autour d'une idée traditionnelle de la masculinité. Cette diversification est bonne: elle fournit un ensemble de choix -encore limités, mais plus large- pour les hommes.

Enfin, il est désormais avéré que les programmes visant exclusivement les femmes n'améliorent pas nécessairement leur condition.

Madame la Ministre, Distingué(e)s invité(e)s, Mesdames et Messieurs,

Au Congo, en mai dernier, Madame la Ministre de la Promotion de la Femme et de l'Intégration de la Femme au développement, dont je voudrais saluer le leadership, la clairvoyance et l'activisme, lançait avec moi, une initiative de Mobilisation du Leadership masculin en faveur des droits des femmes visant à l'accélération des progrès du Congo en matière de promotion des femmes et de leurs droits.

Cette initiative vise à appeler l'attention des leaders masculins sur la persistance de discriminations et de violences faites aux femmes. Elle doit permettre d'amener les leaders masculins dans toutes les sphères de la société, politique, économique, sociale, commerciale, médiatique, artistique et culturelle, à s'engager concrètement dans la mise en œuvre systématique des dispositions de la Convention pour l'élimination de toute forme de discrimination à l'égard des femmes, la CEDEF. Les hommes doivent ainsi contribuer à l'application des textes législatifs protégeant les droits des femmes et veiller à leur respect scrupuleux dans leur sphère d'influence.

En soutenant cette initiative, j'entends contribuer à l'éclosion de sociétés plus égalitaires entre l'homme et la femme.

Cette démarche doit tenir compte de la sensibilité culturelle. Car le développement humain dépend largement d'une action soutenue et sérieuse, mais également respectueuse des cultures. Sensibiliser les hommes à œuvrer pour la promotion des droits des femmes et du leadership féminin est une initiative de plus en plus admise au regard de l'évolution du monde et des sociétés, comme une exigence sociale, économique, démocratique et de modernité.

Il appartient aux hommes qui sont partout plus nombreux aux postes de décision au sein des parlements nationaux, des gouvernements, des Conseils économiques et sociaux, des Cours constitutionnelles, de la presse, des partis politiques, des directions d'entreprises, de prendre leurs responsabilités.

Il en va notamment ainsi dans l'amélioration de l'accès des femmes aux services de santé maternelle de qualité; du renforcement de l'arsenal législatif sanctionnant toutes les formes de discriminations et violences à l'égard des femmes; protégeant les jeunes filles contre les mariages précoces et l'exploitation sexuelle; de la révision des textes juridiques en vigueur contenant des dispositions discriminatoires à l'égard des femmes; de la réduction des taux d'analphabétisme des femmes et de la promotion de mesures incitatives pour améliorer les effectifs des filles dans l'enseignement supérieur et dans les filières scientifiques; du renforcement des capacités des agents de justice dans la prise en compte des discriminations et des violences faites aux femmes.

Parallèlement, il faut que les femmes se préparent davantage à défendre et revendiquer leurs droits, s'organisent en associations et réseaux nationaux et transnationaux, et préparent leur accession aux postes de décision dans toutes les sphères de la société. A ce titre, il faut saluer le leadership et l'initiative du Président congolais, Denis Sassou Nguesso, qui a annoncé en août dernier la mise en œuvre d'une proposition de loi sur la parité hommes-femmes aux fonctions politiques, administratives et électives.

Madame la Ministre, Distingué(e)s invité(e)s, Mesdames et Messieurs,

Il est grand temps que les hommes acquis à la cause des femmes, en Afrique et dans le monde, conscients de leur rôle dans la protection de la famille et le processus de développement national, prennent une part active et concrète pour les défendre et les promouvoir. Il est essentiel qu'une majorité des hommes s'impliquent dans la lutte contre toutes les discriminations et violences subies par les femmes, les accompagnent dans les recours à la justice et contribuent à la mise en place des mécanismes institutionnels et communautaires de prévention des dérives sociales.

Nous espérons que cette initiative du Président de la République congolaise sera suivie dans beaucoup d'autres pays, et qu'elle soit le premier pas significatif d'un engagement volontaire et proactif des hommes, à commencer par les plus influents d'entre eux -les décideurs-, pour mettre un terme à l'inégalité entre hommes et femmes.

L'égalité des sexes dans nos sociétés n'est pas encore atteinte, mais grâce à des efforts soutenus et diligents, et au temps, je suis convaincu qu'elle le sera.

Je pense également que les jeunes hommes sont de plus en plus conscients du fait que l'homme moderne a besoin de combiner la masculinité et la féminité de ses qualités. L'homme ne doit pas seulement se soucier de ses propres besoins, mais doit transcender les préjugés culturels. Il s'agit d'une responsabilité générale de tous les hommes. Les évolutions et la qualité de vie des sociétés post-modernes devront pouvoir être mesurées par des indicateurs, tels que:

- L'acceptation, par les femmes et les hommes, des femmes en tant que responsables des décisions dans la collectivité (sait-on que beaucoup de femmes pensent qu'une femme ne dispose pas des qualités suffisantes pour faire une bonne présidente de la République);
- Le degré d'indépendance personnelle et économique des femmes;
- Une confiance renforcée chez les femmes;
- La participation accrue des femmes au développement personnel, familial et communautaire ;
- L'augmentation du nombre d'organisations de femmes plus visibles et efficaces;
- Un plus grand nombre de femmes inscrites aux programmes d'éducation et de formations qualifiantes aux métiers diversifiés et moins marqués par les stéréotypes sexo-spécifiques;
- L'amélioration de la santé des femmes et des enfants, et la réduction de la mortalité maternelle et infantile;
- L'amélioration du statut juridique des femmes, et le déclin de la violence faite aux femmes;
- Un contrôle accru des femmes de leur propre fécondité;
- Le déclin de la discrimination et des préjugés institutionnels à l'égard des femmes.

Pour atteindre cet objectif, je ne ménagerai aucun effort pour accompagner les partenaires institutionnels et privés à travers diverses actions et initiatives dans le monde, notamment la promotion de la mobilisation du leadership masculin en faveur des femmes et le renforcement des capacités des institutions et organisations non gouvernementales de femmes à travailler avec les hommes pour la promotion de l'égalité entre les sexes et la santé reproductive. Ceci afin de mieux faire connaître les stratégies qui peuvent être utilisées pour accroître l'engagement des hommes dans la promotion de leur santé reproductive, celle de leurs partenaires féminines et de leurs enfants.

Je vous remercie de votre attention.

Allocution de M. David LAWSON, Représentant résident du Fonds des Nations Unies pour la Population (UNFPA) au Congo & Directeur de la Représentation de l'UNFPA au Gabon, à l'occasion de l'atelier de sensibilisation sur les violences contre les femmes organisé dans le cadre de la célébration de la Journée internationale de lutte contre les violences faites aux femmes. Brazzaville, 25 novembre 2010

Madame le Ministre de la Promotion de la femme et de l'Intégration de la femme au développement,
Mesdames et Messieurs les membres du Gouvernement,
Mesdames et Messieurs les Ambassadeurs et Chefs de missions diplomatiques et consulaires,
Honorables Député(e)s et Vénérables Sénateurs,
Mesdames et Messieurs les Représentants des agences des Nations Unies et des autres organisations internationales, et Cher(e)s Collègues,
Mesdames et Messieurs les Directeurs de cabinet,
Mesdames et Messieurs les Directeurs généraux et centraux,
Mesdames et Messieurs les représentants des organisations non gouvernementales,
Mesdames et Messieurs les représentants de la presse et des medias,
Distingué(e)s invité(e)s, Mesdames et Messieurs,

C'est avec un réel plaisir et une toujours avec la même émotion que je m'exprime aujourd'hui, à l'occasion de cette journée commémorative de lutte contre les violences sexuelles célébrée le 25 novembre dans le monde entier.

Je voudrais à cette occasion partager avec vous quelques réflexions.

Des études menées à travers le monde montrent que jusqu'à 70% de femmes sont confrontées à des violences au cours de leur vie. Aucun pays, quels que soient les niveaux de développement, n'en est exempt. A titre d'illustration, en France, entre 2005 et 2006, les services spécialisés ont enregistré plus d'un million cent mille cas de femmes de 18 à 60 ans victimes de toutes formes de violences.

Les conséquences de ces violences sont plus en plus déconcertantes. Suite aux violences qu'elles ont subies, des milliers de femmes et fillettes décèdent chaque année et d'autres perdent une partie de leur corps et de leur identité du fait des mutilations coutumières ou punitives et de viols.

Selon le Conseil de l'Europe et la Banque mondiale, la violence contre les femmes serait responsable de 7 % de la mortalité des femmes âgées de seize à quarante-quatre ans dans le monde.

Madame le Ministre, Distingué(e)s invité(e)s, Mesdames et Messieurs,

Ces violences constituent une atteinte grave à la santé des femmes plus importante que les accidents de la route et le paludisme réunis.

Et c'est bien de violences - au pluriel - qu'il faut parler tant ce phénomène est multiforme: violences physiques, sexuelles, morales, psychologiques, verbales... les formes sont multiples et pernicieuses. Elles n'épargnent aucun âge et peuvent survenir partout, au sein de la famille, dans la rue, sur le lieu de travail. Les femmes ne sont protégées nulle part.

Dans plusieurs pays moins développés, les chiffres exacts et l'ampleur de ces violences restent méconnus; ceci du fait de l'association d'un certain nombre de facteurs socio-économiques, institutionnels, juridiques et psychologiques.

La violence sexiste est peut-être la violation des droits humains la plus répandue et la plus tolérée par la société. Les violences sexuelles liées aux droits sexuels et reproductifs constituent ainsi l'une des violations les plus flagrantes des droits fondamentaux des femmes et des filles.

Ceci nous interpelle sur l'état actuel de l'égalité entre hommes et femmes en matière des droits sexuels et reproductifs, leur application effective, notamment au sein des communautés congolaises, et leur impact sur la santé et le bien-être de la population.

Madame le Ministre, Distingué(e)s invité(e)s, Mesdames et Messieurs,

Le faible recours à la justice moderne par les victimes constitue un frein important pour la réduction du phénomène. Effectivement, les rares plaintes enregistrées par les services de police et de gendarmerie ne reflètent guère ou que partiellement la réalité de la violence vécue par les femmes au jour le jour.

Par crainte des représailles, par honte, par méconnaissance de leurs droits, par peur de perdre la garde de leurs enfants et d'affronter un parcours juridique long et émotionnellement pénible, les femmes, bien souvent, gardent pour elle cette vérité trop dure à dire.

Le problème majeur tient au fait que ces violences faites aux femmes se nourrissent des stéréotypes de la société, de la banalisation des propos sexistes, d'une certaine indifférence silencieuse et généralisée qui conduisent au déni ou à la sous-estimation des souffrances vécues, et qui constitue une souffrance supplémentaire pour la femme.

Trop souvent, les victimes de ce type de violence n'ont aucun recours, ni moral, ni juridique, et leurs auteurs jouissent de l'impunité. Face à ce déni de fait malgré la loi et dans la communauté, des millions de femmes vivent dans un état de peur permanent.

Ce sentiment d'insécurité, et l'humiliation qui l'accompagne, ont un impact dévastateur sur l'estime et la confiance en soi des femmes et des filles, et les empêche d'exercer leurs droits et de développer pleinement leurs capacités et leur autonomie.

C'est l'un des obstacles majeurs pour l'atteinte de l'égalité entre les genres et la réalisation des Objectifs du millénaire pour le développement.

Madame le Ministre, Distingué(e)s invité(e)s, Mesdames et Messieurs,

Le protocole facultatif à la Convention sur l'Elimination de toutes formes de Discrimination à l'égard des Femmes, - la CEDEF -, entré en vigueur le 22 décembre 2000, habilite le Comité de la CEDEF chargé de veiller à son application, à recevoir et à examiner des communications et des pétitions émanant de particuliers ou de groupes de particuliers qui prétendent être victimes de violations de droits protégés par la Convention.

Ce protocole permet également au Comité de charger un ou plusieurs de ses membres d'une enquête de terrain, notamment s'il est informé, *«par des renseignements crédibles, qu'un Etat Partie pose gravement ou systématiquement atteinte aux droits énoncés dans la Convention.»*

Je place mon propos de ce matin dans la ligne droite des positions du Fonds des Nations Unies pour la population (UNFPA) que je ne cesse de défendre depuis mon arrivée au Congo, à travers mon implication dans diverses activités portant sur des situations de non-respect des droits fondamentaux des groupes vulnérables en général, mais avec un accent particulier sur celles découlant des discriminations, injustices et violences basées sur le genre.

C'est dans cette optique, que j'appuie sans relâche les initiatives du Ministère de la Promotion de la Femme et de l'Intégration de la Femme au Développement et tous ses partenaires de la société civile. C'est le cas notamment du soutien à l'application effective de la CEDEF; le lancement de l'initiative sur la mobilisation du leadership masculin en faveur du respect des droits des femmes, de la mise en place du Comité national de lutte contre les violences faites aux femmes, ainsi que du Réseau National des Organisations non gouvernementales œuvrant dans le domaine des violences sexo-spécifiques et de l'Observatoire National des violences sexuelles.

Et je tiens à saluer, une nouvelle fois, le leadership et l'activisme sans relâche et sans faille dans ce domaine, de Madame Jeanne Françoise Leckoumba Loumeto, Ministre de la Promotion de la Femme et de l'Intégration de la Femme au Développement, sans laquelle un certain nombre d'avancées en matière de genre et de la protection des droits des femmes congolaises n'auraient sans doute pas vu le jour. Madame le Ministre, nous vous en sommes très reconnaissants.

Madame le Ministre, Distingué(e)s invité(e)s, Mesdames et Messieurs,

Les changements sociétaux dans lesquels le gouvernement et ses partenaires sont engagés pour lutter contre les violences sexuelles prennent du temps. Aujourd'hui, il me semble néanmoins, en tant qu'acteur et observateur assidu des faits sociaux au Congo, que la société congolaise est en pleine ébullition et en mouvement en matière de reconnaissance effective des droits des femmes et de l'égalité hommes-femmes, non seulement dans les textes, mais aussi dans la vie réelle.

Tout en reconnaissant que décider de sortir de la spirale de la violence n'est pas une affaire simple, je voudrais exhorter les femmes à prendre conscience de la gravité des faits et de trouver en elles le courage d'agir, de prendre les dispositions pour s'exprimer, s'extraire de la servitude et du monde violent dans lequel beaucoup d'entre elles vivent. Pour changer les faits et adresser leurs conséquences, il est absolument indispensable d'en parler.

Convenons que les femmes ne peuvent le faire seules... Pour que les femmes puissent oser franchir la porte d'un commissariat, il leur faut la bienveillance de l'opinion publique, le soutien de l'entourage, l'action proactive des hommes en position de décision ou non, le courage des témoins, la compréhension des professionnels du monde judiciaire et l'aide de l'Etat.

C'est pourquoi aujourd'hui, Madame le Ministre, je voudrais en appeler non seulement aux femmes victimes ou potentiellement victimes, mais aussi aux auteurs des violences, aux témoins de ces actes de tous sexes, aux autorités des forces de maintien de l'ordre public, aux intermédiaires de justice, et aux décideurs, pour que tous ensemble nous créions un environnement favorable à l'expression des femmes dans ce domaine sensible, à la défense de leurs droits et à l'abolition des violences faites aux femmes.

Madame le Ministre, Distingué(e)s invité(e)s, Mesdames et Messieurs,

Je m'en voudrais de terminer sans me référer au Secrétaire Général de l'ONU, Ban Ki-Moon, qui a fait de cette thématique l'une des priorités de son mandat et qui affirme, je cite : *«la violence à l'égard des femmes n'est jamais acceptable, jamais excusable, jamais tolérable (...) Il n'y a pas de fatalité à ces violences (...). Nous devons nous unir (...). Aucun chef politique, ni aucun gouvernement ne doit tolérer la violence contre les femmes, sous quelque forme que ce soit, et quels que soient le contexte ou les circonstances dans lesquels elle est perpétrée.»* Fin de citation.

Je vous remercie de votre attention.

Allocution de M. David LAWSON, Représentant résident du Fonds des Nations Unies pour la Population (UNFPA) en République du Congo & Directeur de la Représentation de l'UNFPA en République du Gabon, à l'occasion de l'avant-première de la Saison 2 de la série télévisée « Les Boulistes » dans le cadre de la Journée mondiale de lutte contre les discriminations faites aux femmes. Brazzaville, 2 décembre 2010

Monsieur le Ministre de la Communication et des Relations avec le Parlement, et Porte-Parole du Gouvernement,
Madame la Ministre de la Promotion de la Femme et de l'Intégration de la Femme au développement,
Monsieur le Ministre de la Culture et des Arts,
Vénérables et Honorables Parlementaires,
Mesdames et Messieurs les Ambassadeurs et Chefs de Missions diplomatiques et consulaires au Congo, et Cher(e)s Collègues,
Mesdames et Messieurs les Représentants des agences du Système des Agences des Nations Unies et organisations internationales au Congo et Cher(e)s Collègues,
Monsieur le Directeur du Centre culturel français,
Messieurs les Conseillers présidentiels,
Messieurs les Directeurs de Cabinet,
Messieurs les Conseillers ministériels,
Mesdames et Messieurs les Directeurs généraux et centraux,
Monsieur le Président du Conseil national de la Jeunesse,
Mesdames et Messieurs les représentants de la société civile,
Mesdames et Messieurs les représentants des medias,
Mesdames et Messieurs les artistes,
Cher(e)s réalisateurs,
Distingué(e)s invité(e)s, Mesdames et Messieurs,

Je suis très heureux de vous voir si nombreux et de vous présenter en avant-première, la deuxième saison de la série télévisée «Les Boulistes», une série humoristique mais qui aborde des sujets de société sérieux.

Cette avant-première intervient dans le cadre des «16 jours d'activisme contre les violences faites aux femmes» qui a débuté le 25 novembre dernier, à l'occasion de la Journée internationale de l'élimination de la violence à l'égard des femmes et entend soutenir la promotion de la politique nationale «genre» du gouvernement.

Avant d'aller plus loin, je voudrais remercier chaleureusement les Ministres partenaires de l'UNFPA pour cet événement de nous faire l'honneur d'être avec nous aujourd'hui. J'ai nommé Monsieur Bienvenu Okiemy, Ministre de la communication, des Relations avec la Parlement et Porte-parole du Gouvernement, qui a accepté de parrainer cette manifestation; Madame Jeanne Leckoumba Loumeto Pombo, Ministre de la Promotion de la Femme et de l'Intégration de la Femme au développement, et Monsieur Jean-Claude Gakosso, Ministre de la Culture et des Arts.

Je les remercie également de leur intérêt et de leur préoccupation individuels et collectifs pour les questions liées au genre, et leur appui au leadership féminin et à la promotion de la culture congolaise. Leur présence parmi nous est certainement l'expression de la priorité que le Gouvernement de la République du Congo accorde à ces thématiques.

Madame et Messieurs les Ministres, Distingué(e)s invité(e)s, Mesdames et Messieurs,

Nous sommes réunis cette après-midi pour une projection cinématographique et je ne veux pas vous faire un long discours. Mais, je voudrais seulement rappeler quelques faits.

Quelque soixante-dix pour cent (70%) de femmes sont confrontées à des violences au cours de leur vie. Aucun pays, quel que soit son niveau de développement, n'est épargné. Suite aux violences qu'elles ont subies, des milliers de femmes et de jeunes fines décèdent chaque année dans le monde, et d'autres perdent une partie de leurs corps et de leur identité.

D'après le Conseil de l'Europe et la Banque mondiale, la violence contre les femmes serait responsable de sept pour cent (7 %) de la mortalité des femmes âgées de seize à quarante-quatre ans dans le monde. Ces violences constituent une atteinte grave à la santé des femmes plus importante que les accidents de la route et le paludisme réunis.

Le phénomène est multiforme: violences physiques, sexuelles, morales, psychologiques, verbales... les formes sont multiples et pernicieuses. Ces violences n'épargnent aucun âge et peuvent survenir partout, au sein de la famille, dans la rue, sur le lieu de travail. Les femmes ne sont protégées nulle part.

Les discriminations et les violences faites aux femmes se nourrissent de stéréotypes de la société, de la banalisation des propos sexistes, d'une certaine indifférence silencieuse et généralisée qui conduisent au déni ou à la sous-estimation des réalités et des souffrances vécues qu'il nous faut combattre.

Toute femme a le droit de vivre dans la dignité, à l'abri de la menace, de la coercition, de la violence et de la discrimination. Et il appartient à tous les gouvernements de mettre en place des lois fermes préventives et répressives, d'assurer leur application et de déférer les auteurs de violences à la justice.

Madame et Messieurs les Ministres, Distingué(e)s invité(e)s, Mesdames et Messieurs,

Dans ce contexte, le Fonds des Nations Unies pour la population appuie le Gouvernement et le Ministère de la Promotion de la Femme et de l'Intégration de la Femme au développement en particulier, dans la défense des droits des femmes, de l'égalité entre les sexes et la promotion du leadership féminin.

C'est à ce titre que nous nous sommes engagés dans cette initiative novatrice, qui combine à la fois la promotion du leadership féminin dans le domaine des arts et de la culture, - celui de la jeune réalisatrice congolaise Nadège Batou; un media de masse, populaire au Congo - la télévision - qui nous permet de toucher un très vaste public, et l'objectif de changer les comportements pour renforcer l'égalité entre les sexes, notamment chez les jeunes.

L'UNFPA a ainsi financé la réalisation, la production et la post-production de cette série. Et nous espérons ainsi contribuer utilement aux changements fondamentaux nécessaires à l'égalité hommes-femmes. A ce titre, je voudrais saluer le leadership du Chef de l'Etat qui a proposé au Parlement une loi sur la parité aux fonctions politiques, administratives et électorales, qui, nous l'espérons, sera prochainement adoptée.

Madame et Messieurs les Ministres, Distingué(e)s invité(e)s, Mesdames et Messieurs,

Avant de conclure, je tiens à saluer le talent et le travail accomplis par Nadège Batou, créatrice des «Boulistes» avec qui nous avons entrepris ce partenariat, ainsi que son complice Amour Sauveur, et toute l'équipe des «Boulistes», des actrices et acteurs tous très talentueux. Et je les remercie d'être ici aujourd'hui.

Nadège Batou, journaliste de formation, a fait ses débuts cinématographiques en 2007. Spécialisée dans l'écriture documentaire, elle a déjà réalisé plusieurs films, dont «Ku nkelo» sur la pénurie d'eau à Brazzaville, film présenté avec succès au Fespaco et au Festival du film du Mans, en France. Elle est également la fondatrice et l'initiatrice du Festival des «Sept Quartiers» de Brazzaville. Festival en plein air qui se tient au cœur des communautés brazzavilloises, la deuxième édition en 2009, soutenue par le Centre culturel français, le SEP/CNLS et l'UNFPA et consacrée à l'épidémie de Sida, a connu un succès populaire retentissant.

Cette année, la troisième édition qui s'ouvrira lundi 7 décembre, portera sur «la place de la femme dans le cinéma» et l'UNFPA avec le Centre culturel français y sera une nouvelle fois associé.

Enfin, Nadège Batou a également été invitée au Festival international de Cannes pour la série «Les Boulistes» et je ne doute pas que cette réalisatrice originale et éclectique, créatrice idéaliste et réaliste, incarnera pour longtemps le talent cinématographique féminin au Congo et portera haut les couleurs nationales à l'étranger.

Je suis très heureux que ce partenariat avec Nadège Batou et Cin7Art se poursuive, puisque dans les prochaines semaines, commencera la réalisation de la troisième saison des «Boulistes», avec pour thème central les comportements citoyens, dans le cadre de l'initiative sur le civisme et la lutte contre les anti-valeurs du Ministre de l'Education Civique et de la Jeunesse, Zacharie Kimpouni.

En terminant, je voudrais remercier le Directeur et l'équipe du Centre Culturel Français et Cin7Art, partenaires de l'UNFPA pour cette avant-première. Enfin, je vous remercie toutes et tous une nouvelle fois d'avoir répondu à notre invitation, et j'espère que vous passerez un agréable moment en compagnie des *Boulistes*, pour quatre épisodes sur les douze que compte la série et qui seront tous prochainement diffusés sur Télé-Congo. Je vous remercie de votre attention.

Allocution de M. David LAWSON, Représentant résident du Fonds des Nations Unies pour la Population (UNFPA) au Congo & Directeur de la Représentation de l'UNFPA au Gabon, à l'occasion de la célébration de la Journée internationale de la Femme, lors de la cérémonie de remise des kits d'accouchement et de petit matériel de santé de la reproduction. Ewo, 8 mars 2011

Madame Antoinette Sassou Nguesso, Première Dame du Congo et Présidente de la Fondation Congo Assistance,
Mesdames et Messieurs les membres du Gouvernement,
Mesdames et Messieurs les Parlementaires,
Madame et Messieurs les Représentants des agences du Système des Nations Unies en République du Congo, et Cher(e)s Collègues,
Monsieur le Préfet de la Cuvette Ouest,
Monsieur le Président du Conseil départemental de la Cuvette Ouest,
Monsieur le Maire d'Ewo,
Mesdames et Messieurs les membres du Conseil départemental de la Cuvette Ouest,
Mesdames et Messieurs les représentants des corps constitués civils et militaires,
Madame la Secrétaire exécutive du Comité national de lutte contre le VIH/Sida,
Mesdames et Messieurs les Directeurs départementaux,
Mesdames et Messieurs les représentants des organisations non gouvernementales et de la société civile,
Mesdames et Messieurs les représentants de la presse et des media,
Distingué(e)s invité(e)s, Mesdames et Messieurs,

C'est un immense honneur pour moi d'être ici aujourd'hui auprès des populations de la Cuvette Ouest et avec les habitants d'Ewo, en compagnie de hauts dignitaires de la République du Congo, tout en accompagnant la Première Dame du Congo, pour célébrer la centième Journée internationale de la Femme.

Dans le monde entier, nous célébrons aujourd'hui les femmes, piliers de toute société, s'il en est, et vecteur indispensable de la vie humaine. Aujourd'hui, les femmes du Congo sont en fête. Elles ont beaucoup de raisons d'être en fête. Tous ceux qui ont vu défiler plus de 150,000 femmes, le 8 mars l'an dernier, à Brazzaville, tous ceux qui ont suivi le Forum de l'Indépendance des Femmes congolaises, tous ceux qui ont participé au Forum Mibeko sur le leadership féminin à Brazzaville l'an dernier, ont senti une mobilisation sociale sans précédent en faveur des femmes dans le pays, et le souffle d'un vent nouveau de changement dans leur vie et la prise en charge de leur destin. La Première Dame elle-même a été un acteur majeur de premier plan dans cette mobilisation politique en faveur des femmes sans précédent.

A cet égard, il faut saluer la vision et le leadership du Chef de l'Etat, le Président Sassou Nguesso, qui a non seulement été depuis longtemps un défenseur convaincu de la cause féminine et du genre, mais qui a également écouté attentivement et entendu leur appel pour accompagner ce magnifique mouvement social.

Lors de son adresse sur l'Etat de la Nation à la veille de la célébration du cinquantenaire de l'Indépendance, plusieurs mesures phares de portée historique ont été annoncées qui vont bel et bien révolutionner pour longtemps la vie des femmes au Congo.

Tout d'abord, une loi sur la parité hommes-femmes aux fonctions électives, politiques et administratives. Cette loi qui est en préparation au Gouvernement, sous l'autorité éclairée et visionnaire de Madame Jeanne Leckoumba Loumeto Pombo, Ministre de la Promotion de la Femme et de l'Intégration de la Femme au développement.

Cette législation devrait non seulement rééquilibrer la présence des femmes dans des postes de responsabilités, mais aussi permettre aux femmes de participer pleinement et équitablement aux processus de décision politique, économique et sociale du pays.

Je suis convaincu que cette loi et l'accès des femmes à ces postes de responsabilités insuffleront une dynamique nouvelle qui incitera les Congolaises à prendre conscience de leur propre destin et à le prendre en main.

Ensuite, le Président de la République a annoncé la gratuité de la césarienne. Il s'agit une mesure essentielle pour améliorer la qualité des soins de santé maternelle et devrait permettre de sauver beaucoup de vie de femmes, car «aucune femme ne devrait mourir en donnant la vie.»

Cette mesure, dont la mise en œuvre est préparée sous le leadership discret mais dynamique du Professeur George Moyen, Ministre de la Santé et de la Population, devrait prochainement entrer en vigueur, et accompagner d'une série d'autres mesures déjà en cours visant à améliorer la santé de la mère et de l'enfant, permettre d'améliorer durablement les indicateurs de la mortalité maternelle, néonatale et infantile.

Ici encore, je tiens à rendre un vibrant hommage à l'engagement de la Première Dame, qui en acceptant de devenir au mois d'octobre 2010, la marraine de la Campagne nationale d'Accélération de la Réduction de la Mortalité Maternelle, contribue directement à l'action du Chef de l'Etat et du Gouvernement à améliorer les conditions de vie et la santé des femmes.

Madame Sassou Nguesso, Mesdames et Messieurs les Membres du Gouvernement, Distingué(e)s invité(e)s,

Le Fonds des Nations Unies pour la population - l'UNFPA - soutient pleinement les efforts du Gouvernement de la République congolaise en faveur de l'amélioration de la condition des femmes et de la santé maternelle. Avec la Banque mondiale, l'OMS, l'ONUSIDA et l'UNICEF notamment, nous appuyons le Ministre de la Santé qui, suivant les orientations du Chef de l'Etat, a fait de la lutte contre la mortalité maternelle une priorité essentielle de renforcement du système de santé congolais, afin de rendre accessibles à toutes les couches de la population des services de qualité.

Pour contribuer concrètement à cette démarche, je me réjouis, aujourd'hui, Journée internationale de la Femme, de faire un geste, celui de remettre aux populations congolaises, à travers la Première Dame du Congo et la Fondation Congo Assistance, 200 kits d'accouchement, ainsi qu'un lot d'équipements et de petits matériels médical et chirurgical, pour une valeur de vingt-quatre millions de francs CFA.

J'espère que ce don servira utilement la santé des femmes du Département de la Cuvette Ouest et permettra de réduire le taux de mortalité maternelle au Congo qui reste élevé avec 781 femmes qui meurent en donnant la vie ou des suites d'une grossesse, pour 100,000 naissances vivantes.

Madame Sassou Nguesso, Mesdames et Messieurs les Membres du Gouvernement, Distingué(e)s invité(e)s,

En terminant, je voudrais citer, le message de l'UNFPA à l'occasion de la Journée internationale de la Femme, qui dit, je cite: *«il est temps de libérer le plein potentiel des femmes (...), car le progrès des femmes est le progrès pour tous.»*

Je tiens à profiter de cette occasion du 8 mars 2011 pour réaffirmer au Gouvernement et à la société civile, de même qu'aux populations congolaises, mon engagement et ma détermination à intensifier notre appui technique et financier, avec nos partenaires, à la lutte contre la féminisation de l'épidémie de Sida, et à l'amélioration de la santé maternelle et de la condition féminine au Congo.

Je vous remercie de votre aimable attention.

Communication de Monsieur David LAWSON, Représentant résident du Fonds des Nations Unies pour la Population (UNFPA) en République du Congo & Directeur de la Représentation de l'UNFPA en République du Gabon, à l'occasion de la Journée parlementaire spéciale sur le thème «Genre et Développement Durable.» Assemblée nationale, Brazzaville, 12 avril 2011.

Honorable Président de l'Assemblée Nationale,
Vénérable Président du Sénat,
Monsieur le Premier Secrétaire de l'Assemblée Nationale,
Madame la Première Secrétaire du Sénat,
Monsieur le Président de la Commission Santé, Affaires Sociales, Famille et Genre de l'Assemblée Nationale,
Monsieur le Président de la Commission Santé, Affaires Sociales, Famille, Genre et Environnement du Sénat,
Honorables Député(e)s, Vénérables Sénateurs,
Mesdames et Messieurs les membres du Gouvernement,
Mesdames et Messieurs les membres des corps constitués civils et militaires,
Mesdames et Messieurs les Directeurs généraux,
Mesdames et Messieurs les représentants de la presse et des media,
Distingué(e)s invité(e)s, Mesdames et Messieurs,

Permettez-moi tout d'abord de vous dire combien je suis honoré et heureux de me tenir ici devant vous, dans cette majestueuse et prestigieuse enceinte de la représentation nationale congolaise, pour cette journée parlementaire exceptionnelle.

C'est avec émotion que je prends la parole aujourd'hui devant vous sur une thématique dont l'actualité reflète l'importance d'un sujet éminemment de société et l'intérêt des débats sur la quête du bien-être des individus de toutes les conditions au Congo: le genre et le développement national.

Je tiens à remercier chaleureusement les Présidents des deux Chambres du Parlement congolais, l'Honorable Justin Kouba et le Vénérable André Obami Itou, dont l'engagement en faveur de la cause des femmes est connu, d'avoir accepté de programmer ce débat. Je voudrais également remercier les deux Présidents des Commissions «Santé, Affaires Sociales, Famille et Genre» de l'Assemblée et du Sénat, respectivement l'Honorable Euloge Landry Kolelas et le Vénérable Clobert Ibinda.

Messieurs les Présidents, cette initiative vous honore. Elle atteste à la fois de votre adhésion manifeste à l'égalité hommes-femmes et de votre engagement personnel visant à accélérer la mise en œuvre des engagements pris par le Congo dans ce domaine au plus haut niveau politique.

Honorables Député(e)s, Vénérables Sénateurs,

La situation des femmes en République du Congo et dans le monde est injuste. Elle est injuste parce que bien que les femmes représentent plus de la moitié de l'humanité, elles sont confrontées quotidiennement à des obstacles qui les empêchent d'occuper leur juste place dans la société.

Ainsi, 60% des personnes les plus pauvres de la planète sont des femmes. Sur les 925 millions de personnes qui meurent de faim dans le monde, là aussi, 60% sont des femmes. Les deux tiers des 960 millions d'adultes illettrés dans le monde sont des femmes. Sur 130 millions d'enfants non scolarisés, 70% sont des filles.

Ces femmes ne sont pas seulement des millions d'anonymes, mais ce sont nos mères, nos femmes, nos amies, nos sœurs, nos filles et petites-filles qui sont victimes de discriminations, mais également de violences physiques et morales, visibles ou indicibles. Elles souffrent quotidiennement des clichés, préjugés et stéréotypes véhiculés par la société. Face à cette pression, elles intériorisent souvent l'image d'elle-même qui leur est imposée non par la force, mais par l'environnement dans lequel elles évoluent et ont tendance à se cantonner aux rôles traditionnels que la majorité d'entre elles a toujours occupés.

Source de plusieurs maux, les disparités de genre perdurent parce qu'elles ont envahi les institutions, les usages domestiques, ainsi que l'économie. Elles nuisent ainsi à l'évolution normale des relations entre les hommes et les femmes et au développement national.

Pour ces mêmes raisons, les femmes sont largement sous-représentées aux fonctions politiques, électives et administratives. Dans le monde, sur 192 pays, seules une douzaine de femmes occupent les fonctions de Chef d'Etat ou de gouvernement. A peine un cinquième des parlementaires dans le monde sont des femmes. Les femmes occupent en moyenne un poste ministériel sur six. Seulement 14 femmes président des chambres parlementaires. Et seuls 4 pays dans le monde présentent un nombre de candidats hommes et femmes équivalent aux élections: il s'agit de la Belgique, du Costa Rica, de l'Islande et du Rwanda.

En République du Congo, sur 37 ministres, 5 sont des femmes. L'Assemblée nationale compte 13 femmes sur 137 députés, tandis que le Sénat en compte 7 pour 59 sénateurs. Aucune femme n'est à la tête d'une commission permanente, ni d'un groupe parlementaire, aussi bien au Sénat qu'à l'Assemblée nationale. Parmi les 14 membres que comptent les bureaux du Sénat et de l'Assemblée Nationale, seul un poste est occupé par une femme.

Honorables Député(e)s, Vénérables Sénateurs,

Malgré une situation générale qui nécessite clairement des efforts et des progrès importants, des avancées notables sont néanmoins à saluer. A l'échelle internationale, l'égalité hommes-femmes est désormais un idéal universellement reconnu par la Convention des Nations Unies sur l'Elimination de toutes Formes de Discriminations à l'Egard des Femmes, -la CEDEF- de 1979, la Déclaration et le Plan d'action de la Conférence internationale sur les femmes de Pékin, de 1995, et l'égalité des sexes et l'autonomisation des femmes est l'un des huit Objectifs du Millénaire pour le développement. Enfin, l'an dernier, une organisation internationale dédiée aux femmes -ONUFEMMES- a vu le jour, dirigée par l'ancienne présidente chilienne, Michèle Bachelet.

Au Congo, le cadre législatif et réglementaire sur la protection des biens et des personnes ne fait aucune distinction de sexes et répond aux exigences et normes internationales auxquelles a adhéré le pays.

L'élaboration d'une Politique nationale «Genre» et la mise en place d'un Observatoire des violences faites aux femmes, en 2008; le lancement de l'initiative de mobilisation du leadership masculin avec l'UNFPA l'an dernier, dont certains d'entre vous ont signé la Déclaration d'engagement en faveur des droits des femmes; une nomination sur trois aux postes relevant d'une décision en Conseil des ministres est réservé à une femme; et la décision, l'an dernier, du Président de la République de faire adopter une loi sur la parité aux fonctions électives, politiques et administratives, sont l'expression manifeste de la volonté du gouvernement de la République du Congo de traduire dans les faits le principe d'égalité entre l'homme et la femme, consacré par la Constitution du 20 janvier 2002.

Toutefois, ces progrès doivent être renforcés par des actions et mesures concrètes en profondeur, afin que les filles et les femmes congolaises de tous âges qui subissent encore des discriminations et des violences, dont les conséquences sont lourdes et nombreuses sur leur santé, leur dignité, leur bien-être, et leurs capacités à participer au développement national, puissent occuper leur juste place au sein de la société et ainsi contribuer pleinement à l'avenir du Congo.

Dans ce contexte, le Fonds des Nations Unies pour la Population (UNFPA) œuvre à l'égalité des sexes, l'équité de genre et la promotion des droits des femmes au Congo en appuyant le gouvernement, notamment le département ministériel de Madame Jeanne-Françoise Leckoumba Loumeto Pombo, dont je voudrais saluer l'immense contribution à la cause des femmes et de la société congolaises, dans la formulation de politiques et programmes de développement en faveur des femmes.

A ce titre, avec le Ministère de la Promotion de la Femme et de l'Intégration de la Femme au développement, nous luttons notamment contre les discriminations et les violences faites aux femmes, nous appuyons la prévention des grossesses précoces et la réinsertion sociale et professionnelle des jeunes filles-mères, et nous soutenons l'autonomisation sociale, économique et politique des femmes et la promotion du leadership féminin.

Honorables Député(e)s, Vénérables Sénateurs,

Nous sommes tous affectés par la faible représentativité des femmes aux fonctions politiques, administratives et électives, car les politiques et les choix de société, en excluant toute une partie de la population, ne peuvent répondre, de façon adéquate, aux véritables besoins de l'ensemble de la société.

Le vote de la loi sur la parité qui s'annonce est donc une opportunité historique pour tous les parlementaires congolais de présider à l'accomplissement d'une revendication forte et juste qui raisonne aux quatre coins de chacune de vos circonscriptions électorales.

Je sais que beaucoup d'entre vous ont suivi et même participé à la marche de la Journée internationale de la femme du 8 mars 2010 qui a rassemblé plus de 100,000 femmes -un record historique; au Forum de l'Indépendance des Femmes et au Forum Mibeko sur le Leadership féminin l'an dernier; enfin, à la marche des femmes le 8 mars dernier avec la Première Dame à Ewo. Au mois d'août 2010, vous avez acclamé, ici même, au palais du Parlement, le Chef de l'Etat lors de l'annonce d'une loi sur la parité.

Partout dans le pays, les Congolaises se préparent déjà à prendre toutes leurs responsabilités et à occuper les postes qu'on leur promet. Vous suivez quotidiennement l'ébullition de la société civile tout entière et du Ministère de Mme Leckoumba Loumeto, avec l'appui des partenaires internationaux au développement, dont l'UNFPA, qui accompagnent ce mouvement social irréversible et la marche inexorable de l'Histoire.

Au-delà des clivages politiques, c'est effectivement une responsabilité historique qui vous échoie. Le rôle des politiques est d'anticiper et de prévoir. Mesdames et Messieurs les représentants du peuple congolais, je voudrais ainsi vous inviter à ne pas penser à ce que sera le pays à la fin de l'année 2011 ou 2012, mais à imaginer ce qu'il sera quand vous et moi auront depuis longtemps quitté cette terre.

Il nous faut penser aux générations futures. Votre objectif est de préparer un monde meilleur pour les enfants et les générations à venir. Imaginez ce monde dans lequel les filles de vos petits-enfants, de vos arrières et arrières-arrières petits-enfants ne seront plus victimes de discrimination et auront dès la naissance les mêmes chances de réussite personnelle et professionnelle que leurs frères et leurs cousins.

Après avoir mis fin à l'intolérable esclavage, au joug de la colonisation, l'heure est venue de mettre un terme à cette injustice qui réduit souvent les femmes à des citoyens de seconde classe.

En appuyant ce changement sociétal qui redonnera aux femmes leur juste place, vous allez écrire une page fondamentale de l'Histoire du Congo. Vous allez également écrire une page de l'Histoire africaine et mondiale: le Congo pourrait ainsi devenir, dès les élections législatives de 2012, le premier pays d'Afrique centrale et le cinquième pays au monde à appliquer la parité. Adopter et veiller à l'application d'une loi sur la parité est un privilège accessible à très peu de parlementaires dans le monde.

Honorables Député(e)s, Vénérables Sénateurs,

Je m'adresse aujourd'hui autant aux Parlementaires qu'aux citoyens congolais. La cause des femmes n'est pas... n'est plus... ne peut plus être... le combat des femmes. Elle doit désormais être celui des hommes. Cette cause doit être Notre Cause. Il nous appartient donc à tous de participer activement au processus d'émancipation de la femme et à l'équité de genre, afin de permettre une contribution égale des hommes et des femmes au bien-être des populations congolaises et au développement du pays.

Parmi les tâches qui restent à accomplir, il y a bien sûr la promotion de la représentation accrue des femmes dans les instances de prise de décision au sein des institutions publiques et privées.

Mais il y a aussi le respect et la réforme du Code de la Famille, incluant pour les femmes (i) la garantie du droit, libre et égal, à posséder et à hériter des biens; (ii) le droit de décider du nombre et du moment des naissances; (iii) le droit à la liberté de choisir volontairement le moment de se marier à l'âge légal et de fonder une famille; et (iv) le droit à la répartition équitable des allocations familiales. Il y a (v) la remise à jour de la loi Portella sur la protection de la jeune fille et (vi) de la loi sur la protection des mineurs.

Il convient de renforcer l'arsenal législatif pour (vii) assurer l'égalité d'accès à la santé de la reproduction -il faut ainsi mettre un terme à la mortalité maternelle pour qu'aucune femme ne meure en donnant la vie, et lutter contre la féminisation de l'épidémie de Sida; (viii) l'accès équitable des femmes à toutes les ressources existantes, y compris les services sociaux, les richesses naturelles, l'emploi, etc.; (ix) l'élimination de toutes les formes de discriminations, d'inégalités entre les sexes et de violence à l'égard des femmes.

Vénérables Sénateurs, Honorables Député(e)s,

En soutenant l'initiative de cette loi sur la parité aux fonctions politiques, administratives et électives, le Fonds des Nations Unies pour la Population soutient le Gouvernement de la République, et les aspirations de la société civile et des Congolaises, et entend contribuer avec eux à l'éclosion d'une société congolaise plus égalitaire entre l'homme et la femme.

En tant que parlementaires, il vous reviendra de vous approprier ce texte de loi, de l'adopter et de veiller à son application, au même titre qu'il revient à la représentation nationale d'assurer l'application des lois existantes à travers les politiques et programmes nationaux concernant le genre et les droits des femmes, et de vulgariser leur appropriation par les populations.

Honorables Député(e)s, Vénérables Sénateurs,

Le Parlement est un lieu essentiel d'animation de la vie démocratique. La question du genre doit, à mon sens, être au cœur de toutes vos discussions. Il appartient ainsi au Parlement:

1) de susciter des débats de sensibilisation des citoyens, des autorités gouvernementales, et des acteurs communautaires et de la société civile sur l'importance de la prise en compte du genre dans les politiques publiques, les plans et stratégies nationaux et sectoriels;

2) d'initier des textes de loi répondant aux aspirations des citoyens et de voter des budgets sensibles au genre et veiller à leur exécution effective;

3) d'organiser des échanges de vues et d'expériences, y compris l'organisation d'activités d'information et de formation des populations sur les droits des femmes et le genre;

4) d'organiser périodiquement au sein des commissions parlementaires, de débats généraux sur la mise en œuvre de la Politique nationale «Genre» par l'ensemble des départements ministériels;

5) de sensibiliser et engager les hommes dans l'accompagnement des femmes afin qu'elles puissent s'épanouir et faire valoir leurs droits.

Honorables Député(e)s, Vénérables Sénateurs,

En terminant, je tiens à saluer votre action parlementaire exemplaire et l'engagement des commissions permanentes notamment dans la préparation du texte de loi sur la parité avec la société civile. Je veux croire que cette journée parlementaire dédiée au genre et à la parité sera, pour vous et pour le pays, le point d'un nouveau départ et vous aidera dans les actions que vous entreprendrez en faveur des femmes.

A cet égard, je voudrais vous assurer de mon soutien personnel et de celui du Fonds des Nations Unies pour la Population à toutes les initiatives du

Parlement en faveur des droits de la femme. J'entends poursuivre des entretiens périodiques avec les Présidents de l'Assemblée nationale et du Sénat et des Commissions permanentes des deux chambres du Parlement.

Je suis naturellement disponible pour envisager avec tout parlementaire qui le souhaiterait un soutien technique ou des initiatives qui pourraient dans la limite de nos moyens et de notre mandat bénéficier de l'appui de l'UNFPA, y compris dans l'élaboration de textes législatifs concernant notamment les femmes, la jeunesse, la santé de la reproduction, la prévention du VIH/Sida et les populations vulnérables.

La reconquête de la dignité sous toutes ses formes et l'égalité entre hommes et femmes demeure pour chacun et pour tous une arme de combat pour l'unité et la prospérité du pays. L'ardeur et la persévérance sont donc essentielles pour une émancipation sociale, économique et politique effective. Dans ce contexte, il me semble indispensable que les parlementaires s'impliquent résolument dans le débat actuel sur le genre et la parité pour contribuer à l'élaboration d'une vision dynamique et d'une société congolaise moderne et plus juste.

Je vous remercie de votre aimable attention.

Allocution de M. David LAWSON, Représentant résident du Fonds des Nations Unies pour la Population (UNFPA) en République du Congo & Directeur de la Représentation de l'UNFPA en République du Gabon, à l'occasion de la remise officielle d'équipements et de médicaments au Ministère de la Promotion de la femme et de l'Intégration de la Femme au Développement pour le renforcement en médicaments de base et équipements de collecte de données de l'unité de prise en charge des violences sexuelles de Talangai. Brazzaville, 20 juin 2011

Madame la Ministre de la Promotion de la Femme et de l'Intégration de la Femme au Développement,
Madame la Directrice de Cabinet de Madame la Ministre,
Mesdames les Directrices générales,
Monsieur le Directeur départemental de la Santé,
Monsieur le Directeur Général de l'hôpital de base de Talangai,
Mesdames les Sages-femmes et aides-soignantes,
Distingué(e)s invité(e)s, Mesdames et Messieurs,

Je suis très heureux d'être ici à Talangai, aujourd'hui, à l'occasion de la cérémonie de remise d'équipements de collecte de données et de médicaments de première nécessité à l'unité de prise en charge médicale des violences sexuelles de l'hôpital de base de Talangai, organisée par le Ministère de la Promotion de la femme et de l'Intégration de la femme au développement.

Permettez-moi tout d'abord de remercier chaleureusement Madame Jeanne Lekoumba Pombo, Ministre de la Promotion de la Femme et de l'Intégration de la Femme au Développement, pour son engagement sans faille dans la lutte contre les violences sexuelles dans ce pays. Je tiens à remercier également le Directeur Général de l'hôpital de base de Talangai et le Directeur de l'Unité de prise en charge pour leur action vigoureuse en faveur des femmes et jeunes fines victimes de violences sexuelles.

Madame la Ministre, Mesdames et Messieurs,

Force est de constater que les violences sexuelles ont largement gagné la sphère domestique en République du Congo.

Dans le seul hôpital de base de Talangai, où nous sommes réunis, en 2010, 156 cas déclarés d'agressions sexuelles sur des femmes ont été rapportés. Selon les tendances observées, le nombre de violences sexuelles est actuellement en hausse, avec des victimes de plus en plus jeunes et des agresseurs également de plus en plus jeunes. Ceci est dramatique et inacceptable!

Madame la Ministre, Mesdames et Messieurs,

La disponibilité d'une unité de prise en charge des violences sexuelles dotée d'un personnel qualifié et équipe de façon adéquate est assurément une garantie de contribution efficace à l'amélioration du bien-être sanitaire des populations congolaises, mais aussi et des femmes et jeunes filles victimes de violences sexuelles. C'est pourquoi je suis heureux de soutenir l'action du Ministère de la Promotion de la Femme et de l'Intégration de la Femme au Développement et de contribuer aux besoins des victimes de viols de l'hôpital de base de Talangai.

Cette donation, de quelque 3 millions de Francs CFA, comprend du matériel pour soins d'urgence (un régulateur de tension, des gants et des compresses stériles, du fil de suture et des kits de prélèvement), du matériel informatique, dont un ordinateur, et des médicaments de première nécessité. L'équipement informatique est essentiel pour la collecte de données et l'enregistrement des dossiers et certificats médicaux. Les données recueillies alimenteront la base de données nationale sur les violences sexuelles.

Ces médicaments serviront aux victimes de violences sexuelles démunies qui n'ont pas les moyens de régler les ordonnances soumises par le médecin. Outre cet appui, il faudra s'assurer que les sages-femmes de garde la nuit reçoivent une formation sur l'accueil et la prise en charge médicale des victimes de violences sexuelles.

Madame la Ministre, Mesdames et Messieurs,

Je voudrais profiter de cette cérémonie pour rappeler l'importance des efforts de prévention des violences sexuelles, à travers l'information et la sensibilisation à tous les niveaux. De même, la redynamisation des mécanismes de lutte contre les violences sexuelles au niveau national, notamment l'observatoire sur les violences, le réseau des ONG œuvrant dans le domaine des violences sexo-spécifiques, les cliniques juridiques, mais aussi le renforcement de l'application des lois en la matière, en luttant contre l'impunité et en facilitant les démarches des femmes pour porter plainte, sont essentiels pour combattre ce fléau.

En terminant, je voudrais réaffirmer au Gouvernement, aux autorités sanitaires, à la société civile et aux populations congolaises, ma détermination à appuyer leurs efforts pour mettre un terme aux violences sexuelles au Congo. Je vous remercie.

Allocution de M. David LAWSON, Représentant résident du Fonds des Nations Unies pour la Population (UNFPA) au Congo & Directeur de la Représentation de l'UNFPA au Gabon, à l'occasion de l'atelier de sensibilisation sur les violences contre les femmes organisé dans le cadre de la célébration de la Journée internationale de lutte contre les violences faites aux femmes. Brazzaville, 29 novembre 2011

Madame le Ministre de la Promotion de la Femme et de l'Intégration de la Femme au Développement,

Mesdames et Messieurs les membres du Gouvernement,

Honorables Député(e)s et Vénérables Sénateurs,

Madame la Conseillère du Chef de l'Etat,

Mesdames et Messieurs les Ambassadeurs et Chefs de missions diplomatiques et consulaires, et Cher(e)s Collègues,

Mesdames et Messieurs les Représentants des agences des Nations Unies et des organisations internationales, et Cher(e)s Collègues,

Mesdames et Messieurs les Directeurs de cabinet,

Mesdames et Messieurs les Directeurs généraux et centraux,

Madame la Coordinatrice du Réseau des Organisations non gouvernementales œuvrant dans le domaine des violences sexo-spécifiques au Congo (RENALVISCO),

Mesdames et Messieurs les représentants des organisations non gouvernementales et de la société civile,

Mesdames et Messieurs les représentants de la presse et des medias,

Distingué(e)s invité(e)s, Mesdames et Messieurs,

C'est toujours avec émotion et gravité que nous commémorons dans le monde entier la Journée internationale de lutte contre les violences faites aux femmes.

Laissez-moi vous rappeler pour commencer, que dans le monde, 70% de femmes sont confrontées à des violences au cours de leur vie. Aucun pays, quel que soit son niveau de développement, n'en est exempté. Il s'agit bel et bien malheureusement, d'un phénomène universel.

Les conséquences de ces violences sont déconcertantes. Suite aux violences qu'elles subissent, des milliers de femmes, de jeunes filles et de fillettes décèdent chaque année, d'autres perdent une partie de leur corps et de leur identité, du fait des mutilations coutumières ou punitives et de viols.

Ainsi, selon le Conseil de l'Europe et la Banque mondiale, la violence serait responsable, dans le monde, de la mort de 7 % des femmes âgées de seize à quarante-quatre. Ces violences constituent une atteinte grave à la sante des femmes plus importante que les fatalités cumulées des accidents de la route et du paludisme réunis.

Madame le Ministre, Distingué(e)s invité(e)s, Mesdames et Messieurs,

C'est malheureusement de violences - au pluriel - dont il faut parler, tant ce phénomène est multiforme: les femmes sont victimes de violences physiques, sexuelles, morales, psychologiques, verbales... les formes sont multiples et pernicieuses.

Ces violences n'épargnent aucun âge et peuvent survenir partout, au sein de la famille, dans la rue, sur le lieu de travail. Les femmes ne sont protégées nulle part. La violence s'exerce tant au plan domestique qu'entre États, comme véritable arme de guerre.

Dans plusieurs pays en développement, les chiffres et l'ampleur exacts de ces violences restent méconnus, du fait de l'association d'un certain nombre de facteurs socio-économiques, institutionnels, juridiques et psychologiques contraignants.

Trop souvent, les violences faites aux femmes constituent l'une des violations les plus flagrantes et les plus répandues des droits fondamentaux des femmes et des jeunes filles. Mais malheureusement, elle est trop souvent tolérée ou ignorée dans nos sociétés.

Les violences faites aux femmes sont une forme de discrimination qui inhibe gravement la capacité des femmes à profiter de leur liberté et de leurs droits, de la même manière que les hommes. Il est reconnu que la violence est largement un phénomène masculin contre les femmes et les jeunes filles. A ce titre, il est absolument essentiel de sensibiliser les hommes et les garçons, d'en faire acteurs et des leaders du respect des droits des femmes et de la lutte en faveur de la cause des femmes. Il est également indispensable de revoir l'éducation des enfants à la maison, à l'école et dans la société, au respect de la jeune fille et de femme.

C'est pourquoi je suis heureux de soutenir le Gouvernement dans l'initiative sur la mobilisation du leadership masculin en faveur du respect des droits des femmes, lancée au Congo en 2010, et qui a déjà rallié l'appui de plusieurs centaines d'hommes de bonne volonté, y compris des ministres de la République, des parlementaires, des élus locaux, des chefs d'entreprises, des dirigeants d'organisations de la société civile, des leaders traditionnels, communautaires et religieux, à travers tout le pays.

Madame le Ministre, Distingué(e)s invité(e)s, Mesdames et Messieurs,

Le faible recours à la justice par les victimes de violences constitue un frein important aux efforts de réduction du phénomène. Effectivement, les rares plaintes enregistrées par les services de police et de gendarmerie ne reflètent guère ou que partiellement la réalité de la violence vécue par les femmes au quotidien.

Par honte, crainte de représailles, par méconnaissance de leurs droits, parfois par amour, par peur de perdre la garde de leurs enfants et d'affronter un parcours juridique long et émotionnellement pénible, les femmes, bien souvent, gardent pour elle cette vérité trop dure à dire.

Une autre raison de ce silence est plus sociétale: elle tient au fait que les violences faites aux femmes se nourrissent des stéréotypes de la société, de la banalisation des propos sexistes, d'une certaine indifférence silencieuse et généralisée qui conduisent au déni ou à la sous-estimation des souffrances vécues, et qui constitue une souffrance supplémentaire pour la femme. Trop souvent, les victimes de ce type de violence n'ont aucun recours, ni moral, ni juridique, et leurs auteurs jouissent de l'impunité. Face à ce déni de fait dans la communauté, malgré la loi, des millions de femmes vivent tétanisées par la peur.

Le sentiment d'insécurité et l'humiliation qui accompagne les violences, ont un impact dévastateur sur l'estime et la confiance en soi des femmes et des filles, et les empêche d'exercer leurs droits et de développer pleinement leurs capacités et leur autonomie. C'est pourquoi le travail de sensibilisation des forces de l'ordre, police et gendarmerie, doit se poursuivre et s'intensifier. Ces efforts doivent aussi concerner les autorités judiciaires.

L'UNFPA soutient les parlementaires et les acteurs communautaires, religieux et de la société civile dans leurs actions de proximité sur ce dossier, car nous sommes persuadés que l'action citoyenne et de terrain est un complément indispensable des mesures gouvernementales pour rapprocher les citoyens de la justice. Et je voudrais profiter de cette occasion pour saluer leur présence parmi nous aujourd'hui et l'activisme des acteurs de terrain congolais dans ce domaine.

A cet égard, je suis convaincu que la mise en place récente du Réseau des Organisations non gouvernementales œuvrant dans le domaine des violences sexo-spécifiques au Congo, le RENALVISCO, sous la houlette de Madame Jocelyne Milandou, permettra de faire des progrès significatifs.

Je voudrais réitérer en cette journée de commémoration que le Fonds des Nations Unies pour la population, avec le Ministère de la Promotion de la Femme et de l'Intégration de la Femme au Développement et la société civile, appuiera, dans les prochaines semaines, la mise en place d'une ligne verte gratuite pour les victimes de violences qui permettra aux femmes de bénéficier d'une assistance psycho-sociale, médicale et juridique.

Madame le Ministre, Distingué(e)s invité(e)s, Mesdames et Messieurs,

La République du Congo est signataire de la Convention sur l'Elimination de toutes formes de Discrimination à l'égard des Femmes, - la CEDEF - et de son protocole facultatif qui permet à des individus ou à un groupe d'individus de porter plainte pour des violations de la Convention devant le Comité.

Dans le cadre de son action en faveur de la mise en œuvre de la CEDEF, je salue l'engagement du Gouvernement congolais sur la protection des droits des femmes et appuie les initiatives multiformes du Ministère de la Promotion de la Femme et de l'Intégration de la Femme au Développement et des partenaires de la société civile. C'est le cas notamment de l'adoption de la politique nationale sur le genre; de la révision en cours du code de la famine en vue de l'élimination de toute disposition discriminatoire à l'égard des femmes; du lancement de l'initiative sur la mobilisation du leadership masculin en faveur du respect des droits des femmes; de la mise en place d'un Comité national de lutte contre les violences faites aux femmes, ainsi que du Réseau National des Organisations non gouvernementales œuvrant dans le domaine des violences sexo-spécifiques et de l'Observatoire National des violences sexuelles.

Et il est certain que le projet de loi sur la Parité homme-femme aux fonctions politiques, administratives et électives, annoncé par le Président de la République, dont l'adoption ne saurait tarder, constituera un pas décisif dans ce combat pour la défense des droits des femmes.

Je tiens à saluer l'engagement personnel du Chef de l'Etat, le Président Denis Sassou Nguesso, et du Gouvernement, en faveur des droits des femmes, dont l'action est menée par le Ministère de la Promotion de la Femme et de l'Intégration de la Femme au Développement, sous la direction de Madame la Ministre de la Madeleine Yila Bounpoto, sans lesquels un certain nombre d'avancées en matière de genre et de protection des droits des Congolaises n'auraient sans doute pas vus le jour.

Madame le Ministre, Distingué(e)s invité(e)s, Mesdames et Messieurs,

Les changements sociétaux dans lesquels le gouvernement et ses partenaires sont engagés pour lutter contre les violences faites aux femmes ne s'opèreront pas en un jour, mais prendront du temps. Néanmoins, aujourd'hui, il me semble que la société congolaise est déjà fortement en mouvement en matière de reconnaissance effective des droits des femmes et de l'égalité hommes-femmes, non seulement dans les textes, mais de plus en plus dans la vie des populations.

Tout en reconnaissant que décider de sortir de la spirale de la violence n'est pas une affaire simple, je voudrais exhorter toutes les Congolaises à prendre conscience de la gravité des faits et de trouver en elle le courage d'agir, de prendre les dispositions pour s'exprimer, et s'extraire de la servitude et du monde violent dans lequel beaucoup d'entre elles vivent. Pour changer les faits et adopter des mesures qui permettront de bannir ces violences, il est indispensable d'en parler.

Mais les femmes ne peuvent le faire seules... Pour qu'elles puissent oser franchir la porte d'un commissariat ou se présenter devant un juge, il leur faut la bienveillance de l'opinion publique, le soutien de leur entourage, le courage des témoins, la compréhension des auxiliaires du monde judiciaire, l'aide de l'Etat, et l'action proactive des hommes en position de décision et de tous les hommes de bonne volonté qui ne veulent plus supporter que la plus belle moitié du genre humain soit traitée comme des citoyens de seconde classe.

C'est pourquoi, aujourd'hui, il nous faut tous ensemble créer un environnement favorable à l'expression des femmes, à la défense de leurs droits et à l'abolition des violences faites aux femmes.

En terminant, Madame le Ministre, Distingué(e)s invité(e)s, Mesdames et Messieurs, j'aimerais citer le Secrétaire Général de l'ONU, Ban Ki-Moon, qui a fait de la lutte contre les violences faites aux femmes une de ses priorités: *«la violence à l'égard des femmes n'est jamais acceptable, jamais excusable, jamais tolérable (...) Il n y a pas de fatalité à ces violences (...). Nous devons nous unir (.). Aucun chef politique, ni aucun gouvernement ne doit tolérer la violence contre les femmes, sous quelque forme que ce soit, et quels que soient le contexte ou les circonstances dans lesquels elle est perpétrée.»*

Je vous remercie de votre attention.

Allocution de M. David LAWSON, Représentant résident du Fonds des Nations Unies pour la Population (UNFPA) en République du Congo & Directeur de la Représentation de l'UNFPA en République du Gabon, à l'occasion de la Journée internationale de lutte contre les Mutilations Génitales Féminines (MGF). Brazzaville, 1er juin 2012

Madame la Ministre de la Promotion de la Femme et de l'Intégration de la Femme au Développement,
Madame la Présidente du Comité National des Droits des Femmes du Congo,
Mesdames et Messieurs les Directeurs généraux,
Mesdames et Messieurs les Points focaux Genre des départements ministériels,
Mesdames et Messieurs les délégué(e)s des agences du Système des Nations Unies,
Madame la Coordonnatrice du Réseau des Organisations non gouvernementales œuvrant dans le domaine des violences sexo-spécifiques au Congo (RENALVISCO),
Mesdames et Messieurs les représentants des organisations non gouvernementales, religieuses et de la société civile,
Mesdames et Messieurs de la presse et des media,
Distingué(e) invité(e)s, Mesdames et Messieurs,

Aujourd'hui, nous célébrons en différé la Journée internationale de lutte contre les mutilations génitales féminines. C'est naturellement un moment de solidarité avec toutes les femmes et les jeunes filles qui, à travers le monde, sont victimes d'une pratique perpétrée au fil des siècles, pour la seule raison d'être née de sexe féminin.

Je tiens à féliciter la décision du Gouvernement à travers l'action de Madame la Ministre de la Promotion de la Femme et de l'Intégration de la Femme au Développement qui, en dépit des objections et des idées reçues contraires la vérité affirmant l'inexistence de ces pratiques en République du Congo, de s'engager dans le combat pour la protection des droits et l'intégrité physique et morale de ces femmes au Congo, et dans le mouvement mondial qui vise à combattre ces pratiques hors du temps que sont les mutilations génitales féminines.

Je tiens également à saluer l'engagement de la société civile au Congo sur cette question et l'action de Madame Germaine Onanga, plus connue sous son affectueux pseudonyme «Mama droits des femmes.» En tant que Présidente du Comité National des Droits des Femmes du Congo (CONADEF), c'est l'une des pionnières à avoir dénoncé vigoureusement ce phénomène ici en République du Congo.

Madame la Ministre, Mesdames et Messieurs,

Chaque année, trois millions de jeunes filles risquent de subir des mutilations génitales. On estime qu'environ 92 millions de femmes et de jeunes filles ont subi de telles mutilations, parfois dès l'âge de 10 ans.

On estime entre 100 et 140 millions le nombre de jeunes fines et de femmes dans le monde qui vivent actuellement avec les séquelles de mutilations génitales.

Mais que recouvre le concept de ces termes barbares de mutilations génitales ou excision? Les mutilations génitales s'entendent de l'ablation partielle ou totale ou toute autre lésion des organes génitaux de la femme pratiquées pour des raisons non médicales. Ces interventions ont pour conséquence d'altérer ou léser intentionnellement les organes génitaux externes des jeunes filles dès l'enfance et jusqu'à l'âge adulte.

Elles sont le plus souvent pratiquées par des circonciseuses traditionnelles qui jouent souvent un rôle central dans les communautés, notamment en tant qu'accoucheuses, dans des conditions d'hygiène et d'asepsie souvent douteuses.

Ces pratiques ne présentent aucun avantage pour la santé des jeunes filles et des femmes. Plus grave encore, ces mutilations génitales sont aussi pratiquées par des agents de santé, pourtant informés des risques encourus par les victimes. En effet, ces mutilations ont des effets graves sur la santé des femmes: elles peuvent provoquer des hémorragies et des problèmes urinaires. Plus tard, elles peuvent entraîner d'importantes complications lors de l'accouchement.

Madame la Ministre, Mesdames et Messieurs,

Les mutilations génitales féminines constituent une violation des droits fondamentaux des jeunes filles et des femmes qui en sont victimes. C'est à ce titre qu'il faut les combattre avec vigueur et fermeté. D'après des données empiriques, les mutilations génitales féminines au Congo sont à un stade initial et circonscrites à certaines zones géographiques et communautés bien déterminées dans les départements de la Likouala, de Brazzaville et de Pointe Noire.

Le Fonds des Nations Unies pour la Population, avec l'UNICEF, l'OMS, et l'ONUFEMMES a fait de la lutte contre les mutilations génitales une de ses priorités depuis plusieurs décennies. Un programme global de lutte contre les mutilations génitales unit l'UNFPA et l'UNICEF en application des divers instruments internationaux qui proscrivent ces atteintes aux droits humains, notamment la Convention sur l'Elimination de toute forme de discrimination à l'égard des femmes (CEDEF). Ensemble, grâce à des partenariats avec les gouvernements, la société civile, les chefs religieux et les groupes communautaires, de réels progrès sont réalisés sur cette question.

Ainsi, plus de 8,000 communautés au Burkina Faso, à Djibouti, en Ethiopie, en Egypte, en Erythrée, en Gambie, en Guinée, en Guinée Bissau, au Kenya, au Mali, en Mauritanie, au Sénégal et en Somalie ont abandonné l'excision. C'est donc la démonstration que les normes sociales et les pratiques culturelles peuvent changer si les communautés s'unissent pour protéger les droits des filles et des femmes.

Le Fonds des Nations Unies pour la Population accompagne également les acteurs sociaux au Congo dans cette lutte, autour de trois axes principaux:

- Tout d'abord, le plaidoyer en faveur de la défense du droit des femmes et la lutte contre toutes formes de violences à l'égard des femmes,
- Ensuite, la sensibilisation de proximité pour une meilleure connaissance des conséquences de ces pratiques, en ciblant toutes les couches de la société, pour accélérer les changements de mentalités.
- Enfin, la recherche et la collecte de données permettant de mieux apprécier le phénomène et les pratiques au sein de toutes les communautés.

A cet égard, je suis heureux de vous annoncer aujourd'hui que l'UNFPA mettra à la disposition du Gouvernement son expertise technique et son appui financier pour la réalisation d'une enquête sur les mutilations génitales au Congo, qui permettra de déterminer précisément l'étendue du phénomène dans le pays, ainsi que ses déterminants, ses formes et ses conséquences.

Madame la Ministre, Mesdames et Messieurs,

L'an dernier, j'ai félicité le Gouvernement congolais pour sa détermination à combattre les mutilations génitales au Congo. Il est, en effet, essentiel, même si le phénomène nous semble peu répandu de s'attaquer au problème pour le circonscrire.

Ce forum est l'occasion pour nous d'appeler l'attention des pouvoirs publics et de l'opinion publique sur ce phénomène, pour une mobilisation sociale et des communautés visant à protéger les filles et les femmes de ce fléau.

Si le cas de filles originaires de pays qui ont l'excision pour tradition et qui vivent au Congo est connu, la situation de celles issues des mariages mixtes reste plus confidentielle.

Ceux qui décident ces mutilations pour leurs enfants ou leurs parents défendent leur droit à la tradition. Mais les mamans des victimes manquent de réagir souvent par ignorance, en raison de la découverte tardive des faits, ou par peur des représailles.

Ce sont ces enfants et ces mamans désarmées qu'il faut défendre. Ce combat doit mobiliser naturellement le Gouvernement, mais aussi les députés et les sénateurs, les autorités locales, les organisations et leaders religieux et de la société civile, les populations et les partenaires au développement pour protéger les jeunes filles et les femmes et la santé publique au Congo.

Madame la Ministre, Mesdames et Messieurs,

En terminant, tout en réaffirmant avec force, la volonté, l'engagement et l'appui du Fonds des Nations Unies pour la Population, à travailler avec le Gouvernement, les parlementaires, et la société civile pour mettre un terme aux mutilations génitales au Congo, j'en appelle aux pouvoirs publics et à l'opinion pour que les actions de sensibilisation soient renforcées, pour une généralisation de la réflexion sur ce thème, et pour qu'une concertation nationale soit organisée rapidement pour la définition de stratégies de prévention et de lutte contre les mutilations génitales féminines en République du Congo.

Il nous faut mettre fin à l'indifférence dans laquelle sont plongées ces filles et ces femmes en détresse. Il faut rappeler aux populations l'existence des lois qui prohibent les violences faites aux femmes au Congo et a fortiori l'excision. Il faut faire respecter ces lois et adopter des dispositions législatives spécifiques, si nécessaire. Enfin, il faut sensibiliser, conscientiser en priorité, tout en recourant à la sanction lorsqu'elle est nécessaire et juste pour imposer la tolérance zéro aux mutilations génitales. Nous devons mettre un terme à l'excision. Je vous remercie de votre aimable attention.

Allocution de M. David LAWSON, Représentant résident du Fonds des Nations Unies pour la Population (UNFPA) au Congo & Directeur de la Représentation de l'UNFPA au Gabon, à l'occasion de la Conférence-débat sur la mobilisation des femmes pour les élections législatives de 2012. Pointe-Noire, 4 juin 2012

Mesdames et Messieurs les parlementaires,
Monsieur le Préfet du département de Pointe-Noire,
Monsieur le Maire de l'arrondissement 1 de Pointe-Noire, représentant Monsieur le Député -Maire de Pointe-Noire empêché,
Monsieur le Secrétaire général de la Préfecture de Pointe-Noire,
Mesdames et Messieurs les administrateurs-maires de la municipalité de Pointe-Noire,
Mesdames et Messieurs les Directeurs-généraux,
Mesdames et Messieurs les Directeurs départementaux,
Mesdames et Messieurs les représentants des organisations non gouvernementales, de la société civile et du secteur privé,
Mesdames et Messieurs de la presse et des media,
Distingué(e)s invité(e)s, Mesdames et Messieurs,

Je suis très heureux d'être avec vous aujourd'hui dans le cadre du programme du Fonds des Nations Unies pour la population sur la mobilisation des femmes aux élections législatives de 2012 et locales de 2013, mis en œuvre conjointement avec le Ministère de la Promotion de la Femme et de l'Intégration de la Femme au développement, les élus et la société civile, avec le soutien financier de l'Ambassade des Etats-Unis au Congo.

Cette initiative apolitique a pour objectif la mobilisation, l'engagement et la participation des femmes aux processus électoraux de 2012 et 2013. A l'aune des élections législatives dont le premier tour a été fixé par décret présidentiel au 15 juillet 2012, toutes les Congolaises et tous les Congolais en âge de voter doivent se mobiliser dans le cadre de la campagne électorale et surtout voter le jour du scrutin, le 15 juillet. Notre objectif ici est de contribuer à la mobilisation et au vote féminin massif durant ces élections.

Monsieur le Préfet, Distingué(e)s invité(e)s, Mesdames et Messieurs,

Pourquoi une telle initiative? Comme vous le savez, le Fonds des Nations Unies pour la population que j'ai l'honneur de représenter au Congo, a fixé au titre de ses priorités, l'amélioration de la condition féminine, y compris l'autonomisation des femmes et le soutien au leadership féminin, la défense des droits des femmes et la lutte contre les violences à l'égard des femmes.

En effet, la situation des femmes dans le monde et en République du Congo est injuste. Elle est injuste parce que bien qu'elles représentent près de la moitié de l'humanité, pour trop de femmes encore, la pauvreté et la violence sont des réalités quotidiennes auxquelles elles font face dans leur lutte pour parvenir à la parité avec les hommes dans les domaines de l'emploi et de la famille. 60% des plus pauvres de la planète sont des femmes. Sur près d'un milliard de personnes qui souffrent de la faim dans le monde, 60% sont des femmes. Les deux tiers des près d'un milliard d'adultes illettrés dans le monde sont des femmes, et 70% des enfants non scolarisés sont des filles.

Les femmes sont largement sous-représentées aux fonctions politiques électives et administratives. Dans le monde, sur 193 pays, seules une douzaine de femmes occupent les fonctions de Chef d'Etat ou de gouvernement. A peine 20% des parlementaires dans le monde sont des femmes. Elles occupent, en moyenne, un poste ministériel sur six. Seules 14 femmes président des chambres parlementaires. La situation est similaire dans le secteur privé avec seulement 13 femmes parmi les dirigeants des 500 plus grandes entreprises mondiales, soit à peine 3%.

Au Congo, les femmes sont largement sous-représentées dans toutes les instances de décision. Ainsi par exemple, sur 37 ministres, 5 sont des femmes. L'Assemblée nationale et le Sénat comptent respectivement 10% et 13% de femmes.

C'est moins que la moyenne mondiale de représentativité des femmes dans les parlements du monde entier, qui s'élève à 18 pour cent. La représentativité des femmes au Parlement congolais est de 12%. Ce taux était celui de la représentativité des femmes dans les parlements du monde entier en 1995.

Pourtant, il est démontré que la pleine participation des femmes aux instances de décision est une condition indispensable du développement économique et social d'une nation. Impliquer une proportion significative de femmes dans l'élaboration des politiques publiques permet à celles-ci de mieux prendre en compte et refléter réellement les valeurs et les préoccupations de l'ensemble de la société. En faisant entendre leurs voix, les femmes apportent des perspectives différentes qui enrichissent les débats.

Monsieur le Préfet, Distingué(e)s invité(e)s, Mesdames et Messieurs,

Le département du Pointe-Noire compte près de huit cent mille habitants. C'est le deuxième plus important département de la République en nombre d'habitants. C'est également le deuxième plus important département de la République en nombre de circonscriptions électorales, puisqu'il en compte 12, derrière Brazzaville qui en compte 25.

Bien que le deuxième département du Congo compte, à l'image de la moyenne nationale, une majorité de femmes, que le dynamisme de la capitale économique du Congo et le leadership des ponténégrines, dans la vie politique locale, l'entreprenariat, le commerce, et la société civile, notamment, ne soit plus à démontrer et l'omniprésence des femmes dans toutes les sphères de l'activité vibrante de la cité océane, le département ne compte paradoxalement qu'une seule femme députée, soit 8%, c'est-à-dire moins que la moyenne nationale.

Par ailleurs, le taux de participation nationale des femmes aux élections reste faible. En effet, d'après le Ministère de l'Intérieur et de la Décentralisation, lors des élections locales de 2008, le taux de participation nationale des femmes s'élevait seulement à 24,28%, alors que les femmes représentent 52% de la population congolaise. Il était de 21% à Pointe-Noire, en-deçà de la moyenne nationale.

Monsieur le Préfet, Distingué(e)s invité(e)s, Mesdames et Messieurs,

Conformément aux instruments juridiques internationaux, la République du Congo défend l'égalité entre l'homme et la femme. L'article 8 de la Constitution congolaise dénonce ainsi que *"Tous les citoyens sont égaux devant la loi. (...) La femme a les mêmes droits que l'homme. La loi garantit et assure la promotion de la femme et sa représentativité à toutes les fonctions politiques, électives et administratives."*

En outre, dans le domaine politique, la loi électorale prescrit à chaque parti politique de présenter au moins 15% de femmes comme candidates aux élections législatives, et 20% aux élections locales.

Faisant suite à une mobilisation sociale sans précédent au Congo en 2009 et 2010, en faveur des droits des femmes, le Président de la République a solennellement annoncé l'adoption d'une loi sur la parité aux fonctions politiques, électives et administratives, que défend ardemment l'UNFPA, aux côtés de la société civile et des Congolaises.

Après cette annonce, j'ai fait la déclaration publique suivante. Je cite: "En prenant cet engagement pour les femmes et le pays, le Président a donné rendez-vous à l'Histoire. Une fois adoptée, cette loi sera la première du genre en Afrique centrale et un modèle pour le continent et le monde. Au Congo, elle fera prendre conscience aux Congolaises de leur juste place et de leur rôle essentiel au sein de la société."

Je reste aujourd'hui convaincu que le Président de la République a pris une décision historique pour l'avenir du Congo. En effet, tout comme l'adoption de la loi No. 05/2011 portant protection et promotion des droits des populations autochtones du Congo avait suscité discussions et débats nationaux, cette loi est aujourd'hui reconnue unanimement par la communauté internationale, et le Congo fait figure de leader et de modèle à suivre en Afrique et dans le monde.

Du reste, avec son élection, en 2011, au Conseil des Droits Humains des Nations Unies, le Gouvernement de la République du Congo a définitivement engagé sa responsabilité en matière de respect des droits humains, y compris l'égalité entre hommes et femmes, et de développement économique et social.

Je me réjouis donc que le projet de loi sur la parité aux fonctions politiques, électives et administratives soit à l'étude au Secrétariat général du Gouvernement. Certes, il est de tradition démocratique de ne pas modifier la loi électorale quelques mois seulement avant une élection, et il est donc normal qu'elle n'ait pas été adoptée avant les élections législatives, mais il serait souhaitable qu'elle puisse être adoptée rapidement après les élections législatives et s'appliquer aux prochaines élections locales de 2013.

Monsieur le Préfet, Distingué(e)s invité(e)s, Mesdames et Messieurs,

Une militante congolaise avec qui je partageais récemment un plateau de télévision a déclaré: "la République du Congo est à la croisée des chemins. Ces élections législatives de 2012 doivent permettre au pays décrire une nouvelle page importante de son histoire, en assurant une juste représentativité des femmes au Parlement." Les femmes sont partie intégrante de cette histoire et doivent participer pleinement à la gouvernance publique. Le développement économique et social ne peut pas être exclusif des femmes. Il est et doit être l'affaire de tous, hommes et femmes, jeunes et moins jeunes.

Les femmes ne sont pas moins compétentes que les hommes, y compris en ce qui concerne la politique et les affaires publiques. En 2010, j'ai lancé avec le Ministère de la Promotion de la Femme et de l'Intégration de la Femme au développement, une initiative pour la mobilisation du Leadership masculin en faveur des droits des femmes. Tous les hommes de bonne volonté qui se sont engagés en tant que leaders savent que cette inégalité de représentation entre hommes et femmes aux postes de décision, y compris à l'Assemblée nationale, est injuste. Je les invite donc à s'engager vigoureusement dans ce processus électoral pour favoriser l'émergence des femmes en politique.

La faible représentativité des femmes à l'Assemblée nationale n'est pas un problème des femmes. Ce n'est pas un problème des hommes. C'est l'affaire de tous les citoyens congolais. Les femmes elles-mêmes ne doivent pas redouter la chose publique dont elles sont partie prenante au même titre que les hommes et s'engager dans le processus électoral, soit comme militante, soit comme candidate, afin de faire entendre leurs voix et d'être prise en compte dans le débat public.

Mesdames et Mesdemoiselles, les processus électoraux qui s'ouvrent sont une opportunité pour vous de vous exprimer, de vous faire entendre, de vous affirmer et de participer directement aux destinées du pays et aux orientations du développement national.

Je voudrais ainsi vous rappeler que la date limite de dépôt des dossiers de candidature fixée au 11 juin 2012, à minuit. Les déclarations de candidature doivent être déposées à la Préfecture du département qui les transmettra à la Direction générale des Affaires électorales du Ministère de l'Intérieur et de la Décentralisation.

Je vous encourage à présenter vos candidatures, à vous mobiliser massivement dans la campagne électorale pour vous assurer que vos voix et vos orientations pour le pays sont pris en compte. Enfin, vous devez voter massivement le 15 juillet. Le taux de participation des femmes aux élections législatives renforce la prise en compte des souhaits des femmes par les élus et augmente la responsabilité des élus face à leur électorat féminin et ses préoccupations.

Mesdames et Mesdemoiselles, Vous connaissez bien la société et vous avez la capacité d'impulser les changements souhaités. Alors engagez-vous! Mobilisez-vous! Présentez-vous! Et faites le pari de gagner. Au cours de l'histoire de l'humanité, ce sont celles et ceux qui ont osé agir qui ont permis de réaliser des choses que l'on n'imaginait impossible.

L'écrivain américain Mark Twain a écrit un jour: *"Ils ne savaient pas que c'était impossible... alors ils l'ont fait."* Mesdames, Mesdemoiselles, c'est seulement en y croyant et en osant que vous changerez la société. Alors, inspirez-vous de Mark Twain et osez! Je vous remercie de votre attention.

Article écrit par David Lawson, Représentant résident de l'UNFPA au Congo. La Parité: *Pour une société congolaise moderne et juste.* Brazzaville, 18 juin 2012

Dans la plupart des pays dans le monde, les femmes sont plus nombreuses que les hommes. L'ONU-FEMMES dresse cependant un bilan alarmant sur la condition féminine à travers le monde. Certes des progrès incontestables en matière législative ont été réalisés au cours de la seconde moitié du vingtième siècle. Ainsi 186 pays ont signé la Convention sur l'Elimination de toutes Formes de Discrimination à l'Egard des femmes, 125 pays ont mis hors la loi les violences domestiques, et 115 garantissent des droits de propriété égaux hommes-femmes. Pourtant, la situation des femmes dans le monde et en République du Congo reste injuste.

La situation des femmes est injuste

Elle est injuste parce que Bien qu'elles représentent près de la moitié de l'humanité, pour trop de femmes encore, la pauvreté et la violence sont des réalités quotidiennes auxquelles elles font face dans leur lutte pour parvenir à la parité avec les hommes dans les domaines de l'emploi et de la famille.

60% des plus pauvres de la planète sont des femmes. Sur près d'un milliard de personnes qui souffrent de la faim dans le monde, 60% sont des femmes. Les deux tiers des près d'un milliard d'adultes illettrés dans le monde sont des femmes, et 70% des enfants non scolarisés sont des filles.

Les femmes sont largement sous-représentées aux fonctions politiques électives et administratives. Dans le monde, sur 195 pays, même s'il faut saluer l'accession à la tête du Malawi de la deuxième femme Chef de l'Etat africaine, seules une vingtaine de femmes occupent les fonctions de Chef d'Etat ou de gouvernement. A peine 20% des parlementaires dans le monde sont des femmes. Elles occupent, en moyenne, un poste ministériel sur six. Seules une quinzaine de femmes président des chambres parlementaires, et seuls la Belgique, le Costa Rica, l'Islande et le Rwanda présentent un nombre de candidats hommes et femmes équivalent aux élections. La situation est similaire dans le secteur privé avec seulement 13 femmes parmi les dirigeants des 500 plus grandes entreprises mondiales, soit à peine 3%.

Face à ce fossé, l'idée de prendre des mesures concrètes plutôt que d'attendre un rééquilibrage naturel a fait son chemin. Depuis plusieurs années, les gouvernements et les organisations internationales accordent une priorité importante à la problématique du genre dans les orientations stratégiques et les politiques publiques. La parité entre hommes et femmes et les opportunités de promotion économique et sociale par les deux sexes sont devenues des thèmes récurrents des agendas politiques nationaux et internationaux.

Un retard des femmes à combler par voie légale

Il apparaît, en effet, que sans une obligation légale, l'écart qui sépare les hommes et les femmes aux postes de responsabilité est quasiment impossible à combler. Une loi est un passage obligatoire pour combler un écart trop important, trop ancien et surtout ancré dans les traditions et les esprits. L'efficacité de telles mesures est prouvée. Dans les 90 pays qui ont instauré une politique de quotas électoraux pour leur Parlement, la proportion de femmes y a augmenté: les femmes constituent 21% des parlementaires contre 13% dans les pays sans politique de quotas.

Impliquer une proportion significative de femmes dans l'élaboration des politiques permet à celles-ci de mieux prendre en compte et refléter réellement les valeurs de l'ensemble de la société. En faisant entendre leurs voix, les femmes apportent des perspectives différentes qui enrichissent les débats. Le Chef du gouvernement espagnol, Jose Luis Rodriguez Zapatero, affirmait en 2004 qu'il est *«plus efficace de faire des programmes de discriminations positives, par exemple pour avoir plus de femmes scientifiques, que d'augmenter les impôts ou d'établir les 35 heures.» Il* constituera d'ailleurs le premier gouvernement paritaire de l'histoire de l'Espagne. Le Chef de l'Etat français, François Hollande, en 2012 vient de lui emboîter le pas.

Au Congo, les femmes n'exercent pas non plus leur plein potentiel. Alors qu'elles constituent plus de 51% de la population, elles sont sous-représentées dans toutes les instances de décision. Sur 37 ministres, 5 sont des femmes. L'Assemblée nationale et le Sénat comptent respectivement moins de 10% et 13% de femmes. Parmi les 14 membres des bureaux des deux assemblées, seul un poste est occupé par une femme. La Cour Suprême et la Cour Constitutionnelle sont à la même enseigne.

Une décision politique historique du Président

Afin de combler cet écart, le Président de la République, Denis Sassou Nguesso, a annoncé le 13 août 2010, à l'occasion de son adresse à la Nation, la décision de faire voter par le Parlement, une loi assurant la parité hommes-femmes aux fonctions politiques, administratives et électives.

Le rôle des décideurs politiques est d'anticiper et de prévoir. A ce titre, cette décision courageuse est l'une des plus importantes décisions politiques du Chef de l'Etat, qui a choisi la parité, plutôt qu'une politique de quotas qui réduit la place des femmes à la seule volonté politique, faisant de la loi un idéal égalitaire, partie intégrante du Pacte Social défini par le Président lui-même pour le bien-être de tous les Congolais et l'accélération du développement national. L'application effective de cette loi nécessitera la même audace.

Avec le vote de cette loi, le Président congolais sera le premier à mettre en œuvre la parité absolue en Afrique. Grâce à cette loi, qui redonnera aux femmes leurs droits et leur juste place, le Président écrira une page fondamentale de l'Histoire du Congo qui reflète les aspirations de l'époque, des Congolaises et de la société tout entière. Après avoir mis fin à l'esclavage, au joug de la colonisation, il est temps de mettre un terme à cette injustice qui réduit les femmes à des citoyens de seconde classe.

Rééquilibrer les rôles des hommes et des femmes

L'adoption de cette loi ne permettra pas seulement aux femmes d'accéder aux postes de décision, mais elle va enclencher un processus de changement sociologique. Elle permettra aux femmes de dépasser l'image négative qu'elles ont d'elles-mêmes, qui leur est imposée par un environnement qui les pousse à se cantonner aux seconds rôles traditionnels suivant les clichés, les préjugés et les stéréotypes ambiants. Les filles et les femmes gagnant en estime de soi, s'impliqueront dans les discussions et les affaires publiques, et choisiront les filières universitaires les plus cotées. Ce dynamisme des femmes dans la vie politique contribuera à la modernisation de la société congolaise et de la gestion des affaires publiques.

Je me suis engagé avec le Ministère de la Promotion de la Femme et de l'Intégration de la Femme au développement et l'appui financier de l'Ambassade américaine au Congo à la mobilisation des femmes en vue de leur inscription sur les listes électorales, leur participation active aux campagnes électorales, la présentation de leurs candidatures et leur vote massif aux élections législatives de 2012 et locales de 2013. La préparation de ces élections montrent, si besoin est, que les Congolaises de toutes les conditions et de tous les départements du pays sont actives, mobilisées, prêtes et engagées en tant que citoyennes à part entière. Les processus électoraux en cours sont une formidable occasion d'accélérer à la parité entre hommes et femmes aux fonctions politiques, administratives et électives.

Cette transformation sociétale doit s'accompagner nécessairement, suivant l'engagement résolu du Chef de l'Etat lui-même, de l'implication des hommes dans la mise en œuvre de la loi pour une société plus démocratique et égalitaire. Les hommes et les pères doivent intervenir positivement dans la vie et en faveur du développement des femmes et des jeunes filles. Les hommes et les femmes doivent partager les postes, mais aussi l'égalité des charges professionnelles, familiales et privées. Le Fonds des Nations Unies pour la population soutient ainsi une initiative conjointe avec le Ministère de la Promotion de la Femme et de l'Intégration de la Femme au développement sur l'implication du leadership masculin en faveur des droits des femmes.

Alors que le Congo est membre du Conseil des Droits de l'Homme des Nations Unies, cette loi, qui s'inscrit dans le cadre du Pacte social défini par le Président Denis Sassou Nguesso, est le reflet d'une démocratie vibrante éprise de justice.

La reconquête de la dignité sous toutes ses formes et l'égalité entre hommes et femmes est pour chacun une arme de combat pour l'unité, la démocratie et la prospérité du pays. L'ardeur et la persévérance sont essentielles pour l'émancipation sociale, économique et politique des Congolaises. En soutenant cette initiative, l'UNFPA s'engage résolument avec le Président de la République et tous les hommes de bonne volonté qui font la grandeur de l'Histoire du côté des femmes et contribuent à une société congolaise moderne et juste.

Allocution de M. David LAWSON, Représentant résident du Fonds des Nations Unies pour la population (UNFPA) en République du Congo & Directeur de la Représentation de l'UNFPA en République du Gabon, à l'occasion de la Journée internationale de lutte contre les Mutilations génitales féminines. Brazzaville, 6 janvier 2013

Madame la Ministre de la Promotion de la Femme et de l'Intégration de la Femme au Développement,
Honorable Président de la Commission santé, affaires sociales, famille et genre de l'Assemblée Nationale,
Vénérable Ambassadrice de la Campagne pour l'Accélération de la Réduction de la Mortalité Maternelle en Afrique (CARMMA),
Honorables Député(e)s, Vénérables Sénateurs,
Mesdames et Messieurs les élus locaux et départementaux,
Mesdames et Messieurs les Ambassadeurs et Chefs de missions diplomatiques et Consulaires au Congo, et Cher(e)s Collègues
Mesdames et Messieurs les délégués des agences du Système des Nations Unies et Cher(e)s Collègues,
Mesdames et Messieurs les Directeurs généraux,
Madame la Présidente de la CONADEF,
Mesdames et Messieurs les représentants des organisations de la société civile,
Mesdames et Messieurs les représentants des communautés,
Mesdames et Messieurs de la presse et des medias,
Distingué(e)s invité(e)s, Mesdames et Messieurs,

Nous sommes aujourd'hui réunis pour célébrer la Journée internationale de lutte contre les mutilations génitales féminines. C'est avec gravité que nous observons la persistance de ces pratiques qui touchent les plus vulnérables à travers le monde. Cette situation nous touche car ces mutilations remettent en cause avec force et violence l'identité culturelle et de genre des filles et des femmes.

L'expression de «mutilations génitales féminines» définie par l'Organisation Mondiale de la Santé (OMS) à partir de 1991, recouvre l'ensemble des pratiques et interventions qui altèrent ou lèsent intentionnellement les organes génitaux externes de la femme pour des raisons culturelles, religieuses ou pour toutes autres raisons non médicales.

Chaque année dans le monde, près de 140 millions de filles et de femmes sont victimes d'excision. Cette pratique est plus commune en Afrique, dans certains pays d'Asie et au Moyen-Orient, mais elle existe aussi dans certaines communautés d'immigrants en Amérique du Nord et en Europe.

Pour la plupart, elles sont pratiquées sur des jeunes filles entre l'enfance et l'âge de 15 ans, mais aussi, bien que plus rarement, sur des femmes adultes.

En Afrique, où se concentre la majorité, ce sont environ 92 millions de jeunes filles âgées de dix ans et plus qui ont été victimes. Trois millions de jeunes filles sont menacées chaque année. En République du Congo, en vertu des informations disponibles, les mutilations génitales féminines semblent circonscrites à certains départements: la Likouala, Brazzaville et Pointe-Noire, et auprès de communautés bien identifiées.

Les mutilations féminines génitales sont internationalement considérées comme une violation des droits des jeunes filles et des femmes. Elles sont le reflet d'une inégalité profondément enracinée entre les sexes et constituent une forme extrême de discrimination à l'égard des femmes. Ces mutilations violent les droits à la santé, à la sécurité et à l'intégrité physique de ces jeunes filles et ont des conséquences directes sur leur santé reproductive, en multipliant les complications graves de l'accouchement, notamment les risques de césarienne, de fortes hémorragies après la naissance et d'hospitalisation prolongée.

Madame la Ministre, Mesdames et Messieurs,

Si nous célébrons la Journée internationale de lutte contre les mutilations génitales féminines, c'est avant tout pour informer l'opinion publique de l'existence de ces violences et soutenir la mobilisation politique et sociale autour de leur éradication. Le plaidoyer de la communauté internationale depuis plusieurs années a permis de réels progrès dans l'accélération de l'abandon des mutilations de nombreux pays, notamment au Mali, au Sénégal, au Soudan, en Ethiopie, et dans plus de 6 000 communautés en Afrique.

En 1997, le Fonds des Nations Unies pour la Population (UNFPA) a publié, avec l'OMS et l'UNICEF, une déclaration conjointe contre la pratique des mutilations génitales féminines. La question de l'excision figure désormais sur l'agenda politique international. Depuis 2008, l'UNFPA et l'UNICEF travaillent dans le cadre d'un programme conjoint à l'éradication de ces violences dans plus de 17 pays africains jugés prioritaires.

Enfin en novembre dernier, l'Assemblée Générale des Nations Unies a adopté la première résolution dénonçant les mutilations génitales féminines. C'est une immense reconnaissance, porteuse d'espoirs supplémentaires. Cette victoire a été rendue possible grâce notamment à l'activisme du Comité inter-africain sur les pratiques traditionnelles. A ce jour, plus de 110 pays dont la majorité des États africains demandent aux États membres, de soutenir conjointement un texte visant à *compléter les mesures punitives par des activités d'éducation et d'information.*

Ces avancées sont le fruit d'une récente mobilisation des gouvernements et de la société civile pour mettre en place un cadre législatif et juridique contraignant, mobiliser massivement les communautés et les medias, et créer des partenariats avec les leaders religieux et coutumiers. En matière de santé, la prévention et les soins portés aux femmes mutilées dans les services de santé de la reproduction, ainsi que l'interdiction de pratiquer ces mutilations par le personnel médical permettent des progrès notables dans la réduction de l'excision.

Madame la Ministre, Mesdames et Messieurs,

En République du Congo, comme ailleurs, les jeunes filles et les femmes ont besoin d'une prise de conscience générale de la part des décideurs politiques pour parvenir à l'abandon complet des mutilations génitales féminines. En effet, il serait illusoire de circonscrire le phénomène à la vingtaine de pays africains les plus touchés et de croire les autres pays de la région sont à l'abri de ce fléau. Dans un monde qui connaît de plus en plus de mouvements de populations volontaires ou contraints, on la mixité et le brassage social sont devenus la norme, l'excision ne concerne malheureusement pas que «les autres.»

Dans de nombreux pays, des mutilations sont pratiquées dans le silence et l'impunité la plus totale. La rareté des cas, l'absence de reportage et d'enregistrement systématique des faits, l'ignorance des populations sur les dispositions législatives et juridiques qui les protègent, la non-application des textes en vigueur, favorisent la méconnaissance du phénomène et contribuent ainsi à ce qu'il se perpétue.

Au Congo, fort heureusement l'excision ne s'inscrit pas dans la tradition ou les pratiques culturelles du pays. Pourtant le pays n'est pas épargné. Malgré le manque d'informations et de données suffisantes en la matière, certains indicateurs sociaux doivent nous alerter: il en va ainsi de la part importante des jeunes dans la population, des mariages mixtes, ainsi que du phénomène de traite transfrontalière des êtres humains. Ces indicateurs sont susceptibles d'influencer négativement les mutilations génitales féminines.

Madame la Ministre, Mesdames et Messieurs,

Je voudrais ici féliciter la décision du Gouvernement, à travers l'action du Ministère de la Promotion de la Femme et de l'Intégration de la Femme au Développement, d'avoir reconnu le problème publiquement et jugé impérieux de faire toute la lumière sur ces pratiques au Congo. Grâce à cette reconnaissance, la République du Congo témoigne une nouvelle fois de son engagement pour la protection des droits humains, le respect de la dignité et de l'intégrité physique et morale des jeunes filles et des femmes congolaises.

Je tiens également à saluer les parlementaires et les élus locaux engagés, les organisations de la société civile et les leaders communautaires, et plus particulièrement le Comité National des Droits des Femmes du Congo (CONADEF) qui, grâce à la détermination de sa Présidente, Madame Germaine Onanga, pionnière dans la dénonciation et la lutte contre l'excision au Congo, travaille sans relâche avec les familles, afin de répertorier les cas et témoigner des souffrances subies.

Madame la Ministre, Mesdames et Messieurs,

Les normes sociales peuvent perdurer pendant des siècles sans être mises en question. Mais elles doivent impérativement évoluer quand elles sont considérées dangereuses. L'élan mondial pour mettre fin aux mutilations génitales féminines s'accélère partout dans le monde, d'abord et avant tout parce que ce changement est voulu par les populations, les familles, les hommes, les femmes, les jeunes, les organisations non gouvernementales, les medias et les leaders religieux soutenus par les gouvernements africains eux-mêmes.

Le Congo doit participer pleinement à cette dynamique. Les volontés et les énergies ne manquent pas. Pour mener à bien cette mission salutaire, il est essentiel de mesurer l'ampleur du phénomène, identifier les populations victimes pour préparer une réponse appropriée.

Il serait vain d'ignorer un problème de droits humains essentiel, face au supposé caractère circonscrit du phénomène. Au contraire, il faut traiter le problème à sa racine, car il est encore limité, pour l'éradiquer définitivement.

Le Fonds des Nations Unies pour la Population tient à renouveler ici son engagement dans la lutte contre les mutilations génitales féminines en République du Congo. Je m'étais engagé l'an dernier à soutenir le Gouvernement dans la réalisation d'une enquête sur l'excision au Congo. Malheureusement, la catastrophe du 4 mars nous a obligé à répondre à l'urgence et les élections législatives à reporter certaines activités.

En ce début d'année 2013, je tiens à réaffirmer la nécessité de faire toute la lumière sur ces violences. Et je renouvelle aujourd'hui la promesse que l'UNFPA mettra à disposition du Gouvernement son expertise technique et son appui financier pour la réalisation d'une étude sur les mutilations génitales au Congo, dès le premier trimestre de cette année, pour déterminer précisément l'étendue du phénomène, ses déterminants, ses formes et ses conséquences.

Le bien-être des jeunes filles et des femmes est notre priorité, afin qu'elles puissent prendre toute leur part au développement économique et social du pays.

Je vous remercie de votre aimable attention.

GALVANISER LA JEUNESSE

Au Congo, les jeunes de moins de 17 ans représentent 45 pour cent de la population nationale. A l'horizon 2020, plus de soixante-dix pour cent de la jeunesse africaine aura moins de vingt-cinq ans. C'est-à- dire 3 personnes sur 4. Les jeunes sont l'avenir de leur pays, ils en constituent le capital humain qui devra assurer la pérennité du développement national au Congo, comme dans le reste de l'Afrique.

Les jeunes Africains seront non seulement la source de développement de leur propre pays, mais aussi ce celle du reste d'un monde vieillissant. La jeunesse est donc une priorité du gouvernement congolais, laquelle le Fonds des Nations Unies pour la population aura apporté un appui significatif de 2009 à 2013.

La jeunesse africaine aujourd'hui représente plus de 135 millions de personnes. Mais plus de la moitié d'entre eux sont illettrés. 25 pour cent de ces jeunes n'ont pas d'emploi et guère de perspectives d'avenir.

Au Congo, le Fonds des Nations Unies pour la population a ainsi développé une vision et une stratégie pour les jeunes qui leur convient, parce que définies avec et surtout par eux-mêmes. Cette vision est celle d'un monde qui promeut et protège leurs droits, leur offre des possibilités de développer leur plein potentiel, accueille et respecte leurs voix et leurs points de vue. Dans cette vision, les jeunes vivent à l'abri de la pauvreté, de la discrimination et de la violence. Les jeunes possèdent les connaissances et le savoir-faire qui leur sont nécessaires pour faire des choix de vie informés, volontaires et responsables.

Le Représentant de l'UNFPA a donc plaidé vigoureusement et apporté son appui technique et financier à la mise en place d'un Conseil national de la Jeunesse et à la ratification par le parlement congolais de la Charte africaine de la Jeunesse adopté par les Chefs d'Etat et de gouvernement africains dans le cadre de l'Union africaine. Ceux-ci ont été adoptés et mis en place par les Ministres de l'Education Civique et de la Jeunesse successifs, Zacharie Kimpouni et Anatole Collinet Makosso et la mise en place d'un programme de volontariat de la jeunesse novateur qui permettrait de former des jeunes sans qualification et d'apporter de l'expérience professionnel aux jeunes diplômés sans emploi, à travers des activités de volontariat.

Allocution de M. David Lawson, Représentant résident du Fonds des Nations Unies pour la Population (UNFPA) en République du Congo & Directeur de la Représentation de l'UNFPA au Gabon, à l'occasion du séminaire de concertation et de coopération régionales entre les plateformes de jeunesse d'Afrique centrale et de l'Océan indien. Brazzaville, 5 décembre 2009

Monsieur le Conseiller à la Jeunesse du Ministre de l'Education Civique et de la Jeunesse,
Madame la Représentante du Directeur Régional pour l'Afrique Centrale et de l'Océan Indien de l'Organisation Internationale de la Francophonie,
Monsieur le Délégué de la CONFEJES,
Mesdames et Messieurs les Ambassadeurs et les représentants du corps diplomatique et consulaire,
Messieurs les Représentants des agences du Système des Nations Unies et des organisations intergouvernementales,
Distingué(e)s invité(e)s,
Mesdames et messieurs
Cher(e)s Ami (e) s de la jeunesse,

Permettez-moi tout d'abord d'exprimer toute ma satisfaction de voir se tenir cette réunion de la jeunesse de l'Afrique centrale et de l'Océan Indien, à Brazzaville, en République du Congo, sous l'égide de l'Organisation Internationale de la Francophonie.

Ma joie est d'autant plus grande que toute la jeunesse africaine, dans un élan de solidarité, a pris la ferme résolution de prendre en main son devenir pour contribuer de façon efficace au développement du continent à travers la mise en place des Conseils Nationaux de Jeunesse et d'autres réseaux de jeunes.

Je tiens à remercier l'Organisation Internationale de la Francophonie de m'avoir convié à cette table ronde sur le thème «*Travailler ensemble, se développer ensemble.*»

Je profite de cette occasion pour saluer la flexibilité dont le Gouvernement congolais a fait preuve, et de son Ministère de la Jeunesse et des Sports en particulier, en acceptant d'accueillir cette réunion à si brève échéance.

Mesdames et Messieurs, Cher (e) s ami (e) s de la jeunesse,

En 2007, dans un discours qu'il a prononcé dans une université de Moscou, le Président français, Nicolas Sarkozy a déclaré que «*La jeunesse d'aujourd'hui, quelle que soit sa nationalité, veut conquérir le monde. Elle veut le façonner à son image. Elle veut que le monde de demain ressemble ses rêves.*» Et il ajoutait: «*Si la jeunesse le veut, l'humanité prendra enfin conscience de la menace qu'elle fait peser sur l'avenir de la planète et s'engagera résolument dans la lutte contre le réchauffement climatique. Si la jeunesse le veut, les chocs des civilisations ne se produiront pas. Si la jeunesse le veut, la guerre des religions n'aura pas lieu, ni les guerres de la faim, ni les guerres de l'eau. Si la jeunesse le veut, le monde vivra en paix.*» Fin de citation.

La jeunesse africaine aujourd'hui représente plus de 135 millions de personnes. Plus de la moitié d'entre eux sont illettrés. Vingt pour cent de ces jeunes n'ont pas d'emploi et guère de perspectives d'avenir.

Cette situation est dramatique en soi, mais également car elle peut engendrer plus de chômage, de la désespérance et susciter aussi troubles sociaux et instabilité politique dans certains pays. Il est donc essentiel de travailler ensemble pour se développer ensemble.

Aujourd'hui, je voudrais dire aux jeunes qu'il leur incombe l'obligation de travailler avec abnégation pour inverser la tendance négative, qui veut que les jeunes soient comptés parmi les plus affectés, les plus vulnérables et les plus pauvres dans des pays en proie à la misère, à la famine, aux guerres fratricides.

Tout en étant conscient de l'obligation des pouvoirs publics, des communautés et des familles de répondre à vos attentes, j'estime également que des jeunes bien encadrés et soucieux du devenir de notre monde, peuvent se rendre plus utiles à la société. Les jeunes en âge de travailler peuvent sortir de l'état de dépendance pour devenir des véritables acteurs du développement. Mais cela n'est possible que si vous dîtes non à toutes les pesanteurs défavorables au plein développement de vos potentiels.

Il est donc essentiel pour la jeunesse africaine, à travers ses organisations, d'être parmi les principaux acteurs du processus de développement humain durable du continent. Pour mener une telle action dans les approches, les stratégies et les mentalités, il faut du courage, de l'ingéniosité, de la créativité, de la rigueur et de la persévérance.

Il y a nécessité de synergie d'actions et de concertation pour amorcer un développement véritable et durable. Vous devez faire vôtre cette approche et revendiquer avec détermination, humilité et sagesse votre droit, sans perdre de l'esprit votre devoir de participer de façon active et constructive à l'émergence d'une nouvelle jeunesse pour une Nouvelle Afrique où l'espoir de vivre mieux est permis. Comme le disait Frantz Fanon, «*en Afrique, chaque génération a sa mission à accomplir, l'assumer ou la trahir.*»

Mesdames et Messieurs, Cher (e) s ami (e) s de la jeunesse,

Ce séminaire doit constituer un levier pour intensifier la recherche des solutions aux problèmes de la jeunesse en Afrique centrale et de l'Océan Indien. En effet c'est une première dans la région que les Conseils Nationaux de Jeunesse provenant d'horizons divers, dans un sursaut de fierté et d'engagement, décident de se donner la main pour relever les défis auxquels ils sont confrontés *ensemble,* afin de contribuer à l'édification d'une Afrique nouvelle à travers une jeunesse plus entreprenante. Une Afrique débarrassée de ce virus planétaire que constitue l'épidémie de SIDA, du pessimisme, des guerres fratricides, de l'émigration liée à l'absence de perspectives d'avenir.

Une Afrique rêvée une première fois en 1997 à Addis-Abeba, puis une deuxième fois en décembre 2000, toujours en Ethiopie, au lendemain des travaux du Forum pour le Développement de l'Afrique sous l'égide de la Commission Economique de l'Afrique.

Mesdames et Messieurs, Cher (e) s ami (e) s de la jeunesse,

J'ai une vision du monde pour les jeunes qui convient aux jeunes, parce que définie avec et surtout par eux-mêmes. Il s'agit d'un monde qui promeut et protège leurs droits, leur offre des possibilités de développer leur plein potentiel, accueille et respecte leurs voix et leurs points de vue, et où ils vivent à l'abri de la pauvreté, de la discrimination et de la violence. Dans un tel monde, les jeunes possèdent les connaissances et le savoir-faire qui leur sont nécessaires pour faire des choix de vie informés, volontaires et responsables, notamment pour prendre des décisions concernant leur santé reproductrice.

Le Fonds des Nations Unies pour la Population appuie le Réseau Africain des Adolescents et Jeunes en Population et Développement (AfriYAN) depuis sa mise en place en 2005, à Lusaka, en Zambie. Ceci fut l'aboutissement d'un long processus:

- En 1994, la Conférence internationale sur la population et le développement du Caire, attirait l'attention des États Africains sur l'importance de la jeunesse dans les politiques de population du fait du rajeunissement rapide de la population africaine ;
- En 1995, la communauté internationale, à l'Assemblée Générale des Nations Unies adoptait le Plan d'action mondial pour la jeunesse ;
- Enfin, en 2006, les dirigeants du continent adoptaient la Charte Africaine de la Jeunesse, l'AfriYAN.

Les membres d'AfriYAN ont participé à son élaboration et agissent auprès des gouvernants de leurs pays respectifs pour sa ratification.

Mesdames et Messieurs, Cher (e) s ami (e) s de la jeunesse,

Par ce biais, l'Afrique offre un cadre d'échanges et de renforcement des capacités des jeunes africains en vue de mieux faire entendre leurs préoccupations et préparer leur avenir. Ce réseau est aussi un outil essentiel de l'action de la jeunesse.

C'est dans cette dynamique, que je voudrais inviter les jeunes ici présents à s'atteler avec l'appui de leurs gouvernements respectifs à mettre en place un Conseil National de la Jeunesse là où ils n'existent pas et à s'organiser en réseaux dans la sous-région. Il est aussi indispensable que les gouvernements s'impliquent davantage dans la ratification de la Charte Africaine de la Jeunesse.

Au passage, je voudrais saluer le pays hôte de cette Conférence et rendre hommage aux autorités de la République du Congo, et du Ministre de la Jeunesse en particulier, dans ses efforts pour le bien-être des jeunes.

Je souhaite aussi exprimer toute ma gratitude à l'Organisation Internationale de la Francophonie pour son engagement dans le développement des capacités de la jeunesse africaine et pour avoir associé le Fonds des Nations Unies pour la population à cette rencontre avec la jeunesse du continent.

En terminant, j'espère que ce séminaire vous permettra de renforcer vos actions et vous encouragera à donner à l'Afrique une nouvelle image digne de sa jeunesse.

Par ailleurs, je tiens à dire aux jeunes qu'ils ne peuvent contribuer efficacement à la lutte contre la pauvreté que s'ils sont protégés contre le VIH/SIDA, si les jeunes filles vivent à l'abri des grossesses et des mariages précoces. Ceci est un impératif. C'est seulement à ce prix que l'avenir de l'Afrique sera dans les mains de sa jeunesse. Je vous remercie.

Allocution de Monsieur David LAWSON, Représentant résident du Fonds des Nations Unies pour la population (UNFPA) en République du Congo & Directeur de la Représentation de l'UNFPA au Gabon, à l'occasion de la causerie débat organisée par le Réseau National des ONG et Associations des Jeunes du Congo, sur le thème « Genre et jeunesse en République du Congo ». Mémorial Pierre Savorgnan De Brazza, Brazzaville, 19 mars 2010

Madame la Ministre de la Promotion de la Femme et de l'Intégration de la Femme au Développement,
Monsieur le Ministre de la Jeunesse et de l'éducation civique,
Mesdames et Messieurs les Ambassadeurs et représentants des Missions diplomatiques et consulaires,
Mesdames et Messieurs les Représentants des agences du Système des Nations Unies,
Madame la Directrice de Cabinet de Madame la Ministre,
Madame la Directrice Générale de l'Intégration de la Femme au Développement,
Monsieur le Président du Réseau National des ONG et Associations des Jeunes du Congo,
Madame la Directrice du Mémorial Savorgnan de Brazza,
Distingué(e)s invite(e)s, Mesdames et Messieurs,

C'est avec un grand plaisir que je participe à la rencontre de ce matin, pour des raisons qui sont à la fois professionnelles et personnelles, d'une part, et philosophiques et politiques, d'autre part.

Cette activité représente une occasion dont l'importance et la pertinence ne peuvent être discutées, eu égard à la qualité et au statut social des personnes ciblées ici, à savoir les «jeunes».

Je ne peux donc commencer mon propos sans rendre hommage à Jeanne Françoise Leckomba Loumeto, Ministre de la Promotion de la Femme et de l'Intégration de la Femme au Développement, qui, de façon permanente accorde une attention particulière aux questions des jeunes, au même titre qu'à celles des femmes.

Je profite de cette occasion pour saluer également la détermination et l'engagement de Zacharie Kimpouni, Ministre de la Jeunesse et de l'éducation civique, en faveur de la jeunesse congolaise.

Tous deux sont des partenaires-clés de l'UNFPA avec qui nous nous réjouissons d'entretenir une étroite collaboration.

Je voudrais également féliciter les animateurs du Réseau National des ONG et Associations des Jeunes du Congo et leur Président, M. Franck Moyabat, qui sont nos partenaires et des défenseurs actifs de la cause des jeunes et du genre, de nous avoir proposé cette réflexion sur un thème idéologique et d'avenir: *«Genre et jeunesse en République du Congo.»*

C'est là pour nous une opportunité exceptionnelle et unique d'attirer l'attention des jeunes sur les dangers qui les guettent et limitent leurs possibilités d'épanouissement et de participation effective au développement socio-économique de leur pays.

Madame la Ministre, Monsieur le Ministre, Distingué(e)s invité(e)s, Mesdames et Messieurs,

Mon intervention aujourd'hui participe d'une volonté de contribuer aux efforts nationaux destinés à répondre aux besoins criants des jeunes du Congo et d'inverser définitivement les tendances en matière de santé maternelle, néonatale et infantile et des violences sexo-spécifiques qui les touchent directement et souvent très gravement.

Nul n'est besoin de rappeler qu'en République du Congo, comme ailleurs en Afrique, les jeunes représentent la majorité de la population et constituent les forces vives sur lesquelles repose l'avenir du pays.

Le vingt et unième siècle est marqué par la double émancipation des femmes et des jeunes, perçus comme de nouveaux acteurs collectifs de la vie politique, économique, culturelle et sociale. Les jeunes comptent beaucoup pour la réalisation des ambitions politiques et économiques nationales, telles que définies par le Président de la République dans le *Chemin d'avenir,* traduites en actions à travers différentes politiques sectorielles, telles que la politique nationale «genre», la Feuille de Route pour la Réduction de la Mortalité Maternelle, et d'autres.

Je souhaite dans mon propos souligner les liens existant entre «jeunesse et genre» en partant des spécificités des jeunes et de la qualité des rapports qu'ils établissent avec tous les autres membres de la société, et aborder l'égalité des sexes et la promotion des femmes.

Les rapports sociaux entre hommes et femmes sont à la base de l'organisation des sociétés humaines qui se composent naturellement aussi des jeunes. Leurs conditions de vie sont parfois marquées par des difficultés inhérentes à leur statut de jeunes, en ce qu'il leur manque certaines connaissances et la maîtrise de certaines «choses de la vie.»

Par ailleurs, en dépit de cette jeunesse, les différences biologiques entre les sexes déterminent pour beaucoup des débats dans la répartition des rôles, des fonctions, des pouvoirs qui leur sont conférés et créent des inégalités de chances entre les jeunes. Ainsi, entre la vie des filles et celle des garçons, les méthodes d'éducation familiales diffèrent jusqu'au choix des loisirs. Ces différences s'amplifient au fil de la vie.

Madame la Ministre, Monsieur le Ministre, Distingué(e)s invité(e)s, Mesdames et Messieurs,

Les jeunes connaissent des situations graves en matière de santé notamment. Lorsqu'ils rencontrent ces difficultés, c'est toute la nation qui en pâtit. Dans le cadre du son programme de coopération avec le Gouvernement du Congo, pour la période 2009-2013, le Fonds des Nations Unies pour la Population, accorde un intérêt spécial et particulier aux jeunes, aux femmes et aux filles et au genre, notamment avec pour objectif de contribuer à l'amélioration du statut socio-économique, juridique et politique des femmes et des filles.

Nos principaux axes d'intervention sont la réduction de la morbidité et mortalité maternelles, la prévention du VIH/SIDA chez les jeunes et les adolescents, la promotion de l'égalité entre les sexes, l'autonomisation des femmes et la lutte contre les violences basées sur le genre.

Nous savons que les décès maternels peuvent être prévenus par des interventions visant à garantir que chaque grossesse soit désirée et chaque naissance soit sans danger, par la réduction des grossesses précoces, des avortements clandestins, des violences sexuelles et par la prévention du VIH/SIDA.

Les jeunes filles y sont fortement exposées du fait à la fois de leur vulnérabilité biologique, de leur statut économique et social, moins privilégié que celui des hommes et de leur faible capacité de négociation en matière de sexualité.

Madame la Ministre, Monsieur le Ministre, Distingué(e)s invité(e)s, Mesdames et Messieurs,

C'est en agissant sur et avec la jeunesse dès le plus jeune âge, à la fois par l'éducation, l'information et la sensibilisation au respect d'autrui et du genre, tant chez les filles qui doivent apprendre à mieux se respecter elles-mêmes que chez les garçons qui doivent porter le flambeau du respect de l'égalité entre les sexes que nous parviendrons au changement de mentalités que la majorité des Congolais appellent de leur vœux. Mais il en va bien entendu de la volonté et de la responsabilité de chacun d'entre nous et des jeunes en particulier.

En terminant, laissez-moi renouveler mes applaudissements à l'initiative du Réseau National des ONG et Associations des Jeunes du Congo qui met aujourd'hui les jeunes au centre de sa réflexion sur *«Egalité des droits, Egalité des Chances: Progrès pour Tous»*, le thème de la Journée internationale de la Femme.

Tous ensemble, soutenons la jeunesse congolaise! Assurons-nous du progrès politique, économique, social et culturel pour les femmes! Et réjouissons-nous que ce progrès soit également un progrès pour tous. Je vous remercie.

Allocution de M. David Lawson, Représentant résident du Fonds des Nations Unies pour la Population (UNFPA) en République du Congo & Directeur de la Représentation de l'UNFPA au Gabon, à l'occasion de la Sensibilisation des Décideurs sur la Sexualité et la maternité précoces des adolescents à Brazzaville. Brazzaville, 3 juin 2010

Madame la Ministre de la Promotion de la Femme et de l'Intégration de la Femme au Développement,
Mesdames et Messieurs les Membres du Gouvernement,
Mesdames et Messieurs les parlementaires,
Mesdames et Messieurs les représentants des Corps constitués,
Madame la Secrétaire Exécutive du Comité national de lutte contre le Sida,
Madame la Présidente de l'Association Mibeko,
Mesdames et Messieurs les Ambassadeurs et Chefs de missions diplomatiques et consulaires en République du Congo, et Cher(e)s Collègues,
Mesdames et Messieurs les Représentants des agences du système des Nations Unies en République du Congo, et Cher(e)s collègues,
Mesdames et Messieurs les représentants de la Société civile et des medias,
Distingué(e)s invité(e)s, Mesdames et Messieurs,

Je suis heureux de pouvoir prendre part à cette rencontre consacrée à la sensibilisation des décideurs sur la sexualité et la maternité des précoces des jeunes et adolescents du Congo.

A cet égard, j'aimerais d'emblée remercier l'Association Mibeko et plus particulièrement sa Présidente, Rebecca Quionie Bowao, avec l'appui sans faille de Jeanne Françoise Leckomba Loumeto, Ministre de la Promotion de la Femme et de l'Intégration de la Femme au Développement, de nous donner cette opportunité de nous interroger sur des réalités vécues par les jeunes adolescents, dans la découverte de leur sexualité et de ses conséquences dans les différents arrondissements de Brazzaville.

L'Etude qui nous est présentée ce matin a été réalisée avec le soutien du Fonds des Nations Unies pour la Population (UNFPA). En effet, l'UNFPA accorde un intérêt particulier à la protection et à l'autonomisation des jeunes qui sont l'avenir de l'humanité. Cette vision a d'ailleurs été l'objet du Rapport de l'UNFPA sur l'Etat de la population mondiale en 2003 et appelait l'attention de la communauté internationale sur la nécessité d'investir dans la santé et les droits des adolescents.

Madame la Ministre, Distingué(e)s invité(e)s, Mesdames et Messieurs,

Conformément aux lignes directrices de sa mission, le Fonds des Nations Unies pour la Population aborde les questions de sexualité des jeunes sous l'angle de ses répercussions sur leur santé reproductive. A l'horizon 2020, plus de soixante-dix pour cent de la jeunesse africaine aura moins de vingt-cinq ans, soit près de trois personnes sur quatre. Les jeunes sont l'avenir de leur pays, ils constituent le capital humain qui devra assurer la pérennité du développement national au Congo, comme sur le reste du continent. Les jeunes Africains seront non seulement la source de développement de leur propre pays et de leur continent mais la source de jouvence du reste du monde.

Il existe ainsi un lien étroit entre la sexualité, santé reproductive des jeunes et développement national durable. Le développement durable d'une nation ne peut être atteint que si une attention spécifique est accordée au sort de la jeunesse, notamment dans ce domaine sensible de la reproduction qui dépend fondamentalement de la qualité de leur sexualité.

Peut-on encore douter de ce que seule une jeunesse en bonne santé, bien éduquée et protégée contre le virus du SIDA et contre toutes les formes de violences et discriminations basées sur le genre parviendra valablement à assurer la relève et l'avenir du pays?

Pour relever un tel défi, l'UNFPA appuie les partenaires institutionnels et civils dans la mise en œuvre des politiques et programmes mettant à la disposition des filles et garçons une information de qualité sur la sexualité et la santé de la reproduction, notamment sur la planification familiale, la prévention des grossesses précoces et non désirées et des avortements clandestins.

Tout ceci, selon une approche qui tient à la fois compte des spécificités culturelles et contextuelles des milieux de vie des jeunes.

Le Rapport qui nous est présenté ce matin fait apparaitre un certain nombre de situations aux conséquences graves pour les jeunes. Notre réunion aujourd'hui est l'occasion d'une véritable prise de conscience qui nous incombe collectivement et individuellement, et une opportunité de nous engager plus avant pour l'avenir en faveur des jeunes et de leur futur.

Œuvrer pour l'amélioration de la santé sexuelle et reproductive des jeunes est clairement une condition *sine qua non* pour bâtir un monde nouveau et solide. Les générations futures ne pourront tirer profit des investissements et sacrifices consentis maintenant que si la santé de la reproduction et les droits des adolescents sont sauvegardés. Tous les jeunes ont droit à la santé, y compris la santé en matière de reproduction, ainsi qu'à l'information et aux services nécessaires pour faire de ce droit une réalité. C'est particulièrement urgent dans la lutte contre le VIH/Sida.

Madame la Ministre, Distingué(e)s invité(e)s, Mesdames et Messieurs,

En vertu d'un certain ancrage aux traditions et coutumes anciennes en Afrique, et malgré une natalité galopante, malgré des contextes fragiles et sensibles aux conséquences lourdes pour les jeunes, les tabous limitent les possibilités de dialogue entre adultes et jeunes autour de la sexualité. Mais ignorer la sexualité des jeunes ne résout pas leurs problèmes. Bien au contraire. Dans ce monde moderne, qu'on le veuille ou non la sexualité est fortement présente et plus ouverte que par le passé. La question ne consiste pas à se prononcer en faveur ou à l'encontre de l'évolution du monde, mais bien d'accompagner la transition décomplexée entre tradition et modernité, afin de mieux prendre en compte les besoins des jeunes en la matière et de les accompagner en leur fournissant l'information et les moyens de se protéger.

Je voudrais rappeler que dans le monde, chaque année, plus de 15 millions des filles âgées de 15 à 19 ans mettent un enfant au monde. Plus de 4 millions subissent un avortement -souvent pratiqué dans des conditions dangereuses. Du reste, le taux élevé de décès maternels au Congo, 781 pour 100,000 naissances, n'épargne naturellement pas les jeunes filles et les adolescentes. Par ailleurs, un trop grand nombre de jeunes sexuellement actifs n'utilisent ni contraceptif ni préservatif pour éviter les grossesses non désirées.

Ayant une connaissance limitée de leur propre corps, les adolescents sont facilement exposés aux grossesses précoces, au VIH/Sida et autres infections sexuellement transmissibles, et à l'abus et à la violence sexuels.

La semaine dernière, je participais à Libreville, au Gabon, à une Conférence internationale sur les grossesses précoces, à laquelle participait une délégation congolaise. Des recherches récentes ont montré que les ressources financières investies dans les services de planification familiale et de contraception moderne dans les pays en développement permettraient d'éviter 247 millions de grossesses non désirées ou non planifiées et 215,000 décès imputés à ces grossesses dans le monde.

La Banque mondiale estime que dans un pays africain type, aux taux de mortalité et de fécondité élevés, le coût de la prévention d'une seule grossesse non désirée, grâce à la planification familiale, coûterait 368 dollars américains et les économies réalisées pour le gouvernement par cet investissement judicieux s'élèveraient à 440 dollars américains.

Au Vietnam, par exemple, chaque dollar investi dans la planification familiale, permet d'économiser environ 8 dollars américains en coûts de services de santé, d'éducation et autres services sociaux.

Par ailleurs, l'accès à la planification familiale permet ainsi aux jeunes filles de poursuivre leur éducation et d'accéder au marché de l'emploi et contribue à l'augmentation de leur productivité qui doit ainsi accroître la croissance économique nationale à long terme.

Pour toutes ces raisons, nous avons la responsabilité de protéger les filles et garçons et de les accompagner vers le chemin de la raison, de la sagesse, de la sexualité raisonnée et de la parenté responsable.

En terminant, Madame la Ministre, je voudrais en appeler aux décideurs, aux pouvoirs publics, aux acteurs sociaux et aux medias ici présents ce matin pour s'engager activement dans des actions concrètes et pragmatiques.

Il s'agit notamment:

1) de la responsabilisation et du renforcement de l'éducation et de l'information des parents et des jeunes sur une sexualité responsable, et des jeunes filles sur les risques des grossesses précoces; de l'amélioration de l'accès des jeunes et adolescents aux services de santé de la reproduction spécifiquement articulés pour eux ;

2) de l'amélioration de l'accès des jeunes femmes aux services de planification familiale, et de santé maternelle de qualité, et à l'information y relative;

3) du renforcement de l'arsenal législatif sanctionnant toutes les formes de discriminations et violences à l'égard des jeunes filles, et les protégeant contre les mariages précoces et l'exploitation sexuelle;

4) de la révision des textes juridiques en vigueur contenant des dispositions discriminatoires à l'égard des femmes et des filles;

5) et de la promotion de la politique nationale de la jeunesse.

Naturellement, le Fonds des Nations Unies pour la population est disponible pour accompagner la définition de ces mesures. Aux côtés du Gouvernement et avec les autres partenaires au développement, l'UNFPA continuera à soutenir la protection et la promotion des droits des jeunes et adolescents à l'éducation, à l'information et aux soins dans le domaine de la santé de la reproduction. Je vous remercie de votre aimable attention.

Allocution de M. David LAWSON, Représentant résident du Fonds des Nations Unies pour la Population (UNFPA) en République du Congo & Directeur de la Représentation de l'UNFPA en République du Gabon, à l'occasion de l'ouverture des journées citoyennes de Pointe-Noire. Pointe-Noire, 12 juin 2010

Monsieur le Ministre de l'Education Civique et de la Jeunesse,
Monsieur le Préfet de Pointe-Noire,
Monsieur le Président du Conseil Départemental,
Monsieur le Représentant de l'UNESCO, Cher Collègue,
Messieurs les Parlementaires élus de Pointe-Noire,
Mesdames et Messieurs les membres du Conseil départemental,
Monsieur le Directeur de Cabinet de Monsieur le Ministre,
Monsieur le Secrétaire général de la Préfecture,
Monsieur le Secrétaire général du Conseil départemental,
Messieurs les Conseillers ministériels,
Mesdames et Messieurs les Directeurs départementaux,
Mesdames et Messieurs les Directeurs généraux,
Messieurs les leaders religieux,
Mesdames et Messieurs les représentant d'organisations non gouvernementales et d'Associations,
Mesdames et Messieurs les représentants des medias,
Distingué(e)s invité(e)s,
Mesdames et Messieurs,
Chers (e)s jeunes gens,

Je suis heureux d'être ici à Pointe-Noire en votre compagnie aujourd'hui pour ces journées citoyennes organisées par Zacharie Kimpouni, Ministre de l'Education Civique et de la Jeunesse. Pointe-Noire est la deuxième ville du pays en nombre d'habitants et pour cette raison cette journée y aura un grand retentissement.

Je soutiens pleinement l'initiative engagée officiellement au mois de mai par Monsieur le Ministre en faveur du civisme et je suis heureux que mon collègue de l'UNESCO se joigne à nous pour renforcer davantage cette initiative.

Je suis en effet convaincu que le développement durable du pays ne pourra être pérennisé que s'il est précédé et accompagné par un changement social profond, un changement citoyen et de comportement individuel et sociétal pour le bien-être des populations.

C'est pour ces raisons que je me suis engagé auprès du Gouvernement de la République du Congo en partenariat avec le Ministère de l'Education Civique et la Jeunesse dans cette grande et ambitieuse initiative pour en appeler aux consciences des populations, à la responsabilité individuelle et collective. Je me suis déjà déplacé dans le cadre de cette initiative, il y a quelques semaines, avec Monsieur le Ministre, à Kinkala, dans le département du Pool, et je me joindrai autant que possible aux déplacements du Ministre dans les autres départements de la République.

Monsieur le Ministre, Distingué(e)s invité(e)s, Mesdames et Messieurs,

L'année 2010 a été déclarée Année internationale de la jeunesse africaine. Doit-on rappeler qu'à l'horizon de l'année 2020, plus de soixante-dix pour cent de la jeunesse africaine aura moins de vingt-cinq ans, ce qui signifie que sur quatre personnes que vous croiserez dans les rues de Nairobi, Lomé, Dakar ou Brazzaville, trois d'entre elles auront moins de vingt ans. Au Congo, les jeunes de moins de 17 ans représentent 45% de la population. Ils sont l'avenir de leur pays, ils constituent le capital humain qui devra assurer la pérennité du développement national au Congo, comme partout ailleurs en Afrique.

Les jeunes Africains seront non seulement la source de développement de leur propre pays, mais la source de jouvence du reste du monde. La jeunesse constitue ainsi une priorité immédiate et urgente. Par ailleurs, l'accroissement de l'espérance de vie dans le monde, y compris en Afrique, même si certains pays continuent de payer un lourd tribut à la pandémie du Sida au Sud-Sahara, constitue un autre facteur émergent sur notre planète. Le monde doit se préparer à compter plus de personnes âgées que jamais auparavant dans son histoire.

La notion de solidarité nationale n'aura jamais autant compté qu'aujourd'hui. Les jeunes, plus nombreux que jamais dans le passé, vont devoir soutenir les économies nationales et assurer les vieux jours paisibles de leurs «anciens.»

Monsieur le Ministre, Distingué(e)s invité(e)s, Mesdames et Messieurs,

Au Congo, le Fonds des Nations Unies pour la population entreprend de nombreuses initiatives à l'endroit de jeunes à l'appui du Gouvernement. Nous soutenons notamment le Réseau national des jeunes et adolescents congolais depuis 2006. Pour les impliquer directement dans la prise en charge de leur propre destin, nous les incitons aux changements d'attitude et de comportement. Nous les impliquons dans des sujets qui les concernent directement dans le cadre du mandat de l'UNFPA et qui apportent en même temps une réponse à certaines de leurs préoccupations.

Nous œuvrons à la promotion de la santé sexuelle et reproductive et de la prévention du VIH/SIDA et Pointe-Noire est le département dont le taux de prévalence VIH/SIDA est le plus élevé du pays. Il est donc essentiel de responsabiliser les jeunes sur ces thèmes d'ordre vital et les encourager à une prise de conscience des conséquences de leurs actes. C'est en éduquant et en responsabilisant les jeunes et leurs parents que l'on pourra arrêter non seulement l'épidémie du SIDA, mais aussi prévenir et mettre fin aux grossesses précoces et non désirées qui mettent en danger la vie de tant de jeunes filles.

Nous soutenons également la promotion de l'égalité entre les filles et les garçons, la lutte contre les violences faites aux femmes et jeunes filles en particulier, et le respect de la jeune fille et des plus vulnérables. En somme, le respect d'autrui et de soi-même.

Ici comme ailleurs, dans le pays et peut être plus qu'ailleurs en raison du moteur économique que constitue Pointe-Noire, l'investissement dans la jeunesse est primordial pour l'avenir de la société mais il revient aux jeunes de saisir les opportunités constructives qui leur sont offertes pour se former sur le plan de l'éducation et de la morale, afin de former eux-mêmes une société juste fondée sur les valeurs civiques et citoyennes.

Monsieur le Ministre, Distingué(e)s invité(e)s, Mesdames et Messieurs,

La responsabilité citoyenne des jeunes est une interpellation qui fait des jeunes des acteurs à part entière de la vie citoyenne. Il est essentiel que les jeunes et chaque citoyen s'informent activement sur leurs droits, mais soient aussi conscients de leurs devoirs vis-à-vis de la société congolaise, ainsi que de leurs libertés pour mieux assumer leur participation en tant que citoyen à la vie politique, culturel, économique et sociale de la communauté.

La citoyenneté renvoie en effet à l'appartenance à la communauté et à l'identité nationale, à un ensemble des valeurs et responsabilités qui relèvent de la Nation.

La responsabilité citoyenne passe aussi par l'assimilation des valeurs civiques et morales, impliquant un ensemble de règles de conduite à observer pour vivre ensemble en société, ou bien se conduire dans la communauté et dans la gestion des affaires publiques.

L'intérêt général doit ainsi dépasser les intérêts particuliers, car ensemble et unie, une société est plus forte et chacun peut ainsi mieux bénéficier des fruits de la collectivité, y compris réussir sur le plan individuel.

Le Congo est le patrimoine commun des Congolais. Il convient que chacun adopte un comportement respectueux du bien commun, du domaine et du bien publics, pour le bénéfice de tous plus que d'un petit nombre.

Monsieur le Ministre, Distingué(e)s invité(e)s, Mesdames et Messieurs,

Alors que nous allons bientôt célébrer dans la joie et dans la paix, le Cinquantenaire de l'indépendance congolaise avec nombre d'autres pays africains, la jeunesse d'aujourd'hui, c'est-à-dire l'avenir du continent, n'a plus de repères endogènes.

Non seulement son imaginaire se nourrit essentiellement de schémas venus de l'extérieur, notamment de l'Occident, mais plus tragiquement, lorsqu'elle est désespérée et veut un interlocuteur qui puisse l'écouter et la réconforter, c'est vers l'Europe qu'elle se tourne.

Au milieu des années soixante, inspirés et emportés par le tourbillon des idées et des luttes de libération en Indochine, en Amérique Latine, à Cuba, la lutte de libération des colonies portugaises, et convaincus que l'Histoire avait changé de camp et était maintenant de leur côté, les jeunes Africains ne pouvaient pas penser à leur avenir hors du continent.

A l'époque, ils rêvaient d'une Afrique totalement libérée et transformée en quasi-paradis terrestre. Le corollaire de ce rêve était des valeurs essentielles: sentiment de solidarité, sacrifice, et amour de leur pays unissaient les jeunes.

A Kinkala, je citais un écrivain congolais de la diaspora qui écrivait, sans parti pris ni complaisance: *le rêve d'Afrique n'existe plus.* D'après cet auteur, les rêves se sont effondrés après les indépendances du fait de régimes nouvellement mis en place souvent fragiles, déstabilisés en grande partie par des conflits fratricides inhérents pour beaucoup à des territoires anciennement coloniaux délimités de façon arbitraire.

Le monde a ensuite basculé dans une mondialisation effrénée et incontrôlable qui certes contribue à stimuler les économies nationales africaines, mais s'accompagne, pour les jeunes, de valeurs nouvelles telles que l'enrichissement facile, la dévalorisation de l'importance du travail au profit du gain rapide et de l'oisiveté.

La jeunesse est donc écartelée entre quatre mondes: certes entre ceux de la tradition et de la modernité, mais aussi entre le monde du vingt et unième siècle et des conditions de vie souvent comparables à celle d'un siècle passé.

Elle est partagée entre l'aspiration au monde du vingt et unième siècle, dont elle maîtrise très bien les instruments: Internet, téléphone cellulaire, télévision satellitaire, etc. et dont elle vit en direct les événements: guerres, tsunamis, marées noires, mort de Michael Jackson ou coupe du monde de football, tandis que de l'autre, elle est souvent reléguée au chômage, à la pénurie ou à des soins de santé insuffisants. Au lieu de rêver de devenir footballeur millionnaire ou musicien superstar, il faut que la jeunesse retrouve une ambition pour l'Afrique. Ce que cet auteur congolais de la diaspora appelle le *rêve d'Afrique.*

De mon point de vue, le programme du Gouvernement initié par le Chef de l'Etat dans le *«Chemin d'Avenir»* a pour vocation de tracer la route vers un nouveau Rêve congolais, empreint d'unité, de fierté nationale et de prospérité économique et sociale.

L'initiative exemplaire de Zacharie Kimpouni, Ministre de l'Education Civique et la Jeunesse, dont je salue l'engagement, la détermination et le leadership, qui concrétise cette vision doit donc incarner l'avenir, avec pour vocation de redonner à la jeunesse le rêve d'Afrique et le rêve du Congo. Et ainsi contribuer à créer ce que le Ministre de l'Education Civique et la Jeunesse appelle le «Congolais de type nouveau.»

L'enjeu de cette initiative est donc monumental. Son ambition est noble et doit être soutenue par tous pour réussir. Pour l'incarner, il faudra la volonté et le dynamisme du Ministre et l'action de l'ensemble du Gouvernement, des hommes politiques et des représentants de l'Etat à tous les niveaux de l'administration, des parlementaires, des autorités locales, mais aussi des capitaines d'entreprises, des leaders traditionnels et religieux, des représentants et des acteurs de la société civile, des intellectuels, des jeunes universitaires et des artistes, des medias, des partenaires au développement et naturellement des jeunes eux-mêmes.

Avec ces valeurs réincarnées, solidarité, amour du Congo, esprit de sacrifice, citoyenneté et intérêt national, les jeunes Congolais pourront concrétiser leur *rêve d'Afrique.*

En lançant son initiative sur le Civisme, M. Kimpouni a dit: «les anti-valeurs que nous décrions nous concernent tous, chacun devrait intérioriser pour savoir s'il est un modèle, le Ministre que je suis y compris.»

Distingués invités, Mesdames et Messieurs, ici à Pointe-Noire comme ailleurs dans le pays, je pense qu'à l'exemple du Ministre, tous les dirigeants doivent être des modèles et tout un chacun également dans son travail et dans la vie quotidienne. Le rétablissement de ces valeurs relève de notre responsabilité collective, mais dépend principalement, si ce n'est intégralement, de votre choix, de vos actions et surtout de vous-mêmes ici à Pointe-Noire! Je vous remercie.

Allocution de M. David LAWSON, Représentant résident du Fonds des Nations Unies pour la Population (UNFPA) en République du Congo & Directeur de la Représentation de l'UNFPA en République du Gabon, à l'occasion de l'ouverture des journées citoyennes du Kouilou. Loango, 14 juin 2010

Monsieur le Ministre de l'Education civique et de la Jeunesse,
Monsieur le Secrétaire général de la Préfecture du Kouilou représentant Monsieur le Préfet du Kouilou,
Monsieur le Président du Conseil départemental,
Monsieur le Représentant de l'UNESCO, Cher Collègue,
Mesdames et Messieurs les membres du Conseil départemental,
Monsieur le Directeur de Cabinet de Monsieur le Ministre,
Messieurs les Conseillers ministériels,
Mesdames et Messieurs les Directeurs départementaux,
Mesdames et Messieurs les Directeurs généraux,
Messieurs les leaders religieux,
Mesdames et Messieurs les représentants d'organisations non gouvernementales et d'Associations,
Mesdames et Messieurs les représentants des medias,
Distingué(e)s invité(e)s,
Mesdames et Messieurs,

Je suis heureux d'être ici à Loango en votre compagnie pour ces journées citoyennes organisées par Zacharie Kimpouni, Ministre de l'Education Civique et de la Jeunesse. Ceci est ma première visite officielle dans le département du Kouilou et c'est avec une certaine émotion que je prends la parole aujourd'hui dans cette ville, ancien royaume, qui a largement influencé l'histoire de ce pays.

Je soutiens pleinement l'initiative engagée officiellement au mois de mai par Monsieur le Ministre en faveur du civisme et de la moralisation de la vie publique.

Je suis en effet convaincu que le développement durable du pays ne pourra être pérennisé que s'il est précédé et accompagné d'un changement social profond, un changement citoyen et de comportement individuel et sociétal pour le bien-être des populations.

C'est pour ces raisons que je me suis engagé auprès du Gouvernement de la République du Congo en partenariat avec le Ministère de l'Education Civique et la Jeunesse dans cette grande et ambitieuse initiative pour en appeler aux consciences des populations, à la responsabilité individuelle et collective.

Monsieur le Ministre, Distingué(e)s invité(e)s, Mesdames et Messieurs,

L'année 2010 a été déclarée Année internationale de la jeunesse africaine. Doit-on rappeler qu'à l'horizon de l'année 2020, plus de soixante-dix pour cent de la jeunesse africaine aura moins de vingt-cinq ans, ce qui signifie que trois personnes sur quatre auront moins de vingt ans. Au Congo, les jeunes de moins de 17 ans représentent 45% de la population. Ils sont l'avenir de leur pays, ils constituent le capital humain qui devra assurer la pérennité du développement national au Congo, comme partout ailleurs en Afrique.

Les jeunes Africains seront la source de développement de leur pays et constituent ainsi une priorité immédiate et urgente. Par ailleurs, l'accroissement de l'espérance de vie dans le monde, malgré la pandémie du Sida au Sud-Sahara, constitue un autre facteur émergent sur notre planète. Le monde doit se préparer à compter plus de personnes âgées que jamais auparavant dans son histoire. Les jeunes, plus nombreux que jamais, vont devoir soutenir les économies nationales et assurer les vieux jours paisibles de leurs «anciens.» La notion de solidarité nationale n'aura jamais autant compté qu'aujourd'hui. A cet égard, je voudrais saluer les efforts de solidarité des populations et des institutions du Kouilou en faveur des victimes de l'accident ferroviaire de Yanga le mois dernier. Je voudrais saisir cette opportunité pour exprimer mes plus sincères condoléances aux familles éprouvées. Je souhaite également rendre hommage à Fidèle Dimou, Préfet du Kouilou, pour son leadership et la réponse apportée à cette crise.

Monsieur le Ministre, Distingué(e)s invité(e)s, Mesdames et Messieurs,

Au Congo, nous travaillons étroitement avec les jeunes. Pour les impliquer directement dans la prise en charge de leur propre destin, nous les incitons aux changements d'attitude et de comportement.

Nous œuvrons à la promotion de la santé sexuelle et reproductive et de la prévention du VIH/SIDA et il est donc essentiel de responsabiliser les jeunes sur ces thèmes d'ordre vital et les encourager à une prise de conscience des conséquences de leurs actes. C'est en éduquant, et en responsabilisant les jeunes et leurs parents que l'on pourra arrêter non seulement l'épidémie de SIDA, mais aussi prévenir et mettre fin aux grossesses précoces et non désirées qui mettent en danger la vie de tant de jeunes filles.

Nous soutenons également la promotion de l'égalité entre les filles et les garçons, la lutte contre les violences faites aux femmes et jeunes filles en particulier, et le respect de la jeune fille et des plus vulnérables. En somme, le respect d'autrui et de soi-même.

L'investissement dans la jeunesse est primordial pour l'avenir de la société congolaise et il revient aux jeunes de se prendre en charge et de saisir les opportunités constructives pour se former sur le plan de l'éducation et de la morale et ainsi contribuer à une société plus juste fondée sur les valeurs civiques et citoyennes respectées par eux tous.

Monsieur le Ministre, Distingué(e)s invité(e)s, Mesdames et Messieurs,

Les jeunes sont des citoyens à part entière. Leur responsabilité citoyenne est donc ainsi indispensable au devenir de la nation. Tout comme l'ensemble de la population, il est essentiel que les jeunes s'informent activement de leurs droits, mais aussi de leurs devoirs vis-à-vis de la société congolaise, et assume ainsi pleinement leur participation à la vie politique, économique, sociale et culturelle de la communauté.

La citoyenneté renvoie en effet à l'appartenance à la communauté et à l'identité nationale, à un ensemble des valeurs et responsabilités qui relèvent de la Nation. La responsabilité citoyenne passe aussi par l'assimilation des valeurs civiques et morales, impliquant un ensemble de lignes de conduite à observer pour vivre ensemble en société et bien se conduire dans la communauté et la gestion des affaires publiques.

L'intérêt général doit ainsi dépasser les intérêts particuliers, car ensemble et unie, une société est plus forte et chacun peut ainsi mieux bénéficier des fruits de la collectivité, y compris réussir sur le plan personnel. Le Kouilou est un département plutôt rural, où dans le domaine agricole et de la pêche, la solidarité porte ses fruits notamment par la mise en place de coopératives et d'initiatives collectives qui contribuent ainsi au bien-être de la communauté tout en favorisant la réussite personnelle des agriculteurs et des pêcheurs. A Matombi, la communauté des pêcheurs alimente l'activité de fumage et de séchage de poissons menée par les femmes. Ceci est aussi une démonstration que le travail doit rester une valeur essentielle fondatrice d'une société cohérente et unie. L'argent-roi avilit les individus, les consciences, anéantit la morale et détruit le ferment de la société. Il nous faut retrouver des repères moraux et sociaux qui sous-tendent la solidarité nationale tels que les principes déontologiques, éthiques ou religieux dans des cadres d'intégration civique renforcés, notamment la famille, l'école, l'armée ou le scoutisme.

Monsieur le Ministre, Distingué(e)s invité(e)s, Mesdames et Messieurs,

Le Congo est le patrimoine commun des Congolais. Il convient que chacun adopte un comportement respectueux du bien commun, du domaine et du bien publics, pour le bénéfice de tous plus que d'un petit nombre.

Alors que nous allons bientôt célébrer dans la joie et dans la paix, le Cinquantenaire de l'indépendance congolaise avec nombre d'autres pays africains, la jeunesse d'aujourd'hui, c'est-à-dire l'avenir du continent n'a plus de repères endogènes.

Non seulement son imaginaire se nourrit essentiellement de schémas venus de l'extérieur, notamment de l'Occident, mais plus tragiquement, lorsqu'elle est désespérée et veut un interlocuteur qui puisse l'écouter et la réconforter, c'est vers l'Europe qu'elle se tourne.

Au milieu des années soixante, inspirés et emportés par le tourbillon des idées et des luttes de libération et convaincus que l'Histoire avait changé de camp, les jeunes africains ne pouvaient penser leur avenir hors du continent. A l'époque, ils rêvaient d'une Afrique totalement libérée et transformée en quasi-paradis terrestre. Le corollaire de ce rêve-là était des valeurs essentielles: sentiment de solidarité, sacrifice, et amour de leur pays.

Un écrivain congolais de la diaspora a écrit sans parti pris ni complaisance: *le rêve d'Afrique n'existe plus.* D'après cet auteur, les rêves se sont effondrés après les indépendances du fait de régimes nouvellement mis en place souvent fragiles, déstabilisés en grande partie par des conflits fratricides inhérents pour beaucoup à des territoires anciennement coloniaux délimités de façon arbitraire.

Le monde a ensuite basculé dans une mondialisation effrénée et incontrôlée qui certes contribue à stimuler les économies nationales africaines, mais s'accompagne, pour les jeunes, de valeurs nouvelles telles que l'enrichissement facile, la dévalorisation de l'importance du travail au profit du gain rapide et de l'oisiveté.

La jeunesse est donc écartelée entre quatre mondes: certes entre ceux de la tradition et de la modernité, mais aussi entre le monde du vingt et unième siècle et des conditions de vie souvent comparables à celles d'un siècle passé. Elle est partagée entre l'aspiration au monde du vingt et unième siècle, dont elle maîtrise très bien les instruments: Internet, téléphone cellulaire, télévision satellitaire, etc. et dont elle vit en direct les événements: tremblement de terre en Haïti, tsunamis, marée noire, mort de Michael Jackson ou coupe du monde de football, tandis que de l'autre, elle est souvent reléguée au désœuvrement, au chômage, à la pénurie ou à des soins de santé insuffisants. Au lieu de rêver de devenir footballeur millionnaire ou musicien superstar, il faut que la jeunesse retrouve une source d'inspiration et une ambition pour 1'Afrique. Ce que cet auteur congolais de la diaspora appelle le *rêve d'Afrique.*

De mon point de vue, le programme du Gouvernement initié par le Chef de l'Etat dans le *«Chemin d'Avenir»* a pour vocation de tracer la route vers un nouveau Rêve congolais, empreint d'unité, de fierté nationale et de prospérité économique et sociale.

L'initiative exemplaire de Zacharie Kimpouni, Ministre de l'Education Civique et la Jeunesse, dont je salue l'engagement, la détermination et le leadership, qui concrétise cette vision doit donc incarner l'avenir, avec pour vocation de redonner à la jeunesse congolaise le rêve d'Afrique et incarner une source d'inspiration d'un nouveau *rêve du Congo,* ceci devant contribuer à créer ce que le Ministre de l'Education Civique et la Jeunesse appelle le *«Congolais de type nouveau.»*

L'enjeu de cette initiative est donc monumental. Son ambition est noble et doit être soutenue par tous pour réussir. Pour l'incarner, il faudra la volonté et le dynamisme du Ministre, nouveau pasteur d'Etat, et l'action de l'ensemble du Gouvernement, des hommes politiques et des représentants de l'Etat à tous les niveaux de l'administration, des parlementaires, des autorités locales, mais aussi des capitaines d'entreprises, des leaders traditionnels et religieux, des représentants et des acteurs de la société civile, des intellectuels, des universitaires, des artistes, des medias, des partenaires au développement et naturellement des jeunes eux-mêmes.

Avec ces valeurs réincarnées, solidarité, amour du Congo, esprit de sacrifice, citoyenneté et intérêt national, les jeunes Congolais pourront concrétiser leur rêve d'Afrique.

En lançant son initiative sur le Civisme, M. Kimpouni a dit: «les anti-valeurs que nous décrions nous concernent tous. Chacun devrait intérioriser pour savoir s'il est un modèle, le Ministre que je suis y compris.»

Distingué(e)s invité(e)s, Mesdames et Messieurs, ici dans le Kouilou, comme ailleurs dans le pays, je pense qu'à l'exemple du Ministre, tous les dirigeants doivent être des modèles et tout un chacun également dans son travail et sa vie quotidienne. Le rétablissement de ces valeurs relève de notre responsabilité collective, mais dépend principalement, si ce n'est intégralement de votre choix, de vos actions et surtout de vous-mêmes ici dans le Kouilou. Chacun d'entre nous aujourd'hui et demain doit contribuer à l'effort de conscientisation collective, et à une prise de conscience individuelle sur les possibilités et les initiatives que vous pouvez prendre pour vous-même, vos familles, vos proches, votre institution, votre sphère d'influence pour modifier les comportements et l'état d'esprit des jeunes en faveur d'une société plus respectueuse de la chose publique, des valeurs morales, du bien d'autrui et d'elle-même. Je vous remercie.

Allocution de M. David LAWSON, Représentant résident du Fonds des Nations Unies pour la Population (UNFPA) en République du Congo & Directeur de la Représentation de l'UNFPA au Gabon, à l'occasion de la célébration de la Journée internationale de la Jeunesse. Brazzaville, 12 août 2010

Monsieur le Ministre de l'Education civique et de la Jeunesse,
Monsieur le Coordonnateur résident du Système des Nations Unies en République du Congo,
Madame et Messieurs les Représentants des agences du système des Nations Unies en République du Congo,
Monsieur le Directeur de Cabinet de Monsieur le Ministre l'Education civique et de la Jeunesse,
Messieurs les Conseilleurs ministériels,
Messieurs les Directeurs généraux,
Monsieur le Président du Réseau national des Jeunes du Congo,
Mesdames et Messieurs les représentants d'associations et organisations non gouvernementales de jeunes et œuvrant pour la jeunesse,
Mesdames et Messieurs les leaders religieux,
Mesdames et Messieurs les représentants des medias,
Cher(e)s ami(e)s de la jeunesse et Cher(e)s jeunes,

Nous sommes réunis aujourd'hui 12 août à l'occasion de la célébration de la Journée internationale de la Jeunesse, et nous commémorons également l'Année internationale de la jeunesse.

La jeunesse africaine représente plus de 135 millions de personnes. A l'horizon 2020, plus de soixante-dix pour cent de la jeunesse africaine aura moins de vingt ans; ce qui signifie que sur quatre personnes que vous croiserez dans les rues de Nairobi, Brazzaville, Dakar ou Kinshasa, trois d'entre elles auront moins de vingt ans. Au Congo, les jeunes de moins de 17 ans représentent aujourd'hui 45% de la population. Les jeunes sont donc l'avenir du monde et de leur pays respectif. Ils sont le capital humain qui devra assurer la pérennité du développement national au Congo, comme partout ailleurs en Afrique.

N'oublions pas non plus que parallèlement à ce phénomène de juvénilisation, le monde comptera plus de personnes âgées que jamais dans son histoire, dont l'espérance de vie n'aura jamais été aussi élevée. Ces jeunes, en nombre jamais égalé, devront soutenir les économies nationales et assurer les vieux jours d'un nombre inégalé d'«anciens.»

Les jeunes Africains seront ainsi non seulement le fondement du développement de leur propre pays et de leur continent, mais ils seront aussi une source de jouvence dans un monde vieillissant. La jeunesse est bel et bien l'avenir du monde. Elle doit donc être une priorité essentielle et urgente au cœur des politiques nationales et une préoccupation constante de l'ensemble des décideurs de la communauté internationale.

Monsieur le Ministre, Distingué(e)s invité(e)s, Mesdames et Messieurs,

La thématique de la jeunesse est vaste et je voudrais aujourd'hui limiter mon propos à trois points qui me paraissent essentiels.

1) Le premier concerne les questions de sexualité des jeunes abordée sous l'angle de ses répercussions sur leur santé reproductive. Car il existe un lien étroit entre la sexualité, la santé reproductive des jeunes et le développement national durable. Le développement durable d'une nation ne peut être atteint que si une attention spécifique est accordée au sort de la jeunesse, notamment dans le domaine sensible de la reproduction qui dépend fondamentalement de la qualité de leur sexualité.

Le Fonds des Nations Unies pour la Population - I'UNFPA - œuvre à la promotion de la santé sexuelle et reproductive et à la prévention du VIH/Sida chez les jeunes et les adolescents. Les jeunes sont les plus vulnérables à l'infection du VIH, puisque 40% des nouvelles infections se produisent parmi les jeunes de 15 à 24 ans. Chaque année, 15 millions de jeunes adolescentes, parfois à peine pubères, mettent un enfant au monde précocement et sans l'avoir voulu. Plus de 4 millions subissent un avortement, souvent pratiqué dans des conditions dangereuses. Les jeunes filles n'échappent naturellement pas à 1a mortalité maternelle accentuée par des grossesses précoces et non désirées.

Il est donc essentiel de responsabiliser les jeunes sur ces thèmes d'ordre vital et de les encourager à une prise de conscience des conséquences de leurs actes. C'est en éduquant et en responsabilisant les jeunes et leurs parents que l'on pourra arrêter non seulement l'épidémie du Sida, mais aussi prévenir et mettre fin aux grossesses précoces et non désirées qui mettent la vie de tant de jeunes filles en péril.

En vertu d'un certain ancrage aux traditions et coutumes anciennes en Afrique, malgré une natalité galopante, malgré des contextes fragiles et sensibles aux conséquences lourdes pour les jeunes, les tabous limitent les possibilités de dialogue entre adultes et jeunes autour de la sexualité.

Le manque de dialogue parental en matière de sexualité contribue largement à exposer les jeunes aux risques liés à une sexualité précoce mal informée et non protégée, y compris le virus du Sida et les autres maladies sexuellement transmissibles. Mais ignorer la sexualité des jeunes ne résout pas leurs problèmes. Bien au contraire. Dans ce monde moderne, qu'on le veuille ou non, la sexualité est fortement présente et plus ouverte que par le passé.

La question ne consiste donc pas à se prononcer en faveur ou à l'encontre de l'évolution inexorable du monde, mais bien à accompagner la transition décomplexée entre tradition et modernité, afin de mieux prendre en compte les besoins des jeunes en la matière et de les accompagner en leur fournissant l'information et les moyens de se protéger.

Œuvrer pour l'amélioration de la santé sexuelle et reproductive des jeunes est donc clairement une condition *sine qua non* pour bâtir un monde nouveau et solide. Les générations futures ne pourront tirer profit des investissements et sacrifices consentis maintenant par leurs parents et grands-parents que si la santé de la reproduction et les droits des adolescents sont sauvegardés.

Pour relever un tel défi, il appartient non seulement aux gouvernements, en concertation avec les institutions nationales civiles et religieuses, et avec l'appui des partenaires au développement, d'adopter des mesures visant à éduquer, informer et protéger les jeunes, y compris contre eux-mêmes, mais il faut aussi que les familles, les parents et les jeunes renouent le dialogue inter-générationnel indispensable pour mieux comprendre et conseiller les jeunes. Et les adultes ont la responsabilité de protéger les filles et garçons et de les accompagner sur le chemin de la raison, de la sagesse, de la sexualité raisonnée et de la parenté responsable.

Enfin, il en va de la responsabilité des jeunes eux-mêmes, de leurs leaders d'associations, de prêcher dans le même sens et de relayer les besoins et les aspirations des jeunes qu'ils représentent. A ce titre, je voudrais saluer l'activisme de Président du Réseau National des Jeunes Congolais, Monsieur Franck Moyabat, et des autres leaders d'associations de jeunes ou œuvrant pour la jeunesse.

Le préservatif reste le meilleur moyen de se prémunir du VIH et des grossesses précoces ou non désirées. Avoir un enfant doit être un choix, pas un hasard, qui trop précocement peut anéantir votre éducation et vos choix de vie. Retarder l'âge du premier rapport sexuel a démontré être une parade importante pour lutter contre le VIH/Sida, et naturellement faire des choix quant à la future maternité.

Evidemment, il faut encourager les jeunes à fréquenter régulièrement les services sociaux, les centres de santé et d'information sur la santé reproductive, les associations dont c'est la vocation et les centres de dépistage du VIH.

Monsieur le Ministre, Distingué(e)s invité(e)s, Mesdames et Messieurs,

Et j'en terminerais là avec ce premier point, j'aimerais vous livrer ces statistiques à l'attention des décideurs politiques et économiques. Des recherches récentes ont ainsi montré que les ressources financières investies dans les services de planification familiale et de contraception moderne dans les pays en développement permettraient d'éviter 247 millions de grossesses non désirées ou non planifiées et 215,000 décès imputés à ces grossesses dans le monde et permettraient de réaliser des économies substantielles sur le plan économique.

La Banque mondiale estime que dans les pays africains, aux taux de mortalité et de fécondité élevés, le coût de la prévention d'une seule grossesse non désirée, grâce à la planification familiale, coûterait 180,000 francs CFA et les économies réalisées pour le gouvernement par cet investissement judicieux s'élèveraient à 220,000 francs CFA.

Enfin, l'accès à la planification familiale permet aux jeunes filles de poursuivre leur éducation et d'accéder au marché de l'emploi, et contribue à l'augmentation de leur productivité, permettant ainsi d'accélérer la croissance économique nationale à long terme.

Monsieur le Ministre, Distingué(e)s invité(e)s, Mesdames et Messieurs,

2) Mon deuxième point porte sur la Charte Africaine de la Jeunesse, adoptée en 2006 par les Chefs d'Etat et de Gouvernement du continent en faveur de la jeunesse. Cette Charte est un instrument essentiel pour répondre aux besoins et aux attentes de la jeunesse.

L'Assemblée Nationale congolaise a adopté, le 7 août dernier, le projet de loi autorisant la ratification de cette Charte. Ce vote est un grand pas en direction de la ratification, qui après adoption de la loi par le Sénat, autorisera la promulgation de la Charte par le Chef de l'Etat. La République du Congo rejoindra ainsi les vingt-deux pays ayant déjà ratifié la Charte.

Je voudrais saluer les efforts du Président du Réseau National des Adolescents et des Jeunes Congolais dans cette réalisation, rendre hommage au Président de l'Assemblée nationale, l'Honorable Justin Kouba, pour son engagement sur ce dossier, et remercier et féliciter chaleureusement le Ministre de l'Education civique et de la Jeunesse, Zacharie Kimpouni, pour sa clairvoyance et son activisme auprès des parlementaires et au Gouvernement pour la ratification rapide de la Charte. Le Président du Sénat, le Vénérable André Obami Itou, m'a assuré il y a deux semaines que le Sénat agirait promptement sur ce dossier.

Enfin, Monsieur le Ministre, Distingué(e)s invité(e)s, Mesdames et Messieurs, Mon dernier point concerne 3) l'initiative que vous avez lancée officiellement au mois de mai, ici à Brazzaville, en faveur de la transparence dans la gestion des affaires publiques et du civisme. Cette initiative n'est pas exclusivement adressée aux jeunes, mais ils en constituent une des cibles principales.

Au Congo, le Fonds des Nations Unies pour la population entreprend de nombreuses initiatives à l'endroit des jeunes à l'appui du Gouvernement. Nous soutenons notamment le Réseau National des Adolescents et des Jeunes Congolais depuis 2006. Pour les impliquer directement dans la prise en charge de leur propre destin, nous les incitons aux changements d'attitude et de comportement. Nous les impliquons dans des sujets qui les concernent directement dans le cadre du mandat de l'UNFPA et qui apportent en même temps une réponse à certaines de leurs préoccupations.

Je suis convaincu que le développement durable du pays ne pourra être pérennisé que s'il est précédé et accompagné par un changement social profond, un changement citoyen et de comportement individuel et sociétal pour le bien-être des populations.

Je pense que l'investissement dans la jeunesse est primordial pour l'avenir de la société mais il revient aux jeunes de saisir les opportunités constructives qui leur sont offertes pour se former sur le plan de l'éducation et de la morale, afin de former eux-mêmes une société juste fondée sur les valeurs civiques et citoyennes.

C'est pour ces raisons que je me suis engagé auprès du Gouvernement de la République du Congo en partenariat avec le Ministère de l'Education Civique et la Jeunesse dans cette grande et ambitieuse initiative pour en appeler aux consciences des jeunes, à la responsabilité individuelle et collective.

Je me suis déjà déplacé dans le cadre de cette initiative, avec Monsieur le Ministre, dans les départements du Pool, de Pointe-Noire et du Kouilou, et suis témoin de la prise de conscience suscitée par cette initiative auprès des décideurs locaux et des populations.

Monsieur le Ministre, Distingué(e)s invité(e)s, Mesdames et Messieurs,

La responsabilité citoyenne fait des jeunes des acteurs à part entière de la vie citoyenne. Il est essentiel que les jeunes s'informent activement de leurs droits, mais aussi soient conscients de leurs devoirs vis-à-vis de la société congolaise, ainsi que de leurs libertés pour mieux assumer leur participation en tant que citoyen à la vie politique, économique, sociale et culturelle de la communauté nationale.

La citoyenneté renvoie, en effet, à l'appartenance à la communauté et à l'identité nationale, à un ensemble des valeurs et responsabilités qui relèvent de la Nation. La responsabilité citoyenne passe aussi par l'assimilation des valeurs civiques et morales, impliquant un ensemble de règles de conduite à observer pour vivre ensemble en société, ou bien se conduire dans la communauté.

Dans l'esprit des jeunes, l'intérêt général doit ainsi dépasser les intérêts particuliers, car ensemble et unie, une société est plus forte et chacun peut ainsi mieux bénéficier des fruits de la collectivité, y compris réussir sur le plan individuel.

Le Congo est le patrimoine commun des Congolais. Il convient que les jeunes adoptent un comportement respectueux du bien commun, du domaine et du bien publics, pour le bénéfice de tous et d'eux-mêmes.

Monsieur le Ministre, Distingué(e)s invité(e)s, Mesdames et Messieurs,

Alors que nous allons bientôt célébrer dans la joie et la paix, le Cinquantenaire de l'indépendance congolaise avec nombre d'autres pays africains, la jeunesse d'aujourd'hui, c'est-à-dire l'avenir du continent, doit retrouver des repères endogènes.

Dans l'imaginaire des jeunes, l'avenir ne doit pas seulement se concevoir en Europe ou aux Etats-Unis. Au milieu des années soixante, la jeunesse africaine a lutté pour des idéaux, au premier rang desquels l'indépendance et la souveraineté nationales; les jeunes ne pouvaient pas penser à leur avenir hors du continent. A l'époque, la jeunesse rêvait d'une Afrique totalement libérée et transformée en quasi-paradis terrestre; les jeunes étaient inspirés par des valeurs essentielles: solidarité, sacrifice, et amour de leur pays.

Leurs rêves se sont effondrés après les indépendances du fait de régimes nouvellement mis en place souvent fragiles, déstabilisés en grande partie par des conflits fratricides inhérents pour beaucoup à des territoires anciennement coloniaux délimités de façon arbitraire.

Aujourd'hui, le monde a basculé dans une mondialisation effrénée et incontrôlée qui certes contribue à stimuler les économies nationales africaines, mais s'accompagne, pour les jeunes, de valeurs nouvelles telles que l'enrichissement facile, la dévalorisation de l'importance du travail au profit du gain rapide et de l'oisiveté.

La jeunesse est désormais écartelée entre deux mondes: elle est écartelée entre tradition et modernité, c'est-à-dire qu'elle vit au vingt et unième siècle, des conditions de vie souvent comparables à celle d'un siècle passé.

Elle est partagée entre l'aspiration au monde du vingt et unième siècle, dont elle maîtrise parfaitement les instruments: Internet, téléphone cellulaire, télévision satellitaire, dont elle vit en direct les événements, attentats terroristes, catastrophes naturelles, marées noires, mort de Michael Jackson ou coupe du monde de football; tandis que de l'autre, elle est souvent reléguée au chômage, à la pénurie ou des soins de santé insuffisants. Plus de la moitié d'entre eux sont illettrés. Vingt pour cent (20%) de ces jeunes n'ont pas d'emploi, guère de perspectives d'avenir, et pour tout horizon, la désespérance et ses fantômes.

Au lieu de rêver de devenir footballeur millionnaire ou musicien superstar, la jeunesse africaine doit retrouver une ambition pour l'Afrique. Il faut que la jeunesse congolaise retrouve une ambition pour le Congo. Ce qu'un auteur congolais de la diaspora appelle le *Rêve d'Afrique.* Ce que j'appellerais le *Rêve de Congo.*

Le programme du Gouvernement, le *«Chemin d'Avenir»,* conçu par le Président de la République, Denis Sassou Nguesso, qui ne manque jamais une occasion de rappeler le rôle essentiel de la jeunesse congolaise pour l'avenir du pays, trace la voie vers un nouveau *Rêve du Congo,* empreint d'unité et de fierté nationale et de prospérité économique et sociale pour le pays et pour les jeunes.

L'initiative exemplaire de Zacharie Kimpouni, Ministre de l'Education Civique et de la Jeunesse, dont je voudrais saluer, en terminant, l'engagement, la détermination et le leadership, concrétise cette vision et incarne l'avenir, avec pour vocation de redonner à la jeunesse un *Rêve d'Afrique,* un *Rêve du Congo;* et ainsi contribuer à créer ce que le Ministre de l'Education Civique et de la Jeunesse appelle le *«Congolais de type nouveau.»*

Monsieur le Ministre, pour conclure, en qualité de Représentant d'une agence des Nations Unies qui soutient auprès du Gouvernement et avec ses partenaires, la Banque mondiale, l'OMS, l'ONUSIDA, le PNUD, l'UNESCO et l'UNICEF, la jeunesse congolaise de manière multiforme, il en va de ma responsabilité que d'en appeler à elle, y compris à vous tous ici réunis, aux leaders associatifs de la jeunesse, pour l'exhorter à saisir cette opportunité de participer à ce grand chantier national et de construire elle-même le Congo de son avenir. Il lui faut y croire et il lui faut croire en elle-même.

Cher(e)s jeunes, Vous êtes les dirigeants politiques, économiques et sociaux de demain. Il me semble que *vous* - les jeunes - devez être des acteurs constructifs des changements en cours dans le pays, et prendre une part active au processus de développement durable national. Les jeunes sont par nature, la force, le courage, le dynamisme, la créativité et d'ingéniosité; il vous faut y allier le respect, la rigueur et la persévérance.

Porteurs d'avenir, *vous* êtes les vecteurs de l'émergence du Congo de vos rêves. Avec des valeurs réincarnées, solidarité, amour du Congo, esprit de sacrifice, citoyenneté et intérêt national, je suis convaincu que les jeunes congolais pourront concrétiser leur *Rêve de Congo.*

Je vous remercie.

Allocution de M. David LAWSON, Représentant résident du Fonds des Nations Unies pour la Population (UNFPA) au Congo & Directeur de la Représentation de l'UNFPA au Gabon, à l'occasion de la Journée internationale de la Jeunesse 2011. Brazzaville, 12 août 2011

Monsieur le Ministre de l'Education Civique et de la Jeunesse, et Cher ami,
Honorable Député(e)s, Vénérables Sénateurs,
Mesdames et Messieurs les Ambassadeurs, Chefs de missions diplomatiques et consulaires et représentants des organisations internationales au Congo, et Cher(e)s Collègues,
Monsieur le Directeur de Cabinet,
Messieurs les Conseillers,
Mesdames et Messieurs les Directeurs Généraux,
Monsieur le Président du Conseil National de la Jeunesse,
Mesdames et Messieurs les représentants du Réseau National des Adolescents et Jeunes du Congo,
Mesdames et Messieurs les représentants d'associations et organisations non gouvernementales de jeunes et œuvrant pour la jeunesse,
Mesdames et Messieurs les représentants de la société civile,
Mesdames et Messieurs de la presse et des media,
Cher(e)s ami(e)s de la jeunesse et Cher(e)s jeunes,

Nous sommes réunis en ce 12 août 2011, à l'occasion de la célébration de la Journée internationale de la Jeunesse 2011, sur le thème «Changer le Monde», qui coïncide avec la fin de l'Année internationale de la Jeunesse 2010.

Le monde dans lequel nous vivons aujourd'hui ressemble peu au monde des siècles précédents, ni même à celui d'il y a cinquante ans. Au mois d'octobre prochain, la planète comptera sept milliards d'habitants... plus qu'elle n'en a jamais porté. Alors qu'il avait fallu dix-neuf siècles pour que la population mondiale atteigne un milliard d'habitants en 1804! En 2011, le monde compte quatre milliards d'habitants de plus qu'en 1960!

A l'époque, la jeunesse africaine luttait pour des idéaux, au premier rang desquels l'indépendance et la souveraineté nationales. Les jeunes d'Amérique latine luttaient pour la liberté et la démocratie. La jeunesse nord-américaine combattait le racisme et la ségrégation, la guerre du Vietnam et revendiquait avec les jeunes européens l'émancipation des femmes.

Tous ces jeunes rêvaient d'un monde nouveau et meilleur, à la fois plus pacifique et solidaire. La jeunesse était inspirée par des valeurs essentielles: liberté, solidarité, sacrifice, et amour du pays.

Monsieur le Ministre, Distingué(e)s invité(e)s, Mesdames et Messieurs,

Aujourd'hui, le monde compte un milliard huit cents millions de jeunes de moins de vingt-cinq ans, dont quatre-vingt-dix pour cent (90%) vivent dans des pays où la pauvreté reste un défi majeur. Ils vivent à l'heure d'une mondialisation effrénée et incontrôlée, dont les nouvelles technologies sont l'essence et le reflet. Aguerris à cette hyper-modernité, les événements de ces derniers mois, dans le monde arabe en particulier, illustrent combien les jeunes sont des acteurs essentiels de nos sociétés contemporaines et une force de changement inébranlable lorsqu' ils se mobilisent.

Soixante pour cent (60%) des Africains ont moins de 25 ans. Une proportion égale à celle de la jeunesse congolaise. Ces jeunes constituent à la fois les parents et les enseignants de la prochaine génération. Ils sont la clé de l'avenir de l'Afrique et pour une large part de celle du monde.

A l'époque des indépendances, la jeunesse africaine rêvait d'une Afrique totalement libérée et moderne. Ces rêves se sont malheureusement effondrés avec la déstabilisation de régimes nouvellement mis en place, fragilisés par des mouvements endogènes et des événements extérieurs. La jeunesse d'aujourd'hui ne veut pas que ses rêves s'effondrent comme ceux de ses aînés. Pour les jeunes adultes africains, la mondialisation est porteuse d'espoir et ne doit pas être gâchée et créer frustration ou exclusion politique, sociale et économique.

Comme l'a affirmé le Directeur exécutif de l'UNFPA, en s'adressant aux Chefs d'Etat et de gouvernements africains, lors du dernier Sommet de l'Union africaine à Malabo, en Guinée équatoriale, en juillet dernier, «*le sentiment d'exclusion chez les jeunes mène à la frustration. Celle-ci peut rester sans conséquence comme une petite flamme de chandelle, ou elle peut se transformer en feu de paille qu'il faut contrôler pour éviter qu'il n'aboutisse à un embrasement généralisé, qui peut-être explosif.*»

Pour désamorcer cette véritable bombe à retardement de la jeunesse, il est indispensable d'être à son écoute, répondre à ses attentes et renforcer ses capacités. L'Afrique, et le Congo en particulier, avec des taux élevés de croissance économique vit à l'ère des opportunités. La responsabilité de la génération actuellement chargée du devenir des populations est de s'assurer que celle-ci soit une ère d'opportunités pour tous, et surtout pour les jeunes.

Monsieur le Ministre, Distingué(e)s invité(e)s, Mesdames et Messieurs,

Il faut sortir les jeunes des pays moins favorisés de leurs conditions de vie souvent comparables à celles de siècles révolus. En effet, les jeunes ont souvent un accès difficile aux services sociaux de base, notamment aux soins de santé de la reproduction de qualité, et particulièrement les filles et les jeunes femmes.

Aujourd'hui, près des deux tiers des jeunes africains qui vivent avec le virus du Sida sont des jeunes filles. Un phénomène aggravé au Congo ou, malgré un taux de prévalence globalement en réduction, ce sont deux jeunes filles pour un garçon qui sont infectées par le VIH. Il est donc essentiel d'investir massivement dans la santé de la reproduction, pour améliorer la santé de la mère et de l'enfant et prévenir la propagation du VIH, dont les jeunes sont les premières victimes, afin de protéger leur avenir.

Le Fonds des Nations Unies pour la population (UNFPA) compte la santé de la reproduction et le soutien à la jeunesse au rang de ses priorités. Conscient de l'enjeu, son Directeur exécutif a même fait des jeunes un des principaux enjeux de l'action de I'UNFPA dans le monde.

Par ailleurs, les opportunités d'emploi des jeunes et les perspectives de développement socio-économiques qui sont offertes sont trop limitées. Chaque année, de 7 à 10 millions de jeunes arrivent sur le marché du travail, mais font face à des taux de chômage records, à près de quinze pour cent (15%). Et plus de 100 millions d'entre eux sont sans emploi.

Alors que le monde a fait des progrès remarquables en matière d'éducation primaire, l'accès à l'éducation secondaire et universitaire reste un défi pour de nombreux jeunes et surtout les filles. Dans beaucoup de pays, le système éducatif est confronté à un manque de qualité, des qualifications universitaires qui ne correspondent pas aux emplois disponibles et leurs économies n'ont pas toujours la capacité d'absorber le grand nombre de jeunes qui arrivent sur le marché de l'emploi.

Monsieur le Ministre, Distingué(e)s invité(e)s, Mesdames et Messieurs,

Le Ministre de l'Education civique et de la Jeunesse, Zacharie Kimpouni, était récemment à New York, pour représenter le Président de la République au Sommet mondial de la Jeunesse, organisé par l'ONU, les 25 et 26 juillet derniers. Il accompagnait le Chef de l'Etat à Malabo pour faire part des mesures mises en œuvre par le Gouvernement congolais pour répondre aux défis de la jeunesse.

La tenue d'une Conférence générale de la Jeunesse, la mise en place d'un Conseil national de la jeunesse, l'actualisation de la Politique nationale de la Jeunesse et la récente ratification de la Charte africaine de la Jeunesse indiquent un engagement volontaire et décisif des autorités congolaises au plus haut niveau sur cette thématique, et je tiens à saluer le leadership et la détermination de Monsieur le Ministre à favoriser l'émergence d'un environnement national propice aux jeunes.

Je suis convaincu que le développement durable du pays ne pourra être pérennisé que s'il est précédé et accompagné d'un changement social profond, un changement citoyen et de comportement individuel et sociétal pour le bien-être des populations.

Pour y parvenir, l'investissement dans la jeunesse s'avère primordial pour l'avenir de la société tout entière. Il revient aux jeunes de saisir les opportunités qui leur sont offertes et de se responsabiliser pour construire la société juste à laquelle ils aspirent, dont ils sont le principal facteur de transformation, et dont les valeurs civiques et citoyennes doivent être le fondement.

Pour ces raisons, je me suis engagé auprès du Gouvernement de la République du Congo, en partenariat avec le Ministère de l'Education Civique et la Jeunesse, dans cette grande et ambitieuse initiative pour en appeler aux consciences des jeunes, et à leur responsabilité individuelle et collective.

C'est donc un réel plaisir pour moi, à l'occasion de l'ouverture de ce Caucus des jeunes, à Brazzaville, organisé conjointement par le Ministère de l'Education civique et de la Jeunesse et l'UNFPA, que de me retrouver avec la jeunesse congolaise et ses représentants, aux côtés du Ministre Kimpouni, ce véritable *«Pasteur de la jeunesse»,* comme il est désormais surnommé aux quatre coins du pays, qu'il sillonne sans relâche, avec dévouement et abnégation pour défendre l'avenir des jeunes congolais.

Monsieur le Ministre, Distingué(e)s invité(e)s, Mesdames et Messieurs,

En terminant, je voudrais profiter de cette occasion pour lancer quelques pistes de réflexion pour des mesures en faveur des jeunes, pour lesquelles je suis prêt à soutenir les efforts du gouvernement, de la jeunesse et de ses représentants:

1) Premièrement, à Malabo, le Directeur exécutif de l'UNFPA a encouragé les Chefs d'Etat et de gouvernement africains à établir **un système de quota d'emplois réservé aux jeunes, à** la fois dans le secteur privé et dans la fonction publique.

2) Deuxièmement, il est, en effet, urgent d'offrir des opportunités d'emplois aux jeunes; et à ce titre je tiens à saluer les initiatives gouvernementales en cours visant notamment à renforcer la formation universitaire et professionnelle des jeunes et à mettre en adéquation leurs formations et les offres d'emplois dans le secteur privé pour que chaque jeune Congolais ait des débouchés professionnels.

C'est pourquoi, je voudrais proposer la mise en œuvre d'initiatives de volontariat en faveur des jeunes, visant à leur permettre de contribuer au développement national par l'intermédiaire d'emplois de proximité et d'utilité publique, tels que l'assainissement, l'assistance aux personnes âgées ou vivant avec un handicap, les orphelins, les enfants malades, la protection de l'environnement, le développement rural et agricole, les grands travaux, la mise en valeur des parcs nationaux, etc. Cette initiative pourrait permettre de mettre des dizaines de milliers de jeunes au travail tout en les faisant participer directement à l'effort national de modernisation du pays.

3) Troisièmement, l'esprit d'initiative des jeunes doit être soutenu activement. Et il pourrait l'être au Congo, notamment par l'intermédiaire **d'un système de microcrédit,** avec quelques subsides de l'Etat, l'appui des chambres de commerce et d' industrie, et les investissements de plusieurs jeunes réunis autour de projets concrets, en particulier dans les domaines des nouvelles technologies, de l'agriculture, du petit commerce, du tourisme, etc.

4) Enfin, quatrièmement, l'appui à l'émergence d'un leadership de la jeunesse, et particulièrement de jeunes filles, doit pouvoir contribuer à une participation effective des jeunes aux instances et processus de décision nationaux et locaux, afin de s'assurer qu'ils soient associés aux grandes orientations et décisions pour le pays qui les concernent directement.

Monsieur le Ministre, Distingué(e)s invité(e)s, Mesdames et Messieurs,

La Charte africaine de la Jeunesse énonce que «*chaque jeune doit avoir droit au développement social, économique, politique et culturel.*» Dans un monde en pleine effervescence aux défis économiques, politiques et environnementaux d'une ampleur sans précédent, avec la force de ses idéaux, son esprit d'initiative, son énergie et son dynamisme, la jeunesse peut «*changer le monde*» et contribuer à l'émergence d'un monde plus sûr, plus équitable et plus juste. Tous ensemble, au Congo, efforçons-nous de faire une place aux jeunes dans les processus de décision, les politiques et les programmes qui préparent leur avenir et le nôtre. Je vous remercie de votre attention.

Allocution de M. David LAWSON, Représentant résident du Fonds des Nations Unies pour la Population (UNFPA) en République du Congo & Directeur de la Représentation de l'UNFPA en République du Gabon, à l'occasion de la Conférence du Collectif des Associations des étudiants de l'Université Marien Ngouabi et des Instituts privés d'enseignements supérieur sur le thème "Contribution de la Jeunesse estudiantine à l'émergence du Congo à l'horizon 2012." Brazzaville, 28 juillet 2012

Monsieur le Ministre de l'Education supérieur,
Monsieur le Ministre de la Culture et des Arts,
Monsieur le Ministre de la Jeunesse et de l'Instruction civique,
Madame la Ministre des Petites, Moyennes entreprises et de l'Artisanat,
Monsieur le Maire de Brazzaville,
Monsieur le Recteur de l'Université Marien Ngouabi,
Madame la Directrice générale du Mémorial Savorgnan de Brazza,
Monsieur le Président du Conseil national de la Jeunesse,
Monsieur le Président du Collectif des Associations des étudiants de l'Université Marien Ngouabi et des Instituts privés d'enseignement supérieur,
Mesdames et Messieurs les membres du Bureau exécutif et les responsables des associations membres du Collectif,
Mesdames et Messieurs les Professeurs,
Mesdames et Messieurs les représentants de la société civile,
Mesdames et Messieurs de la presse et des media,
Chères étudiantes, Chers étudiants,
Distingué(e)s invité(e)s, Mesdames et Messieurs,

Tout d'abord, je voudrais vous dire que je suis très honoré d'être avec vous aujourd'hui à l'occasion de cette Conférence sur la *"Contribution de la Jeunesse estudiantine du Congo à l'horizon 2012."* Je suis honoré parce que je suis très engagé en faveur de la jeunesse en République du Congo. Ensuite, c'est toujours un plaisir pour moi de retrouver les jeunes et les bancs de l'université. L'Université Marien Ngouabi est un partenaire de l'UNFPA et je voudrais remercier le Recteur de l'Université, Armand Moyikoua, de réserver une place de choix aux initiatives estudiantines en tous genres, et le Président du Collectif des Associations des étudiants de l'Université et des

Instituts privés d'enseignements supérieurs du Congo, Franck-Kessel Ombili, de m'avoir invité.

Madame et Messieurs les Ministres, Distingué(e) invité(e)s, Mesdames et Messieurs,

Le 11è Sommet des Chefs d'Etat de la CEMAC s'est conclu cette semaine à Brazzaville et l'émergence était une nouvelle fois au cœur des discussions et nous rappelle combien la question est essentielle pour le devenir des populations congolaises. Cette thématique est également au centre des préoccupations et de l'action du Fonds des Nations Unies pour la population. A mon sens, l'émergence et le développement durable du pays ne pourront être réalisés et pérennisés que s'ils sont précédés et accompagnés par un changement social profond, un changement citoyen et de comportement individuel et sociétal fondamental dans lesquels, la jeunesse congolaise, et les étudiants, en particulier, ont un rôle essentiel à jouer.

C'est pourquoi je me suis engagé auprès du Gouvernement de la République du Congo, de la société civile et de la jeunesse dans la perspective du *"Congo émergent à l'horizon 2025"*, à travers diverses actions dans les domaines des droits et de la santé des femmes, des populations vulnérables et de la jeunesse, notamment à travers la conscientisation de la jeunesse, passant par leur responsabilisation individuelle et collective.

Le monde compte aujourd'hui sept milliards d'habitants. D'ici à 2020, plus de soixante-dix pour cent de la jeunesse africaine aura moins de vingt-cinq ans. Ce qui signifie qu'à Brazzaville, trois personnes sur quatre que nous croiserons dans la rue auront moins de vingt ans. Au Congo, en 2012, les jeunes de moins de 17 ans représentent déjà 45% de la population. Ils sont -vous êtes- l'avenir du pays. Les jeunes et les étudiants au premier chef, vous constituez le capital humain qui devra assurer la pérennité du développement national au Congo, et l'émergence, comme partout ailleurs en Afrique.

Les jeunes Congolais constituent pour demain la principale source de développement du pays. C'est pourquoi, la jeunesse est et doit demeurer une priorité immédiate et dynamique de l'action des pouvoirs publics au Congo comme ailleurs. Et je voudrais saluer, à cet égard, les actions entreprises par le Gouvernement en matière d'enseignement et d'emploi, notamment en faveur des jeunes, notamment sous l'action des éminents Ministres présents ce soir, dont je salue l'engagement et les initiatives en faveur de la jeunesse congolaise, tout en me félicitant d'être partenaire de nombre de ces actions.

A l'horizon de l'émergence congolaise, le monde comptera plus de jeunes qu'il n'en a jamais connu; mais le Congo comme le reste du monde comptera également plus de personnes âgées que jamais dans son histoire. Il est donc essentiel pour les jeunes de combattre l'individualisme acharné qui caractérise notre monde aujourd'hui et de le remplacer par la notion de solidarité nationale dans les réflexions politiques, le débat et les politiques publics. Les jeunes, plus nombreux que jamais sur la planète, devront ainsi soutenir les économies nationales et assurer les vieux jours de leurs «anciens.» Car le vieillissement général de la population pèsera sur la croissance, l'emploi, l'organisation et la durée du temps de travail, les soins de santé et la protection sociale. Il revient donc aux jeunes, dès à présent, de susciter et animer ce débat et de se préparer à ces vastes responsabilités politiques, économiques, sociales et humaines.

Madame et Messieurs les Ministres, Distingué(e)s invité(e)s, Mesdames et Messieurs,

Au Congo, le Fonds des Nations Unies pour la population entreprend, à l'appui du Gouvernement, plusieurs initiatives pour soutenir les jeunes. Nous soutenons notamment le Conseil national de la Jeunesse, le Réseau national des jeunes et adolescents congolais, les initiatives NJECO initiées par le Ministère de la Jeunesse et de l'Instruction civique ou encore l'Université Marien Ngouabi. Pour impliquer les jeunes directement dans la prise en charge de leur propre destin, nous les incitons aux changements d'attitude et de comportement. Nous les impliquons dans des sujets qui les concernent directement dans le cadre de notre action et qui apportent en même temps une réponse à certaines de leurs préoccupations.

Nous œuvrons ainsi à la promotion de la santé sexuelle et reproductive, la prévention du VIH/SIDA et des maladies sexuellement transmissibles, à l'amélioration de la condition féminine dont ils doivent être les défenseurs. Il est en effet essentiel que les jeunes se responsabilisent sur ces sujets vitaux, afin d'être pleinement conscients des conséquences de leurs actes. C'est à travers l'éducation, l'instruction civique, la formation et la responsabilisation des jeunes que l'on pourra arrêter non seulement l'épidémie du SIDA, mais aussi prévenir et mettre fin aux grossesses précoces et non désirées qui mettent la vie de tant de jeunes filles en danger. L'Université est un lieu privilégié de partage des savoirs et des connaissances sur tous ces sujets.

A travers la solidarité nationale, c'est aussi le concept de respect d'autrui et de soi-même qui doit être défendu par la jeunesse, pour faire valoir la promotion de l'égalité entre les filles et les garçons, et la lutte contre les violences faites aux femmes et jeunes filles en particulier. Les étudiants doivent être les plus ardents défenseurs du respect de la jeune fille et des plus vulnérables de la société.

C'est aujourd'hui que la jeunesse construit son avenir, celui du pays et elle peut façonner une société congolaise de l'émergence à son image. Dès à présent, les jeunes doivent donc investir massivement dans l'éducation, la formation et les valeurs morales, s'ils veulent demain une société moderne et juste, fondée sur les valeurs civiques et citoyennes auxquelles ils aspirent et qu'ils respectent.

Madame et Messieurs les Ministres, Distingué(e)s invité(e)s, Mesdames et Messieurs,

La responsabilité citoyenne fait des jeunes et des étudiants des acteurs de la vie de la cité. Il est donc important que les jeunes connaissent leurs droits et soient conscients de leurs devoirs vis-à-vis de la société congolaise, afin de participer pleinement et activement en tant que citoyen à part entière de la vie politique, culturelle, économique et sociale de la communauté, dont ils sont des acteurs et des contributeurs, et pas seulement des observateurs passifs et impuissants.

La citoyenneté renvoie à l'appartenance à la communauté et à l'identité nationales, de même qu'à un ensemble des valeurs et responsabilités qui relèvent de la Nation. A ce titre, il est essentiel que les jeunes s'impliquent dans la vie politique et participent aux processus électoraux qui déterminent les destinées du pays. Voter le 5 août prochain, au second tour des élections législatives 2012, c'est non seulement accomplir son devoir citoyen, mais c'est faire un choix de société et contribuer activement au développement national. Ne pas voter, c'est s'auto-exclure des décisions qui détermineront l'émergence et le visage du Congo de demain.

Or les jeunes doivent participer aux processus électoraux à la fois en tant que militants, candidats et électeurs. J'appelle donc tous les jeunes et les étudiants à voter massivement le 5 août prochain, à s'impliquer dans la préparation des élections locales de 2013, et ainsi être partie prenante de l'avenir du pays et de leur propre destin.

La responsabilité citoyenne passe par la participation active aux processus électoraux, mais aussi par l'assimilation des valeurs et règles de conduite civiques et morales, à observer pour le bien-vivre ensemble en société, bien se conduire dans la communauté et dans la gestion des affaires publiques. Ainsi, l'intérêt général doit primer sur les intérêts particuliers, car ensemble et unie, une société est plus forte et chacun peut ainsi mieux bénéficier des fruits de la collectivité, y compris réussir sur le plan individuel.

Le Congo est le patrimoine commun de toutes les Congolaises et tous les Congolais. Pour le préserver et préparer l'émergence, il est donc essentiel que chaque jeune s'y investisse suivant un comportement respectueux d'autrui et du bien commun, pour le bénéfice de tous, plus que d'un petit nombre.

Madame et Messieurs les Ministres, Distingué(e)s invité(e)s, Mesdames et Messieurs,

A l'heure où se prépare l'émergence, la jeunesse africaine d'aujourd'hui, c'est-à-dire l'avenir du continent, manque de repères endogènes. Non seulement son imaginaire se nourrit essentiellement de schémas venus de l'extérieur, mais plus tragiquement, lorsqu'elle est désespérée et veut un interlocuteur qui puisse l'écouter et la réconforter, elle se tourne vers l'Europe ou les Etats-Unis.

Dans les années soixante, les jeunes africains étaient inspirés par le tourbillon des idées et des luttes de libération en Indochine, en Amérique Latine, à Cuba, dans les colonies portugaises, et ils étaient convaincus que l'Histoire, avec un grand 'H', avait changé de camp et était désormais de leur côté. A l'époque, les jeunes Africains ne pouvaient pas imaginer leur avenir hors du continent. Ils rêvaient d'une Afrique totalement libérée et transformée en paradis terrestre, dont le corollaire était des valeurs essentielles qui les unissaient: solidarité, sacrifice, et amour de leur pays.

Dans un magazine récemment, un jeune Congolais de la diaspora écrivait, sans parti pris ni complaisance: *le rêve d'Afrique n'existe plus.* D'après cet auteur, les rêves se sont effondrés après les indépendances du fait de régimes nouvellement mis en place souvent fragiles, déstabilisés en grande partie par des conflits fratricides inhérents pour beaucoup à des territoires anciennement coloniaux délimités de façon arbitraire.

Le monde a ensuite basculé dans une mondialisation effrénée et incontrôlée qui certes contribue à stimuler les économies nationales africaines, mais s'accompagne, pour les jeunes, de valeurs nouvelles telles que l'enrichissement facile, la dévalorisation de l'importance du travail, au profit du gain rapide et de l'oisiveté.

La jeunesse est donc écartelée entre plusieurs mondes: elle est tiraillée entre tradition et modernité. Mais aussi entre le monde du vingt-et-unième siècle dont elle maîtrise très bien les instruments, notamment internet, téléphone cellulaire, télévision satellitaire, dont elle vit en direct les événements planétaires, guerres, tsunamis, jeux olympiques, tout en vivant dans des conditions de vie souvent comparables à celle d'un siècle passé, pénurie d'emplois, ou de soins de santé.

Au lieu de rêver de devenir footballeur millionnaire ou musicien superstar, il faut que la jeunesse africaine retrouve une ambition pour l'Afrique. Ce que cet auteur congolais de la diaspora appelle le *rêve d'Afrique.*

Pour conclure, Madame et Messieurs les Ministres, Distingué(e)s invité(e)s, Mesdames et Messieurs, Je voudrais dire que de mon point de vue, le programme du Gouvernement initié par le Chef de l'Etat dans le «*Chemin d'Avenir*» a pour vocation de tracer la route vers un nouveau *Rêve congolais,* empreint d'unité et de fierté nationales, et de prospérité économique et sociale. Il appartient à la jeunesse, à vous tous étudiants, d'incarner cette vision et d'y prendre une part active pour contribuer à l'émergence du Congo d'avenir que vous souhaitez, et de le façonner à votre image. Et ainsi redéfinir votre *rêve d'Afrique,* votre *rêve du Congo.*

Mais c'est seulement à travers des valeurs réincarnées, responsabilité, initiative, dynamisme, travail, solidarité, amour du Congo, esprit de sacrifice, citoyenneté et intérêt national, que les jeunes Congolais pourront ainsi concrétiser leurs rêves et réaliser l'émergence. Comme leurs aînés, les jeunes doivent être des modèles dans leur famille, au travail, et dans la vie quotidienne. Le rétablissement de ces valeurs et l'avenir du Congo relève d'une responsabilité sociétale collective, mais dépend principalement, si ce n'est intégralement de vous, les jeunes, de vos choix, de vos décisions, de vos actions et surtout de vous-mêmes.

Je vous remercie de votre attention.

RENFORCEMENT DES MÉCANISMES DE BONNE GOUVERNANCE ÉCONOMIQUE, ET DE DÉVELOPPEMENT ÉCONOMIQUE ET SOCIAL

En 2011, le gouvernement congolais a atteint le point d'achèvement de l'Initiative Pays pauvres très endettés (PPTE) de la Banque mondiale et du Fonds monétaire international qui permet au Congo de bénéficier de larges allègements de sa dette publique en faveur de programmes sociaux. La communauté diplomatique a beaucoup assisté le gouvernement congolais dans l'atteinte de cet objectif qui devait permettre au gouvernement de réaliser des investissements dans des programmes devant bénéficier directement aux populations.

La mise en œuvre de cette initiative s'est accompagnée de la nécessité pour le Congo de renforcer ses mécanismes de gouvernance financière, afin d'assurer un usage efficient des ressources financières ainsi libérées.

Le Représentant du Fonds des Nations Unies pour la population a fait un plaidoyer et appuyé le gouvernement pour soutenir et favoriser des programmes à destination des femmes, de la jeunesse, des minorités dans le domaine de la santé maternelle et de la reproduction. Principalement auprès de Pierre Moussa, Ministre d'Etat, Ministre de l'Economie, de la Décentralisation, du Plan et de l'Intégration, le Représentant de l'UNFPA aura aussi largement fait le plaidoyer pour le renforcement de la société civile et des parlementaires dans le développement, l'influence, la mise en œuvre et le suivi des politiques publiques dans un sens favorable aux populations, tout en y contribuant directement financièrement et techniquement. Le diplomate onusien aura aussi plaidé pour l'allocation de ressources nationales de contrepartie aux ressources financières apportées par les partenaires au développement, notamment les agences des Nations Unies, au premier rang desquels l'UNFPA.

Par l'intermédiaire de son programme de développement de cinq ans (2009-2013) avec le gouvernement congolais, l'UNFPA aura largement contribué au renforcement de la gouvernance économique et à son développement économique et social, notamment en contribuant techniquement au développement du Document de Stratégie pour la Réduction de la Pauvreté (DSRP), mais aussi d'autres cadres législatifs et stratégiques de développement national.

Allocution de M. David LAWSON, Représentant résident du Fonds des Nations Unies pour la Population (UNFPA) au Congo & Directeur de la Représentation de l'UNFPA au Gabon, à l'occasion de la cérémonie d'ouverture de la formation des acteurs du système de suivi-évaluation du Document de Stratégie pour la Réduction de la Pauvreté (DRSP). Brazzaville, 16 novembre 2009

Monsieur le Directeur Général du Plan et du Développement, Monsieur le Coordonnateur de la Cellule interministérielle,
Mesdames et Messieurs les Directeurs,
Mesdames et Messieurs les participants,
Distingue(e)s invite(e)s, Mesdames et Messieurs,

C'est avec plaisir que je suis ici ce matin, aux côtés de Monsieur le Directeur Général du Plan et du Développement, pour l'ouverture de l'atelier de formation des acteurs nationaux en suivi-évaluation du Document de Stratégie de Réduction de la Pauvreté (DSRP).

Cette formation s'inscrit dans le cadre du renforcement des capacités nationales en suivi et évaluation des politiques et programmes de développement. En effet, dans cette perspective, les agences du système des Nations Unies au Congo, dans leur ensemble, se sont engagées à renforcer l'appui aux institutions et acteurs nationaux pour les amener à *«utiliser efficacement les outils de planification, de contrôle et de suivi-évaluation des politiques, programmes de développement et budget.»* Cet engagement pris dans le cadre du Plan Cadre des Nations Unies pour l'aide au développement (UNDAF) 2009-2013, vise à contribuer à l'amélioration de la gouvernance et à la consolidation de la paix et de la sécurité au Congo.

L'heure est maintenant à l'action, après un long processus de programmation qui a caractérisé la vie du Congo dans la période transitoire, ayant suivi la période post-conflit immédiate. L'UNFPA que j'ai l'honneur de représenter ici au Congo, comme les autres agences du Système des Nations Unies, le PNUD, l'UNICEF, l'OMS, la FAO, la Banque Mondiale, le PAM, le HCR et l'ONUSIDA, a participé activement à tout le processus d'élaboration et de validation du Document de Stratégie de Réduction de la Pauvreté.

Nous avons contribué à ce processus. Notre apport s'est concentré sur la conception du système de suivi et évaluation et l'appui à la prise en compte des questions de population et développement, y compris la dimension genre. Je m'étais engagé cette année à appuyer la finalisation du plan pluriannuel de collecte des données pour le suivi et évaluation du DSRP, en plus de la présente formation. Je me réjouis donc particulièrement de la tenue de cette formation, qui se veut un espace d'échanges sur les outils applicables en matière de suivi et évaluation pour rendre compte des progrès réalisés ainsi que des leçons apprises dans le cadre de la mise en œuvre du DSRP.

Monsieur le Directeur Général, Mesdames et Messieurs,

Permettez-moi de rappeler que le suivi et l'évaluation d'une politique ou d'un programme doivent permettre aux décideurs d'une institution ou d'un système de prendre en toute connaissance de cause des décisions qui leur permettent de réaliser leurs objectifs de développement et d'en assurer les résultats.

La préoccupation essentielle d'un système de suivi et évaluation est de garantir une mise en œuvre efficace des interventions prévues, c'est la fonction du suivi, et de rendre compte des changements engendrés au sein de la population bénéficiaire, c'est la fonction de l'évaluation, par la politique ou le programme.

Le suivi-évaluation est le tableau de bord qui permet de remettre en cause à tout moment, d'adapter et de revenir sur le droit chemin; c'est une occasion de rencontrer et d'échange des informations avec les parties prenantes et une excellente opportunité de partage des connaissances et de bonnes pratiques.

Cette formation a pour but d'amener tous les participants à avoir une même compréhension du système de suivi et évaluation, en ce qui concerne sa fonction, ses outils et le dispositif qui le sous-tend. Les participants pourront ainsi aisément identifier et mettre en œuvre les mécanismes de suivi et évaluation appropriés, pour une meilleure évaluation des performances du DSRP du Congo, tout en indiquant la contribution de chaque secteur de développement, ainsi que les défis majeurs à relever.

Monsieur le Directeur Général, Mesdames et Messieurs,

Le Fonds des Nations Unies pour la population accorde une importance capitale à cette formation, en ce qu'elle permet de renforcer les jalons nécessaires à la mise en œuvre de l'approche de gestion axée sur les résultats, de plus en plus exigée aussi bien par les bailleurs de fonds que par les populations bénéficiaires.

Le Président de la République du Congo, Denis Sassou Nguesso, a lui-même fixé cet objectif à son Gouvernement. En effet, le but ultime de toute initiative de développement est de contribuer à l'amélioration du vécu quotidien des populations. Par conséquent, la quête permanente du mieux-être des populations constitue la raison d'être des politiques de développement et des différents mécanismes conçus pour parvenir à l'atteinte ce noble objectif.

Promouvoir une culture de suivi-évaluation constitue une exigence de la communauté internationale clairement exprimée à la Conférence internationale sur la population et le développement, du Caire, en Egypte, de 1994. En outre, institutionnaliser cette pratique et s'y soumettre régulièrement est la manifestation d'une réelle volonté politique fondée sur la recherche constante du progrès. Ainsi, il va de soi que la volonté du Gouvernement congolais de promouvoir le suivi et l'évaluation des politiques et stratégies de développement méritent des encouragements et un appui multiforme.

Au regard de l'importance de cet atelier, j'en appelle à vous tous participants de bien intérioriser les enseignements qui vont être dispensés pour bien les appliquer. Je vous invite, Mesdames et Messieurs, à profiter au maximum de cette formation pour des échanges fructueux. Je réitère l'engagement du Fonds des Nations unies pour la population, agence leader au sein du système des Nations Unies en matière de suivi et évaluation, à continuer à accompagner le Gouvernement du Congo dans ce domaine qui est l'une des composantes majeures de notre programme de coopération 2009-2013.

Je vous remercie.

Mot de circonstance de M. David LAWSON, Représentant résident de l'UNFPA au Congo & Directeur de la Représentation de l'UNFPA au Gabon, à l'occasion de la cérémonie de clôture de l'atelier de validation du plan national de collecte des données pour le Suivi et réévaluation du DSRP (8-9 décembre 2009, Brazzaville). Brazzaville, 9 décembre 2009

Monsieur le Directeur Général du Plan et du Développement, Président du Comité de pilotage du programme de coopération Congo-UNFPA, Secrétaire Technique du Comité National de Lutte contre la Pauvreté,
Mesdames et Messieurs les Directeurs,
Mesdames et Messieurs,

Je suis heureux de pouvoir prendre part à cette cérémonie de clôture de l'atelier de validation du plan national de collecte des données pour le suivi et l'évaluation de la Stratégie de Réduction de la Pauvreté du Congo. D'autres engagements m'avaient malheureusement empêché d'être présent à l'ouverture.

Le Fonds des Nations Unies pour la population, UNFPA, soutient le Gouvernement congolais dans le renforcement des capacités nationales pour faire face au manque de données statistiques. Ces manquements se sont faits particulièrement ressentir lors de l'élaboration du document de stratégie de réduction de la pauvreté, ainsi que d'autres politiques et programmes sectoriels nationaux de développement.

Le plan de collecte des données auquel vous avez contribué et qui bénéficie de l'apport de l'ensemble des acteurs sectoriels impliqués dans la mise en œuvre du DSRP, fournit une vision cohérente pour guider le renforcement des capacités nationales en matière de collecte des données. Ce plan devrait désormais permettre de mieux structurer l'appui de tous les partenaires techniques et financiers du Congo, car il couvre l'ensemble des stratégies nationales en matière de collecte des données, pour permettre un meilleur suivi et évaluation conséquente des programmes mis en couvre dans le cadre du DSRP.

Compte tenu du contexte actuel de ressources financières limitées, il est essentiel pour le Gouvernement de maintenir son leadership, en assurant la coordination des activités de collecte des données sur la base de ce plan. Celui-ci devrait, en effet, servir de tableau de bord et éviter la duplication des activités de collecte et la déperdition de ressources financières au regard des besoins convenus pour le suivi et l'évaluation du DSRP.

Monsieur le Directeur Général, Mesdames et Messieurs,

La mise en œuvre de ce plan de collecte requiert la participation active du Gouvernement. Celui-ci est déjà très engagé. Mais il nécessite aussi celui des partenaires techniques et financiers.

Il nous reste à finaliser la présentation du plan et à le publier, à sensibiliser l'ensemble des partenaires techniques et financiers et à mobiliser les ressources financières pour sa mise en œuvre. Mais ceci n'est pas une fin en soi, mais plutôt le début d'une nouvelle page. En effet, beaucoup d'efforts restent à fournir; il nous faut maintenir le cap et nous assurer que ce plan valide soit utile. Nous devons ensemble continuer à sensibiliser tous les partenaires sensibles à la nécessité du suivi et de l'évaluation de la mise en œuvre du DSRP, afin qu'ils mobilisent les ressources financières nécessaires.

Je suis heureux de l'implication du PNUD. La participation active du système des Nations Unies dans le domaine du suivi et évaluation avait été appelé de ses vœux, au nom du Ministre d'Etat, coordonnateur du pôle économique, Ministre de l'économie, du plan, de l'aménagement du territoire et de l'intégration, Pierre Moussa, par la voix du Ministre délégué auprès du Ministre d'Etat, Josue Rodrigue Ngouonimba, lors de la retraite des agences du système des Nations Unies tenue à Owando, il y a deux semaines. En voici d'orès et déjà une belle illustration. Du reste, ce processus s'inscrit en effet dans le processus de programmation conjointe ayant abouti avec le plan-cadre des Nations Unies pour l'aide au développement -l'UNDAF 2009-2013- du Congo.

Je me réjouis également de l'intérêt de la Banque Africaine de développement à contribuer à travers un projet en cours de négociation avec le Gouvernement la mise en œuvre de ce plan de collecte de données du Congo.

Nous souhaitons que d'autres partenaires se joignent à cette dynamique pour doter le Congo de données fiables, à jour et de qualité pour lui permettre de rendre fidèlement compte des progrès réalisés et des difficultés à surmonter et des manquements à couvrir en matière de développement.

Monsieur le Directeur Général, Mesdames et Messieurs,

Au-delà de ce que j'ai déjà souligné, la mise en oeuvre effective de ce plan de collecte de données permettra d'organiser l'intégration des bases de données sectorielles dans un système d'ensemble cohérent, permettant de produire à la demande, l'information nécessaire à la prise de décision politique.

En terminant, je voudrais ici féliciter l'équipe restreinte qui a travaillé sans relâche pendant des mois pour produire le premier projet du plan qui a permis les discussions de cet atelier. Cette équipe conduite par le

Coordonnateur de la Cellule intersectorielle de planification des problèmes de population était composée du CNSEE, de l'UNFPA et du PNUD.

Je remercie également tous les directeurs des études et de la planification des ministères, pour leurs contributions qui a permis de finaliser ce projet.

Enfin, je tiens à féliciter et remercier Monsieur le Ministre d'Etat et le Directeur général du Plan pour leur engagement, leur ténacité et leur proactivisme dans la promotion de cette culture du suivi et évaluation, non seulement au sein de ce ministère, mais aussi dans l'ensemble des départements ministériels, suivant la direction prônée par le Chef de l'Etat lui-même, et pleinement soutenue par le Fonds des Nations Unies pour la population.

Je vous remercie.

Allocution de Monsieur David LAWSON, Représentant résident du Fonds des Nations Unies pour la population (UNFPA) au Congo & Directeur de la Représentation de l'UNFPA au Gabon, à l'occasion de la revue semestrielle du 4è Programme de coopération Congo- UNFPA 2009-2013. Brazzaville, 3 août 2010

Monsieur le Directeur Général du Plan et du Développement, Président du Comité de pilotage du programme de Coopération Congo-UNFPA,
Monsieur le Coordonnateur de la Cellule intersectorielle de Planification des Problèmes de Population,
Mesdames et Messieurs les Directeurs Généraux et centraux,
Mesdames et Messieurs les représentants des organisations non gouvernementales,
Mesdames et Messieurs,
Chers Collègues,

La nécessité de rendre compte et l'exigence des résultats nous permettent de nous retrouver à intervalles réguliers. C'est donc toujours avec plaisir, que je vous retrouve pour cet exercice essentiel.

Le Programme de Coopération entre le Gouvernement de la République du Congo et le Fonds des Nations Unies pour la Population (UNFPA) et le Programme du Gouvernement en ce qu'il s'articule autour des priorités définies par le Gouvernement de la République pour le développement du pays et le bien-être des populations. La Déclaration de Paris sur l'Efficacité de l'Aide au développement souligne l'importance de trois principes essentiels: (i) l'appropriation nationale de l'aide au développement, (ii) le leadership national et (iii) la redevabilité vis-à-vis de l'aide revue.

Vous l'aurez bien compris et vous le savez, Mesdames et Messieurs, l'appropriation nationale n'est pas un vain mot. L'efficacité de notre Programme de Coopération dépend pour l'essentiel de cette appropriation nationale. C'est-à-dire la prise de conscience par les autorités nationales et ses maîtres d'ouvrage -les administrations nationales et les organisations de la société civile-, que ce Programme et ses activités leur appartiennent.

En effet, Mesdames et Messieurs les Directeurs et Directrices généraux et centraux, leaders associatifs, vous êtes les garants de la mise en œuvre effective et efficace de notre Programme au nom du Gouvernement congolais -les Ministres dont vous dépendez directement-, et pour les populations congolaises. Ces individus, tous ces gens dont la vie quotidienne peut être améliorée grandement et pour longtemps par vos actions, ou affectée, diminuée, aggravée par l'absence d'action.

Mesdames et Messieurs, Vous êtes les acteurs essentiels du développement national. Vous êtes les vecteurs du changement dans la vie des populations, du changement social, du changement sociétal que le Président de la République a appelé de ses vœux dans le programme du Gouvernement, articulé autour du «Chemin d'Avenir.»

L'enjeu est monumental, mais chacun sent bien depuis plusieurs mois qu'un élan a commencé, dont la partie visible s'incarne notamment par l'atteinte du point d'achèvement de l'initiative PPTE et les allègements de dettes consentis récemment par les Gouvernements français, américain et suisse; la municipalisation accélérée; les grands travaux à travers le pays; ou les chantiers actuels de Brazzaville.

Mesdames et Messieurs, vos actions quotidiennes sont au cœur de ce changement sociétal et contribuent à cet effort national essentiel. C'est justement de leadership dont il s'agit: leadership du Chef de l'Etat naturellement. Leadership des membres du Gouvernement dans leurs actions quotidiennes visant à améliorer la condition de tous les Congolais. Mais le leadership c'est aussi, le vôtre, celui des chefs d'administrations centrales que vous êtes ou des leaders d'organisations non gouvernementales.

Par votre leadership qui est l'essence du leadership national, vous influencez les destinées du pays. Vous devez être des modèles pour vos équipes et pour les populations et assurer que l'aide au développement revue par le Gouvernement congolais soit utilisée à bon escient et le plus efficacement possible pour améliorer la condition des populations congolaises.

Nous sommes à la veille de la célébration du Cinquantenaire de l'indépendance du pays. Il nous faut utiliser cette opportunité pour nous remettre en cause, approfondir notre réflexion individuelle et collective et voir comment, tous ensemble, nous pouvons faire plus encore pour l'accélération de mise en œuvre des activités du Programme pour le bien-être des populations congolaises.

Enfin, la redevabilité pour les ressources financières revues. Ces ressources mises à la disposition des organisations du Système des Nations Unies pour les pays en développement proviennent des contributions des États Membres des Nations Unies. Ceux-ci sont comptables de leurs opinions publiques qui paient les impôts qui alimentent l'aide au développement.

Le Conseil d'administration du Fonds des Nations Unies pour la population revoit régulièrement l'usage fait par l'UNFPA des fonds qui sont attribués aux programmes de coopération par pays. C'est à ce titre que le Représentant que je suis doit régulièrement rendre compte de l'usage des fonds reçus par le Gouvernement du Congo. C'est pourquoi nous nous retrouvons aujourd'hui pour faire le bilan à mi-parcours de la mise en œuvre des activités prévues dans les plans annuels de travail 2010, et tirer les leçons qui s'imposent pour le reste de l'année.

Monsieur le Président, Monsieur le Coordonnateur, Mesdames et Messieurs,

Par conséquent, loin d'être une formalité de routine, la revue des activités du Programme de Coopération entre le Gouvernement du Congo et le Fonds des Nations Unies pour la population doit s'inscrire résolument dans notre volonté commune de produire des résultats mesurables qui seuls pourront contribuer au bien-être des populations.

Nous devons donc faire de nos travaux une précieuse opportunité, tout d'abord d'apprécier objectivement et avec rigueur le niveau de mise en œuvre des plans de travail; ensuite, de dégager les orientations et mesures correctives pour accélérer la mise en œuvre des activités par secteur; définir des activités complémentaires réalistes et réalisables dans les secteurs bénéficiant d'un niveau de mise en œuvre élevé, par secteur d'ici la fin de l'année et, enfin, prendre immédiatement toutes dispositions pour éviter les errements du passé, concernant la justification des dépenses et la fourniture rigoureuse et dans les délais requis des pièces et documents comptables, financiers et programmatiques nécessaires, et ainsi éviter les arriérés d'avance de fonds (OFA).

Je n'ignore pas les difficultés qui se présentent aux partenaires nationaux d'exécution en ce qui concerne les compétences financières et comptables. C'est pourquoi, dans le cadre de cette revue, comme tout au long de l'année, dès que vous en éprouvez le besoin, le personnel de la Représentation du Fonds des Nations Unies pour la population se met à votre disposition pour échanger et vous assistez afin d'éviter les problèmes relevés dans les rapports d'audit de l'exécution nationale (NEX). J'insiste car ceci est un précepte essentiel de la gestion axée sur les résultats. Il nous faut rendre compte et justifier. Cette revue est également pour vous le lieu de résoudre tout problème actuel ou anticipé relatif à ces questions.

Ce suivi est indispensable pour améliorer la situation de notre programme, d'en garantir l'efficacité et la performance. Je rappelle qu'à ce jour, nous traînons encore des situations du programme passé pour la période 2004-2008, qui nous empêchent de concentrer toute notre attention sur le programme actuel. En 2009 nous avons perdu environ 150,000 dollars américains en raison d'OFA. Cette année même, nous allions perdre 81,000 dollars qui n'avaient pas été justifiés, dont il manquait des rapports et d'autres documents de gestion qui n'ont pas été fournis à notre Représentation à temps pour que nous les transmettions au siège de l'UNFPA. Mes collègues reviendront en détail sur cette situation au cours de cette revue.

En tout état de cause, pour y apporter des corrections à l'avenir, cette revue sera également l'occasion de revoir tous les documents de gestion programmatique, principalement les fiches techniques, les rapports d'activités, les plans d'action et repréciser les engagements du Fonds des Nations Unies pour la population et de chaque partenaire d'exécution, tels que définis dans les lettres d'entente. En effet, ma hiérarchie m'a instruit de repréciser et signer les lettres d'entente avec les différents partenaires d'exécution, au titre du Programme 2009-2013, et de veiller au respect scrupuleux des dispositions qu'elles contiennent.

Afin de garantir le respect des dispositions des lettres d'entente que nous devrons signer dans les tous prochains jours, la Représentation du Fonds des Nations Unies pour la population s'organise pour renforcer les mécanismes de suivi de proximité périodique qui devront être plus réguliers. Toutefois je sais compter sur le dynamisme de la Cellule intersectorielle de planification des problèmes de population, dont je salue les efforts inlassables du Coordonnateur, Monsieur Issanga Issanga, sous le leadership du Président du Comité, Monsieur Raphael Mokoko, pour impulser le même esprit dans le système de gestion des différents partenaires nationaux d'exécution.

Monsieur le Président, Monsieur le Coordonnateur, Mesdames et Messieurs,

L'obligation de résultats et la gestion axée sur ces mêmes résultats m'impose de vous rappeler ces prémices essentiels afin de veiller à la bonne gestion et à la mise en oeuvre efficace de notre Programme de Coopération. Néanmoins, je voudrais profiter de l'opportunité de cette revue, pour vous faire part de ma satisfaction pour les progrès tangibles, notamment dans la compréhension et la mise en œuvre des règles et procédures de l'UNFPA et dans la mise en œuvre des activités du Programme.

En effet, pour ce troisième trimestre, par exemple, six certificats de dépenses sur neuf attendus sont ont déjà été soumis à mes services, soit un taux appréciable des deux tiers, soit soixante-sept pour cent. La présente revue sera l'occasion pour les partenaires d'exécution n'ayant pas encore accompli cette tâche de le faire.

En outre, les rapports d'audit NEX 2009 révèlent une amélioration très nette de la gestion des ressources et de la documentation relative aux dépenses, comparée aux années antérieures qui étaient plus difficiles.

En attendant de mieux apprécier la situation sur le plan programmatique, à l'issue des travaux de la revue, les indications sur la base de l'exploitation des documents que nous avons reçus montrent des niveaux variables d'efficacité, allant de 0 à 100% de mise en œuvre activités et d'absorption des fonds. Par ailleurs, quelques confusions dues au non-respect strict des lignes budgétaires ont été relevées; mais, j'entrevois globalement des perspectives bien meilleures que les années précédentes. Je voudrais vous en féliciter vivement et vous inviter à maintenir ce rythme et cette attention aux règles et aux procédures.

Naturellement beaucoup reste à faire pour atteindre une vitesse de croisière. C'est seulement en respectant ces procédures que les décaissements peuvent se faire à leur rythme normal. L'UNFPA n'a ni le droit ni l'intention de retarder la mise en œuvre des activités. Mais, la mise à disposition des fonds ne peut se faire que suivant un respect strict des procédures que j'ai énoncé précédemment. Certains l'ont bien compris et devraient même pouvoir bénéficier de fonds additionnels, si nous pouvons en obtenir, et sous réserve de poursuivre un bon rythme de mise en oeuvre et la justification effective et dans les délais des dépenses.

Je suis optimiste que si ces efforts se poursuivent, je serai en mesure d'obtenir quelque cinq cent mille dollars américains.

Monsieur le Président, Monsieur le Coordonnateur, Mesdames et Messieurs,

En terminant, je souhaite réitérer solennellement l'engagement du Fonds des Nations Unies pour la population à apporter son assistance au Gouvernement de la République du Congo et à ses populations dans le cadre du présent programme de coopération 2009-2013.

Cet engagement trouve sa justification dans l'impérieuse nécessité d'aider le Congo à produire des résultats en termes d'amélioration des réalités sociales pour les populations qui aspirent au bien-être. Il en va de notre devoir professionnel à tous ici réunis pour le développement durable du pays, mais c'est aussi une obligation morale impérieuse.

Je souhaite que les délibérations de cette revue soient constructives et fructueuses. J'invite par conséquent tous les participants à l'assiduité, à la participation active et à la réflexion stratégique. Des résultats de cette revue mi-parcours, et de l'ajustement positif que nous pourrons accomplir avant la fin de l'année, dépendra le montant de notre enveloppe financière pour l'an prochain et l'allocation des fonds par secteur et partenaire.

Je vous souhaite bon courage et remercie de votre aimable attention.

Allocution de M. David LAWSON, Représentant résident du Fonds des Nations Unies pour la Population (UNFPA) au Congo & Directeur de la Représentation de l'UNFPA au Gabon, à l'occasion de la clôture de la revue du premier semestre de mise en œuvre du programme de coopération Congo-UNFPA 2010. Brazzaville, 4 août 2010

Monsieur le Directeur Général du Plan et du Développement, et Président du Comité de pilotage du Programme de Coopération République du Congo-Fonds des Nations Unies pour la Population,
Monsieur le Coordonnateur de la Cellule interministérielle sur les problèmes de population, Mesdames et Messieurs les Directeurs Généraux et Centraux,
Mesdames et Messieurs les représentants du Corps enseignant de l'Université Marien Ngouabi, Mesdames et Messieurs les Représentants des organisations non gouvernementales,
Distingué(e)s invité(e)s, Mesdames et Messieurs,
Cher(e)s Collègues,

Je prends acte avec une réelle satisfaction du compte rendu des travaux et des recommandations de la revue du premier semestre de mise en œuvre des plans de travail annuels 2010; et je me félicite avec vous tous des résultats atteints.

Je voudrais remercier tous les partenaires pour la forte participation à cette revue qui démontre, si besoin en est l'importance que vous attachez à ce Programme de Coopération entre la République du Congo et le Fonds des Nations Unies pour la population (UNFPA).

Même si je déplore l'absence de certains d'entre eux, je me réjouis que 10 des 13 agences nationales d'exécution aient été représentées à cette revue. Je tiens à remercier chaleureusement tous les cadres des agences nationales d'exécution pour l'intense travail accompli.

Les recommandations produites à l'issue des travaux me semblent traduire la haute qualité des délibérations *tenues* au cours de cette revue. Tout en en prenant acte, le Fonds des Nations Unies pour la population (UNFPA), par ma voix, s'engage à examiner celles qui lui sont adressées pour les mettre en œuvre.

Je me réjouis du professionnalisme qui a animé le déroulement des travaux, dont les échos qui m'ont été rapportés sont positifs.

En effet, la performance globale de mise en œuvre des plans de travail s'est nettement améliorée au cours du 1er semestre 2010, comparativement à l'an dernier, avec un taux moyen de mise en œuvre et d'absorption des fonds se situant autour de soixante-quinze pour cent (75%). Je tiens à féliciter sincèrement l'ensemble des partenaires d'exécution et de mise en œuvre du programme pour ce résultat encourageant.

Monsieur le Président, Mesdames et Messieurs,

Je profite de cette occasion pour vous encourager à poursuivre et redoubler d'efforts afin de capitaliser sur ces résultats et fructifier le second semestre qui nous reste, et qui se résume en réalité à cinq mois de travail effectif.

A cet effet, je voudrais encourager chaque partenaire d'exécution à renforcer la planification des activités, avec tous les partenaires de mise en œuvre impliqués, et accélérer l'atteinte des résultats à démontrer à l'occasion de notre prochaine revue au mois d'octobre. Je ne doute pas que chaque partenaire aura à cœur d'exposer en fin d'année des résultats dont il sera fier et qui pourront être cités en exemple.

Tout en veillant à la production des résultats mesurables en termes d'amélioration des capacités des bénéficiaires, j'insiste pour qu'à la fin de l'année, les partenaires nationaux d'exécution aient justifié à temps les fonds mis à leur disposition, et produit et soumis dans les délais de rigueur, tous les documents administratifs et comptables requis à la Représentation de l'UNFPA.

Je l'ai dit lors de l'ouverture de nos travaux et lors de notre revue annuelle de 2009, nous ne pouvons plus tolérer les errements du passé en matière d'audit, car les auditeurs de l'UNFPA New York et les bailleurs de fonds risquent de nous pénaliser sévèrement. Ceux qui ne respecteront pas les règles devront en souffrir les conséquences sous différentes formes. Ceci m'est imposé par ma hiérarchie, mais ceci est également compréhensible compte tenu du climat de crise financière mondiale qui perdure et justifie de la part de chacun des efforts en vue d'une stratégie de mobilisation des ressources constructive et efficace de la part du Fonds des Nations Unies pour la population auprès des bailleurs des fonds, qui s'appuie sur les résultats obtenus et les justificatifs des dépenses.

Enfin j'espère que vous avez pu profiter des échanges avec mes collègues sur les procédures programmatiques et opérationnelles de l'UNFPA. Ces discussions spécifiques ont été introduites pour vous aider à réaliser l'objectif zéro OFA à la fin de 2010, et à préparer votre vision et vos activités pour 2011 en toute sérénité, avec l'opportunité de mon côté de mobiliser davantage de ressources pour notre Programme.

En terminant, Monsieur le Président, Mesdames et Messieurs, je tiens à vous assurer que le Fonds des Nations Unies pour la Population tiendra ses engagements à soutenir les priorités du Gouvernement congolais reflétées dans les plans d'action nationaux de 2011, conformément aux principes de la Déclaration de Paris sur l'efficacité de l'aide au développement.

Je voudrais donc, pour conclure, vous encourager vivement à faire parvenir dès le mois de septembre vos plans d'action pour 2011 afin de permettre leur analyse à temps, d'échanger avec vous, de les positionner et de faire le choix des actions stratégiques à appuyer pour le bien-être des populations congolaises.

Vous savez que l'ensemble des personnels de la Représentation de l'UNFPA au Congo et moi-même, sommes passionnément engagés pour travailler avec vous et relever les défis du développement au Congo. Je vous remercie.

Allocution de M. David LAWSON, Représentant résident du Fonds des Nations Unies pour la Population (UNFPA) en République du Congo & Directeur de la Représentation de l'UNFPA en République du Gabon, à l'occasion de la cérémonie d'ouverture du Séminaire de formation sur le Suivi et Evaluation des membres de la Coalition des Organisations de la Société Civile, Partenaires au Développement au Congo (Brazzaville, 30 novembre- 3 décembre 2010). Brazzaville, 30 novembre 2010

Monsieur le Directeur Général du Plan,
Monsieur le Coordonnateur de la Coalition des Organisations de la Société Civile,
Monsieur le Coordonnateur de la cellule inter-sectorielle de coordination des questions de population,
Messieurs les facilitateurs,
Cher(e)s participant(e)s,
Distingué(e)s invité(e)s. Mesdames et Messieurs,

Tout d'abord, je voudrais remercier notre collègue et ami le Directeur général du Plan, Monsieur Mokoko, pour avoir accepté de patronner ce séminaire. Je voudrais profiter de cette occasion pour saluer le leadership et le soutien inlassable du Directeur général sur toutes les questions liées à la population et pour son activisme multiforme. C'est toujours un plaisir pour moi que de partager la tribune avec lui.

Ensuite, je voudrais me féliciter de la tenue de ce séminaire de formation des membres de la Coalition des Organisations de la Société Civile Partenaires au Développement au Congo (COPDC) sur la thématique du suivi et évaluation des programmes de développement. D'abord parce que le Fonds des Nations Unies pour la population accorde une importance capitale à la société civile et se réjouit de pouvoir contribuer au renforcement de ses capacités de cette manière; ensuite parce que la thématique du séminaire me semble non moins essentielle pour le renforcement du suivi des programmes et des politiques de développement mis en œuvre par le Gouvernement.

Monsieur le Directeur général, Distingué(e)s invité(e)s, Mesdames et Messieurs,

La participation de la société civile au processus d'élaboration, de mise en œuvre et de suivi de la Stratégie de réduction de la pauvreté est un élément clé de sa réussite. Pourtant, les acteurs de la société civile ne sont pas toujours impliqués dans toutes les phases de ce processus; non pas parce que les gouvernements ne veulent pas les impliquer, mais plutôt parce que très souvent, ces partenaires ne disposent pas des compétences ou des connaissances suffisantes pour le faire.

Pour pouvoir contribuer activement à ce processus, l'expérience a prouvé qu'il fallait que des opportunités de participation soient identifiées à chacune des trois étapes du processus: c'est dire la formulation, la mise en œuvre, et le suivi et évaluation.

De plus, la mise en réseau et la mise en place d'alliances entre organisations non gouvernementales ou acteurs non étatiques jouent un rôle important, tout comme le recours aux outils de lobbying et de plaidoyer à tous les niveaux.

A ce titre, certains d'entre vous ont d'ailleurs déjà suivi, au mois d'octobre dernier, une formation sur le plaidoyer et le réseautage soutenu par le Fonds des Nations Unies pour la population. Il est donc essentiel que la Coalition des Organisations de la Société Civile au Congo prenne toute sa part dans les processus de participation aux programmes de développement.

Monsieur le Directeur général, Distingué(e)s invité(e)s, Mesdames et Messieurs,

La société civile est, au plan national et international, un partenaire incontournable dans la mise en oeuvre et le suivi et évaluation des actions publiques de développement.

Le Gouvernement de la République du Congo soutient d'ailleurs désormais l'émergence d'une société civile forte et pleinement responsable. Il travaille au renforcement du partenariat avec les organisations non gouvernementales comme en témoigne la participation de la société civile à la revue du Cadre stratégique de lutte contre la pauvreté en 2006.

Les Nations Unies ont aussi, depuis quelques années, intensifié leurs relations avec ces organisations.

Monsieur le Directeur général, Distingué(e)s invité(e)s, Mesdames et Messieurs,

Ce séminaire de formation qui nous réunit cette semaine a pour objectif de faire acquérir aux représentants des organisations non gouvernementales l'expertise et les compétences nécessaires pour le suivi et l'évaluation efficace des programmes de développement, en vue de leur pleine participation à ces programmes, ainsi que de l'amélioration des conditions de vie des populations congolaises.

Il s'agit donc de donner aux apprenants les outils leur permettant de concevoir et mettre en place un dispositif de suivi, d'être en mesure d'évaluer la performance d'un programme par rapport à la participation des populations dans sa mise en œuvre, et de les amener à proposer des actions précises de suivi et d'évaluation de ces programmes.

Monsieur le Directeur général, Distingué(e)s invité(e)s, Mesdames et Messieurs,

Le suivi et l'évaluation sont désormais une donnée essentielle de tout programme de développement. Grâce à ces mécanismes, les acteurs publics et privée de la société civile ont ainsi la possibilité non seulement de suivre et évaluer les programmes et politiques publics, mais aussi d'influer sur leur contenu, voire de développer des éléments manquants.

Le suivi-évaluation est un tableau de bord, un outil de pilotage quotidien des programmes de développement. Il est aussi un instrument essentiel de la gestion axée sur les résultats.

Comme vous le savez, le Président de la République congolaise lui-même a souhaité que le Gouvernement mette en place un tel système de gestion, et vous n'ignorez pas que les Ministres de la République sont jugés à l'aune des résultats qu'ils obtiennent dans la mise en œuvre de la politique nationale.

Il est donc naturel que les organisations de la société civile appliquent les mêmes principes de manière à améliorer l'efficacité des politiques publiques.

Je souhaite donc que cet atelier aide les participants à rendre compte des progrès et besoins nécessaires à la mise en œuvre des programmes de développement que vous suivez dans les différents départements et districts de la République.

Monsieur le Directeur général, Distingué(e)s invité(e)s, Mesdames et Messieurs,

Promouvoir une culture de suivi et d'évaluation est indispensable pour un développement durable effectif.

Il s'agit également d'une exigence de la communauté internationale clairement exprimée lors de la Conférence internationale sur la population et le développement du Caire, réunie au Caire, en Egypte, en 1994, pour favoriser l'accélération du développement.

En outre, institutionnaliser cette pratique et s'y soumettre régulièrement est la manifestation d'une réelle volonté politique fondée sur la recherche constante du progrès. Dans notre perspective, il va de soi que la volonté des organisations de la société civile au Congo est de donner l'exemple.

Au regard de l'importance de ce séminaire que je viens de rappeler et des efforts techniques et financiers consentis pour qu'il ait pu se tenir, je vous invite à être assidus, ponctuels et à participer activement tout au long de cette formation, afin d'en tirer le maximum de profit. A l'issue de cette formation, je vous invite à organiser des sessions de restitution dans vos organisations respectives, afin que le plus grand nombre d'acteurs de la société civile puisse en tirer bénéfice.

En tant qu'agence leader en matière de suivi et évaluation au Congo, je m'engage à continuer à contribuer activement au renforcement des capacités de la société civile à accompagner le gouvernement congolais dans la préparation, la mise en œuvre et le suivi des politiques et programmes de développement.

En terminant, je voudrais remercier le Bureau de la Coordination Nationale de la Société Civile qui n'a pas ménagé ses efforts pour la tenue de ce séminaire, ainsi que les formateurs André Kehoua, du Projet de Renforcement des Capacités en Transparence et Gouvernance, Clément Tukeba Lessa Kimpuni, de la Banque Mondiale, et mon collègue Vridaou Tao, d'avoir accepté de faciliter ce séminaire.

Je vous remercie de votre aimable attention.

Discours de M. David LAWSON, Représentant résident du Fonds des Nations Unies pour la Population (UNFPA) au Congo & Directeur de la Représentation de l'UNFPA au Gabon, à l'occasion de la cérémonie de remise officielle d'équipements informatiques au Ministère de l'Economie, du Plan, de l'Aménagement du territoire et de l'Intégration dans le cadre du développement du Système Intégré de Base des Données (IMIS). Brazzaville, 29 avril 2011

Monsieur le Directeur de Cabinet adjoint du Ministre d'Etat, Ministre de l'Economie, du Plan de l'Aménagement du territoire et de l'Intégration, Coordonnateur du pôle économique,
Monsieur le Directeur général du Centre National de la Statistique et des Etudes économiques,
Monsieur le Directeur General de l'Etat Civil du Ministère de l'Intérieur,
Mesdames et Messieurs les Directeurs généraux,
Monsieur le Directeur des Etudes et de la Planification du Ministère de la Santé et de la Population,
Monsieur le Directeur des Etudes et de la Planification de l'Enseignement Primaire et Secondaire chargé de l'Alphabétisation,
Mesdames et Messieurs les Directeurs d'administrations centrales,
Mesdames et Messieurs les représentants des agences du Système des Nations Unies au Congo,
Cher(e)s Collègues
Distingué(e)s invité(e)s, Mesdames et Messieurs,

La collecte, l'utilisation et l'analyse des données sociodémographiques pour la formulation des politiques et programmes de développement constituent des principes directeurs de l'action de l'UNFPA et de son appui aux gouvernements à travers le monde.

Les données sociodémographiques sont en effet essentielles au processus de développement national: elles doivent informer les décideurs et faciliter leurs décisions et l'élaboration en faveur du bien-être des populations et de la réduction de la pauvreté.

Elles sont également indispensables au suivi par les pouvoirs publics et la société civile, y compris les représentants du peuple, de la mise en œuvre et de l'efficacité des politiques et programmes mis en œuvre, de même que le suivi des progrès réalisés en matière de développement, notamment pour la réalisation des Objectifs du Millénaire pour le Développement - les OMD.

Dans ce contexte, le Système Intégré de Base des Données - IMIS adopté par la République du Congo l'an dernier avec l'appui du Fonds des Nations Unies pour la population (UNFPA) constitue un outil de référence pour la gestion de données multisectorielles et de bases de données, ainsi que pour le suivi et l'évaluation des politiques et programmes de développement.

IMIS permet notamment la sauvegarde, la diffusion et l'intégration des données et le suivi des indicateurs des OMD. Ce système permet également, à partir de fichiers de données de grande envergure, tels que les résultats du recensement général de la population et de l'habitat ou ceux des enquêtes statistiques, d'accéder aux données de plus petites unités administratives, telles que les villages ou les quartiers. Enfin, il permet la mise à disposition, sur une même plate-forme, de données nationales éparses existantes au Congo.

Monsieur le Directeur de Cabinet, Mesdames et Messieurs,

C'est donc pour moi un grand plaisir que de faire cette dotation d'équipements informatiques pour une valeur de 11 millions de FCFA, soit vingt-trois mille dollars américains, au Ministère de l'Economie, du Plan, de l'Aménagement du territoire et de l'Intégration, dans le cadre de l'appui du Fonds des Nations Unies pour la population au Gouvernement congolais pour soutenir les efforts du renforcement du système statistique national et le développement du Système Intégré de Bases des Données, IMIS.

Ces équipements haut de gamme sont attribués à cinq départements ministériels:

1) au Centre National de la Statistique et des Etudes économiques, qui relève du Ministère de l'Economie, du Plan, de l'Aménagement du territoire et de l'Intégration, et coordonne la fourniture de services statistiques pour le suivi des progrès en matière de développement;

2) à la Direction de l'Etat civil du Ministère de l'Intérieur pour permettre l'enregistrement continu des faits d'état civil et la production de statistiques régulières sur les naissances, les décès et les migrations;

3) au Ministère des Affaires Sociales et de l'Action humanitaire, afin d'appuyer le programme de développement du système d'information sur la politique sociale visant à favoriser l'accès des pauvres aux services sociaux de base;

4) au Ministère de l'Enseignement Primaire et Secondaire, et de l'Alphabétisation, pour le renforcement du suivi statistique en matière d'éducation;

5) et enfin, à la Direction des Etudes et de la Planification du Ministère de la Santé et de la Population dans la continuité de l'appui de l'UNFPA au Système National d'Information Sanitaire, le SNIS.

Monsieur le Directeur de Cabinet, Mesdames et Messieurs,

Je suis personnellement convaincu que le bon usage et l'entretien de ces équipements contribueront grandement au renforcement et au développement de la statistique en République du Congo.

Lors de la Journée mondiale de la Population 2010, j'avais pris des engagements en direction du Gouvernement congolais en matière statistique, outre notre appui au recensement général de la population et de l'habitat, à l'analyse et la diffusion des résultats, au renforcement des capacités nationales institutionnelles et de la société civile en suivi et évaluation, à l'enquête démographique et de santé, à la mise en place du système IMIS, au Système national d'information sanitaire, cette dotation concrétise un de ces engagements, celui de doter l'équipe interministérielle d'IMIS en outils informatiques, afin de lui permettre la mise en œuvre effective du système de gestion des bases de données au Congo.

En terminant, je tiens à vous assurer que l'UNFPA continuera à accompagner le Centre National de la Statistique et des Etudes Economiques et le futur Institut National de la Statistique, pour le renforcement de l'outil statistique au Congo avec pour objectif l'amélioration de la formulation et du suivi des politiques publiques pour le bien-être de toutes les Congolaises et de tous les Congolais.

Enfin, je tiens à saluer le leadership du Ministre d'Etat, Ministre de l'Economie, du Plan, de l'Aménagement du Territoire et de l'Intégration, Coordonnateur du Pôle Economique, Pierre Moussa, qui est depuis longtemps un défenseur convaincu de l'importance des statistiques, qui s'est investi personnellement dans la mise en place d'IMIS et a instauré un Institut National de la Statistique indépendant, dont je suis convaincu que l'opérationnalisation prochaine renforcera indéniablement le système statistique congolais.

Je vous remercie.

Discours de M. David LAWSON, Représentant résident du Fonds des Nations Unies pour la population (UNFPA) en République du Congo & Directeur de la Représentation de l'UNFPA en République du Gabon, à l'occasion de la cérémonie d'ouverture de la revue semestrielle 2011 du Programme de coopération entre le Gouvernement du Congo et l'UNFPA. Ministère des Hydrocarbures, Brazzaville, 30 juin 2011

Monsieur le Directeur Général du Plan et du Développement, Président du Comité de pilotage du programme de Coopération entre le Gouvernement du Congo et le Fonds des Nations Unies pour la population,
Mesdames et Messieurs les Directeurs généraux et centraux,
Monsieur le Coordonnateur de la Cellule Intersectorielle de planification des Problèmes de Population,
Mesdames et Messieurs les Chefs de Service,
Mesdames et Messieurs les représentants des organisations de la société civile,
Mesdames et Messieurs les représentants de la presse et des media,
Distingué(e)s invité(e)s, Mesdames et Messieurs,

C'est la première fois que nous nous réunissons cette année dans le cadre de la revue bilatérale du Programme de coopération 2009-2013 entre le Gouvernement de la République du Congo et le Fonds des Nations Unies pour la population (UNFPA) et je me réjouis de vous retrouver.

Permettez-moi tout d'abord de remercier le Directeur général du Plan et du Développement, Monsieur Raphael Mokoko, d'être avec nous aujourd'hui pour la cérémonie d'ouverture de la première revue semestrielle du Programme de coopération au titre de l'année 2011.

Sa présence parmi nous est la démonstration de l'engagement du Ministère de l'Economie, du Plan, de l'Aménagement du Territoire et de l'Intégration à renforcer le leadership, l'appropriation et la coordination du Gouvernement congolais sur les programmes de coopération onusiens, y compris celui du Fonds des Nations Unies pour la population.

Je tiens à saisir cette opportunité pour, à travers vous Monsieur le Président du Comité de pilotage, féliciter chaleureusement le Gouvernement congolais et le Ministre d'Etat, Coordonnateur du pôle économique, Ministre de l'Economie, du Plan, de l'Aménagement du Territoire et de l'Intégration,

Pierre Moussa, pour son leadership dans la mise en place entre le Gouvernement congolais et les partenaires internationaux au développement d'instruments d'application de la Déclaration de Paris sur l'efficacité de l'aide au développement, notamment par un cadre concertation et des mécanismes de coordination et de suivi sur l'efficacité de l'aide au développement, de même que d'une Feuille de route de mise en œuvre de la Déclaration de Paris sur l'efficacité de l'aide au développement.

Monsieur le Président, Mesdames et Messieurs,

Au cours de ces deux dernières années, j'ai fait le plaidoyer auprès du Ministère des Affaires étrangères et des partenaires internationaux au développement pour la mise en place d'un tel cadre de concertation qui doit renforcer le leadership et l'appropriation du gouvernement sur les programmes de coopération bilatéraux. A ce titre, je me félicite d'avoir contribué activement à la définition de ces instruments pour l'efficacité de l'aide au développement.

Je suis convaincu que ceux-ci ouvrent une nouvelle page dans la coopération entre le Gouvernement congolais et les partenaires techniques et financiers du Congo.

Je voudrais ainsi immédiatement saisir cette opportunité pour renforcer également le cadre de concertation entre le Gouvernement congolais et le Fonds des Nations Unies pour la population. Je voudrais vous offrir ici quelques propositions et recommandations pour alimenter les réflexions et discussions de notre revue de Programme pendant ces deux jours.

1) Tout d'abord, la budgétisation et le décaissement des fonds de la contrepartie nationale dans le cadre des programmes de développement mis en œuvre par le Gouvernement et l'UNFPA. Le Congo est un pays à revenu intermédiaire et, à ce titre, ne dispose pas d'une assistance financière au développement importante de la part de la communauté internationale. Celle-ci représente à peine deux pour cent du produit intérieur brut congolais.

Le Fonds des Nations Unies pour la population contribue, au titre de l'année 2011, quelque deux milliards de francs CFA dans le cadre du programme de coopération entre le Congo et UNFPA. Ces fonds sont destinés à des activités stratégiques à faible investissement et forts résultats. L'essentiel de la contribution de l'UNFPA au développement congolais passe l'assistance technique et l'expertise de haut niveau.

Les fonds de contrepartie nationale dans le cadre de la coopération entre le Congo et l'UNFPA constituent donc l'essentiel de la contribution financière au programme de développement mis en œuvre avec l'appui de l'UNFPA. La contrepartie nationale devrait représenter au moins deux fois le montant de la contribution du Fonds des Nations Unies pour la population.

Outre cette nécessité de budgétisation, afin de faciliter le décaissement des fonds de l'UNFPA dans le cadre de notre Programme, il est essentiel que les fonds de la contrepartie nationale soient débloqués de façon prioritaire et à temps.

2) Deuxièmement, nous avons observé quelques difficultés de certains départements ministériels dans l'exécution budgétaire et programmatique de leur enveloppe annuelle. Nous avons récemment participé avec le ministère de la Santé et de la Population à la revue du Plan de développement des services de santé, le PDSS, et il est apparu clairement des difficultés d'exécution programmatique et budgétaire.

Après mûre réflexion, le Fonds des Nations Unies pour la population souhaite offrir ses ressources humaines, techniques et administratives pour faciliter l'exécution de programmes de développement des Ministères partenaires, dans le cadre du mandat de notre institution. Il ne vous a pas échappé qu'un précédent existe puisque le Ministère de l'Energie a confié au PNUD l'exécution d'un programme financé exclusivement par le budget national.

Je suis convaincu que l'UNFPA peut contribuer utilement à la mise en œuvre non seulement des programmes de développement dans le cadre de notre Programme de coopération, mais également sur financement congolais exclusif.

Je vous invite donc à faire part de cette offre à vos autorités hiérarchiques et ministérielles.

3) Troisièmement, en 2011, la République du Congo a adopté le budget national de l'Etat le plus important sur le plan financier de toute son histoire. D'après le Fonds monétaire international, avec un taux de croissance économique à deux chiffres cette année, le Congo sera le pays africain à la plus forte croissance du continent. A ce titre, il sera un des pays qui contribue très largement à la progression économique de l'Afrique.

La République du Congo est un pays à revenu intermédiaire à fort potentiel économique sur la voie de *l'émergence* en suivant son *Chemin d'Avenir*. C'est ainsi que dans un monde globalisé en proie à des défis multiples de toute nature, le Congo a su résister à la crise financière mondiale. Le pays s'affirme donc comme un des leaders du continent africain. Ce statut enviable s'accompagne de devoirs.

La République du Congo contribue depuis une décennie vingt-quatre millions de francs CFA par an au budget régulier de l'UNFPA. Je remercie vivement le Gouvernement congolais de cet engagement qui démontre le soutien politique à la direction de notre institution, à son mandat et à ses actions, à un moment où notre Organisation subit de plein fouet le contrecoup de la crise financière internationale et un certain désengagement de ses bailleurs de fonds traditionnels.

A ce titre, je tiens à préciser néanmoins qu'avec un budget annuel en 2011 de 2 milliards de francs CFA, l'UNFPA atteint son record historique de sa contribution financière au Congo. Je voudrais ainsi saisir cette occasion pour encourager le Gouvernement à revoir sa contribution financière au budget régulier de l'UNFPA à la hausse, à la lumière de son statut de puissance régionale et internationale. En outre, je souhaite inviter le Gouvernement à apporter à la Représentation du Fonds des Nations Unies pour la population, une contribution financière aux activités opérationnelles de notre institution ici même au Congo. Comme c'est le cas dans d'autres pays, le Gouvernement peut ainsi contribuer directement au budget local de l'UNFPA pour des actions qui bénéficient aux populations congolaises.

4) Quatrièmement, il faut profiter de la mise en place du nouveau cadre de concertation entre le Gouvernement congolais et les partenaires techniques et financiers du Congo pour procéder au renforcement du cadre de coordination de notre Programme de coopération.

Cette opportunité est renforcée par la revue à mi-parcours du Plan-Cadre des Nations Unies pour l'Aide au développement, l'UNDAF en sigle, et de la revue à mi-parcours de notre Programme de Coopération qui doit débuter dans les toutes prochaines semaines.

Ces revues seront l'occasion de revoir l'intégralité de notre Programme sous tous ses aspects, à la fois stratégiques, programmatiques et techniques. Mais d'ores et déjà, je veux offrir à votre réflexion une révision de nos mécanismes de coordination du programme:

a) Il me semble tout d'abord que les revues trimestrielles devraient s'articuler en deux temps; d'une part, des sessions préparatoires au niveau des techniciens et, d'autre part, les revues à proprement parler qui devraient se tenir dans le cadre du Comité de pilotage, au niveau des Directeurs généraux, voire de certains ministres suivant les points à l'ordre du jour définis par les sessions préparatoires.

Alors que les sessions préparatoires permettraient de faire le point de la situation, de relever les progrès et les défis de notre coopération et formuler des recommandations à l'endroit des décideurs, le Comité de pilotage aurait pour but de décider des grandes orientations et de mesures correctives en vue d'améliorer la performance du Programme de coopération.

b) Outre les revues bilatérales Gouvernement du Congo-UNFPA, il est impérieux que se tiennent désormais des revues sectorielles avec l'ensemble des partenaires intervenant dans un domaine particulier, afin de renforcer les synergies et les actions conjointes sous le leadership éclairé du Gouvernement.

c) Les revues annuelles ne doivent plus être désormais les revues du dernier trimestre de l'année, mais bel et bien les revues de l'ensemble de l'action menée chaque année. Je souhaite un renforcement de ce dispositif, car je voudrais qu'à partir de l'année 2012, sous réserve de l'accord du Comité de pilotage, nous puissions rédiger des plans de travail biennal plutôt qu'annuel.

Cette modification majeure aurait pour conséquence de limiter le nombre des négociations des plans de travail annuels et de donner une plus grande lisibilité et permettre d'inscrire nos actions dans la durée. Naturellement les budgets pourraient être planifiés sur deux ans, sous réserve de modification en fonction des cycles budgétaires annuels du Gouvernement et de notre institution. Une telle disposition aurait en plus l'avantage de coïncider avec le budget biennal de 1'UNFPA au niveau global.

d) En outre, je souhaite que ces plans de travail biennaux soient désormais axés sur des résultats concrets et tangibles, et plus seulement sur des calendriers d'activités.

e) Pour l'année prochaine et afin de mieux planifier nos réunions de revue périodique, le Comité de pilotage devra arrêter le calendrier de nos réunions au cours de la revue annuelle, en cette fin d'année. De même, les réunions de revue ou du Comité de pilotage devraient disposer d'un agenda clair et précis, prépare bien en amont des réunions, suivant vos recommandations et qui devra permettre aux participants, au niveau technique ou politique, d'être en mesure d'avoir des discussions centrées et productives.

f) Enfin, le renforcement de la coordination du Programme de coopération Congo-UNFPA doit passer par un budget spécifique alloué par le Gouvernement, dont le Fonds des Nations Unies pour la population pourrait se charger de la gestion financière et administrative, afin de faciliter l'exécution et le travail du Ministère de l'Economie, du Plan, de l'Aménagement du Territoire et de l'Intégration et de la Cellule Intersectorielle de planification des Problèmes de Population.

Monsieur le Président, Mesdames et Messieurs,

La revue qui nous réunit aujourd'hui et demain porte sur les activités des premier et deuxième trimestres 2011 de notre Programme de coopération en 2011. Sans préjuger des discussions qui vont se tenir, je tiens à féliciter Monsieur le Directeur Général du Plan et du Développement et l'ensemble des partenaires de mise en œuvre du Programme pour les progrès réalisés en matière de coordination, d'exécution et de suivi des rapports d'audit NEX depuis mon arrivée au Congo. En effet, les audits réalisés en 2009 et 2010 sur les activités mises en œuvre au cours des deux années écoulées sont satisfaisants et traduisent une nette amélioration dans le respect des procédures de mise en œuvre et de justification des financements mis à la disposition des programmes de développement au Congo.

Ces résultats confortent la position de la Représentation du Fonds des Nations Unies pour la population en République du Congo, pour la mobilisation de ressources additionnelles et par rapport aux nouvelles orientations du nouveau Directeur exécutif de l'UNFPA, en poste depuis janvier 2011, qui accorde la plus haute importance à l'exécution nationale et à la capacité des agences d'exécution à gérer les ressources financières mises à leur disposition.

Le nouveau Directeur exécutif de l'UNFPA, sous la pression croissante des bailleurs de fonds membres du Conseil d'administration de l'organisation a ainsi indiqué que la coopération avec des partenaires d'exécution du Programme qui ne se soumettraient pas aux règles et procédures de l'UNFPA en matière de justificatifs et de résultats, dans les délais impartis, devrait être suspendue.

Tout en me réjouissant de l'excellente coopération entre le Gouvernement congolais et le Fonds des Nations Unies pour la population, j'encourage toutes les parties prenantes impliquées dans l'exécution de notre Programme à maintenir, cette année et au-delà, l'objectif atteint en 2009 et 2010 de zéro OFA.

En terminant, Monsieur le Président, Mesdames et Messieurs, je forme le vœu que des recommandations substantielles émergent de cette revue et que le Comité de pilotage du Programme puisse se réunir dans les meilleurs délais à haut niveau afin de prendre les décisions et les mesures qui nous permettront, j'en suis sûr, de renforcer l'efficacité de notre coopération et de la coordination du Programme pour le bien-être des populations congolaises.

Enfin, je crois que ce nouveau dispositif constituera une contribution et un instrument utile et efficace, dans le cadre du renforcement de la concertation entre le Gouvernement congolais et les partenaires internationaux au développement. J'entends continuer à contribuer activement au développement et à la mise de ce nouveau cadre de concertation sur l'efficacité de l'aide, et unit l'UNFPA au Gouvernement congolais.

Je vous remercie de votre attention.

Discours de M. David LAWSON, Représentant résident du Fonds des Nations Unies pour la population (UNFPA) en République du Congo & Directeur de la Représentation de l'UNFPA en République du Gabon, à l'occasion de la cérémonie d'ouverture de la revue annuelle 2011 du Programme de coopération entre le Gouvernement du Congo et l'UNFPA. Brazzaville, 17 janvier 2012

Monsieur le Directeur Général du Plan et du Développement,
Président du Comité de pilotage du programme de Coopération Congo-UNFPA,
Mesdames et Messieurs les Directeurs généraux et centraux,
Mesdames et Messieurs les administrateurs publics et universitaires,
Mesdames et Messieurs les représentants des organisations non gouvernementales et de la société civile,
Distingué(e)s invité(e)s,
Mesdames et Messieurs,

Permettez-moi tout d'abord de vous adresser à tous mes meilleurs vœux pour cette nouvelle année; qu'elle soit productive et riche pour vous, vos familles et vos proches, pour notre Programme et les populations congolaises.

Nous sommes réunis aujourd'hui pour l'ouverture de la revue annuelle 2011 de notre programme de coopération Gouvernement du Congo-Fonds des Nations Unies pour la Population (UNFPA) et je tiens à remercier à travers vous, Monsieur le Directeur Général du Plan et du Développement, Pierre Moussa, Ministre d'Etat, Ministre de l'Economie, du Plan, de l'Aménagement du Territoire et de l'Intégration, pour l'attention particulière qu'il accorde à cette coopération.

Cette revue se tient à un moment où le monde fait face à une crise politique, financière et économique. Dans ce contexte de crise, à la demande de son Conseil d'administration, l'UNFPA doit prendre de nouvelles mesures pour s'adapter à un environnement en mouvement.

C'est aussi la première revue annuelle du programme depuis la prise de fonction du Directeur exécutif de l'UNFPA, soucieux de l'atteinte de résultats tangibles, d'un renforcement accru des capacités nationales et d'une prise de conscience mutuelle de la responsabilité partagée entre le gouvernement et ses partenaires au développement face à la demande de bien-être de la population.

J'ai participé à la réunion globale de tous les Représentants de l'UNFPA dans le monde avec le Directeur exécutif en décembre dernier. Le Directeur exécutif de l'UNFPA s'est engagé à faire de l'amélioration des conditions de vie et de la santé des femmes et des jeunes, couches à la fois les plus vulnérables et porteuses d'espoir, les deux axes prioritaires de son action avec pour objectif de garantir leur accès universel aux services de santé sexuelle et reproductive, y compris la planification familiale, et de promouvoir leurs droits en matière de procréation et la réduction de la mortalité maternelle.

Cette nouvelle vision implique une rigueur sans faille dans la gestion des ressources financières et humaines du Fonds des Nations Unies pour la Population. Cette vision s'appuiera sur la maîtrise des dynamiques de population, la promotion de l'égalité des sexes et des droits humains.

Dans ce contexte et au moment où nous procédons à la revue à mi-parcours de notre programme de coopération couvrant la période 2009-2013, dont les résultats provisoires seront exposés demain dans le cadre de cette revue, nous devons porter un regard critique et pragmatique sur les progrès réalisés en matière de résultats et de gestion des ressources, au regard des objectifs de notre programme.

Ainsi, cette revue annuelle, tout en nous donnant l'opportunité de dresser le bilan annuel de la mise en œuvre du programme et des progrès réalisés, devra également se focaliser sur les difficultés d'exécution rencontrées et sur les mesures correctives à entreprendre afin de garantir et d'accélérer l'atteinte des résultats escomptés d'ici la fin du programme.

Monsieur le Président, Mesdames et Messieurs,

Je suis convaincu que les délibérations des revues trimestrielles et du Comité de pilotage permettront une accélération de la mise en œuvre du programme au cours de cette année 2012. Nous devons régler définitivement les problèmes liés aux difficultés de décaissement des fonds de la contrepartie nationale, afin d'accroître l'efficacité de nos actions conjointes. De même, il nous faut solder les problèmes de justification dans les délais des fonds mis à la disposition des partenaires par l'UNFPA. Par ailleurs, nous devrons renforcer la coordination globale et sectorielle du Programme, la documentation et les rapports sur les résultats.

Cette année, la République du Congo dispose du plus important budget de toute son histoire. Je voudrais réitérer ici la volonté du Fonds des Nations Unies pour la Population à mettre à la disposition du gouvernement, son expertise et des ressources humaines pour renforcer l'exécution budgétaire nationale en mettant en œuvre des programmes nationaux dans les domaines de nos compétences, ainsi que je l'ai indiqué lors de la dernière réunion du Comité de pilotage de notre Programme de coopération, en octobre 2011.

Cette stratégie pourrait permettre d'accroître le niveau d'exécution budgétaire des programmes de développement nationaux sous votre administration.

Suivant les décisions du Comité de pilotage de l'an dernier, et face aux difficultés récurrentes de la justification des dépenses sur les fonds d'assistance accordés par l'UNFPA, à des problèmes de gestion graves l'an dernier, la modalité du paiement direct par l'UNFPA sera la modalité financière d'exécution prioritaire, afin d'éviter les OFA et alléger le poids de la gestion administrative et financière et pour que les partenaires de mise en œuvre puissent se concentrer sur les activités substantielles.

La question des OFA nous a beaucoup consumé encore cette année 2011 et ils ont été considérablement réduits. Je vous en félicite.

Monsieur le Président, Mesdames et Messieurs,

Je me dois de vous exprimer toute la satisfaction de l'UNFPA et la mienne face aux avancées importantes réalisées sur le plan programmatique au cours de l'année écoulée.

Je ne citerai que quelques exemples: les efforts de plaidoyer et la formation des journalistes congolais ont permis une sensibilisation des décideurs et des populations sur les questions de population et développement, la jeunesse, la mortalité maternelle, les grossesses précoces, la prévention du VIH, les violences faites aux femmes, les droits des femmes et des personnes âgées, etc.

En matière de santé de la reproduction, d'après le Ministre de la Santé, la mortalité maternelle s'établirait à 300 décès pour 100,000 naissances vivantes, contre 781 décès d'après la dernière Enquête démographique de la santé (EDS) de 2005. L'EDS 2012 en cours nous permettra de le confirmer, de la même manière que la réduction du taux de prévalence au VIH/SIDA lui-même déjà en réduction de 4,1 à 3,2% entre 2005 et 2009.

Le nombre de femmes traitées par les fistules est en augmentation avec un nouveau Comité de coordination interministériel mis en place, sous la direction du Directeur général de la Santé, et qui démontre son efficacité. La césarienne est désormais gratuite pour toutes les Congolaises.

Concernant la condition féminine, la question de la place et le rôle des femmes n'a jamais été aussi haut sur l'agenda politique national. La loi sur la parité aux fonctions électives, administratives et politiques, annoncée par le Chef de 'Etat lui-même, doit être adoptée en Conseil des Ministres dans les prochaines semaines. Mais déjà, un tiers des nominations aux postes de hauts fonctionnaires nommés en Conseil des Ministres sont des femmes. Les prochaines élections législatives qui s'annoncent devraient permettre à un plus grand nombre de femmes d'accéder au parlement.

Le système statistique national a été renforcé, notamment en matière de santé. La gestion des produits de la santé de la reproduction est ainsi améliorée, limitant les ruptures de stocks.

Concernant l'appui aux populations vulnérables, les populations autochtones sont désormais protégées par une loi adoptée en février dernier. Les décrets d'application en cours de préparation avec l'appui de l'UNFPA doivent être adopté rapidement afin soutenir ces populations menacées d'extinction.

Concernant les personnes handicapées, la ratification de la Convention des Nations Unies sur leurs droits devrait intervenir dans les prochains mois grâce au plaidoyer sur ce sujet. La signature de projets soutenus par l'UNFPA et Total devrait renforcer l'action du gouvernement à Pointe-Noire en faveur de l'appui et la réinsertion des personnes handicapées. Enfin, les réfugiés de la République démocratique du Congo sont toujours dans le département de la Likouala et l'assistance de l'UNFPA a permis de contribuer à leur bien-être en matière de santé maternelle et de la reproduction, de prévention du VIH et des violences sexuelles, tout en bénéficiant également aux populations congolaises du département.

Je voudrais aussi vous inviter à la finalisation des plans de travail désormais biannuels 2012-2013, suivant les recommandations du Comité de pilotage d'octobre 2011. Dès que les plans de travail seront finalisés, les activités pourront démarrer. Il nous faut finaliser cet exercice en janvier pour répondre aux besoins urgents des populations.

La participation active et assidue de toutes et tous à cette revue est donc essentielle. Je souhaite qu'elle débouche sur des délibérations de qualité et des recommandations susceptibles d'accroître l'efficacité de notre Programme de coopération, dont je me réjouis de la qualité et des résultats.

Enfin en terminant, je tiens à remercier très chaleureusement, Monsieur Raphael Mokoko, Directeur Général du Plan et du Développement, Président du Comité de pilotage de notre Programme, pour son leadership et son engagement sans faille au succès de nos délibérations et du Programme. Je voudrais saluer également l'équipe de la Cellule Intersectorielle de Planification des Problèmes de Population, mais aussi vous tous, pour vos efforts quotidiens au succès de notre coopération pour le bien-être des populations congolaises. Je vous remercie.

Allocution de M. David LAWSON, Représentant résident du Fonds des Nations Unies pour la Population (UNFPA) en République du Congo & Directeur de la Représentation de l'UNFPA en République du Gabon, à l'ouverture de l'Atelier de validation du projet de 5eme Programme de coopération entre la République du Congo et le Fonds des Nations Unies pour la Population (UNFPA) pour la période 2014-2018. Brazzaville, 20 décembre 2012

Monsieur le Ministre délégué auprès du Ministre d'Etat, Ministre de l'Economie, des Finances, du Plan, du Portefeuille public et de l'Intégration, Chargé du Plan et de l'Intégration,
Monsieur le Directeur Général du Plan et du Développement, Président du Comité de pilotage du programme de Coopération Congo-UNFPA,
Mesdames et Messieurs les Ambassadeurs et Chefs de missions diplomatiques et consulaires, et Cher(e)s Collègues,
Mesdames et Messieurs les Représentants des organisations internationales et Cher(e)s Collègues, Mesdames et Messieurs les représentants du corps diplomatique, et Cher(e)s Collègues,
Monsieur le Coordonnateur de la Cellule intersectorielle de planification des Problèmes de Population,
Mesdames et Messieurs les Directeurs Généraux et Centraux,
Mesdames et Messieurs les représentants de la société civile et du monde académique,
Mesdames et Messieurs les représentants de la presse et des medias,
Distingué(e)s invité(e)s, Mesdames et Messieurs,

Nous sommes réunis aujourd'hui à l'occasion de l'atelier de validation du projet de cinquième programme de coopération entre la République du Congo et le Fonds des Nations Unies pour la population (UNFPA). Je tiens à tous vous remercier sincèrement d'être avec nous aujourd'hui pour ce solennel événement, et en particulier Monsieur le Ministre, qui malgré un agenda de fin d'année chargé, nous fait l'immense honneur d'être parmi nous.

Je voudrais profiter de cette occasion pour féliciter formellement et chaleureusement Léon Raphael Mokoko, Ministre délégué auprès du Ministre d'Etat, Ministre de l'Economie, des Finances, du Plan, du portefeuille public et de l'Intégration, chargé du Plan et de l'Intégration, pour sa brillante nomination au gouvernement. Nous n'avons aucun doute que ces nouvelles fonctions contribueront encore davantage au rayonnement des diverses initiatives qu'il avait déjà mises en œuvre largement dans ses précédentes fonctions, y compris avec les partenaires au développement, pour le bien-être des populations congolaises.

Monsieur le Ministre, Distingué(e)s invité(e)s, Mesdames et Messieurs,

Ce projet de cinquième programme de coopération est le fruit, mais également le reflet, de l'étroite et excellente collaboration qui existe entre le Gouvernement de la République et la population congolaise et le Fonds des Nations Unies pour la Population depuis plusieurs décennies.

Chaque nouveau programme de coopération capitalise en effet sur les cinq années de coopération du programme précédent. J'ai eu l'honneur et le privilège de mener pour 1'UNFPA la mise en œuvre du quatrième programme qui s'achèvera à la fin l'an prochain. Ce quatrième programme aura permis des avancées significatives sur le plan social, grâce notamment à la performance économique du pays au cours des dernières années et à des décisions et mesures volontaristes courageuses des autorités congolaises. Notre programme de coopération a contribué à des progrès sociaux importants pour le pays.

Ainsi, par exemple, outre le plaidoyer et l'assistance technique et financière pour la mise en œuvre de la gratuité de la césarienne, la mise en place de l'Observatoire national des décès maternels, le programme de traitement gratuit de la fistule qui a permis de soigner plus d'un tiers des femmes identifiées avec cette pathologie et leur réinsertion socio-économique, ont participé de la réduction de la mortalité maternelle qui a chuté au Congo de plus de 45 pour cent entre 2005 et 2012, avec une accélération durant ce cycle de programmation, 2009-2013.

Le renforcement de la disponibilité des préservatifs et du système de distribution des produits de la santé reproductive ont aussi contribué à la réduction du taux de prévalence du VIH/Sida que connaît le pays depuis une décennie.

Les mesures en faveur de l'égalité de genre et des droits des femmes et la mobilisation politique et sociale sans précédent dans ce domaine ont atteint leur paroxysme au Congo, notamment avec le projet la loi sur la parité, la participation des femmes aux élections et la lutte contre les violences sexuelles et les mutilations génitales.

L'accès des jeunes à des services de la santé de la reproduction de qualité, y compris la prévention des grossesses précoces et l'appui à la réinsertion des jeunes filles-mères. Les droits, notamment sexuels et reproductifs, des populations vulnérables, telles que les peuples autochtones, les personnes vivant avec handicap et les personnes âgées.

Le renforcement du système statistique national, notamment avec le recensement général de la population à jour et la toute dernière enquête démographique et de santé, permet au pays de disposer désormais de données statistiques socio-démographiques à jour pour informer les politiques publiques en faveur du développement national.

Enfin, la réponse humanitaire et le renforcement des capacités nationales dans l'amélioration de la santé maternelle et néonatale, la prévention du VIH/Sida et des violences sexuelles, et la prise en charge des victimes de violence, et le renforcement de la collecte des données dans les situations humanitaires.

Monsieur le Ministre, Distingué(e)s invité(e)s, Mesdames et Messieurs,

Conformément aux principes de la Déclaration de Paris, le développement de ce document-cadre de coopération, tout comme la mise en œuvre de nos programmes de coopération se fait en cohérence avec les priorités, politiques et stratégies nationales. Ce document de programmation est en effet articulé autour des priorités définies par le Gouvernement congolais dans la *Stratégie pour la Croissance, l'Emploi et la Réduction de la Pauvreté 2012-2016* et de la *Vision 2025 pour le Congo émergent,* dont il contribuera à atteindre les objectifs.

Il tient également compte du nouveau document-cadre de Nations Unies d'Aide au Développement -l'UNDAF- pour le Congo qui a été développé parallèlement, mais en symbiose avec notre programme de coopération, afin d'assurer les synergies et des activités communes avec les autres agences du système des Nations Unies.

Le document a été développé suivant une approche inclusive et participative: les fonctionnaires des ministères compétents, les acteurs de la société civile, du monde académique et du secteur privé, et les partenaires internationaux au développement ont été associés au processus d'élaboration de ce document. Je tiens à remercier les uns et les autres pour leurs contributions importantes, notamment lors de l'atelier de définition des priorités du programme, mais aussi par email et courrier, au cours des dernières semaines et des tout derniers jours.

Cette approche répond au principe de l'appropriation nationale. Il a pour objectif d'impliquer les partenaires de mise en œuvre du programme dès son élaboration, afin que cette appropriation facilite leur exécution du programme pour une plus grande efficacité et de meilleurs résultats.

Le document intègre également les conclusions des revues à mi-parcours et finale du quatrième programme, ainsi que les recommandations énoncées par vous-mêmes, Monsieur le Ministre, au cours de nos différentes rencontres, lorsque vous étiez Président du Comité de pilotage de notre Programme de coopération.

Le nouveau programme intègre non seulement l'agenda et les préoccupations nationales, mais également les évolutions de l'environnement international, notamment les Objectifs du Millénaire pour le Développement et la vision définie par la nouvelle direction exécutive du Fonds des Nations Unies pour la population, définie dans son Plan stratégique pour 2012 et 2013.

Monsieur le Ministre, Distingué(e)s invité(e)s, Mesdames et Messieurs,

Mes collègues présenteront en détail le contenu du document dans la deuxième partie de notre rencontre. Mais je voudrais faire quelques remarques liminaires sur la substance de notre projet de cinquième programme de coopération. Tout d'abord, le document prend en compte les résultats obtenus au cours du quatrième programme en cours, afin de capitaliser et passer à l'échelle dans les domaines où des résultats positifs ont été obtenus.

Il comprend cinq axes d'interventions prioritaires articulés autour des priorités nationales correspondent aux nouvelles priorités stratégiques du Fonds des Nations Unies pour la population: à savoir la santé de la mère et du nouveau-né, la planification familiale, la santé reproductive et l'éducation sexuelle des jeunes, l'égalité de genre et des droits en matière de reproduction, et la collecte et l'analyse des données. Les interventions identifiées intègrent la dimension du genre, une approche respectueuse des droits humains, et la bonne gouvernance dans tous les domaines.

Les objectifs sont clairs: il s'agit, tout d'abord, de renforcer l'appui de l'UNFPA aux politiques et stratégies nationales en matière d'aide au développement pour améliorer les conditions de vie des populations congolaises, notamment des femmes et des jeunes en matière de droits et de santé de la reproduction, avec une attention particulière aux populations vulnérables; ensuite, du renforcement des capacités nationales, techniques et humaines, tant des partenaires institutionnels que de la société civile; enfin, du renforcement des politiques et législations publiques en vue de l'atteinte des Objectifs du Millénaire pour le Développement.

Les activités spécifiques inhérentes au programme seront définies précisément dans le Plan d'action du programme de coopération qui sera développé à l'issue du processus d'adoption de ce document par le Conseil d'administration de l'UNFPA, à New York, l'an prochain. Conformément à la Déclaration de Paris, le programme sera mis en œuvre suivant les modalités financières de l'exécution nationale, les règles et procédures de l'UNFPA, une évaluation des risques et de la capacité effective de mise en œuvre des partenaires d'exécution. Le département dont vous êtes en charge, Monsieur le Ministre, assurera la coordination du programme avec l'appui de l'UNFPA.

Le document prévoit des mécanismes et procédures de suivi et d'évaluation qui ont déjà fait leur preuve dans le quatrième programme et qui seront renforcés par l'attention que vous porterez personnellement, Monsieur le Ministre, j'en suis sûr, à l'excellence et à l'efficacité de la coopération entre le gouvernement congolais et l'UNFPA.

Monsieur le Ministre, Distingué(e)s invité(e)s, Mesdames et Messieurs,

Avant de conclure, je tiens à appeler avec déférence et bienveillance votre aimable attention sur la mobilisation des ressources du programme de coopération. La République du Congo est un pays à revenu intermédiaire de la tranche supérieure qui bénéficie d'une croissance économique soutenue, malgré la crise financière internationale, de revenus du pétrole substantiels, d'annulations de dettes conséquentes et d'excédents budgétaires et qui place le pays parmi les plus performants d'Afrique économiquement.

Le Congo, et nous soutenons ardemment et activement cette vision, a vocation à devenir un pays émergent au cours de la prochaine décennie. La force du programme de coopération entre la République du Congo et le Fonds des Nations Unies pour la population ne réside donc pas dans la contribution financière de l'UNFPA, qui bien que substantielle reste modeste au regard des ressources financières du pays pour son développement national. Non. Sa force réside principalement dans la contribution intellectuelle et humaine, l'assistance technique, le transfert des savoirs, des connaissances et des compétences, le plaidoyer, l'analyse et le conseil stratégiques, et la bonne gestion.

Je lance donc un appel au gouvernement congolais, à travers vous, Monsieur le Ministre, un appel à la mobilisation des fonds de contrepartie nationale pour la mise en œuvre effective de ce nouveau programme. L'UNFPA participera à l'effort de mobilisation de ressources additionnelles, bien entendu, et reste également disposé à servir d'agence d'exécution de certains programmes intégralement financés par le gouvernement.

Une telle approche, je l'ai souvent dit dans le passé, permet d'accélérer l'exécution budgétaire, notamment dans nos domaines d'intervention, où les attentes des populations sont nombreuses. Ce nouveau programme de coopération est l'occasion d'un renforcement de nos approches et de nos méthodes, dans le dialogue, la transparence et le partage, qui me permettra d'être entendu, et d'un nouveau départ dynamique et constructif pour ce cinquième programme.

Monsieur le Ministre, Distingué(e)s invité(e)s, Mesdames et Messieurs,

Je suis confiant que les contributions constructives de l'ensemble des partenaires aujourd'hui réunis permettront la validation de ce projet de cinquième programme de coopération entre le Congo et l'UNFPA, qui reste un document d'orientation stratégique. Le développement ultérieur du Plan d'action du programme de coopération, le CPAP, permettra d'aller plus en détail dans les actions précises à entreprendre.

Notre défi, qui est aussi notre ambition, est la poursuite et l'accélération de l'amélioration des conditions de vie de toutes les Congolaises et de tous les Congolais, qui soient à la hauteur de leurs attentes et de leurs espérances.

En terminant, je tiens à remercier derechef Monsieur le Ministre pour votre leadership, votre disponibilité et votre engagement constant dans la coopération entre le gouvernement congolais et l'UNFPA, et nous vous souhaitons plein succès dans vos nouvelles fonctions.

Je tiens également à vous réitérer, Monsieur le Ministre, et à travers vous à l'ensemble du gouvernement congolais et des populations congolaises, l'engagement plein et entier du Fonds des Nations Unies pour la population, de sa Représentation en République du Congo, et mon engagement personnel, au succès d'une coopération productive et fructueuse pour le bien-être des populations congolaises.

En souhaitant pleins succès à nos travaux, je vous adresse à tous, Monsieur le Ministre, Distingué(e)s invité(e)s, Mesdames et Messieurs, mes meilleurs vœux de bonheur et de succès les plus chaleureux pour cette fin d'année et la nouvelle. Je vous remercie de votre aimable attention.

POPULATION ET DYNAMIQUES DÉMOGRAPHIQUES

Le monde compte 7 milliards d'habitants. Les démographes onusiens prévoient déjà une population mondiale de plus de dix milliards d'habitants en 2050, et de plus de quinze milliards en 2100.

Cette croissance démographique s'accompagne de défis de plus en plus nombreux pour l'humanité. En effet, comment veiller à ce que chacun ait un niveau de vie décent tout en maintenant les ressources de notre planète? Comment réduire les écarts qui existent entre les riches et les pauvres et comment remédier aux inégalités entre hommes et femmes, filles et garçons? Comment faire de nos villes des lieux conviviaux, tout en maximisant leurs contributions à la croissance économique et au développement?

Planifier et réaliser, dès à présent, des investissements judicieux, afin de leur permettre d'opérer des choix qui servent non seulement les intérêts des gouvernants et des populations, mais aussi ceux des biens communs planétaires est donc essentiel. Le monde doit compter des villes durables et prospères, une main d'œuvre productive capable de nourrir la croissance économique, des populations jeunes qui contribuent au bien-être du troisième âge.

Afin d'assurer cette planification, connaître la population et ses fluctuations, toutes ses unités administratives, ses différentes structures socio-économiques et les caractéristiques des habitations dans toutes les zones géographiques du pays doit être une priorité nationale. Le FNUAP a fait le plaidoyer auprès du gouvernement pour la mise en place du dernier recensement et l'Enquête démographique et de santé 2012.

Pour le bien-être des populations, le gouvernement congolais peut ainsi orienter ses choix et décisions politiques, notamment la planification scolaire, le nombre d'écoles, de classes, d'élèves, d'enseignants, la programmation sanitaire, la construction de centres de santé, la répartition des personnels sanitaires, la gestion administrative et budgétaire du territoire national, la création de structures administratives, la détermination des différents types d'infrastructures, routes, chemins de fer, la prévision de l'activité économique, la formation professionnelle, les créations d'emplois, en se fondant sur des données fiables et actualisées, des analyses claires et objectives de la situation socio-économique et démographique du pays.

Le gouvernement aussi suivra plus précisément les progrès réalisés en matière de développement et d'amélioration du bien-être des populations congolaises, grâce aux indicateurs socio-démographiques tirés des données du recensement. Grâce à l'appui de l'UNFPA au Ministre de l'Economie, de la Décentralisation, du Plan et de l'Intégration, et au Ministre de l'Enseignement supérieur (2009-2012), Ange-Antoine Abena, le Congo dispose aussi, d'une formation universitaire et d'un centre de recherches sur les questions démographiques, et d'une base de données lui permettant d'élaborer des projections démographiques pour le futur.

Allocution de M. David LAWSON, Représentant résident du Fonds des Nations Unies pour la Population (UNFPA) en République du Congo & Directeur de la Représentation de l'UNFPA en République du Gabon, à l'occasion de la cérémonie de lancement du Rapport sur l'Etat de la population mondiale 2009. Brazzaville, 18 novembre 2009

Monsieur le Ministre d'Etat, Coordonnateur du pôle économique, Ministre de l'Economie, du Plan, de l'Aménagement du territoire et de l'Intégration,
Monsieur le Directeur de Cabinet de Monsieur le Ministre du Développement durable, de l'Economie forestière et de l'Environnement représentant Monsieur le Ministre,
Mesdames et Messieurs les député(e)s et sénateurs,
Madame la Première Vice-présidente du Conseil économique et social,
Messieurs les Maires d'arrondissement,
Mesdames et Messieurs les Ambassadeurs,
Messieurs les Représentants des agences des Nations Unies et des organisations internationales,
Mesdames et Messieurs les membres des représentations diplomatiques et consulaires,
Mesdames et Messieurs les Directeurs généraux et d'administrations centrales,
Mesdames et Messieurs les représentants des organisations non gouvernementales,
Mesdames et Messieurs les professionnels de l'information et de la communication,
Distingué(e)s invité(e)s, Mesdames et Messieurs,

Bonjour. Soyez les bienvenus au Centre d'information des Nations Unies! Merci à tous d'avoir accepté notre invitation et d'être ici si nombreux. Permettez-moi tout d'abord de remercier chaleureusement le Ministre d'Etat, Coordonnateur du pôle économique, Ministre de l'Economie, du Plan, de l'Aménagement du territoire et de l'Intégration, Pierre Moussa, d'être avec nous ce matin pour cette cérémonie portant sur un thème essentiel.

En effet, j'ai l'honneur de vous présenter aujourd'hui, pour son lancement officiel mondial, le rapport sur l'Etat de la population mondiale 2009, intitulé: «*Face à un monde qui change: les femmes, la population et le climat.*» Les points soulevés dans ce rapport sont éminemment d'actualité puisqu'ils seront au cœur de la quinzième Conférence des Parties à la Convention-Cadre des Nations Unies sur les changements climatiques, dont les travaux vont se dérouler au mois de décembre prochain, à Copenhague, au Danemark.

C'est en 1972 que la Conférence des Nations Unies sur l'Environnement a adopté la *Déclaration de Stockholm* contenant les premiers principes pour une gestion écologiquement rationnelle de l'environnement et plaçant les questions écologiques au rang des préoccupations internationales. Vingt ans plus tard, en juin 1992, à Rio de Janeiro, au Brésil, la Conférence des Nations Unies sur l'Environnement et le Développement reconnaissait, au *Sommet de la Terre,* le concept de droits et responsabilités des États dans le domaine de l'environnement.

Mais c'est lors de la Conférence de Kyoto de 1997 sanctionnée par l'adoption d'un Protocole sur la réduction des émissions de gaz à effet de serre, que les préoccupations relatives aux changements climatiques et leurs enjeux à la fois planétaires et géopolitiques sont apparus nettement. Bien que 84 États aient, à l'époque, signé le Protocole de Kyoto, certains pays grands émetteurs de gaz à effet de serre ne l'ont jamais ratifié.

En septembre 2002, au Sommet mondial du développement durable de Johannesbourg, en Afrique du Sud, le Président français Jacques Chirac déclarait: «*Notre maison brûle et nous regardons ailleurs. La nature, mutilée, surexploitée, ne parvient plus à se reconstituer et nous refusons de l'admettre. L'humanité souffre. Elle souffre de mal-développement, au nord comme au sud, et nous sommes indifférents. La terre et l'humanité sont en péril et nous en sommes tous responsables.*»

Monsieur le Ministre d'Etat, Distingué(e)s invité(e)s, Mesdames et Messieurs,

Aujourd'hui la *maison brûle* toujours et peut-être enfin au Danemark, les gouvernements de tous les pays du monde décideront-ils de regarder en direction du feu. Le présent rapport sur l'Etat de la population mondiale constitue un plaidoyer auprès des dirigeants internationaux conviés aux assises de Copenhague, pour les amener à prendre en compte et à trouver des solutions appropriées à certains aspects des changements climatiques qui ne sont pas souvent évoqués lors des rencontres internationales.

Ainsi, sous l'effet des changements climatiques, la surface de la Terre se réchauffe. La température a augmenté de près d'un degré Celsius depuis la fin du dix-neuvième siècle, et pourrait augmenter de quatre à six degrés d'ici à l'an 2100. A mesure que les températures augmentent, les schémas météorologiques se modifient avec des conséquences catastrophiques pour les populations du monde entier, et surtout les plus pauvres.

Sans remettre en cause l'importance des débats autour des responsabilités relatives des pays pour limiter l'augmentation des émissions de gaz à effet de serre et financer la recherche d'une énergie à faible teneur en carbone et d'autres technologies visant à préserver l'environnement, ce rapport attire l'attention de la communauté internationale et des décideurs, sur l'impact des changements climatiques au niveau individuel, pour les femmes, les hommes, et les enfants du monde entier.

Monsieur les Ministre d'Etat, Distingué(e)s invité(e)s, Mesdames et Messieurs, Avec votre permission, j'aimerais vous présenter les principaux éléments de cet intéressant rapport.

Le monde en développement porte le plus lourd fardeau

«Nous ne pouvons plus tolérer de débat sur la nécessité d'agir, étant donné que le Groupe d'experts intergouvernemental sur l'évolution du climat (GIEC), que je préside, a confirmé la réalité sans équivoque du changement climatique, au-delà de tout doute scientifique ». Cette déclaration du Dr. Rajendra Pachauri, prix Nobel de la Paix et Président du Groupe d'experts qui contribue aux travaux préparatoires de la Conférence de Copenhague, est sans équivoque. Avec une certitude croissante, les climatologues du monde entier attribuent pour l'essentiel le récent réchauffement planétaire aux gaz à effet de serre libérés dans l'atmosphère du fait des activités d'une population humaine de plus en plus riche, surtout dans les pays industrialisés.

Ainsi, la consommation croissante de combustibles fossiles comme le charbon, le pétrole et le gaz libèrent davantage de dioxyde de carbone dans l'atmosphère, aggravant et accélérant 1'«effet de serre».

La déforestation et la dégradation des sols libèrent davantage de dioxyde de carbone dans l'atmosphère, et des activités qui vont de l'agriculture à la réfrigération génèrent des émissions de plusieurs autres gaz à puissant effet de serre.

Jusqu'à ces dernières années, le monde en développement n'a été responsable que d'une faible partie des émissions de ces gaz. L'Afrique tout entière ne représente que 3,5 pour cent de ces émissions. Et pourtant les pays en développement subissent le lourd fardeau qu'implique la nécessité de faire face et de s'adapter aux phénomènes météorologiques extrêmes, à savoir la hausse du niveau des mers, les inondations et les sécheresses.

L'industrialisation au siècle dernier a pour l'essentiel contribué aux problèmes de changements climatiques actuels, mais au cours de ce siècle, l'industrialisation des pays les plus pauvres devra se faire au prix de grands défis liés à l'adaptation à un nouveau modèle de développement.

Aujourd'hui, «l'empreinte carbone» d'un milliard d'habitants les plus pauvres de la planète représente trois pour cent seulement de l'empreinte carbone totale de la population mondiale. Mais ce sont les pauvres -en particulier les femmes pauvres- qui supporteront au cours des décennies à venir l'essentiel du fardeau lié à l'évolution du climat.

Entre 1850 et 2002, les pays les plus développés représentaient soixante-seize pour cent de l'ensemble des émissions de dioxyde de carbone causées par l'utilisation de combustibles fossiles; tandis que les pays en développement ne représentaient que vingt-quatre pour cent. Le volume total des émissions de gaz à effet de serre des pays en développement, a commencé à dépasser celui des pays industrialisés en 2005, et représente maintenant cinquante-quatre pour cent du volume global de ces émissions.

Les sept pour cent d'individus les plus riches de la planète sont responsables de cinquante pour cent des émissions mondiales de dioxyde de carbone. Tandis que les cinquante pour cent les plus pauvres ne représentent que sept pour cent de ces émissions.

Pourtant, l'influence de l'activité humaine sur les changements climatiques est complexe. Il s'agit de l'évolution des modes de consommation, des types d'énergie produite et utilisée. Il s'agit aussi de la croissance de la population mondiale qui approche sept milliards. La dynamique de la population n'est qu'une partie d'une histoire plus complexe et plus vaste concernant la conception même du développement et du progrès. Cependant, si la population mondiale atteignait seulement huit milliards d'habitants au lieu de neuf milliards prévus d'ici à l'an 2050, un à deux milliards de tonnes de dioxyde de carbone de moins seraient relâchées dans l'atmosphère.

L'impact immense des changements climatiques

Monsieur le Ministre d'Etat, Distingué(e)s invité(e)s, Mesdames et Messieurs,

En ce qui concerne l'impact des changements climatiques, le monde a connu ses dix années les plus chaudes depuis 1997. 2005 est à ce jour l'année la plus chaude qu'ait connu la planète, suivie de 1998, 2002, 2003, 2006, 2007, 2004, 2001, 2008 et 1997.

Ainsi, la fonte des glaces de la calotte glaciaire de l'Antarctique Ouest a augmenté de soixante pour cent de 1996 à 2006. Dans la Péninsule Antarctique, la fonte a augmenté de cent quarante pour cent.

Le nombre des catastrophes naturelles enregistrées dans le monde a doublé au cours des vingt dernières années, passant d'environ deux cents par an à plus de quatre cents. Sept catastrophes sur dix sont considérées «liées au climat.» Les catastrophes naturelles tuent plus de femmes que d'hommes ou à un plus jeune âge. Le tribut humain annuel résultant des catastrophes liées au climat a été en moyenne de 165 millions de personnes entre 1973 et 2003, soit un taux stupéfiant de quatre-vingt-dix-huit pour cent de toutes les personnes tuées ou sinistrées par les catastrophes naturelles, durant ces trois dernières décennies.

Les mouvements de population de grande ampleur vont probablement s'intensifier à mesure que les changements climatiques conduiront à l'abandon de sites inondés ou arides. Nous savons que le niveau des mers pourrait s'élever d'un à deux mètres d'ici 2100.

Une hausse d'un mètre pourrait déplacer cent millions de personnes en Asie, surtout à l'Est de la Chine, au Bangladesh et au Viet Nam, quatorze millions en Europe, huit millions en Afrique subsaharienne et autant en Amérique du Sud. Environ deux cents millions de personnes pourraient migrer en réponse à la dégradation de l'environnement ou aux changements climatiques d'ici année 2050. Même si l'on estime que ces mouvements de population se produiront pour l'essentiel à l'intérieur des frontières nationales, il est certain que les flux migratoires transfrontaliers seront importants.

La hausse du niveau des mers menace également d'inonder les zones littorales à population dense, où sont situées vingt-quatre des quarante plus grandes métropoles du monde. Douze d'entre elles abritent une population de plus de dix millions d'habitants. Les zones littorales de faible élévation - c'est-à-dire moins de dix mètres au-dessus du niveau des mers- abritent treize pour cent de la population urbaine mondiale. Dhaka, Jakarta, Mumbai, New York, Shanghai et Tokyo comptent parmi les plus grandes métropoles du monde exposées à ce risque.

Une personne sur dix habite une ville située sur un littoral à quelques mètres seulement au-dessus du niveau actuel des mers. On estime que de 400 à 650 millions de personnes devront être déplacées si le niveau des mers augmente d'un à deux mètres. La hausse du niveau des mers pourrait aussi faire disparaître des îles et des États insulaires dans les prochaines décennies. Le cas le plus médiatique et sans doute le plus éloquent est celui des Maldives, dont le Chef de l'Etat s'est mis en quête d'acheter des terres pour déplacer l'intégralité de la population des Maldives à l'aune de la disparition annoncée du territoire de cet Etat insulaire de l'Océan indien.

Les changements climatiques nuisent à la santé des populations

Monsieur le Ministre d'Etat, Distingué(e)s invité(e)s, Mesdames et Messieurs,

Qu'en est-il de l'impact des changements climatiques sur la santé des populations? En mai 2009, la revue médicale *The Lancet* a appelé les changements climatiques «*la plus grande menace sanitaire du vingt et unième siècle au niveau mondial.*»

En effet, l'incidence des changements climatiques sur les maladies sera profonde et ressenti dans le monde entier, surtout dans les pays en développement dont la santé des populations reste fragile. Des millions de personnes supplémentaires seront victimes notamment du paludisme, car l'élévation des températures permettra aux moustiques porteurs de l'infection de subsister à plus haute altitude.

La hausse des températures entraînera un stress calorique et une augmentation des taux de mortalité du fait de la chaleur.

Il est également à craindre que le changement du régime des précipitations et la hausse des températures dans les prochaines décennies rendent l'approvisionnement en eau salubre plus difficile qu'aujourd'hui. La pénurie d'eau, l'intensité des tempêtes tropicales, les inondations, l'absence d'eau -résultat de la fonte des glaciers- pour l'irrigation des cultures, la diminution des disponibilités alimentaires et l'éventualité de crises sanitaires, phénomènes qui résultent tous des changements climatiques, auront vraisemblablement de graves conséquences pour les populations.

Nous savons que plus d'un milliard de personnes vivent dans le monde avec moins d'un dollar par jour. Aujourd'hui même à Rome, s'achève sous les auspices de la FAO, le «Sommet mondial sur la Sécurité alimentaire» qui réunit des Chefs d'Etats et de gouvernements pour venir en aide au milliard de personnes qui, sur la planète, vont se coucher chaque soir affamées. Les changements climatiques menacent d'aggraver la pauvreté et le sort de populations marginalisées et vulnérables. Et ils ont ainsi le potentiel d'annuler rapidement les gains acquis pendant plusieurs décennies en matière de développement.

Les femmes supportent un fardeau infiniment lourd

Monsieur le Ministre d'Etat, Distingué(e)s invité(e)s, Mesdames et Messieurs,

Les changements climatiques pèsent lourdement sur les femmes. Les femmes qui sont les garantes du tissu social et le socle de nos sociétés ne doivent pas être considérées seulement comme des victimes, car elles constituent une ressource considérable. Elles veulent avoir moins d'enfants pour leur donner de meilleures chances dans la vie, et mieux maîtriser leur propre destin. Cette dimension peut faire baisser les taux de croissance démographique, réduire la consommation et ainsi ralentir les changements climatiques.

Les femmes sont aussi parmi les plus vulnérables aux changements climatiques, en particulier dans les pays pauvres. Elles sont plus affectées que les hommes, largement parce qu'elles constituent une part plus importante de la main-d'œuvre agricole et ont généralement un accès plus restreint à des sources de revenus. Elles gèrent les ménages et prennent soin des familles, ce qui contribue à limiter leur mobilité et aggrave leur vulnérabilité aux catastrophes naturelles soudaines. De même, la sécheresse et les précipitations irrégulières obligent les femmes à travailler plus dur pour assurer à leurs foyers, vivres, eau et énergie, et les filles quittent souvent l'école pour aider leurs mères dans ces tâches.

En outre, le cycle de privation, de pauvreté et d'inégalité anéantit le capital social nécessaire pour faire face efficacement aux changements climatiques. Etant donné le rôle immense des femmes dans la production alimentaire dans les pays en développement, le rapport étroit entre dimensions sexo-spécifiques, travaux agricoles et changements climatiques mérite plus d'attention.

La marginalisation des femmes, les discriminations à leur encontre et l'inégalité entre les sexes entravent le développement, la santé, l'équité et le bien-être des humains et sapent la capacité de résistance des pays aux changements climatiques.

Cette capacité de résistance peut mieux s'épanouir dans les sociétés où tous les enfants fréquentent l'école, les populations ont accès aux services de santé, bénéficient d'une protection égale de la loi et participent pleinement à la direction de leur propre destin, celui de leur communauté et de leur nation.

Améliorer et promouvoir la santé de la reproduction

Monsieur le Ministre d'Etat, Distingué(e)s invité(e)s, Mesdames et Messieurs,

Les scientifiques reconnaissent l'importance de la rapidité et de l'ampleur de la croissance démographique récente dans l'augmentation du volume des émissions de gaz à effet de serre à venir. On estime ainsi que si les besoins en matière de planification familiale volontaire et de soins de santé reproductive étaient satisfaits, en même temps que soient assurés les autres services sanitaires et éducatifs de base, la population se stabiliserait naturellement, sans recours la coercition ni au contrôle.

L'accès universel à la santé reproductive, tel que défini par la Conférence internationale sur la population et le développement du Caire, de 1994, en conjonction avec une meilleure éducation des filles et l'égalité des sexes, doit permettre d'atteindre les objectifs en matière de santé et de développement, parallèlement à une baisse de la fécondité, tout en réduisant les émissions de gaz à effet de serre.

Environ deux cents millions de femmes dans les pays en développement ont des besoins non satisfaits de planification familiale. Ce qui signifie qu'elles voudraient prévenir ou différer une grossesse, mais n'ont pas recours ou accès à la contraception. Dans les pays industrialisés, quarante et un pour cent de toutes les grossesses ne sont pas recherchées. Dans les pays en développement, la proportion est évaluée à trente-cinq pour cent.

Le financement international de la planification familiale a atteint son point culminant à 723 millions de dollars en 1995, pour chuter de plus de moitié à quelque 338 millions de dollars aujourd'hui. Ainsi, en consacrant davantage de ressources à la planification familiale, la communauté internationale pourrait atténuer à terme l'impact des changements climatiques.

Pour s'éloigner du bord du gouffre climatique

Monsieur le Ministre d'Etat, Distingué(e)s invité(e)s, Mesdames et Messieurs,

A la lumière de ce qui précède, il est impératif pour les gouvernements de *«sceller l'Accord de Copenhague!»* Les gouvernants doivent immédiatement mettre en place des initiatives qui atténueront les changements climatiques et réduiront à long terme le volume des émissions de gaz à effet de serre. Ils doivent édifier une capacité de résistance suffisante et entamer les efforts d'adaptation à l'impact du changement climatique.

Il s'agit notamment d'élargir l'accès à la planification familiale volontaire, de veiller à ce que toutes les filles aient accès à l'éducation et de mettre en œuvre des politiques qui rendent les femmes autonomes.

L'UNFPA recommande ainsi cinq mesures principales pour s'éloigner du bord du gouffre climatique:

Premièrement, apporter une meilleure compréhension de la dynamique de la population, de la dimension sexo-spécifique et de la santé reproductive au débat sur les changements climatiques et l'environnement à tous les niveaux.

Si l'on veut que le débat sur les changements climatiques aboutisse à une action de portée réelle, il doit prendre en considération la dimension humaine du phénomène et des solutions. Au-delà des problèmes techniques généraux, tels que les crédits de carbone, la réflexion doit porter davantage sur les individus et la manière dont ils peuvent contribuer à réduire les émissions de gaz à effet de serre.

Deuxièmement, financer en totalité les services et produits de planification familiale dans le cadre d'une politique de la santé de la reproduction, et veiller à ce que la faiblesse du revenu n'en limite pas l'accès.

Permettre aux femmes de décider du nombre de leurs enfants et du moment où elles le souhaitent, ralentit la croissance démographique et les émissions de gaz à effet de serre. L'élargissement de l'accès à la planification familiale volontaire doit donc contribuer au ralentissement des changements climatiques.

Troisièmement, donner priorité à la recherche et à la collecte de données pour améliorer la compréhension de la dimension sexo-spécifique et de la dynamique de la population, dans leurs rapports avec l'atténuation des changements climatiques et leur adaptation.

La recherche actuelle concernant l'impact de la dimension sexo-spécifique et de la dynamique de la population sur les changements climatiques repose sur des évaluations, des prévisions, des extrapolations de données et des hypothèses. Pour mieux comprendre ces liens, il faut des données fiables et complètes. Le vague de recensements et d'enquêtes démographiques et de santé de 2010 rassemblera des données qui éclairciront ces problèmes et contribueront aux politiques de lutte contre le changement climatique.

Quatrièmement, améliorer la répartition par sexe des données sur les flux migratoires dus à des facteurs environnementaux et préparer les mouvements de population résultant des changements climatiques.

Les changements climatiques vont accélérer les flux migratoires. Les prévisions actuelles sur ces mouvements de population ne reposent que sur des estimations. Pour formuler des politiques et des programmes destinés à gérer ces flux et aider les populations migrantes à s'adapter aux changements climatiques, il faudra disposer de données claires et fiables.

Cinquième et dernièrement, intégrer les considérations sexo-spécifiques aux efforts menés au niveau mondial pour atténuer les changements climatiques et s'y adapter.

Pour réussir, les efforts menés pour atténuer les changements climatiques et aider les individus à s'adapter à ses effets doivent prendre en considération la dimension sexo-spécifique. Les mesures qui ignorent les besoins différenciés des femmes, des hommes, des garçons et des filles sont vouées à l'échec.

Il est ainsi essentiel que les femmes siègent à la table des négociations dans les forums internationaux, tels que la Conférence de Copenhague sur les changements climatiques. Jusqu'à présent, les femmes ont été sous-représentées dans la plupart des principales rencontres et négociations sur l'environnement.

Monsieur le Ministre d'Etat, Distingué(e)s invité(e)s, Mesdames et Messieurs,

En conclusion, les Etats doivent prévoir et se préparer aux difficultés redoutables que les changements climatiques auront sur les efforts de développement et de lutte contre la pauvreté. Le caractère complexe des changements climatiques provoqués par les êtres humains nécessite une action urgente.

Il nous faut agir maintenant pour arrêter les dommages causés à l'environnement par la société moderne -c'est 1à peut-être l'un des risques les plus injustes de notre temps. Ce sont les individus qui causent les changements climatiques. Ce sont également les individus qui sont affectés par ces derniers et doivent s'y adapter. Et eux seuls ont le pouvoir de les arrêter. Parallèlement à la technologie, il est temps dans les débats sur les changements climatiques, de faire place à des solutions centrées sur les êtres humains, dont les femmes qui doivent être partie intégrante de tout accord qui se dégagera de Copenhague et au-delà. A l'aube d'une catastrophe planétaire, l'avenir de l'humanité est tout entier subordonné à la libération du plein potentiel de tous les êtres humains, et de la pleine capacité des femmes à porter le changement.

L'Etat de la population mondiale 2009 montre que les changements climatiques sont plus qu'un problème de rendement énergétique ou d'émissions industrielles de gaz carbonique, mais bel et bien un problème de dynamique démographique, de pauvreté et d'équité entre les sexes.

Les changements climatiques sont le résultat d'une approche du développement et de la croissance économique non viable. Pour leur faire échec, il nous faut une nouvelle approche, plus équitable et plus durable de la manière dont nous vivons, produisons et consommons. Pour freiner un effet de serre incontrôlé à l'origine de phénomènes climatiques extrêmes, il nous faudra sans doute imaginer une nouvelle définition du «progrès» et un nouveau paradigme du développement.

La complexité du défi que posent la réduction des émissions de gaz à effet de serre et l'adaptation aux changements climatiques nous obligent à porter le regard au-delà des évidences et à mobiliser des stratégies innovantes. L'unique solution durable sera une solution qui place en son centre les êtres humains.

Comme le dit la Directrice exécutive du Fonds des Nations Unies pour la population, Thoraya Ahmed Obaid: «quand les négociateurs se réuniront à Copenhague, en décembre, pour la quinzième Conférence des Parties à la Convention-cadre des Nations Unies sur les changements climatiques, ils imprimeront une orientation qui garantira la marche en avant des pays du monde entier, soit leur passivité face à l'un des problèmes les plus redoutables que les humains aient jamais affrontés -à savoir la manière d'influer le climat et s'adapter aux changements climatiques maintenant et pour l'avenir.»

Monsieur le Ministre d'Etat, Distingué(e)s invité(e)s, Mesdames et Messieurs,

A Copenhague, le mois prochain, *l'humanité a rendez-vous avec son destin.* Les négociateurs vont devoir dépasser la défense des intérêts purement nationaux ou régionaux, sortir des sentiers battus, faire preuve d'imagination et d'un esprit innovant, afin de s'élever vers un consensus qui ne soit pas le plus petit dénominateur commun, mais la somme plus élevée de l'ensemble des intérêts supérieurs de la planète pour les générations à venir... et, à terme, sans doute, pour la survie de l'espèce humaine.

Dans le domaine des changements climatiques, comme dans beaucoup d'autres phénomènes aux dimensions planétaires, tels que les conflits armés, la prolifération nucléaire ou les maladies infectieuses, ce qui rapproche les titres humains de tous pays est plus important et vital que ce qui les divisent. C'est pourquoi en terminant, je voudrais rappeler la sagesse du Président américain John Fitzgerald Kennedy, qui déclarait peu après que le monde ait connu le bord du gouffre de la destruction nucléaire, lors de la crise des missiles de Cuba en 1962: « (...) *Nous vivons tous sur cette petite planète, Nous chérissons tous nos enfants... et souhaitons le meilleur pour leur avenir... nous respirons tous le même air... et nous sommes tous mortels.»*

Chers amis, le monde et la vie sont précieux et fragiles. Au Danemark, tous ensemble, il nous faut «*Sceller l'Accord de Copenhague!*»

Je vous remercie.

Communication de Monsieur David LAWSON, Représentant résident du Fonds des Nations Unies pour la population (UNFPA) en République du Congo & Directeur de la Représentation de l'UNFPA en République du Gabon, à l'occasion du Colloque international sur «la Sociologie des Mutations, les Mutations des Sociales» sur le thème *«Mutations sociétales, développement et questions de population.»* Brazzaville, 18 février 2010

Monsieur le Recteur de l'Université Marien Ngouabi,
Monsieur le Secrétaire général de l'Université Marien Ngouabi,
Monsieur le Doyen de la Faculté des Sciences Economiques de l'Université Marien Ngouabi,
Mesdames et Messieurs les Chefs de Départements de l'Université,
Mesdames et Messieurs les éminents professeurs et enseignants
Distingué(e)s invité(e)s, Mesdames et Messieurs,
Cher(e)s étudiant(e)s,

C'est un immense plaisir et un honneur pour moi d'être ici parmi vous aujourd'hui et de partager la tribune ce matin et cette semaine avec d'aussi éminentes personnalités issues d'horizons divers.

Je voudrais tout d'abord remercier les organisateurs de ce Colloque de m'avoir invité. L'Université Marien Ngouabi de Brazzaville est un partenaire important du Fonds des Nations Unies pour la Population (UNFPA) en République du Congo et un partenaire essentiel pour le développement durable du pays, mais je reviendrai sur ce point.

Ce n'est ni en tant que Professeur, universitaire ou chercheur que je m'adresse à vous aujourd'hui. Mais bel et bien en tant qu'acteur de la vie internationale et représentant d'un partenaire au développement du Gouvernement du Congo.

Néanmoins, dans cette enceinte de la réflexion éclairée et de l'intellectuel vivace, que j'ai moi-même fréquenté longtemps sous d'autres cieux, j'aurais volontiers, si vous me le permettez, la liberté de pensée, de parole et de ton qui sied à ce forum, de manière, je l'espère à faire avancer la réflexion de manière constructive à la lumière de l'expérience et de l'empirisme.

Monsieur le Président, Chers amis, notre Forum est consacré aux mutations sociales et sociétales. On m'a demandé de parler naturellement des questions de développement liées à la santé de la reproduction et à la population qui relèvent directement du champ d'action du Fonds des Nations Unies pour la population. Je parlerai cette après-midi de santé de la reproduction. Ce matin, je parlerai certainement un peu de population, mais le Professeur Charbit a très éloquemment édifié l'assistance sur cette thématique, mais je voudrais profiter de cette matinée pour parler plus largement des questions de développement liées aux populations, dans le contexte des mutations sociétales.

J'aborderais ainsi trois thèmes principaux: tout d'abord le déterminisme des questions de population dans le cadre des mutations sociétales; édification d'une conscience nationale des populations pour le développement; et la place et le rôle de l'Université dans les mutations sociétales pour le bien-être des populations et le développement.

Le déterminisme des questions de population dans le cadre des mutations sociétales

Evoquer les mutations sociétales renvoie aux comportements de tous les acteurs sociaux intervenant à des périodes et dans des espaces différents du point de vue de leur responsabilité dans les changements qui apparaissent dans des domaines variés de leur existence.

En tant que vastes phénomènes sociaux, ces mutations déterminent toutes les dimensions de la société, y compris son impact sur les populations. Toutes les sociétés connaissent des mutations qu'elles engendrent et/ou subissent du fait des facteurs endogènes ou extérieurs. Les mutations sociétales se produisent dans toutes les sociétés, traditionnelles ou modernes et interpellent toutes les sphères de la société, dont elles déterminent l'évolution dans un sens ou dans un autre.

Elles portent autant sur les organisations, les infrastructures, les mentalités et les comportements des personnes lorsqu'elles sont face à certains phénomènes qui réduisent leur bien-être et limitent leurs capacités à participer pleinement au développement.

Les mutations sociétales qui s'expliquent elles-mêmes par un ensemble de paramètres complexes, sont responsables de nombreuses réalités sociétales et/ou sociales qui intéressent les sociologues. Elles affectent les sociétés dans leur globalité, autant que les phénomènes qui régissent leur fonctionnement et leur reproduction. En effet, l'histoire nous renseigne par exemple sur les effets du commerce des esclaves, autant que ceux relatifs à la colonisation qui sont à l'origine de la désarticulation des modes de fonctionnement et de reproduction des sociétés africaines notamment, y compris sur le plan démographique. Aujourd'hui, la mondialisation accélère les mutations sociétales, à travers des moyens de communication en particulier de plus en plus sophistiqués.

Les mutations sociétales traduisent une distanciation qui s'opère au sein des milieux de vie. Perceptibles à travers des indicateurs divers, elles apparaissent de façon brutale ou non, consciente ou non. Elles contribuent souvent à l'évolution des connaissances et des mentalités; mais engendrent également des nouvelles tendances contraires aux attentes des agents sociaux, jusqu'à déranger les équilibres culturels du moment. C'est le cas lorsqu'apparaissent des logiques et pratiques contraires au civisme et au bien-être.

Il s'agit des écarts entre des valeurs de la société en vigueur au moment du constat par rapport à celles ayant déterminé des comportements sociaux antérieurs, ou ceux d'une certaine époque révolue.

Déterminant le passage de la tradition à la modernité, elles marquent pour une société l'idée de rupture par rapport à l'ordre antérieur, mais aussi une ouverture vers l'inconnu que le politique se doit de maîtriser ou de se préoccuper.

Monsieur le Président, Les questions de population qui sont des questions de société par nature sont également et fortement déterminées par les mutations sociétales. C'est pourquoi, je pense, qu'elles se doivent de s'ouvrir à d'autres regards, et d'interpeller également le sociologue. Les migrations, le volume des naissances, le rythme des mariages ou des séparations, le volume des décès, les problèmes liés à la sexualité, les grossesses et les accouchements, l'égalité entre les sexes ou les violences faites aux femmes, sont autant de questions de société qui intéressent le sociologue, mais également subissent et influencent les mutations qui traversent les sociétés.

Ainsi à cause des mutations sociétales, les sociétés africaines sont confrontées à la perte d'une partie importante de leur population jeune vitale pour leur développement dans les migrations clandestines vers les pays développés dont une partie importante périt de manière dramatique en mer ou sur les trains d'atterrissage d'aéronefs.

Avec une jeunesse estimée à 45%, la population africaine est une source d'espoir dans un monde vieillissant, mais de préoccupation politique et sociale. Adapter les services publics (école, santé...) à des générations de plus en plus nombreuses et permettre l'amélioration du niveau de vie des populations, dans un contexte de fragilité économique, est une véritable gageure mais aussi un enjeu majeur pour la paix sociale en Afrique comme dans le monde. C'est un facteur susceptible d'engendrer des mutations sociétales importantes, et qu'il convient de bien canaliser pour éviter des débordements pernicieux ou déviants.

Monsieur le Président, La démographie africaine qui se caractérise aussi par un volume encore élevé de naissances (soit une moyenne de 6 enfants par femme), soulève d'importantes préoccupations sociales liées au développement de plusieurs phénomènes sociaux pathologiques, dont le phénomène des enfants de la rue, l'abandon des enfants ou leur sous-scolarisation, l'infanticide, les avortements... susceptibles de compromettre l'avenir de la société. On peut s'attendre à ce que ces phénomènes s'amplifient dans un contexte où les formes de sociabilité n'exposent pas véritablement à des valeurs visant la solidification des unions matrimoniales qui sont des fondements de la famille. Les liens matrimoniaux tendant à s'affaiblir, les structures familiales émergentes laissent une prépondérance de plus en plus remarquable aux structures indépendantes, éclatées ou recomposées, très volatiles.

Que dire de la détresse psychosociale qu'engendrent les décès encore élevés, surtout ceux des femmes pendant la grossesse ou du fait de l'accouchement? En tout état de cause, l'espèce humaine se préoccupe bien de réduire les risques de mortalité, pour espérer allonger la chance de vivre plus longtemps. Mais c'est presque une lapalissade que de dire que l'espérance de vie est fortement associée aux mutations sociétales susceptibles de déterminer les chances de survie de l'espèce humaine.

Dans ce contexte, la pandémie du VIH/Sida qui continue à constituer une menace pour la survie de l'humanité et particulièrement en Afrique, malgré des progrès notoires, est une préoccupation essentielle qui trouve pour une large part ses causes et des éléments de réponse dans les mutations sociétales. On peut citer ici, sans en limiter la liste, les facteurs tels le relâchement du contrôle social sur les comportements et les pratiques sexuelles.

Monsieur le Président, Les questions de population vont continuer à nous interpeller, au regard des mutations sociétales qui se traduisent par la persistance de déviances ou de jugements moraux dépassés. C'est ainsi qu'il faut souligner la persistance des croyances et considérations traditionnelles confinant les femmes dans des statuts d'infériorité vis-à-vis des hommes. Elles participent à l'affaiblissement de leur pouvoir de prise de décision pour elles-mêmes, et de leur pouvoir de négociation en matière de sexualité pouvant réduire les risques de contamination aux VIH/Sida et autres maladies sexuellement transmissibles, et des grossesses non désirées.

De même, les violences sexuelles, notamment les viols, contribuent à la pérennisation de comportements inacceptables et à la féminisation de pandémie de Sida.

La responsabilité des dirigeants et la nôtre propre au niveau individuel sont mises à l'épreuve, car les mutations sociétales appellent des questionnements d'ordre éthique et exigent de nous tous des modifications comportementales et intellectuelles pour le mieux-être des générations futures, tout en se préservant notre propre survie.

Les questions de population sont ainsi des paramètres importants dans toutes les réflexions sur les mutations sociétales. Elles constituent des paramètres incompressibles en matière de développement.

L'édification de la conscience nationale des populations pour le développement

Monsieur le Président, L'élection présidentielle du mois de juillet 2009 n'a pas seulement été un succès parce qu'elle a confirmé à la tête du Congo, un homme politique et un homme d'Etat africain expérimenté, connaisseur de son pays et du continent africain, doté d'une vision claire et précise pour le développement de son pays et pour la région; cette élection a été également un succès car pour la première fois depuis longtemps, l'élection s'est déroulée dans un contexte pacifique et n'a pas donné lieu à une dégénérescence guerrière et s'est caractérisée par des élections pluralistes, multipartites et inscrites dans l'esprit démocratique.

Le retour à la paix civile est considéré par l'ensemble des observateurs internationaux comme un tournant historique dans l'histoire politique, économique et sociale du Congo. Pour preuve qu'un changement majeur et fondateur s'est produit en 2009, le pays a connu le taux de croissance économique le plus élevé du continent, dans un contexte de récession généralisée et de crise financière mondiale. Les investisseurs étrangers sont de retour si l'on en juge par les indicateurs économiques positifs et le nombre croissant de pays qui ouvrent des ambassades à Brazzaville.

En cette année 2010, la République va célébrer avec le faste qui s'impose, comme d'autres démocraties africaines le cinquantième anniversaire de l'indépendance du pays. C'est un immense événement. Cet événement sera l'occasion de célébrer l'émancipation du joug colonial, mais aussi de cimenter dans l'union nationale un événement fédérateur pour toutes les Congolaises et tous les Congolais. Il est essentiel pour le développement durable du pays que ce ciment se solidifie par la constitution d'un esprit national, reposant sur le respect par chacun de l'intérêt général.

Monsieur le Président, Comme dans beaucoup d'autres pays en Afrique ayant connu des périodes de troubles à l'ordre civil et politique, là où l'intérêt partisan a pu régner du fait d'un esprit conservateur lié à la guerre et à l'auto-préservation, il est temps de tourner définitivement la page et de fonder un esprit national articulé autour de l'humanisme, de l'esprit civique et moral, c'est-à-dire la défense de l'intérêt national, de l'intérêt de la nation, de l'intérêt du pays, dans la liberté et le respect d'autrui avant l'intérêt purement individuel, personnel et égoïste.

Tout développement durable repose sur la défense et la préservation de l'intérêt général qui doit prévaloir sur les intérêts particuliers, corporatistes ou partisans. La défense de la nation implique le sacrifice, afin d'atteindre le développement durable bénéfique pour tous. Il ne s'agit pas seulement du sacrifice financier que peuvent faire des parents pour envoyer et maintenir leurs enfants à l'école et à l'université, qui est essentiel pour former les élites qui pourront préparer le destin du pays pour les dix, vingt, cinquante années à venir; mais aussi le sacrifice de son petit intérêt au bénéfice du plus grand nombre... L'accumulation des richesses par un nombre limité de personnes dans un pays développé ou en développement n'a jamais et ne pourra jamais développer un pays même à très long terme; une équitable répartition des richesses doit contribuer à un développement juste et durable, et seul un système de redistribution des ressources assurant à chacun un travail et revenu proportionnel à son emploi, ainsi que des revenus fondés sur le travail peuvent permettre le développement économique.

Les plus grands économistes de ce monde ont reconnu l'impossibilité pour une minorité extrêmement riche de prospérer dans un océan de misère. Certes des disparités existeront sans doute toujours dans les sociétés contemporaines, mais une majorité de personnes doivent pouvoir accéder à un emploi et à un revenu pour soutenir l'économie nationale et le développement durable à long terme.

Monsieur le Président, C'est seulement autour de ces principes que peut se constituer un esprit national non seulement uni par une communauté géographique et historique de destinée, mais par un objectif politique commun, celui de l'unité nationale et du bien-être bénéficiant à tous.

Le rôle et la place essentiels de l'université dans les mutations sociétales pour le développement

Pour cela, le Président de la République l'a parfaitement énoncé tout au long de la campagne présidentielle en articulant le *Chemin d'Avenir* et plus fortement encore dans son discours d'investiture au mois d'août 2009; je cite: *«Chacun sait que le combat supérieur (...) consiste en la lutte contre la pauvreté, contre le sous-développement en général (...). Moderniser le Congo, c'est faire admettre et adopter par les Congolais des comportements plaçant le travail au cœur des priorités collectives et individuelles; des comportements articulant liberté et responsabilité, propriété privée et solidarité; des comportements de bon esprit civique et patriotique, d'acceptation de l'autorité impartiale de l'Etat et de lutte contre l'injustice, l'arbitraire et le favoritisme.»* Fin de citation.

Et le Président de la République poursuivait en exhortant ses concitoyens a «(...) engendrer un nouveau Congo, havre de paix et de prospérité pour tous; (...) à changer les mentalités d'assistés et de profiteurs en quête de passe-droits, de magouille; et à adopter des comportements nouveaux et dignes; à s'adonner à la rigueur du gain mérité, à se convertir à la religion du travail bien fait et à l'excellence; à jeter bas la médiocrité, la tricherie et les autres anti-valeurs. »

L'engagement des populations et des communautés, leur participation active, la bonne compréhension des valeurs et des croyances positives se sont avérés être des approches efficaces pour changer les pratiques traditionnelles nocives. Pour être durable, le changement doit naturellement venir de l'intérieur.

Monsieur le Président, L'Ecole au sens large et l'université en particulier sont des vecteurs essentiels de ce changement, de ce bouleversement sociétal en effet. L'université doit à la fois être la source de ce changement fondamental, car elle influe les esprits des élites par la réflexion, la formation des étudiants à l'esprit critique, à la création et à l'ébullition des idées. Il appartient ainsi à l'université, à travers ses professeurs, enseignants, assistants et chercheurs de montrer la voie. Le corps professoral a le devoir moral, éthique et professionnel d'être exemplaire pour la crédibilité de l'Institution qu'ils représentent d'abord, et la crédibilité de ses propres enseignements ensuite.

Aujourd'hui, Chers amis de l'Université Marien Ngouabi et au-delà, amis enseignants du supérieur et du secondaire, Chères étudiantes et Chers étudiants au Congo, il faut pour vous tous, et l'avenir du pays, opérer ce changement sociétal et aider le Chef de l'Etat à mettre en œuvre le *Chemin d'Avenir* en combattant chaque jour, chacun à son propre niveau, individuel et collectif, et autour de nous, sans aucune complaisance, la médiocrité et ces *anti-valeurs* que vous connaissez.

Monsieur le Président, En tant que Représentant du Fonds de Nations Unies pour la Population, partenaire de l'Université Marien Ngouabi, il m'est difficile d'accepter que d'autres valeurs que l'excellence et l'exemplarité soient appliquées en son sein, tant dans le cadre des enseignements que dans celui des examens, au préjudice de l'Institution, de la qualité des enseignements et des diplômes dispensés et donc de ses partenariats. L'UNFPA, en partenariat avec l'Université Paris 5 René Descartes, soutient en effet la mise en place d'un Master en «Population et Développement» et va appuyer la mise en place d'un Centre de recherche sur ces questions.

Le maintien de l'engagement de l'UNFPA dans ce vaste chantier dépendra largement des progrès réalisés dans cette quête de l'excellence.

A cet égard, j'ai récemment abordé successivement avec le Ministre de la Défense et le Ministre de la Jeunesse et de l'Education civique au Congo, l'appui de l'UNFPA à la définition de *Chartes civiques et de moralité* ayant pour vocation première la lutte contre les *anti-valeurs* décriées par le Chef de l'Etat. Ainsi, par exemple, mettre fin à la violence contre les femmes et les filles, en partenariat avec des hommes et des garçons engagés pour l'égalité entre les sexes et la promotion des relations fondées sur le partage des responsabilités et la confiance mutuelle et le respect conduiront à une société plus juste, plus prospère et pacifique.

Le Fonds des Nations Unies pour la Population et les autres agences du système des Nations Unies s'impliquent largement dans ce combat auprès du gouvernement qui devrait permettre, par le changement, aux programmes de développement du pays d'atteindre leur plein potentiel.

Par ailleurs, Monsieur le Président, je pense que l'université devrait également jouer un rôle moteur dans la définition de l'avenir des pays. C'est vrai au Congo, mais je l'ai également observé dans d'autres régions d'Afrique. Certes, l'université pourvoit souvent les pays africains en un certain nombre de dirigeants éminents, au gouvernement, au parlement, dans les corps constitués et dans les cabinets ministériels. C'est une excellente chose, notamment ici au Congo. Mais le rôle de l'université ne doit pas se limiter à cette fonction pourvoyeuse de cerveaux pour les postes politiques ou administratifs. Comme c'est le cas, par exemple en Afrique de l'Est, dans toute sa neutralité, l'université doit également être un réservoir de mouvements et d'idées, un vivier d'idées en prise avec les réalités de l'évolution des sociétés, dont elle doit être le reflet.

Aux Etats-Unis, on parle de *Think tanks,* littéralement des réservoirs d'idées et de pensées. Les instituts de recherche doivent être ainsi un poumon essentiel sur lequel les politiques nationales doivent pouvoir s'appuyer.

L'influence de ces recherches sérieuses a le pouvoir de peser non seulement sur l'orientation des pouvoirs et politiques publics, des représentants du peuple, mais également au-delà des frontières traditionnels. L'investissement dans la recherche et le développement est porteur de la richesse à venir des Etats. Ainsi, les Etats-Unis constituent désormais le pôle universitaire le plus prolifique au monde, tous domaines confondus, à la fois pour la qualité de ses universités et du niveau de son enseignement, mais aussi de son pouvoir d'influence des idées au sein de ses frontières et dans le monde, facilement mesurable par le nombre de prix *Nobels* issus des universités américaines.

Oui, l'université doit jouer pleinement ce rôle dans les mutations des sociétés et dans l'accompagnement de ces mutations pour le développement. Je suis convaincu que l'Université Marien Ngouabi qui a un rayonnement national reconnu peut renforcer ses capacités et a le potentiel de devenir un pôle d'influence des idées au Congo, mais également dans la sphère sous-régionale et régionale. J'ai personnellement déjà fait ce pari à long terme en appuyant dès la prochaine rentrée universitaire 2010-2011, ce nouveau master et ce nouvel institut de recherches sur les questions de population.

Monsieur le Président, Au Caire, l'an dernier lors de sa première visite officielle en Afrique, le Président Barack Obama a dit dans un discours fondateur sur sa vision pour l'Afrique que, je cite: « *le futur de l'Afrique appartient aux Africains. (...) Au vingt et unième siècle, des institutions capables, responsables et transparentes sont la clé du succès, des parlements solides, des forces de police honnêtes, des juges indépendants, une presse libre, un secteur privé et une société civile en mouvement.»* Beaucoup de pays africains ont choisi ce chemin et le *Chemin d'avenir* congolais s'inscrit dans cette lignée.

A l'heure où l'UNFPA s'engage au Congo dans la coopération décentralisée, nous voulons espérer que la *Municipalisation accélérée* sera un succès. Le mois dernier, le Conseil économique et social nouvellement nommé se mettait au travail dans cette même salle de réunion, annonçant ainsi des efforts pour accompagner la politique du Gouvernement et le Parlement.

Tout ceci est porteur de changements positifs. Nous nous réjouissons de cette effervescence et je travaillerai étroitement à la sensibilisation des membres du Gouvernement, du Conseil économique et social tout comme les membres du Parlement sur les questions de santé de la reproduction, de genre et de population notamment.

Monsieur le Président, Au mois de juillet l'an dernier, je lançais à Brazzaville *le Rapport annuel 2009 sur l'Etat de la Population mondiale* dont le thème principal portait sur *les femmes et le changement climatique,* notamment la contribution positive que ces dernières apportent au ralentissement des changements climatiques. Je me réjouis que cette thématique essentielle ait fait des 'émules en Afrique et au Congo. Une telle vision sur la place des femmes et le leadership féminin est porteuse de mutations importantes dans les idées et les conceptions des populations.

L'éducation est l'un des moyens les plus importants de l'autonomisation des femmes et des filles. En plus de l'éducation primaire universelle, la priorité devrait être accordée à la qualité des niveaux secondaire et supérieur de l'éducation afin que les femmes et les filles puissent atteindre leur plein potentiel. En permettant aux jeunes filles adolescentes de rester à l'école et d'éviter le mariage à un âge précoce, ils peuvent participer plus pleinement à la société et de contribuer à façonner la réussite future de leurs communautés et pays.

Dans ce domaine, la situation du Congo qui était applaudie dès les premières heures de l'indépendance, se caractérise par un affaiblissement de la qualité des résultats, notamment de ceux des filles qui parviennent difficilement aux niveaux supérieurs et dans les filières scientifiques et techniques.

Ce fait mérite qu'on y accorde une attention particulière, puisque les femmes représentent 52% de la population nationale. La non-élévation de leurs niveaux d'instruction constitue un grand obstacle aux efforts visant l'amélioration des conditions de vie des populations, la réduction de la mortalité maternelle et infantile, la consolidation de la paix sociale et civile, et la participation effective et efficiente de tous les citoyens à la vie politique et économique du pays.

Monsieur le Président, Les femmes ont un rôle vital à jouer dans la conservation des valeurs culturelles, la résolution des conflits et des crises sociales. Des actions plus énergiques sont donc nécessaires pour protéger les femmes contre toutes les pratiques discriminatoires, violentes et dégradantes, en vue d'assurer leur participation à la paix sociale, à la valorisation des valeurs humanistes et progressistes bénéfiques à l'ensemble de l'humanité.

En lançant ce débat sur femme et environnement l'an dernier au Congo et au Gabon, j'avais indiqué qu'il était important de soutenir une «culture du débats» non seulement au sein de la société civile pour lui permettre de mieux s'exprimer pour être plus audible et entendue, mais aussi pour favoriser ce débat d'idées nouvelles que le Président de la République a appelé lui-même de ses vœux et que nous défendons ardemment au sein du système des Nations Unies et au Fonds des Nations Unies pour la Population, en particulier, que je représente ici.

Je pense que ce débat d'idées, Monsieur le Président, s'il ne doit pas exclusivement se tenir l'université, doit y prendre une plus large place. C'est l'une des raisons pour lesquelles, l'UNFPA s'est associé à l'organisation du Colloque international qui nous réunit cette semaine, sous les auspices d'une institution universitaire qui nous le pensons est porteuse d'avenir pour les jeunes étudiants et pour le pays.

En terminant, je souhaite sincèrement que les idées partagées ici soient non seulement appropriées par les universitaires eux-mêmes, mais qu'elles puissent influencer les mentalités estudiantines et citoyennes, et que nous contribuions ainsi aux mutations sociétales dont nous débattons cette semaine, et qui sont indispensables au développement du pays et au bien-être des populations congolaises pour lequel nous travaillons ardemment aux côtés du Gouvernement.

Enfin, avec votre permission Monsieur le Président, je voudrais profiter de la tribune pour rappeler aux étudiantes, lycéennes ou universitaires, que les portes de la Représentation nationale de l'UNFPA à Brazzaville leur seront très prochainement rouvertes, dans le cadre de notre initiative *Portes ouvertes UNFPA pour les étudiantes du Congo* qui offre à 20 étudiantes la possibilité de travailler dans notre salle de réunion, chaque jour, de 18 à 21 heures. Cette initiative sera relancée dans le cadre de la célébration de la Journée internationale de la Femme, le 8 mars prochain, et s'achèvera avec la fin de la période des examens. Je vous remercie de votre attention.

Allocution de M. David LAWSON, Représentant résident du Fonds des Nations Unies pour la Population (UNFPA) en République du Congo & Directeur de la Représentation de l'UNFPA en République du Gabon, à l'occasion de la célébration de la Journée mondiale de la population. Brazzaville, 10 juillet 2010

Monsieur le Ministre d'Etat, Directeur de Cabinet du Président de la République
Mesdames et Messieurs les Membres du Gouvernement,
Mesdames et Messieurs les parlementaires,
Monsieur le Maire de Brazzaville,
Monsieur le Directeur de Cabinet du Ministre d'Etat, Ministre de l'Economie, du Plan et de l'Aménagement du Territoire,
Mesdames et Messieurs les Directeurs généraux et centraux,
Mesdames et Messieurs les Ambassadeurs et représentants du Corps diplomatique et consulaire en République du Congo, et Cher(e)s Collègues,
Mesdames et Messieurs les Représentants des organisations internationales et du Système des Nations Unies, et Cher(e)s Collègues,
Mesdames et Messieurs les représentants de la société civile et des medias,
Distingué(e)s invité(e)s, Mesdames et Messieurs,

C'est pour moi un immense honneur de prendre la parole devant cette assemblée aujourd'hui à l'occasion de la célébration de la Journée mondiale de la Population, que nous commémorons avec un jour d'avance, puisqu'elle est célébrée chaque année, le 11 juillet. Le thème de la Journée mondiale de la Population cette année est *«Tout le monde Compte.»*

La communauté internationale réitère ainsi son attachement au cycle de recensement 2010, à l'analyse des données pour le développement et au rôle central du Fonds des Nations Unies pour la population en matière de population et de développement.

Pour que *tout le monde compte,* il faut que chacun soit compté. A ce titre, dans le contexte de cette Journée internationale de la Population, les résultats du recensement général de la population et de l'habitat 2007 vont être présentés publiquement par Monsieur le Ministre d'Etat, Ministre de l'Economie, du Plan et de l'Aménagement du Territoire, Coordonnateur du Pôle économique, Pierre Moussa, dans les tout prochains jours.

La publication des résultats du recensement général de la population et de l'habitat 2007 est une occasion importante et je dirais même historique pour la République du Congo. En effet, le pays et l'ensemble des partenaires au développement attendent depuis vingt-cinq ans de connaître le profil actualisé de la population congolaise. Au nom du Fonds des Nations Unies pour la population, je tiens donc à exprimer au Gouvernement congolais mes plus vives et sincères félicitations pour l'engagement politique qui a permis l'aboutissement de cette grande opération que l'UNFPA a soutenu et accompagné techniquement et financièrement au fil de ces étapes de réalisation.

L'engagement politique du Gouvernement s'est traduit dans les faits par un engagement financier exemplaire, puisque le recensement a été financé à quatre-vingt-dix-huit pour cent par des ressources nationales. Le Congo fait ainsi désormais partie des rares pays africains à avoir financé majoritairement son recensement à un tel niveau.

Le recensement général de la population et de l'habitat est une opération de longue haleine. C'est un long parcours qui intègre plusieurs étapes, de la conception méthodologique à la rédaction des rapports, en passant par les travaux cartographiques, le dénombrement, l'enquête post-censitaire, l'orientation des analystes, la codification et la saisie des données, la stabilisation des fichiers des données et la production des tableaux, l'analyse des résultats; bref, c'est le fruit d'un travail cumulatif qui va être rendu public et je me réjouis que cette opération ait été conduite suivant les normes et standards internationaux en vigueur en matière démographique et dans des délais raisonnables pour ce genre de processus.

Monsieur le Ministre d'Etat, Mesdames et Messieurs les Membres du Gouvernement, Distingué(e)s invité(e)s,

Pour cette 21ème Journée mondiale de la Population, la communauté internationale vise à mettre l'emphase sur les progrès réalisés en matière de mise en œuvre du Programme mondial de recensements de la population et de l'habitat de 2010, approuvé par la Commission de statistique des Nations Unies, lors de sa Trente-sixième session, en mars 2005.

Ce cycle de recensements de la population et de l'habitat est essentiel pour le suivi de la réalisation des Objectifs du Millénaire pour le Développement (OMD), adoptés par l'ensemble des gouvernements de la planète, en septembre 2000. En effet, les recensements sont la principale source de données sur l'étendue de la population, sa répartition sur le territoire national, sa distribution, ses caractéristiques et celles de son habitat.

L'accès à des données fiables est l'une des conditions de la bonne gouvernance, de la transparence et de la responsabilité effective.

Les données démographiques aident les dirigeants et les responsables dans l'élaboration des politiques à prendre des décisions en connaissance de cause, y compris pour l'allocation des budgets articulés autour de priorités nationales en fonction de la population et des besoins des individus dans les diverses collectivités territoriales, notamment pour les programmes de lutte contre la pauvreté, la promotion de l'éducation, la santé et l'éducation des sexes.

Le recensement est également fondamental pour la planification, la mise en œuvre et le suivi du développement national, ainsi que des stratégies de réduction de la pauvreté.

Au Congo comme ailleurs, le recensement est vital pour le développement harmonieux et durable du pays qui repose sur les populations et a pour but de mieux répondre à leurs besoins. Il doit donc être débarrassé de toutes considérations non techniques et se concentrer sur le rôle traditionnel que lui confèrent les experts en la matière, afin de servir l'édification d'une société plus équitable et prospère pour l'avenir du pays.

Monsieur le Ministre d'Etat, Mesdames et Messieurs les Membres du Gouvernement, Distingué(e)s invité(e)s,

Je me réjouis que le Congo ait pris la résolution de s'inscrire dans cette mouvance, en se préoccupant, avec l'appui des partenaires au développement, d'élaborer un nouveau cadre de développement de la statistique, au centre duquel le recensement et les autres opérations de collecte des données prennent une place prépondérante.

Le projet de Plan National pluriannuel de collecte de données pour le suivi et l'évaluation du Document de Stratégie de Réduction de la Pauvreté (DSRP) élaboré en 2009 est l'une des initiatives récentes du Gouvernement qui corrobore cette volonté de renforcer et de mieux structurer le système national d'information statistique, afin d'inspirer les décisions appropriées à tous les niveaux politiques et opérationnels.

Il est essentiel de soutenir cet engagement du Gouvernement pour faire de la statistique un véritable outil d'aide à la décision également essentiel pour une gestion axée sur les résultats. Je puis vous assurer que l'UNFPA continuera à travailler étroitement avec le Gouvernement dans le cadre de son Programme de Coopération et ne ménagera aucun effort en la matière.

A cet égard, je me dois de souligner l'impérieuse nécessité d'organiser et de structurer le système national d'information et de gestion des données, intégrant le système statistique pour les besoins de planification, de suivi et d'évaluation des politiques et programmes nationaux de développement.

Il est essentiel que chaque pays suive la dynamique impulsée au niveau mondial de mise en place d'un dispositif statistique permettant de produire à la demande l'information qui doit permettre aux décideurs de prendre des décisions éclairées.

Un tel dispositif permet aussi de favoriser un meilleur stockage, et donc une conservation durable des données pour les besoins d'analyses et de suivi des progrès réalisés en matière de développement.

Je suis ainsi disposé à appuyer techniquement et financièrement la tenue d'un séminaire national sur le système intégré des bases des données, dont l'objectif serait de définir un plan d'action pour sa mise en place au Congo.

Ce système, là où il existe, a démontré son efficacité et présente l'avantage de valoriser toutes les sources des données, qu'il s'agisse de l'état civil, des enquêtes ou des recensements, ou encore des données de routine ou des registres de population.

Sa mise en place requiert une coopération soutenue au niveau des décideurs et acteurs sectoriels, des agents municipaux, des cadres des directions des études et de la planification des différents départements ministériels.

Monsieur le Ministre d'Etat, Mesdames et Messieurs les Membres du Gouvernement, Distingué(e)s invité(e)s,

Le recensement général de la population et de l'habitat n'est pas et ne peut être la seule source de données nationales. Les Enquêtes Démographiques et de Santé, réalisées tous les cinq ans fournissent des données spécifiques et précieuses pour la planification du développement national notamment dans les secteurs sociaux. A ce titre, l'UNFPA soutiendra financièrement et techniquement l'Enquête Démographique et de Santé qui doit être lancée au Congo cette année.

En outre, de nouvelles formes de recensement sont envisagées à l'horizon 2011 dans la plupart des pays occidentaux, dont certaines s'appuient, par exemple, sur les registres d'état civil dans le but d'améliorer l'efficacité de la production de l'information statistique sur la population. Par ailleurs, la collecte des données ou la mise en place d'un système d'information performant implique la disponibilité d'une capacité humaine et technique suffisante en matière d'analyse et de diffusion des résultats.

Compte tenu de son rôle dans le renforcement des capacités nationales, la Représentation du Fonds des Nations Unies pour la population en République du Congo accorde depuis plusieurs années, tous les deux ans, des bourses d'études aux cadres congolais pour se former dans le domaine de la démographie, notamment à l'Institut de Formation et de Recherche Démographiques de Yaoundé, au Cameroun. Depuis l'an dernier, l'UNFPA travaille avec l'Université Marien Ngouabi à la mise en place d'un laboratoire de recherche et à l'instauration d'un master en population et développement qui devraient voir le jour à la rentrée académique 2010-2011.

Notre espoir est que l'Université puisse contribuer plus efficacement à l'analyse des données produites dans le cadre du système statistique national en cours de développement et ainsi accroître sa capacité à alimenter et à participer au débat national et international sur les questions de population et d'développement.

L'appui de l'UNFPA à l'organisation des Journées scientifiques sur les questions de population et développement, dont les prochâines sessions sont prévues en novembre 2010, à Brazzaville, participe également de cet objectif.

En terminant Monsieur le Ministre d'Etat, je voudrais souligner une nouvelle fois l'importance des données socio-démographiques pour la prise en compte des besoins de tous, femmes, hommes, filles et garçons, et le suivi et l'évaluation des Objectifs du Millénaire pour le Développement, dont la revue formelle à cinq ans aura lieu à New York au mois de septembre prochain, dans le cadre de la session de haut niveau de l'Assemblée générale, et permettra aux Etats d'exposer par les chiffres les progrès réalisés et de mieux prendre en compte et servir les populations. Je vous remercie.

Allocution de M. David LAWSON, Représentant résident du Fonds des Nations Unies pour la Population (UNFPA) en République du Congo & Directeur de la Représentation de l'UNFPA en République du Gabon, à l'occasion de la cérémonie de lancement du Rapport sur l'Etat de la population mondiale 2010. Brazzaville, 20 octobre 2010

Madame la Ministre des Affaires sociales, de l'Action humanitaire et de la Solidarité,
Madame la Ministre de la Promotion de la Femmes et de l'Intégration de la Femme au développement,
Monsieur le Ministre de l'Education civique et de la Jeunesse,
Mesdames et Messieurs les Membres du Gouvernement,
Honorables Député(e)s, Vénérables Sénateurs,
Mesdames et Messieurs les Ambassadeurs et représentants du corps diplomatique et consulaire, et Cher(e)s Collègues,
Monsieur le Directeur régional pour l'Afrique de l'UNFPA,
Messieurs les Représentants des agences du système des Nations Unies et des organisations internationales, et Cher(e)s Collègues,
Madame et Messieurs les Directeurs de Cabinet,
Mesdames et Messieurs les Directeurs généraux et d'administrations centrales,
Mesdames et Messieurs les représentants des organisations non gouvernementales et de la société civile,
Mesdames et Messieurs les professionnels de l'information et de la communication,
Distingué(e)s invité(e)s, Mesdames et Messieurs,

Tout d'abord, je voudrais vous souhaiter la bienvenue et tous vous remercier chaleureusement de vous associer à nous aujourd'hui pour la présentation du rapport du Fonds des Nations Unies pour la Population (UNFPA) sur l'Etat de la population mondiale 2010. Mais avant d'aller plus loin, je voudrais remercier tout particulièrement Madame la Ministre des Affaires sociales, de l'Action humanitaire et de la Solidarité, Emilienne Raoul, d'avoir accepté de parrainer cette cérémonie, mais aussi pour son leadership dans la coordination de la réponse humanitaire dans la Likouala.

Madame la Ministre, Distingué(e)s invité(e)s, Mesdames et Messieurs,

Il y a dix ans, le Conseil de sécurité de l'ONU adoptait la résolution 1325 qui condamnait la violence à l'égard des femmes et des filles dans les situations de conflit, appelait les gouvernements à protéger les femmes et les filles des violences sexuelles en temps de guerre et demandait une participation accrue des femmes aux initiatives de renforcement de la paix, partout dans le monde.

Cette résolution a élevé la situation des femmes dans les conflits armés au rang de problème de sécurité mondiale et de priorité de l'agenda politique international. Dix ans plus tard, quel bilan tirer des conséquences et des apports de cette résolution dans la lutte contre les violences sexuelles faites aux femmes dans les conflits armés? Est-ce que les femmes contribuent réellement aux décisions politiques concernant les efforts de paix et de reconstruction post-conflit ?

Le rapport sur l'Etat de la population mondiale 2010, intitulé *"Conflits, crises et renouveau: changements au fil des générations"*, se distingue des éditions précédentes qui abordaient, suivant une démarche savante, divers sujets liés au mandat et aux activités de l'UNFPA. Cette année, les intervenants ne sont ni des statisticiens ni des démographes, mais le rapport adopte une approche plus journalistique et se fonde sur les expériences de femmes et de jeunes filles, d'hommes et de jeunes garçons au lendemain de conflits et d'autres perturbations catastrophiques, dont il rapporte les propos pour décrire les défis auxquels ils font face, les mécanismes d'adaptation et de renforcement de leurs communautés respectives et le parcours qui a mené un grand nombre d'entre eux à s'impliquer dans la reconstruction et le renouveau, s'efforçant de survivre dans des zones rurales ou urbaines dévastées.

Pour cette raison, nous avons également voulu innover dans la présentation de notre rapport et, outre la présentation et les causeries-débats d'experts que nous organisons habituellement, le Directeur régional pour l'Afrique de l'UNFPA qui nous fait le plaisir d'être parmi nous pour cet événement, entretiendra un échange de vues sur le mode conversationnel avec vous tous, avec un accent particulier sur les jeunes. Les jeunes constituent en effet un «dividende démographique» qui est payant de longues années à la fois après une crise politique ou humanitaire ou pour la prévenir en fournissant la main-d'œuvre et les forces vives qui assureront le développement économique et la stabilité sociale, à condition que les pouvoirs publics ne négligent pas la formation, l'emploi et la santé des jeunes dans leurs priorités nationales.

Madame la Ministre, Distingué(e)s invité(e)s, Mesdames et Messieurs,

Les conflits armés actuels ne consistent plus seulement en des affrontements conventionnels de soldats de part et d'autre des frontières nationales, mais bien plus souvent en des actions de combattants qui au sein d'un même pays, visent à prendre le pouvoir et pour lesquels tous les moyens sont bons pour briser la volonté des civils, physiquement et psychologiquement, ainsi que sur le plan économique et social.

Le rapport sur l'Etat de la population mondiale montre que si les femmes livrent rarement la guerre, elles en subissent les pires conséquences. La violence sexuelle, y compris le viol, est une arme de guerre ignominieuse largement répandue, dont les victimes sont des femmes et des jeunes filles innocentes, et dont les effets s'étendent au-delà des victimes immédiates, pour exercer des ravages insidieux qui déchirent les familles et détruisent la société pour des générations.

Les violences sexuelles sont généralement le symptôme d'un problème plus vaste, résultant d'une faillite institutionnelle, de normes sociales qui perpétuent ou tolèrent la maltraitance, de relations entre les sexes dangereusement faussées et d'inégalités hommes-femmes profondément ancrées.

La participation des femmes au renforcement de la paix est donc une condition préalable indispensable de son succès. Au Congo, les Congolaises et les Congolais ont payé un lourd tribut aux luttes fratricides et intestines au cours des décennies passées. Tout au long de ces combats et de l'histoire du pays, les femmes ont été victimes, mais également au cœur de la lutte pour la paix, la défense de leurs droits et de leur pays. Elles ont participé activement à la consolidation de la Nation congolaise qui a contribué à la paix durable que le pays connaît aujourd'hui.

La place des femmes dans les politiques publiques, la mise en œuvre de la politique nationale genre, le dynamisme et l'activisme des mouvements de femmes de la société civile et des femmes Ministres et parlementaires, et l'annonce au mois d'août dernier par le Chef de l'Etat congolais, Denis Sassou Nguesso, d'une loi sur la parité pour l'accès des femmes aux fonctions politiques, administratives et électives consacrent définitivement l'importance de la participation des femmes à tout processus de décision pour l'avenir du pays.

Madame la Ministre, Distingué(e)s invité(e)s, Mesdames et Messieurs,

Le rapport de cette année se décline en trois R: - Résistance - Renouveau - et Redéfinition des rôles entre garçons et filles, et entre hommes et femmes.

Oui, les conflits et les catastrophes peuvent aggraver les inégalités entre hommes et femmes. Mais le relèvement à partir des conflits et des catastrophes présente aussi une occasion unique -une occasion de corriger les inégalités, d'assurer une protection juridique égale, et de créer l'espace nécessaire à un changement positif.

Le rapport sur l'Etat de la population mondiale montre que, là où les femmes jouissent de l'égalité des droits et des chances, elles résistent mieux à une catastrophe ou à un conflit et peuvent jouer un rôle central dans la reconstruction, le renforcement de la paix et le relèvement.

En revanche, là où les femmes et les filles sont victimes d'une extrême discrimination, elles sont plus vulnérables aux pires effets d'une catastrophe ou d'une guerre, notamment au viol, et ont moins de chance de contribuer au renforcement de la paix, ce qui menace le redressement à long terme.

Madame la Ministre, Distingué(e)s invité(e)s, Mesdames et Messieurs,

Dix ans après l'adoption de la résolution 1325 du Conseil de sécurité de l'ONU, le rapport rappelle que les violences sexuelles destructrices et inacceptables qui sévissent dans les pays touchés par un conflit continuent à progresser dans le monde. La communauté internationale s'est montrée incapable de prévenir ou contenir ce crime et cette violation des droits humains. L'UNFPA appelle à une action urgente et concertée pour protéger les femmes, prévenir la violence sexuelle, mettre fin à l'impunité et faire justice.

Le rapport sur L'Etat de la population mondiale plaide pour que soit substitué au cercle vicieux des crises et du sous-développement un cercle vertueux de la paix, de la justice et de la stabilité. Il est temps d'abattre les barrières artificielles entre crise, relèvement et développement. Investir dans le développement durable atténue l'impact des crises et des catastrophes naturelles, et tout investissement fait durant l'intervention humanitaire peut devenir un fondement solide pour le développement et la reconstruction d'une société.

Je soutiens que reconstruire des sociétés est tout aussi important que reconstruire des maisons et rétablir les services essentiels après un conflit ou une catastrophe. Et nous ne devons pas seulement réédifier, mais reconstruire de manière à améliorer la vie des populations, et rénover les sociétés.

Rénover, cela signifie créer de nouvelles opportunités et corriger les inégalités enracinées. Rénover suppose que tous les membres d'une société qui sont vulnérables -les femmes, les jeunes, les personnes âgées, les personnes handicapées, les populations autochtones- accèdent à l'autonomie de manière à pouvoir tous devenir les agents d'un changement positif.

Pour cela, il est essentiel que les budgets nationaux accordent une part importante des financements aux politiques sociales indispensables à ces populations et qui contribuent aussi à la stabilité sociale, à la stabilisation politique et à la paix durable.

A cet égard, je soutiens l'action entreprise par Madame la Ministre des Affaires sociales, de l'Action humanitaire et de la Solidarité en faveur de politiques sociales. Nous allons contribuer techniquement et financièrement à un certain nombre d'activités stratégiques envisagées par ce département ministériel l'an prochain et nous espérons que le budget national alloué à l'action sociale soit à la mesure des enjeux qui se posent au pays sur ces thèmes.

Madame la Ministre, Distingué(e)s invité(e)s, Mesdames et Messieurs,

Quand le Conseil de sécurité de l'ONU a adopté la résolution historique 1325 voici 10 ans, il a changé la manière dont le monde percevait la violence sexuelle dans les conflits armés: le Conseil de sécurité a ainsi décidé que la violence à l'égard des femmes et des filles ne pouvait plus être tolérée comme une composante indissociable de la guerre et impossible à prévenir. Les diplomates qui ont conçu cette résolution comprenaient que les pourparlers de paix ne réussiraient que si les femmes avaient place à la table des négociations.

Depuis l'adoption de la résolution 1325, plus de 30 pays ont reçu l'appui de l'UNFPA pour mettre en œuvre ses recommandations. L'UNFPA collabore avec ses partenaires des Nations Unies, notamment le Haut-Commissariat aux Réfugiés, pour combattre les violences sexuelles dans les sociétés touchées par un conflit, mesurer l'étendue et appuyer les gouvernements à fournir les services nécessaires et prendre en charge les survivantes.

Le rapport sur l'Etat de la population mondiale met en lumière les efforts accomplis par certains pays et individus remarquables pour guérir les blessures profondes causées par la guerre ou les catastrophes naturelles. Il en ressort que la charge du redressement national après une crise ne peut être laissée aux seuls survivants. La solidarité nationale et internationale est indispensable.

En conclusion, Madame la Ministre, Distingué(e)s invité(e)s, Mesdames et Messieurs, il est temps de mettre fin aux attaques brutales dirigées contre les femmes et les filles pendant et après les conflits armés. Il faut instituer des lois rigoureuses pour déférer leurs auteurs de violences à la justice et les punir sévèrement. Il nous faut impliquer davantage de femmes dans les processus de paix. Beaucoup plus pourrait être fait avec le soutien politique et financier des bailleurs de fonds bilatéraux et un engagement renouvelé de l'ensemble de la communauté internationale.

A travers les récits attachants d'hommes et de femmes survivants de conflits et de catastrophes naturelles, le rapport sur l'Etat de la population mondiale souligne la nécessité de poursuivre l'œuvre commencée à New York voici dix ans, et il nous appartient, tous ensemble, de la mener à terme pour l'émergence d'un monde ou la paix soit assurée, les droits humains protégés, et les conflits évités. Je vous remercie de votre attention.

Allocution de Monsieur David LAWSON, Représentant résident du Fonds des Nations Unies pour la Population (UNFPA) en République du Congo & Directeur de la Représentation de l'UNFPA en République du Gabon, à l'occasion de la cérémonie de présentation officielle des résultats du 4è recensement général de la population et de l'habitat, Journée internationale de la statistique. Brazzaville, 20 octobre 2010

Monsieur le Ministre d'Etat, Coordonnateur du Pôle économique, Ministre de l'Economie, du Plan, de l'Intégration et de l'Aménagement du territoire,
Mesdames et Messieurs les membres du Gouvernement,
Vénérables Sénateurs, Honorables Député(e)s,
Monsieur le Directeur régional pour l'Afrique de l'UNFPA,
Mesdames et Messieurs les Ambassadeurs et Chefs de missions diplomatiques et consulaires en République du Congo, et Cher(s) Collègues,
Mesdames et Messieurs les Représentants des organisations internationales et du Système des Nations Unies, et Cher(e)s Collègues,
Mesdames et Messieurs les Directeurs généraux et centraux,
Mesdames et Messieurs les représentants de la société civile
Distingué(e)s invité(e)s, Mesdames et Messieurs,

Je suis très honoré et très heureux de prendre la parole à l'occasion de cette cérémonie organisée pour la présentation officielle des résultats du quatrième recensement général de la population et de l'habitat du Congo.

Cette cérémonie a lieu le jour même où la communauté internationale célèbre la première Journée Mondiale de la Statistique, qui vise à mettre en relief le rôle des statistiques et constitue ainsi un cadre idéal pour la présentation des résultats chiffres du recensement.

Je me félicite de cette heureuse circonstance, qui nous permet en même temps de célébrer les nombreuses avancées de la statistique officielle, ainsi que les valeurs fondamentales de service, d'intégrité et de professionnalisme dont font montre les statisticiens et autres praticiens de la statistique que je salue chaleureusement.

Cette cérémonie intervient trois mois après la célébration de la Journée mondiale de la Population, le 11 juillet dernier, dont le thème «*Tout le monde compte»* a permis à la communauté internationale de réaffirmer l'importance de compter tout le monde au moyen des recensements généraux de la population et de l'habitat, et de prendre en compte les besoins de chacun.

La journée mondiale de la Population 2010 a permis de remettre au centre des préoccupations mondiales la question des recensements de populations et d'apprécier les progrès réalisés en matière de mise en œuvre du programme mondial de la série des recensements de la décennie 2010, approuvé par la Commission de la statistique des Nations Unies en 2005.

L'importance des recensements de population et des enquêtes socio-démographiques pour la collecte et la mise en lumière des données statistiques a été mise en relief lors du Sommet des Chefs d'Etats et de Gouvernement sur le suivi des Objectifs du Millénaire pour le Développement, à New York, le mois dernier.

Monsieur le Ministre d'Etat, Distingué(e)s invité(e)s, Mesdames et Messieurs,

Cette cérémonie constitue l'aboutissement heureux d'un long processus, qui comble les attentes des partenaires nationaux et internationaux du Congo en matière de planification, de suivi et d'évaluation des politiques et programmes sectoriels de développement, et intervient dans le contexte du cinquantenaire de l'indépendance du pays. C'est donc un moment historique pour le Congo.

En effet, depuis l'enquête démographique de 1960, seuls deux recensements ont été réalisés et validés en 1974 et 1984. Voici donc vingt-cinq ans que les Congolais n'ont pas été régulièrement comptés. Grâce à ce recensement, le Congo connaît désormais mieux la population légale de toutes ses unités administratives, les différentes structures socio-économiques de sa population et les caractéristiques des habitations dans toutes les zones géographiques du pays. Le Congo dispose aussi d'une base de données nécessaire à l'élaboration des projections démographiques pour le futur.

Monsieur le Ministre d'Etat, Distingué(e)s invité(e)s, Mesdames et Messieurs,

Pour le bien-être des populations, le Gouvernement de la République du Congo pourra désormais orienter ses choix et décisions, notamment la planification scolaire, le nombre d'écoles, de classes, d'élèves, d'enseignants, la programmation sanitaire, la construction de centres de santé, la répartition des personnels sanitaires, la gestion administrative et budgétaire du territoire national, la création de structures administratives, la détermination des différents types d'infrastructures, routes, chemins de fer, la prévision de l'activité économique, la formation professionnelle, les créations d'emplois, en se fondant sur des données fiables et actualisées, des analyses claires et objectives de la situation socio-économique et démographique du pays.

Le Gouvernement pourra suivre plus précisément les progrès réalisés en matière de développement et d'amélioration du bien-être des populations congolaises, grâce aux indicateurs socio-démographiques tirés des données du recensement: taux de croissance démographique, taux de mortalité, de natalité et de fécondité, de migration, de scolarisation, de fréquentation scolaire, d'emploi, etc. Ces indicateurs décrivent la diversité de réalités sociales du pays qui nécessitent une attention constante de la part des acteurs politiques nationaux, Gouvernement, Parlement, autorités locales et décentralisées, en charge du destin des populations.

Les profits que procure le recensement général de la population et de l''habitat sont donc multiples. Et bien sûr, le renforcement du système de planification, de suivi et évaluation des politiques et programmes de développement en est un des bénéfices essentiels.

Monsieur le Ministre d'Etat, Distingué(e)s invité(e)s, Mesdames et Messieurs,

Je voudrais, à travers vous, exprimer mes vives et sincères félicitations au Gouvernement congolais pour avoir réussi cette grande opération de recensement et de l'avoir financé à quatre-vingt-dix-huit pour cent. Le Congo est ainsi l'un des rares pays africains à avoir contribué majoritairement au financement de son recensement.

Je me félicite que l'UNFPA ait accompagné le Gouvernement et apporté une contribution technique et financière à la réalisation du Quatrième Recensement général de la population et de l'habitat congolais, qui a été réalisé suivant les normes internationales en vigueur et dans des délais raisonnables pour ce type de processus. Le Fonds des Nations Unies pour la population garantit ainsi la qualité scientifique des données de ce recensement, et c'est avec joie que 1'UNFPA s'associe aux résultats qui sont annoncés aujourd'hui.

Monsieur le Ministre d'Etat, Distingué(e)s invité(e)s, Mesdames et Messieurs,

Je tiens également à saluer les efforts consentis par le Gouvernement du Congo, pour l'établissement d'un nouveau cadre statistique national. En effet, la création du nouvel Institut National de la Statistique est la démonstration manifeste de la volonté des autorités nationales congolaises de renforcer et pérenniser leur système statistique en intégrant des opérations de grande envergure, telles que les recensements généraux de la population et de l'habitation, les enquêtes démographiques et de santé, et d'autres enquêtes.

Cette perspective est particulièrement encourageante pour l'avenir, et l'UNFPA continuera naturellement à soutenir cet effort essentiel pour la planification, le développement et le suivi des politiques et programmes nationaux.

Beaucoup d'efforts restent à accomplir, notamment dans l'organisation et l'exploitation des données de routine, nationales et sectorielles dans les domaines aussi divers que l'état civil, la santé, l'éducation, les migrations transfrontalières, et l'emploi. Ces données font en effet partie intégrante du système statistique et méritent d'être organisées pour leur valorisation dans le cadre de ce système, et leur utilisation par les décideurs et les leaders d'opinion.

Le Gouvernement devra également maintenir ses efforts, pour établir et mettre en œuvre un plan de valorisation des données du recensement et des autres sources existantes, en impliquant tous les acteurs pertinents, notamment les universitaires et les chercheurs, dans une perspective multidisciplinaire. C'est dans cette perspective que le Fonds des Nations Unies pour la population appuie la mise en place d'un laboratoire et d'un Master en Population et Développement à l'Université Marien Ngouabi.

Se doter d'un plan de valorisation des données socio-démographiques est aussi un élément de bonne gouvernance et une exigence de toute démocratie moderne. En effet, il permet aux acteurs politiques et aux bénéficiaires sociaux d'enregistrer les engagements pris, suivre et mesurer les progrès réalisés dans leur mise en œuvre. Par ailleurs, il permet aux praticiens de travailler sur des analyses et des projections entre deux cycles de recensements, généralement espacés de 10 ans.

Le Gouvernement du Congo pourra ainsi tirer le meilleur profit des éléments du plan pluriannuel de collecte des données pour le suivi et l'évaluation du Document de Stratégie pour la Réduction de la Pauvreté, le DSRP, élaboré en 2009.

Monsieur le Ministre d'Etat, Distingué(e)s invité(e)s, Mesdames et Messieurs,

En terminant, je voudrais confirmer l'engagement du Fonds des Nations Unies pour la population à poursuivre son appui financier et technique au Gouvernement congolais dans la mise en œuvre du plan national de collecte des données, ainsi que dans toutes ses initiatives visant à améliorer l'efficacité du système national statistique, notamment la finalisation du processus de publication des analyses thématiques, dont l'atelier interne d'harmonisation et d'édition.

L'UNFPA contribuera ainsi à la valorisation des données du recensement, par des analyses thématiques approfondies, des monographies des principales villes du pays, des séminaires à l'intention des maires sur l'utilisation des données du recensement pour la planification et la gestion urbaines.

Pour toutes ces initiatives et d'autres, vous savez Monsieur le Ministre d'Etat, pouvoir compter sur ma pleine disponibilité.

Je vous remercie.

Allocution de M. David LAWSON, Représentant résident du Fonds des Nations Unies pour la Population (UNFPA) au Congo et Directeur de la Représentation de l'UNFPA au Gabon, à l'occasion de la cérémonie d'ouverture des Journées scientifiques de l'Université Marien Ngouabi. Brazzaville, 18 novembre 2010

Monsieur le Ministre de l'Enseignement supérieur,
Monsieur le Recteur de l'Université Marien Ngouabi,
Monsieur l'Ambassadeur de France en République du Congo,
Mesdames en République du Congo et Messieurs les Ambassadeurs et Chefs de mission diplomatiques et consulaires,
Monsieur le Doyen de la Faculté des Sciences économiques,
Monsieur le Directeur du Centre des Etudes en Population et Développement de l'Université René Descartes Paris 5,
Cher(e)s Professeurs et enseignants,
Cher(e)s ami(e)s du monde académique et universitaire,
Cher(e)s étudiant(e)s,
Distingué(e)s invité(e)s, Mesdames et Messieurs,

Je suis très heureux de participer à la cérémonie d'ouverture de cette deuxième édition des Journées scientifiques de l'Université Marien Ngouabi.

Avant d'aller plus loin, compte tenu du fait que nos Journées scientifiques se tiennent à un moment difficile pour le pays qui connaît une épidémie de poliomyélite sauvage qui a déjà fait de nombreuses victimes, je tiens à exprimer, au nom du Fonds des Nations Unies pour la Population (UNFPA) et en mon nom personnel, à travers vous Monsieur le Ministre, mes plus sincères condoléances au Gouvernement de la République et aux familles endeuillées. Je tiens à saluer au passage les efforts rapides déployés par le Gouvernement pour faire face à cette urgence et le leadership du Ministre de la Santé et de la Population, le Professeur George Moyen, dans ces moments difficiles, à qui je réitère l'appui du Fonds des Nations Unies pour la Population qui travaille étroitement avec l'Organisation mondiale de la Santé et l'UNICEF en soutien de la réponse nationale.

Monsieur le Ministre, Distingué(e)s invité(e)s, Mesdames et Messieurs,

Les mouvements politiques, économiques, sociaux et intellectuels sont toujours étroitement liés à l'effervescence du monde académique et universitaire, en tant que «précurseur» ou que laboratoire d'analyses de ces mouvements de société.

Les intellectuels sont toujours en prise avec les grandes évolutions de notre temps. L'actualité mondiale, régionale et sous-régionale, voire nationale en sont la confirmation patiente et constante. C'est pourquoi, je me félicite vivement que nos Journées scientifiques, cette année, aient été élargies à d'autres grands pôles universitaires sous-régionaux et internationaux. Je salue à ce titre, les universitaires venus des Universités de Kinshasa en République démocratique du Congo, des Universités de Yaoundé I et II du Cameroun et ceux de l'Université René Descartes Paris 5, en France, pour leur participation à ces réflexions sur les questions de population et de développement, au regard des défis qu'elles posent au continent, en Afrique, en Afrique centrale et en République du Congo.

Monsieur le Ministre, Distingué(e)s invité(e)s, Mesdames et Messieurs,

Fort de notre conviction maintes fois réaffirmée, de faire de ces Journées un rendez-vous important du monde académique africain, pour les échanges et des réflexions de grande qualité scientifique sur les questions de population et de développement, et afin d'en accroître le rayonnement intellectuel sur le continent, et au-delà pour mettre en lumière l'excellence disponible en la matière, le Fonds des Nations Unies pour la Population s'est engagé à soutenir l'organisation de ces rencontres annuelles.

Nous espérons ainsi, et c'est le souhait que j'ai formulé l'an dernier ici à Brazzaville, que le rayonnement des universitaires soit non seulement évident au sein des Gouvernements, mais que le monde académique, notamment au Congo devienne un «Think tank» de l' intelligentsia et des idées mises en avant pour faire face aux grands problèmes de développement du moment, et que l'écho de ces réflexions soit entendu par les décideurs et répercuté dans les politiques publiques.

En effet, la démographie, mais bien plus les questions liées à la population, sont au cœur du débat sur le développement durable. J'en veux pour preuve la décision du Président de la République, Denis Sassou Nguesso, au mois d'août dernier d'appliquer la parité hommes femmes aux postes de décision politiques, électifs et administratifs. La question du genre n'est-elle pas éminemment une question de population, surtout lorsque les femmes au Congo représentent plus de cinquante-deux pour cent de la population? Cet exemple illustre également l'importance du débat sur population et développement au niveau politique, bien entendu.

Les délibérations scientifiques de nos Journées doivent ainsi permettre de contribuer à une meilleure information du public et à l'orientation des décideurs politiques et économiques, des hauts fonctionnaires chargés de la préparation et de la mise en œuvre des politiques publiques ayant trait à ce sujet. Il est donc essentiel que la porosité existante entre les éminences grises dont nous avons la chance de bénéficier au sein du Gouvernement de la République, les universitaires, les cabinets ministériels, et le Parlement soit importante non seulement à travers les hommes, mais aussi à travers les idées.

Ces journées de réflexion doivent permettre d'influencer les réflexions universitaires mais aussi politiques sur de grands débats de société: l'égalité des sexes, l'avenir des jeunes, la santé reproductive, la lutte contre le Sida, les droits des jeunes filles, la protection des droits des populations autochtones, les politiques sociales en faveur des personnes âgées ou handicapées, ou la place de la femme dans la société. L'UNFPA et le pays tout entier n'en attendent pas moins.

Monsieur le Ministre, Distingué(e)s invité(e)s, Mesdames et Messieurs,

Le Fonds des Nations Unies pour la Population a pour mission d'apporter un appui aux pays qui le souhaitent sur les thématiques de population et développement, y compris les dynamiques démographiques, dans la formulation des politiques et programmes de développement visant à réduire la pauvreté et à apporter des réponses aux grands débats de société que j'évoquais précédemment.

Dans le cadre stratégique à moyen terme couvrant la période 2008-2011, une priorité essentielle de l'UNFPA consiste à mobiliser des partenariats multisectoriels entre les pouvoirs publics, les institutions régionales, les parlementaires, les universités, les organisations de la société civile, les bailleurs de fonds, le secteur privé et les medias dans cette perspective. Cette stratégie est l'une des recommandations de la Conférence internationale sur la population et le développement du Caire, pour la mise en œuvre du Programme d'action issu de cette Conférence.

J'espère, et ne doute pas, que nous aurons des débats fructueux au cours de ces Journées scientifiques, dont l'articulation principale cette année porte sur *«entreprenariat, migrations, santé et développement»* qui contribueront à atteindre cet objectif essentiel.

Monsieur le Ministre, Distingué(e)s invité(e)s, Mesdames et Messieurs,

En terminant, compte tenu de l'importance grandissante de ces Journées scientifiques universitaires et afin d'en assurer leur pérennité, il me semble opportun d'envisager au cours de ces assises leur institutionnalisation et le développement de partenariats avec d'autres acteurs du développement. A ce titre, je voudrais remercier l'Ambassade de France en République du Congo de son intérêt et son engagement sur ce thème.

Il me semble également souhaitable d'élargir la perspective de nos journées en mobilisant l'ensemble des départements des facultés universitaires dans l'analyse et le débat sur les questions de population et développement. J'espère que vos réflexions scientifiques et celles en marge des débats officiels vous permettront d'envisager ces nouvelles orientations. C'est en effet par cette voie que la problématique du Laboratoire multidisciplinaire et multisectoriel sur les questions de population et développement de l'Université Marien Ngouabi prendra toute sa dimension.

Enfin, je ne saurais terminer sans inviter les autorités académiques de l'Université Marien Ngouabi à tirer le meilleur profit de ces Journées et de la qualité des participants pour dégager une stratégie de lancement effectif de ce Laboratoire dans un délai raisonnable. En effet, une fois établi et rendu fonctionnel, le Laboratoire en Population et Développement pourra impulser une dynamique scientifique et pédagogique sur ces questions au Congo, voire en Afrique centrale. De même, le Master en Population et Développement de l'Université Marien Ngouabi pourra ainsi bénéficier d'un support substantiel dont l'agenda pourra intégrer l'organisation des Journées scientifiques.

C'est à ce prix que ce dispositif pourra être pleinement efficace et apporter une contribution utile aux grandes orientations et décisions inhérentes aux changements sociétaux qui s'imposent pour le développement durable du pays et de la sous-région. Je vous remercie.

Allocution de M. David LAWSON, Représentant résident du Fonds des Nations Unies pour la Population (UNFPA) en République du Congo & Directeur de la Représentation de l'UNFPA en République du Gabon, à l'occasion de la Conférence-débat sur le thème «Vivre dans un Monde de 7 Milliards d'Habitants», à l'occasion de la célébration de la Journée Mondiale de la Population, sous le Patronage du Préfet du Kouilou. Loango (département du Kouilou), 11 juillet 2011

Monsieur le Préfet du Kouilou,
Honorable Député, Président du Conseil Départemental du Kouilou,
Mesdames et Messieurs les Parlementaires,
Monsieur le Secrétaire général de la Préfecture du Kouilou,
Monsieur le Secrétaire général du Conseil départemental du Kouilou,
Mesdames et Messieurs les élus du Conseil départemental du Kouilou,
Mesdames et Messieurs les Directeurs départementaux du Kouilou,
Mesdames et Messieurs les Sous-Préfets,
Madame la Présidente d'ARIPS,
Mesdames et Messieurs les représentants des Corps constitués du département du Kouilou, en vos grades et rangs respectifs,
Mesdames et Messieurs les Chefs de Villages
Mesdames et Messieurs les représentants de la société civile,
Mesdames et Messieurs les représentants de la presse et des media,
Distingué(e)s invité(e)s, Mesdames et Messieurs,

C'est un immense plaisir pour moi que d'être avec vous aujourd'hui, lundi 11 juillet 2011, au Chef-lieu du département du Kouilou, pour célébrer la Journée mondiale de la population. Cette Journée, observée par la communauté internationale dans le monde entier, a été établie par les Etats-Membres de l'Organisation des Nations Unies à l'occasion du passage de la population mondiale à cinq millions d'habitants en 1987 et est commémorée chaque année, le 11 juillet.

Je tiens à remercier chaleureusement le Préfet du Kouilou, Fidèle Dimou, et la Présidente de l'association ARIPS, Présidente départementale de la CARESCO, Régine Goma, pour l'organisation de cet événement.

Aujourd'hui, nous célébrons le passage de la population mondiale à 7 milliards d'habitants, prévu au mois d'octobre prochain. Le thème de la Journée mondiale de la population est donc: *Vivre un monde de 7 milliards d'habitants.* C'est l'occasion pour nous de célébrer notre humanité commune et notre diversité, de réfléchir à la manière dont nous pouvons collectivement et individuellement changer le monde dans lequel nous vivons. C'est l'opportunité pour tous les décideurs, mais aussi pour tous les citoyens du monde de réfléchir à la signification et aux implications politiques et socio-économiques des évolutions de la démographie planétaire, dans le contexte des politiques, stratégies, plans et programmes nationaux de développement.

Monsieur le Préfet, Monsieur le Président, Distingué(e)s invité(e)s,

L'accroissement de la population mondiale s'est accéléré considérablement avec les temps modernes. Au début du dix-neuvième siècle, en 1804, le monde comptait un milliard d'habitants. En un peu plus d'un siècle et demi, la population mondiale a été multipliée par trois, pour atteindre trois milliards en 1960.

Il n'aura fallu que vingt-sept ans pour accroître la population de deux milliards supplémentaires pour atteindre cinq milliards d'habitants en 1987 et vingt-quatre ans de plus pour que nous soyons sept milliards sur la planète à la fin du mois d'octobre 2011.

A bien des égards, la modernité qui a accompagné la croissance démographique a également apporté des bienfaits importants capables de soutenir cette croissance. Globalement, le monde s'est enrichi et la population mondiale est aujourd'hui moins pauvre, plus éduquée et en meilleure santé, en raison de meilleures conditions de vie et d'hygiène et des progrès récents de la médecine. L'espérance de vie s'est améliorée au fil des siècles et s'est accélérée au vingtième siècle pour passer de 53 ans en 1960 à 69 ans en 2011.

Pourtant cette croissance démographique s'accompagne pour les sept milliards de terriens de défis colossaux. Tous les êtres humains rêvent de paix et pourtant une trop grande partie du monde est en conflit ouvert ou latent. La richesse n'a jamais été aussi massive et pourtant un milliard et demi d'êtres humains, soit près de vingt-cinq pour cent de la population mondiale, vit avec moins de 500 francs CFA par jour.

Le monde dispose de quantités alimentaires suffisantes pour nourrir ses habitants et pourtant, la vie d'un milliard d'habitants est menacée par la faim. L'humanité a éradiqué ou contrôlé des virus autrefois destructeurs, tels que la rubéole, la grippe ou la rougeole, dont on ne meurt quasiment plus. Le monde a les moyens scientifiques et financiers d'éradiquer la poliomyélite qui a tragiquement frappé le Congo, la rougeole, la tuberculose ou le paludisme notamment, et pourtant ces maladies infectieuses continuent à se propager.

Nous vivons sur une planète à l'environnement naturel foisonnant et précieux, et pourtant treize pour cent d'êtres humains n'ont pas accès à l'eau potable et trente-huit pour cent n'ont pas accès à des installations sanitaires. Cinq pour cent de la population mondiale consomme vingt-trois pour cent de l'énergie mondiale. Notre planète est gravement menacée par l'exploitation humaine abusive, l'utilisation mal maîtrisée de l'énergie nucléaire civile ou militaire, et les dérèglements climatiques qui mettent en péril les ressources et l'humanité tout entière. Les pénuries d'eau et de terres arables posent déjà problème, et la capacité de résistance des écosystèmes -des pêcheries aux forêts- est menacée.

L'urbanisation de notre monde est un phénomène qui s'accélère et ne va pas sans poser de problèmes. La majorité de la population mondiale vit désormais en ville. Le monde compte aujourd'hui 21 mégapoles de plus de dix millions d'habitants, contre seulement trois en 1975. En 2070, soixante-dix pour cent de la population mondiale vivra dans une mégapole.

Monsieur le Préfet, Monsieur le Président, Distingué(e)s invité(e)s,

Surmonter des défis de cette ampleur exige une solidarité planétaire et communautaire renforcée et des mesures concrètes maintenant pour permettre à sept milliards de terriens et aux générations futures de bénéficier d'une vie meilleure.

Paradoxalement, cette année est marquée par un Tsunami qui a lui-même engendré le drame de Fukushima, combinaison tragique d'une catastrophe naturelle et d'une catastrophe nucléaire résultant de l'activité humaine.

La sécheresse qui frappe actuellement la corne de l'Afrique, les inondations récurrentes, dont celle que nous avons nous-mêmes connue à Brazzaville, sont le rappel de la fragilité de la vie humaine et de notre environnement, ainsi que de la nécessité de prendre des mesures radicales pour protéger notre planète, établir une plus grande justice sociale, et maîtriser la croissance démographique afin de rendre possibles des solutions globales fondées sur la coopération.

A ce titre, je salue l'engagement et les initiatives du Chef de l'Etat congolais sur la viabilité de l'environnement, dans le monde et au Congo, notamment lors du Sommet de Copenhague l'an dernier, et à travers le Sommet des Trois bassins du monde, au mois de juin dernier, à Brazzaville.

Monsieur le Préfet, Monsieur le Président, Distingué(e)s invité(e)s,

D'après les perspectives démographiques mondiales, le monde comptera en 2045, neuf milliards d'habitants. Ces deux prochains milliards d'habitants vivront dans les villes et cette croissance démographique sera presque totalement absorbée par les villes du monde en développement.

Au Congo, où la population est fortement urbanisée, et dont les communes de Brazzaville et Pointe-Noire absorbent à elles seules soixante pour cent de la population, il est nécessaire de planifier maintenant l'expansion urbaine des prochaines années, afin de tirer profit des avantages que les villes ont à offrir.

Dans le cadre de la diversification économique en République du Congo, la «Municipalisation Accélérée» mise en œuvre par le gouvernement congolais, le Document de Stratégie pour la Réduction de la Pauvreté et la «Vision 2025» sont certainement des réponses qui doivent permettre de maîtriser cette double croissance démographique et urbaine.

Dans les départements moindrement urbanisés ou ruraux, comme le Kouilou, le développement de pôles d'activités économiques, notamment agricoles, et de voies de communication qui permettent le désenclavement des populations et l'intensification des opportunités d'activités productrices de richesse, doivent également permettre de limiter l'exode rural. L'urbanisation s'accompagne en effet d'une dévitalisation des zones rurales, qui sont de surcroît frappées par un vieillissement plus important de la population. Ainsi, dans le Kouilou, on compte 6,7 habitants au kilomètre carré, contre 16,3 habitants au kilomètre carré dans le département de Pointe-Noire. Parallèlement, le pourcentage de personnes du troisième âge est de 7% dans le département rural du Kouilou, pour seulement 2,7% à Pointe-Noire.

Ces problématiques doivent être prises en compte dans la définition des politiques et programmes de développement au national et local. Il convient de capitaliser sur les personnes du troisième âge actives qui apportent une contribution importante à leurs familles et au développement du pays. Mais gardons à l'esprit qu'en Afrique, les filets sociaux et familiaux traditionnels ne répondront plus à l'avenir aux besoins des personnes âgées, et il est indispensable de repenser et planifier à long terme les évolutions de la durée du temps de travail, les évolutions du marché de l'emploi et les dispositions d'ordre institutionnel et de prise en charge des personnes âgées.

Cependant, le Kouilou est également un département dynamique: avec une population de quatre-vingt-douze mille habitants, aucun décès maternel enregistré l'an dernier et des taux de mortalité infantile et néonatale parmi les plus faibles du Congo, ce département constitue un modèle pour le pays, même si la plupart de ses vingt-cinq centres de santé intégrés ont besoin de réhabilitation et d'équipements, et si le Kouilou a besoin davantage de centres de santé intégrés.

Je voudrais saisir cette opportunité pour féliciter chaleureusement le Préfet du Kouilou et les autorités préfectorales et départementales sanitaires du Kouilou pour ces succès. J'en profite également pour redire à Monsieur le Préfet que le Fonds des Nations Unies pour la population appuie les structures de santé du Kouilou, concernant la santé maternelle et reproductive, au même titre que les autres départements du pays, par l'intermédiaire de la Direction départementale de la santé. Monsieur le Préfet, je suis venu vous voir à Loango l'an dernier avec le Ministre de l'Education civique et de la Jeunesse. Je suis avec vous aujourd'hui. Je peux vous assurer que je serai personnellement vigilant à vos requêtes, et que l'UNFPA qui est pleinement à vos côtés, intensifiera sa coopération et sa contribution à l'amélioration du bien-être des habitants du Kouilou, au même titre que celui l'ensemble des populations congolaises.

Monsieur le Préfet, Monsieur le Président, Distingué(e)s invité(e)s,

Les moins de vingt-cinq ans représentent près de la moitié de la population mondiale. Comme l'actualité nous permet de l'observer, énergiques et ouverts aux possibilités qu'offrent les nouvelles technologies, les jeunes bouleversent le monde, les politiques et les cultures. Avides de libertés et d'opportunités de contribuer à la construction du monde, avec une éducation et un emploi, l'accès à la santé, y compris la santé de la reproduction, ils constituent les forces vives et le moteur de la croissance économique du monde de demain.

Je me réjouis des initiatives entreprises par le gouvernement de la République pour améliorer la formation des jeunes, dont les moins de vingt-cinq représentent soixante pour cent de la population congolaise, une proportion équivalente à celle des jeunes du Kouilou, et ce afin de leur offrir de meilleures perspectives d'emploi et d'avenir.

De même, il est nécessaire d'investir dans les jeunes filles et les femmes, car en libérant leur pouvoir, on accélère le progrès. Notre monde de sept milliards d'habitants compte près de cinquante-deux pour cent de femmes, une proportion quasi identique à celle du Congo. A l'inverse de la moyenne nationale, le Kouilou compte quarante-neuf pour cent de femmes. Raison supplémentaire d'investir dans les femmes et les filles, en assurant leur pleine participation à tous les niveaux des processus décisionnels pour résoudre les problèmes du monde. Comme les jeunes, lorsqu'elles sont en bonne santé et bien éduquées, elles investissent leurs revenus dans leur famille, leur communauté et leur nation.

Il faut leur permettre de choisir le nombre de leurs enfants et réduire la mortalité maternelle encore trop élevée au Congo, à 781 décès pour 100,000 naissances vivantes, afin de promouvoir la croissance économique, la paix, l'équité et la durabilité du progrès. A cet égard, les femmes du Kouilou, comme l'ensemble des Congolaises pourront bénéficier du projet de loi sur la parité aux fonctions politiques, administratives et électives, car ce département ne manque pas de talents féminins, et de la mise en œuvre effective de la gratuité de la césarienne, décidée par le Président de la République l'an dernier. Ces mesures innovantes contribuent indéniablement à préparer l'avenir et la relève pour les générations futures.

En terminant, je voudrais me réjouir de l'engagement des autorités congolaises, au niveau national et local, sur ces questions majeures pour l'avenir du pays. L'action des collectivités locales et décentralisées avec la société civile est essentielle pour l'amélioration à long terme des conditions de vie des populations congolaises, et constitue une contribution significative à un monde meilleur pour tous. Soyez assuré, Monsieur le Préfet, que le Fonds de Nations Unies pour la population soutiendra sans relâche les efforts du gouvernement, mais aussi des autorités départementales, de la société civile et des populations, y compris du Kouilou, pour contribuer à l'atteinte de ces objectifs. Je vous remercie de votre aimable attention.

Allocution de M. David LAWSON, Représentant résident du Fonds des Nations Unies pour la Population (UNFPA) en République du Congo & Directeur de la Représentation de l'UNFPA en République du Gabon, à l'occasion de la Table ronde interactive de haut niveau sur le thème : «Vivre dans un Monde de 7 Milliards d'Habitants», dans le cadre de la célébration de la Journée Mondiale de la Population, sous le Haut-Patronage du Ministre d'Etat, Coordonnateur du Pôle économique, Ministre de l'Economie, du Plan, de l'Aménagement du Territoire et de l'Intégration. Mairie centrale de Brazzaville, 12 juillet 2011

Monsieur le Ministre d'Etat, Coordonnateur du Pôle économique, Ministre de l'Economie, du Plan, de l'Aménagement du Territoire et de l'Intégration,
Monsieur le Ministre délégué auprès du Ministre d'Etat, Coordonnateur du Pôle économique, Ministre de l'Economie, du Plan, de l'Aménagement du Territoire et de l'Intégration, chargé de l'Aménagement du Territoire et d'Intégration,
Vénérable Président de la Commission sénatoriale «Affaires sociales, Santé, Genre et Environnement »,
Mesdames et Messieurs les Membres du Gouvernement,
Honorables Député(e)s, Vénérables Sénateurs,
Mesdames et Messieurs les Ambassadeurs, Chefs de Missions diplomatiques et Représentants des organisations internationales, et Cher(e)s Collègues,
Mesdames et Messieurs les Directeurs de Cabinet représentants des Membres du Gouvernement,
Mesdames et Messieurs les Directeurs généraux,
Mesdames et Messieurs les représentants de la société civile du secteur privé,
Mesdames et Messieurs les représentants de la presse et des media,
Distingué(e)s invité(e)s, Mesdames et Messieurs,

Je suis très honoré et très heureux de célébrer avec vous la Journée mondiale de la population 2011 à l'occasion de cette Table ronde interactive. Je vous remercie d'avoir répondu à notre invitation. Cette Journée, observée par la communauté internationale dans le monde entier, a été 'établie par les Etats-Membres de l'Organisation des Nations Unies à l'occasion du passage de la population mondiale à cinq milliards d'habitants en 1987, et est commémorée depuis, chaque année le 11 juillet.

Aujourd'hui, nous célébrons le passage de la population mondiale à 7 milliards d'habitants, prévu au mois d'octobre prochain. Le thème de la Journée mondiale de la population est donc: *Vivre un monde de 7 milliards d'habitants.* C'est l'occasion pour nous de célébrer notre humanité commune et notre diversité, et de réfléchir à la manière dont nous pouvons collectivement et individuellement changer le monde dans lequel nous vivons. C'est l'opportunité pour tous les décideurs, mais aussi pour tous les citoyens du monde, de réfléchir aux implications politiques et socio-économiques des évolutions de la démographie planétaire, dans le contexte des politiques, stratégies, plans et programmes nationaux de développement.

Des activités se déroulent depuis le 10 juillet et jusqu'au 14 juillet à Pointe-Noire, dans le Kouilou, dans la Cuvette Ouest et à Brazzaville pour célébrer cette Journée. Le programme est à votre disposition dans cette salle et je vous invite à prendre part à ces activités autant que vos agendas vous le permettront, tant la thématique est à la fois actuelle et prospective.

Monsieur le Ministre d'Etat, Distingué(e)s invité(e)s,

L'accroissement de la population mondiale s'est accéléré considérablement avec les temps modernes. Au début du dix-neuvième siècle, en 1804, le monde comptait un milliard d'habitants. Un siècle et demi plus tard, la population mondiale a été multipliée par trois, pour atteindre trois milliards en 1960. Il n'aura fallu que vingt-sept ans pour accroître la population de deux milliards supplémentaires et atteindre cinq milliards d'habitants en 1987, et vingt-quatre ans de plus pour que nous soyons sept milliards sur la planète à la fin du mois d'octobre 2011.

Cette population est inégalement répartie sur notre planète: ainsi le Brésil, la Chine, l'Inde et l'Indonésie regroupent à eux seuls 3 milliards d'habitants, soit l'équivalent de la population mondiale il y a cinquante ans.

A bien des égards, la modernité qui a accompagné la croissance démographique a également apporté des bienfaits importants capables de soutenir cette croissance. Globalement, le monde s'est enrichi et la production de richesses n'a jamais été aussi importante. Les progrès industriels, économiques et technologiques de ces deux derniers siècles ont largement contribué à cet enrichissement.

La population mondiale est ainsi aujourd'hui moins pauvre, plus éduquée et en meilleure santé, en raison de meilleures conditions de vie et d'hygiène, et des progrès récents de la médecine qui ont permis d'éradiquer des maladies qui, durant les siècles antérieurs, avaient un impact démographique dévastateur pour l'humanité.

L'espérance de vie s'est améliorée au fil des siècles et s'est accélérée au vingtième siècle pour passer de 53 ans en 1960 à 69 ans en 2011. L'allongement de la vie entraîne un vieillissement général de la population mondiale.

Pourtant, cette croissance démographique s'accompagne pour les sept milliards de terriens de défis colossaux. Bien que jamais le monde n'ait connu autant de liberté et les individus de moyens de communication instantanés, trop de personnes ne bénéficient pas de la démocratie et de la plénitude de leurs droits humains. Tous les êtres humains rêvent de paix et pourtant une trop grande partie du monde est en conflit ouvert ou latent.

La richesse qui n'a jamais été aussi grande est détenue par une minorité et n'a jamais été aussi mal répartie entre les pays et au sein même des nations. Ainsi, un milliard et demi d'êtres humains, soit près de vingt-cinq pour cent de la population mondiale, vit avec moins d'un dollar américain, c'est-à-dire 500 francs CFA, par jour.

Le monde dispose de quantités alimentaires suffisantes pour nourrir ses habitants et pourtant la vie d'un milliard d'habitants est menacée par la faim. L'humanité a éradiqué ou contrôlé des virus autrefois destructeurs, tels que la rubéole, la grippe ou la rougeole, dont on ne meurt quasiment plus; le monde a les moyens scientifiques et financiers d'éradiquer la poliomyélite qui a tragiquement frappé le Congo, la rougeole, la tuberculose ou le paludisme notamment, et pourtant ces maladies infectieuses continuent à se propager.

Nous vivons sur notre planète bleue dans un environnement naturel foisonnant et généreux, et pourtant treize pour cent d'êtres humains n'ont pas accès à l'eau potable et trente-huit pour cent n'ont pas accès à des installations sanitaires. Faut-il rappeler que cinq pour cent de la population mondiale consomme vingt-trois pour cent de l'énergie mondiale. Notre planète est gravement menacée par l'exploitation humaine abusive, l'utilisation mal maîtrisée de l'énergie nucléaire civile ou militaire, et les dérèglements climatiques qui mettent en péril les ressources naturelles et l'humanité tout entière.

Les populations pauvres qui portent la moindre part de la responsabilité dans le changement climatique sont celles qui risquent de souffrir le plus de la sécheresse, des inondations, des vagues de chaleur et autres catastrophes liées au climat. Les pénuries d'eau et de terres arables posent déjà un problème, et la capacité de résistance des écosystèmes - des pêcheries aux forêts- est menacée.

L'urbanisation de notre monde est un phénomène qui s'accélère et ne va pas sans poser de problèmes. Le pourcentage de personnes vivant en ville est désormais supérieur à celui des personnes vivant en milieu rural.

Le monde compte aujourd'hui 21 mégapoles, des villes de plus de dix millions d'habitants, contre seulement trois en 1975. En 2070, soixante-dix pour cent de la population mondiale vivra dans une mégapole, avec des conséquences importantes sur l'aménagement des territoires.

Monsieur le Ministre d'Etat, Distingué(e)s invité(e)s,

Surmonter des défis de cette ampleur exige une solidarité planétaire renforcée et des mesures concrètes dès à présent pour offrir aux sept milliards de terriens et aux générations futures, une vie meilleure. Paradoxalement, nous avons connu cette année un Tsunami qui a lui-même engendré le drame de Fukushima, combinaison tragique d'une catastrophe naturelle et d'une catastrophe nucléaire résultant de l'activité humaine.

La sécheresse qui frappe actuellement la corne de l'Afrique, les inondations récurrentes, dont celle que nous avons nous-mêmes connue à Brazzaville, sont le rappel de la fragilité de la vie humaine et de la nécessité de prendre des mesures radicales pour un monde plus vert, plus respectueux de la justice sociale, accompagnée d'une croissance démographique maîtrisée, qui aideront à rendre possibles des solutions nécessairement fondées sur la coopération internationale.

A ce titre, je salue l'engagement et les initiatives nationales et internationales du Chef de l'Etat et du gouvernement congolais sur l'environnement et la préservation des écosystèmes, notamment lors du Sommet de Copenhague l'an dernier, et à travers le Sommet des Trois bassins tropicaux du monde, le mois dernier, à Brazzaville.

D'après les perspectives démographiques mondiales, le monde comptera neuf milliards d'habitants en 2045. Ces deux prochains milliards d'habitants vivront dans les villes. Cette croissance démographique sera presque en totalité absorbée par les villes du monde en développement.

Au Congo, la population de près de 3,7 millions d'habitants est fortement urbanisée, et les communes de Brazzaville et Pointe-Noire absorbent à elles seules soixante pour cent de la population. Il est donc nécessaire de planifier dès maintenant l'aménagement du territoire et l'expansion urbaine des prochaines années, afin de tirer profit des avantages que les villes peuvent offrir, tout en limitant l'exode rural, afin de préserver le développement agricole qui peut être l'un des atouts économiques du pays.

En effet, bien que les villes concentrent la pauvreté, elles offrent aussi les moyens d'y échapper, à condition d'en planifier le développement urbain, la construction, le logement, le transport, l'énergie, les services sociaux et l'environnement.

Il est donc essentiel notamment de contrôler l'engorgement des agglomérations par des moyens de transport collectifs et des voies de communication appropriées, d'éviter les ruptures énergétiques qui affaiblissent la productivité et la croissance économique, et de préserver l'environnement urbain, afin d'éviter les problèmes d'hygiène qui peuvent contribuer aux épidémies.

Dans le cadre de la nécessaire diversification économique en République du Congo, la «Municipalisation Accélérée» mise en œuvre par le gouvernement est certainement une des réponses qui doit s'intensifier, afin de maîtriser cette double croissance démographique et urbaine.

Monsieur le Ministre d'Etat, Distingué(e)s invité(e)s,

Les jeunes de moins de vingt-cinq ans représentent près de la moitié de la population mondiale. Comme l'actualité nous permet de l'observer, énergiques et ouverts aux possibilités qu'offrent les nouvelles technologies, les jeunes bouleversent le monde, les politiques et les cultures.

Avides de libertés et d'opportunités de contribuer à la construction d'un nouveau monde plus ouvert et plus solidaire, avec une éducation et un emploi, l'accès à la santé, y compris la santé de la reproduction, ils constituent les forces vives et le moteur essentiel de la croissance économique du monde de demain.

La jeunesse était d'ailleurs au cœur des discussions des Chefs d'Etat et de gouvernement africains lors du dernier Sommet de l'Union africaine de Malabo, en Guinée équatoriale, au début du mois.

Les jeunes constituent ainsi une priorité mondiale, régionale et nationale, et le Fonds des Nations Unies pour la population se réjouit des initiatives énergiques entreprises par le gouvernement congolais pour améliorer la formation des jeunes, dont les moins de vingt-cinq représentent soixante pour cent de la population congolaise, afin de leur offrir de meilleures perspectives d'emploi et assurer le développement économique et social du pays dans les prochaines décennies.

A ce titre, je salue les efforts déployés au Congo par le Ministre de la Jeunesse et de l'Education civique, les trois Ministres de l'Enseignement, le Ministère de l'Emploi, mais également les Ministres du Commerce et des Petites et Moyennes Entreprises qui en s'intensifiant peuvent répondre aux énormes attentes d'une jeunesse en pleine ébullition.

Le dynamisme de la jeunesse planétaire et congolaise s'accompagne parallèlement d'un vieillissement des populations sans précédent. Même si ce phénomène est plus marqué en Asie, en Europe et en Amérique latine, la proportion des personnes du troisième âge, voire du quatrième âge, s'accentue partout dans le monde et présente des défis sans précédent qui concernent la croissance économique, les soins de santé et la protection et la sécurité sociales.

Les personnes du troisième âge actives apportent une contribution importante à la société, leurs familles et au développement de leur pays. Néanmoins nous devons être conscients qu'en Afrique, les filets sociaux et familiaux traditionnels ne répondront plus aux besoins des personnes âgées à l'avenir et il est indispensable de repenser et planifier à long terme les évolutions de la durée du temps du travail et des marchés de l'emploi, et les dispositions d'ordre institutionnel, d'accompagnement et de prise en charge du troisième âge.

Concernant les populations vulnérables, la protection des peuples autochtones congolais doit être assurée par la mise en œuvre effective de la loi novatrice adoptée par le gouvernement cette année. Et la ratification attendue de la Convention des Nations Unies sur les personnes vivant avec un handicap par le Parlement congolais devrait permettre une mise à jour de la législation, afin de favoriser l'adoption de mesures appropriées leur permettant d'évoluer et de développer leur plein potentiel dans des villes dont le développement ne leur rend pas toujours la vie simple.

De même, il est nécessaire d'investir davantage dans les jeunes filles et les femmes, car la libération de leur pouvoir accélère le progrès. Notre monde de sept milliards d'habitants compte près de cinquante-deux pour cent de femmes, une proportion quasi identique à celle du Congo. Pourtant cette majorité est trop souvent confrontée à la discrimination dans les domaines économiques, sociaux et humains. Il est non seulement juste d'investir dans les femmes et les filles, mais leur pleine participation à tous les niveaux des processus décisionnels est essentielle pour résoudre les problèmes du monde. Comme les jeunes, lorsqu'elles sont en bonne santé et bien éduquées, elles investissent leurs revenus dans leur famille, leur communauté et leur nation.

En investissant et en promouvant leur santé reproductive, en leur permettant de choisir le nombre de leurs enfants et en réduisant la mortalité maternelle encore trop élevée au Congo, la croissance économique, la paix, l'équité et la durabilité de tout progrès sont renforcées.

A cet égard, le Fonds des Nations Unies pour la population tient à féliciter le gouvernement congolais pour son projet de loi sur la parité hommes-femmes aux fonctions politiques, administratives et électives dont nous espérons pour toutes les Congolaises l'adoption prochaine, et pour la mise en œuvre effective depuis le 7 mai dernier de la gratuité de la césarienne, décidée par le Président de la République l'an dernier. Ces mesures innovantes contribuent sans nul doute à préparer l'avenir et la relève par les générations futures.

Monsieur le Ministre d'Etat, Distingué(e)s invité(e)s,

Dans les pays en développement, notamment les plus pauvres, il est largement démontré que la pauvreté, les inégalités économiques et sociales, et les taux élevés de mortalité et de fécondité constituent un cercle vicieux coûteux pour les gouvernements et les populations de ces pays.

A l'heure de la mondialisation, les défis de l'efficacité économique et les intérêts globaux ne correspondent pas toujours aux nécessités du développement social et humain. Pourtant, en tirant profit de la croissance économique, pour investir massivement dans les secteurs sociaux, notamment l'éducation et la santé, il est possible de briser ce cercle vicieux et de réduire le niveau de pauvreté.

En réduisant la pauvreté, et ainsi les inégalités de revenus dans la société, on améliore les conditions de vie des populations. Et lorsque des parents ont la certitude que leurs enfants ne mourront pas en bas âge et pourront bénéficier de bonnes conditions de vie, d'une formation et d'un emploi, ils choisissent souvent d'avoir moins d'enfants.

Ces décisions allègent ainsi la pression qui pèse sur les foyers et les gouvernements, en permettant des investissements accrus sur chaque enfant et leur offrant de meilleures perspectives à long terme. Espacer les grossesses améliore aussi la santé des femmes et des enfants, avec des avantages durables. Des familles peu nombreuses peuvent également comporter un « dividende démographique » pour le pays. En effet, un effectif plus nombreux d'actifs avec relativement moins de personnes à charge stimule la croissance économique. Cette dernière, exceptionnelle au Congo en 2011 à près de dix pour cent, constitue, comme le rappelait le Fonds monétaire international en début d'année, une opportunité majeure de réduire le taux de pauvreté au Congo, estimé à cinquante pour cent de la population en 2005, en investissant massivement dans l'éducation et la santé.

En terminant, Monsieur le Ministre d'Etat, Distingué(e)s invité(e)s, je voudrais vous demander de bien vouloir m'excuser d'avoir été un peu long. Mais je sais que vous me pardonnerez, car nous ne célébrons la Journée Mondiale de la Population qu'une seule fois par an, et nous avons la chance de commémorer cette année ensemble le passage de la population mondiale à sept milliards d'habitants....et il n'est pas sûr que nous ayons cette opportunité lorsque le monde célébrera deux milliards d'habitants supplémentaires...

Pour conclure, je me réjouis que les autorités congolaises soient actives sur ces questions majeures de population et de développement pour l'avenir du pays. A cet égard, en intégrant ces problématiques dans le Document de Stratégie pour la Réduction de la Pauvreté et la «Vision 2025», je suis convaincu que la planification et les engagements du gouvernement pourront aboutir à une amélioration, à long terme, des conditions de vie des populations et constituer une contribution significative à un monde meilleur pour tous.

Soyez assuré, Monsieur le Ministre d'Etat, que le Fonds de Nations Unies pour la population ne ménagera aucun effort pour soutenir le gouvernement de la République du Congo, la société civile et les populations congolaises dans l'atteinte de ces objectifs. Je vous remercie de votre aimable attention.

Allocution de M. David LAWSON, Représentant résident du Fonds des Nations Unies pour la Population (UNFPA) en République du Congo & Directeur de la Représentation de l'UNFPA en République du Gabon, à l'occasion du vernissage de l'exposition «Générations.» Institut français du Congo. Brazzaville, 12 juillet 2011

Monsieur le Ministre de la Communication et des Relations avec le Parlement,
Porte-parole du gouvernement,
Monsieur le Directeur de l'Institut français du Congo,
Mesdames et Messieurs les Membres du Gouvernement,
Mesdames et Messieurs les Parlementaires,
Messieurs les Ambassadeurs, Chefs de missions diplomatiques et Représentants des organisations internationales et Cher(e)s Collègues,
Mesdames et Messieurs les Directeurs généraux,
Mesdames et Messieurs les Représentants de la société civile,
Distingué(e)s invité(e)s, Mesdames et Messieurs,

Je vous remercie d'avoir répondu à notre invitation. Nous sommes réunis aujourd'hui à l'Institut français du Congo dans le cadre des célébrations de la Journée mondiale de la Population 2011 sur le thème du passage de la population mondiale à 7 milliards d'habitants.

Cette Journée a été instituée à la suite d'une occasion similaire: le passage de la population mondiale à 5 milliards d'habitants, le 11 juillet 1987. Depuis, chaque année, le 11 juillet, le Fonds des Nations Unies pour la Population -l'UNFPA- s'efforce d'attirer l'attention de la communauté internationale sur les problèmes de population et de développement.

Cette année, à Brazzaville, nous avons décidé d'utiliser un media culturel -la photographie- pour illustrer le passage de la population à 7 milliards d'habitants. J'ai donc le plaisir de vous présenter aujourd'hui, aux côtés de Monsieur le Ministre de la Communication et des Relations avec le Parlement, Porte-parole du gouvernement, Bienvenu Okiemy, que je remercie chaleureusement d'avoir accepté de parrainer cet événement, la toute première exposition de la Représentation du Fonds des Nations Unies pour la Population au Congo, qui s'intitule: *«Générations.»*

Monsieur le Ministre, Monsieur le Directeur, Mesdames et Messieurs,

C'est au mois d'octobre prochain que le monde atteindra le chiffre fatidique des 7 milliards d'habitants. A bien des égards, ce chiffre peut paraître effrayant. En effet, nos ressources s'amenuisent quotidiennement faisant craindre une pénurie de nourriture, d'eau et d'énergie d'ici à 2045. Notre mode de vie articulé autour d'une consommation effrénée et insoutenable dégrade l'environnement. Les catastrophes naturelles se multiplient et affectent les plus démunis.

A travers le monde, les inégalités augmentent tandis que près d'un milliard et demi de personnes vivent toujours sous le seuil de pauvreté et près d'un milliard sont malnutris. Les populations, sans éducation, sans soins de santé appropriés ou opportunités d'emplois, s'entassent dans des bidonvilles.

Mais atteindre 7 milliards d'habitants constitue également pour le monde un formidable succès. En effet, au cours des vingt dernières années, le développement humain a connu des progrès spectaculaires: la majorité de la population est moins pauvre, vit plus longtemps et en meilleure santé. La population est mieux éduquée et en mesure de contribuer et participer à la vie publique et citoyenne.

Notre champ de possibilités s'est élargi. Les couples, par exemple, ont la possibilité de choisir le nombre d'enfants qu'ils désirent et les nouvelles technologies facilitent le partage du savoir et de la connaissance.

Monsieur le Ministre, Monsieur le Directeur, Mesdames et Messieurs,

La force du Congo réside dans sa population. Avec quelque trois millions sept cent mille habitants, la population congolaise est majoritairement urbaine, regroupée à 60% dans les deux principales agglomérations du pays, Brazzaville et Pointe-Noire. La population est éduquée avec un taux d'alphabétisation et de scolarisation parmi les pays les plus élevés d'Afrique sub-saharienne.

Constituée à près de 60% de jeunes de moins de 24 ans, la population congolaise est donc dynamique. Par nature, les jeunes peuvent apporter des idées et des solutions innovantes aux problèmes qui affectent le monde. Il faut donc les équiper pour qu'ils puissent contribuer pleinement à la vie citoyenne et au développement national, et leur donner des repères en nous érigeant en modèles citoyens, respectueux de notre environnement.

La population congolaise est également composée à 51,4% d'une majorité de femmes. Véritables piliers de la famille congolaise, celles-ci sont plus que jamais désireuses d'être partie intégrale de la société et de la sphère publique. A ce titre, nous félicitons le gouvernement congolais d'investir dans les femmes et les jeunes filles en leur permettant d'accéder à des positions de décision, grâce notamment au projet de loi sur la parité aux fonctions administratives, politiques et électives qui devrait être adopté prochainement.

La République du Congo est en mesure de relever de nombreux défis. C'est en exploitant le potentiel de chacun que les conditions favorables à l'accélération du développement pourront être réunies et le bien-être de la population tout entière progresser.

Monsieur le Ministre, Monsieur le Directeur, Mesdames et Messieurs,

L'exposition que nous inaugurons aujourd'hui présente en 21 photos noir et blanc, réalisées par Nicolas Guyot, des visages d'inconnus, qui paraissent pourtant familiers, et représentent une société congolaise diverse et variée. Ces photos illustrent les liens intergénérationnels qui existent dans la population congolaise car les personnes photographiées ont presque toutes un lien de parenté: frères, sœurs, parents, fils et filles, mari et femme, sœurs jumelles, grands-parents, arrières grands-parents, petits enfants....

Dans un monde à 7 milliards d'habitants, où l'individualisme semble grandissant, cette exposition est l'occasion de nous rappeler que, où que nous soyons, nous faisons partie du même village-monde, d'un ensemble, et que nous devons tous apprendre à compter les sur les autres, avec nos similarités, nos complémentarités et nos différences.

En terminant, je tiens à remercier chaleureusement le Directeur de l'Institut français du Congo, Pierre Jullien, qui m'a confié que cette exposition est sans doute sa dernière à Brazzaville. Cher Pierre, nous aurons d'autres occasions de célébrer votre départ du Congo, mais je voudrais vous remercier de votre gentillesse et de votre amitié et de la coopération qui a uni l'Institut français du Congo et l'UNFPA depuis que je suis au Congo. Alors encore merci de vous être associé à cette exposition et merci pour tout.

Je tiens également à remercier les collaborateurs de Pierre Jullien qui, avec le photographe Nicolas Guyot et Patrick Carta, notre imprimeur et mes collaborateurs, dont Emilie Maurice, mon Assistante spéciale, ont aidé à matérialiser cette exposition originale.

L'exposition est ouverte au public jusqu'à la fermeture de l'Institut, le 31 juillet prochain, et j'ai le plaisir de vous annoncer que cette exposition est itinérante et permettra par la suite de faire connaître la population du Congo dans d'autres pays africains et dans le monde. J'espère que vous l'apprécierez. Je vous remercie.

Allocution de M. David LAWSON, Représentant résident du Fonds des Nations Unies pour la Population (UNFPA) en République du Congo & Directeur de la Représentation de 1'UNFPA en République du Gabon, à l'occasion du lancement du Rapport UNFPA sur l'Etat de la population mondiale 2011. Brazzaville, 26 octobre 2011

Ministre d'Etat, Coordonnateur du Pôle économique, Ministre de l'Economie, du Plan, de l'Aménagement du Territoire et de l'Intégration,
Mesdames et Messieurs les Membres du Gouvernement,
Vénérable Président de la Commission sénatoriale «Santé, Affaires sociales, Genre et Environnement»,
Honorables Député(e)s, Vénérables Sénateurs,
Mesdames et Messieurs les représentant(e)s des corps constitués de la République du Congo,
Mesdames et Messieurs les Ambassadeurs et Chefs de missions diplomatiques et consulaires accrédité(e)s en République du Congo, et Cher(e)s Collègues,
Mesdames et Messieurs les Représentants des Agences du Système des Nations Unies et des organisations internationales en République du Congo, et Cher(e)s Collègues,
Monsieur le Président du Conseil national de la Jeunesse,
Mesdames et Messieurs les Directeurs de Cabinet,
Mesdames et Messieurs les Directeurs généraux et centraux,
Mesdames et Messieurs les représentants de la société civile, des organisations religieuses et du secteur privé,
Mesdames et Messieurs de la presse et des media,
Distingué(e)s invité(e)s, Mesdames et Messieurs,

Permettez-moi tout d'abord de vous souhaiter la bienvenue et de tous vous remercier chaleureusement de vous associer à nous aujourd'hui pour le lancement du *Rapport du Fonds des Nations Unies pour la Population (UNFPA) sur l'Etat de la population mondiale 2011.*

Avant d'aller plus loin, je tiens à remercier très sincèrement le Ministre d'Etat, Coordonnateur du Pôle économique, Ministre de l'Economie, du Plan, de l'Aménagement du territoire et de l'Intégration, Pierre Moussa, d'avoir accepté de parrainer cette cérémonie et d'être parmi nous ce matin malgré des engagements multiples, avec les autres Membres du Gouvernement que je remercie tout autant. Nous prenons cette présence comme l'expression de l'excellente coopération entre la République du Congo et le Fonds des Nations Unies pour la population. Je voudrais également féliciter chaleureusement le Vénérable Clobert Ibinda pour sa brillante réélection lundi à la présidence de la Commission sénatoriale «Santé, Affaires sociales, Genre et Environnement», de même que le Vénérable Prosper Abbas, pour sa brillante réélection au Sénat et à la deuxième Vice-Présidence de cette même Commission et les remercier tous deux d'être avec nous aujourd'hui.

Monsieur le Ministre d'Etat, Vénérable Président, Distingué(e)s invité(e)s,

Le lancement du *Rapport sur l'Etat de la population mondiale 2011* marque cette année un tournant historique. En effet, nous célébrerons lundi prochain, le 31 octobre, le passage de la population mondiale à 7 milliards d'habitants.

7 milliards, c'est un milliard de plus qu'il y a treize ans et six milliards de plus qu'au début du dix-neuvième siècle. Grâce aux progrès industriels, économiques et technologiques des deux derniers siècles, la population mondiale est aujourd'hui moins pauvre, plus éduquée, en meilleure santé, et l'espérance de vie s'est allongée pour atteindre 69 ans.

S'il faut se réjouir des progrès considérables réalisés par l'humanité, des défis majeurs nous attendent: il en va notamment des menaces qui pèsent sur l'environnement et les écosystèmes qui préservent la vie humaine; du respect pour chaque individu de ses droits humains et libertés fondamentales, y compris l'égalité entre hommes et femmes; de l'émergence et la réémergence d'épidémies infectieuses mortelles. En outre, malgré la réduction de l'extrême pauvreté, l'écart entre riches et pauvres se creuse pratiquement partout. Un milliard et demi d'êtres humains, soit plus d'un sur cinq vit avec moins d'un dollar américain, soit 500 francs CFA, par jour, et un milliard d'entre eux est menacé par la faim. Le vieillissement général de la population pèsera sur la croissance, les marchés de l'emploi, l'organisation et la durée du temps de travail, les soins de santé et la protection et la sécurité sociales.

Par ailleurs, dans certains pays les plus pauvres, des taux de fécondité élevés freinent le développement et perpétuent la pauvreté, d'autres pays connaissent des pénuries de main-d'œuvre, sont de plus en plus dépendant de l'immigration pour maintenir leur économie et le nombre insuffisant de personnes qui accèdent au marché du travail suscitent des préoccupations quant à la croissance économique et à la viabilité des systèmes de sécurité sociale. Certains pays assistent à des flux de population dans leurs mégapoles émergentes où les emplois sont peu nombreux mais la vie est chère. Pendant que d'autres subissent des vagues d'émigration qui vident leurs villes et remplissent leurs les zones péri-urbaines où le coût de la vie est plus bas, mais les services sociaux de base, notamment la santé et l'éducation, et les emplois ne sont pas à la hauteur de la demande.

Le *Rapport sur l'Etat de la population mondiale 2011* explore à travers des perspectives de terrain, certains de ces paradoxes et défis, et surtout incite les décideurs planétaires et les populations à planifier et réaliser, dès à présent, des investissements judicieux, afin de leur permettre d'opérer des choix qui servent non seulement leurs intérêts, mais aussi ceux des biens communs planétaires.

Notre monde peut avoir des villes durables et prospères, une main d'œuvre productive capable de nourrir la croissance économique, des populations jeunes qui contribuent au bien-être du troisième âge.

Monsieur le Ministre d'Etat, Vénérable Président, Distingué(e)s invité(e)s,

Alors que nous célébrons un monde à 7 milliards d'habitants, les démographes onusiens prévoient déjà une population mondiale de plus de dix milliards d'habitants en 2050, et de plus de quinze milliards en 2100. Cette croissance démographique s'accompagne de défis de plus en plus nombreux pour l'humanité. En effet, comment veiller à ce que chacun ait un niveau de vie décent tout en maintenant des ressources de notre planète? Comment réduire les écarts qui existent entre les riches et les pauvres et comment remédier aux inégalités entre hommes et femmes, filles et garçons? Comment faire de nos villes des lieux conviviaux, tout en maximisant leurs contributions à la croissance économique et au développement?

Le monde connaît actuellement des bouleversements spectaculaires: quatre pays, le Brésil, la Chine, l'Inde et l'Indonésie regroupent à eux seuls 3 milliards d'habitants, soit quarante-trois pour cent de la population mondiale; la révolution des nouvelles technologies de l'information réduit le monde à un village sans que l'on en mesure encore toutes les implications; une crise économique et financière profonde a mis le monde au bord du gouffre; et un vent de liberté, d'indignation et de démocratie est porté par une jeunesse qui représente aujourd'hui près de la moitié de la population mondiale.

Il est encore tôt pour tirer des enseignements définitifs de tous ces bouleversements, mais il est évident qu'une communauté de destin régit désormais non seulement les grands équilibres politiques et économiques mondiaux, mais aussi les liens entre tous les habitants de notre planète, bien au-delà des frontières étatiques.

Monsieur le Ministre d'Etat, Vénérable Président, Distingué(e)s invité(e)s,

Le capital humain est indispensable à tout développement durable. Aujourd'hui les jeunes de moins de 25 ans sont près de deux milliards. La crise économique actuelle pose sur l'emploi des jeunes, dont 12,5 pour cent sont au chômage. Comme l'a affirmé le Directeur exécutif de l'UNFPA, lors du dernier Sommet des Chefs d'Etat et de Gouvernements de l'Union africaine, à Malabo, ce dossier est une priorité urgente pour les Gouvernements, dans lequel doivent s'impliquer l'Etat, le secteur privé, les universités, les syndicats et les associations d'employeurs.

D'après l'Organisation internationale du Travail (OIT), les grandes incertitudes qui pèsent lourdement sur l'économie mondiale depuis trois ans menacent l'emploi des jeunes pour les années à venir. Il est indispensable de remédier au chômage à long terme pour éviter le désœuvrement et la désespérance vis-à-vis de la société et des systèmes politiques et économiques. C'est ce phénomène qui a largement contribué au «Printemps arabe»... mais aussi à l'émergence du mouvement des *«Indignés»* en Espagne, et aux manifestations «indignées» dans plusieurs pays européens et aux Etats-Unis.

Je salue les initiatives énergiques entreprises par le Gouvernement congolais pour améliorer l'encadrement et la formation des jeunes, dont les moins de vingt-cinq ans représente soixante pour cent de la population congolaise, afin de les responsabiliser et leur offrir une éducation de qualité, de meilleures perspectives d'emploi et des formations en adéquation avec les offres d'emploi. Ces mesures doivent s'intensifier car ce sont ces mêmes jeunes qui assureront le financement des régimes de retraites et de sécurité sociale dont les besoins s'étendront avec le vieillissement de la population.

Dans le monde, les personnes âgées seront deux milliards en 2050; pour la première fois dans l'histoire de l'humanité, ils seront plus nombreux que les enfants. C'est au Japon aujourd'hui qu'on vit le plus vieux... jusqu'à plus de 83 ans. En France, la population gagne un trimestre d'espérance de vie, chaque année. Imaginez-vous... dans quarante ans, une personne sur cinq dans le monde aura plus de 60 ans! Et les centenaires seront des centaines de milliers.

Selon l'OIT, dans les pays en développement, seuls vingt pour cent des personnes âgées de plus de 65 ans perçoivent une forme de retraite. Elles devront bénéficier de soins de santé plus longtemps, et ceux-ci devront être abordables. Dans ce domaine, comme dans celui de l'emploi de jeunes, l'Etat doit prendre toutes ses responsabilités législatives et financières... mais ne pourra pas tout. Les familles, les réseaux associatifs et les communautés, les acteurs de la société civile devront, avec l'Etat, se mobiliser et innover pour pourvoir à une assistance et des équipements collectifs de qualité pour les «anciens.» Les personnes âgées encore en mesure de travailler pourront contribuer productivement à ces financements nécessaires. Enfin, rendues vulnérables par l'âge, elles doivent être protégées contre les discriminations et la violence, dont elles sont trop souvent victimes.

Au Congo, le Président du Sénat s'est déjà dit favorable à une loi protégeant les droits personnes âgées. Un plan sur le vieillissement de la population permettrait de planifier l'évolution des mesures qui devront être prises pour accompagner ce phénomène de société grandissant. Je me réjouis de l'adoption de la législation récente renforçant les régimes de retraite. L'UNFPA participe à la réalisation de la stratégie d'appui aux personnes vulnérables en cours au Ministère des Affaires sociales et de l'Action humanitaire, et apportera certainement un appui technique aux mesures gouvernementales spécifiques pour les personnes âgées.

Monsieur le Ministre d'Etat, Vénérable Président, Distingué(e)s invité(e)s,

La préservation des droits à la santé et au bonheur de nos enfants et de nos petits-enfants dépend de ce que nous décidons aujourd'hui face à tous ces bouleversements mondiaux. La bataille pour un avenir environnemental durable se livre dès maintenant dans les villes. L'urbanisation de notre monde est un phénomène qui s'accélère et n'est pas sans conséquences. Pour la première fois dans l'histoire du monde, plus de la moitié des 7 milliards de terriens vit désormais dans des villes... et sur seulement 3% de la surface émergée du globe.

Les principaux problèmes environnementaux se manifestent dans les villes: croissance démographique, urbanisme sauvage, pollution, dégradation des ressources, assainissement insuffisant, énergie déficiente et production de déchets.

La semaine dernière, en raison de la pollution atmosphérique devenue insupportable pour la population, la circulation a été complètement interdite à Milan, cette mégapole industrielle italienne, pour une journée entière. Imaginez-vous que c'est ce qui nous attend dans de nombreuses grandes agglomérations dans le monde si des mesures préventives ne sont pas prises immédiatement. Au Congo, ce n'est donc pas uniquement dans la Likouala, la Sangha ou la Cuvette Ouest, que se gagnera le développement durable, mais aussi à Brazzaville, Pointe-Noire et dans les principales villes du pays en croissance sous l'effet positif de la *Municipalisation accélérée.*

Mais l'urbanisation est également porteuse d'opportunités considérables en termes de croissance économique et d'emplois, développement durable, de réduction de la pauvreté et des inégalités entre hommes et femmes, jeunes et moins jeunes. Pour cela, elle doit s'accompagner de plans de développement urbain pragmatiques, prenant en compte la maîtrise des zones péri-urbaines, afin d'éviter la constitution de bidonvilles et l'urbanisme sauvage. Et elle doit s'appuyer sur des politiques de la ville incluant des services sociaux de base de qualité, le ramassage des ordures, le développement et l'entretien des voies publiques, le transport, l'énergie et des logements abordables.

Dans cette perspective, l'amélioration de la «gouvernance urbaine», qui s'entend de la conjonction entre la responsabilité des autorités locales et l'engagement civique des administrés, sera une donnée essentielle de notre avenir urbain. Les villes doivent se doter de stratégies de développement à long terme, reposant sur une responsabilité locale renforcée et directement liée au développement national. Comment en effet imaginer au Congo un développement durable pour les cinquante prochaines années, sans une forte autorité des élus des deux principales agglomérations du pays, qui regroupent à elles seules près des deux tiers de la population nationale, et bénéficient à la fois d'élus locaux et de l'autorité décentralisée de l'Etat au niveau départemental, comme partie intégrante des stratégies de développement national?

En effet, une décentralisation accomplie, la participation accrue de la société civile, ainsi que les mouvements de pluralisme politique au niveau local, ont conféré dans de nombreux pays une redevabilité accrue dans la gestion locale pour le mieux-être des populations. A ce titre, l'UNFPA peut apporter un appui à l'élaboration de politiques prenant en considération l'avenir urbain, notamment par la production d'informations socio-démographiques fiables.

Les petites localités et la ruralité doivent également être prises en compte, pour éviter l'exode rural massif vers les grandes agglomérations, principaux pôles de croissance économique. Un aménagement du territoire harmonieux et productif doit ainsi accompagner le développement agricole. Car la croissance démographique pèsera aussi sur l'alimentation qui sera un défi majeur et une priorité existentielle pour de nombreuses populations. En effet, la production agricole mondiale ne répond pas aux besoins du monde: d'après la FAO, pour nourrir neuf milliards de femmes et d'hommes en 2050, il faudra augmenter la production agricole mondiale de soixante-dix pour cent.

Les investissements dans l'agriculture sont source de croissance, d'emplois et de réduction de la pauvreté, y compris en zones péri-urbaines. Les investissements dans l'agriculture, les infrastructures, les transports et l'énergie doivent donc être fortement soutenus par l'Etat, mais aussi par le secteur privé. Malgré la compétition internationale, de nombreux pays doivent adopter des mesures incitatives et favorables aux investissements agricoles, car les besoins alimentaires seront nombreux. Au Congo, les efforts du Gouvernement pour une plus grande diversification économique, notamment en matière agricole, avec des perspectives d'intensification sont à saluer et à encourager.

Monsieur le Ministre d'Etat, Vénérable Président, Distingué(e)s invité(e)s,

Pour réaliser tous ces objectifs, il faut parler des financements et de l'aide au développement. Lors de la réunion du G8 à *Glen Eagles,* au Canada, en 2008, les grands argentiers de la planète ont décidé l'augmentation de leur aide aux pays pauvres, y compris un doublement de l'aide au développement à l'Afrique. La crise économique et financière internationale actuelle limite cette assistance. Et parallèlement, dans ce domaine aussi, le monde a bien changé. En effet, les deux tiers des personnes les plus pauvres de la planète qui vivent avec moins de 2500 francs CFA (1,25 dollar américain) vivent dans des pays à revenu intermédiaire, qui sont devenus des bailleurs de fonds eux-mêmes.

Sait-on ainsi que la Guinée équatoriale est un bailleur de fonds important du développement africain? Que l'Inde va se doter d'une Agence de Coopération au développement dotée de quelque 11 milliards de dollars américains, soit 5,500 milliards de francs CFA, pour les cinq prochaines années. L'Inde rejoindra ainsi le Brésil, l'Afrique du Sud ou la Chine, au nombre des pays émergents désormais bailleurs de fonds à part entière.

La Chine est aujourd'hui la principale source d'investissements en Afrique. D'après l'hebdomadaire britannique *The Economist,* la contribution financière du Gouvernement brésilien à la famine en Somalie est supérieure à celles cumulées de l'Allemagne, la France et l'Italie. Enfin les acteurs de la société civile sont désormais partie intégrante de l'aide au développement: la Fondation *Bill et Melinda Gates,* par exemple, est ainsi un bailleur de fonds à part entière.

Monsieur le Ministre d'Etat, Vénérable Président, Distingué(e)s invité(e)s,

La République du Congo, pays à revenu intermédiaire, bénéficie en 2011, comme l'an dernier, d'un taux de croissance exceptionnel compte tenu de la conjoncture internationale. Comme le rappelle le Fonds Monétaire International, il s'agit d'une opportunité majeure de réduire le taux de pauvreté au Congo, estimé à cinquante pour cent de la population en 2005, en investissant massivement et maintenant dans l'éducation et la santé notamment.

A ce titre, nous saluons la volonté du Gouvernement de faire de la santé l'une des principales priorités de la loi de finances 2012, avec la perspective d'atteindre l'engagement pris par les Chefs d'Etat et de Gouvernement africains à Abuja, en 2001, de dédier au moins quinze pour cent du budget de l'Etat au secteur de la santé. L'opportunité est là et les populations attendent certainement de leurs parlementaires qu'ils veillent à une santé de qualité abordable pour tous, en s'assurant du vote et de l'exécution effective d'un projet de loi de finances protecteur d'investissements sociaux significatifs.

Pour terminer, Monsieur le Ministre d'Etat, Vénérable Président, Distingué(e)s invité(e)s, Partout dans le monde, les gouvernants doivent se mobiliser pour autonomiser les populations pauvres et vulnérables, notamment les femmes, les jeunes et les adolescents, mais aussi les personnes âgées et les handicapés, par l'adoption et la mise en œuvre effective de politiques sociales. Je suis personnellement convaincu que le Congo a les moyens politiques et budgétaires de répondre aux besoins de l'ensemble des populations les plus vulnérables.

Si l'heure est aux remèdes des dysfonctionnements de l'économie mondiale, il faut néanmoins préparer les nouveaux moteurs d'une croissance équilibrée et durable à long terme, par des réformes structurelles et des investissements judicieux, dès à présent. Anticiper et prévoir est l'essence même de la décision politique et des politiques publiques. Ce sont les décisions prises aujourd'hui au Congo et partout dans le monde qui façonneront le développement de notre planète, non seulement pour notre propre destinée, mais bien plus pour celle de l'humanité tout entière... demain.

Dans notre monde de 7 milliards d'habitants en mouvement, il ne fait aucun doute que les décideurs de ce monde, à tous les niveaux, en phase avec les besoins des populations, devront faire preuve de courage politique, de vision, d'innovation et d'ambition, et sans doute aussi... d'audace. Le Fonds des Nations Unies pour la population sera toujours prêt à accompagner les efforts du Gouvernement congolais, de la société civile et des populations sur cette voie... pour un monde meilleur. Je vous remercie de votre aimable attention.

Allocution de M. David LAWSON, Représentant résident du Fonds des Nations Unies pour la Population (UNFPA) en République du Congo & Directeur de la Représentation de l'UNFPA en République du Gabon, à l'occasion de l'exposition de dessins et rédactions réalisés par les élèves d'écoles primaires sur le thème : «Un Monde de 7 Milliards d'Habitants», dans le cadre de la célébration du passage de la population mondiale à 7 milliards, sous le Haut-Patronage du Ministre de l'Enseignement Primaire, Secondaire et de l'Alphabétisation. Ecole Sacré-Cœur, Brazzaville, 10 novembre 2011

Madame la Ministre de l'Enseignement Primaire, Secondaire et de l'Alphabétisation,
Mesdames et Messieurs les Ambassadeurs, Chefs de Missions diplomatiques et Représentants des organisations internationales, et Cher(e)s Collègues,
Mesdames et Messieurs les Directeurs de Cabinet représentants des Membres du Gouvernement,
Mesdames et Messieurs les Directeurs généraux,
Mesdames et Messieurs les représentants de la société civile du secteur privé,
Mesdames et Messieurs les représentants de la presse et des media,
Distingué(e)s invité(e)s, Mesdames et Messieurs,
Cher(e)s élèves,

Je voudrais, tout d'abord, adresser mes vifs remerciements à la Direction de l'école du Sacré-Cœur de nous accueillir dans cette aimable enceinte qui, au-delà de la différence des lieux, nous rappelle notre enfance. Je remercie également les responsables des écoles ici représentées, pour l'encadrement qu'ils ont assuré aux enfants et leur implication qui a permis la réussite de cet événement relatif au concours de rédaction et de dessin réalisés par les jeunes enfants congolais, représentatifs de la force de demain, sur la thématique du passage à 7 milliards de personnes sur la terre des hommes.

Merci à vous, Madame la Ministre, ainsi qu'à toutes les autorités qui vous accompagnent, d'avoir accepté de prendre un peu de votre temps, pour patronner cette cérémonie consacrée à nos chers enfants.

En effet, cette cérémonie qui s'inscrit dans le cadre de la campagne sur les 7 milliards de terriens que le monde vient juste d'atteindre le 31 octobre dernier, traduit notre volonté de ne pas laisser nos enfants en marge de grands débats posés par ce chiffre et qui interpellent le monde actuel et à venir. Nous n'avons pas à attendre pour solliciter leur imagination sur les grandes questions de l'heure, dans la mesure où ils sont des citoyens actifs qui comptent et sur lesquels nous devons et pouvons compter.

Les résultats de ce concours qui constituent la trame du présent événement, sont plus qu'expressifs de la capacité de nos enfants à nous enseigner sur ce que serait pour eux un monde meilleur avec ses 7 milliards de personnes. Votre présence dans cette cours du complexe Sacré-Cœur aujourd'hui, malgré vos lourdes et nombreuses occupations, est un soutien remarquable à l'expression des jeunes enfants congolais. Ces enfants qui viennent de nous faire la leçon sur leur capacité de créativité, représentent en réalité une richesse inexplorée. Cela ne devrait pas surprendre, car les enfants constituent une des 7 milliards de possibilités qui s'offrent au monde. Permettez-moi donc de les saluer, de les féliciter et de leur exprimer mes sincères encouragements pour le travail qu'ils viennent de réaliser à travers ces dessins qui sont le reflet de leur créativité et de la richesse de leurs dispositions imaginatives.

Je salue également les enseignantes et les enseignants, infatigables accompagnateurs et formateurs d'esprits, qui accompagnent au quotidien la marche des enfants pour faire d'eux les dirigeants de demain, du secteur public comme du secteur privé. L'exemplarité des enseignantes et des enseignants, ainsi que leur abnégation et vocation à dispenser le savoir et la connaissance de qualité aux jeunes enfants, sont autant des ressources inestimables pour le Congo comme pour le monde, qu'il nous revient, Madame la Ministre, d'exploiter à bon escient pour laisser à nos enfants le monde qu'ils désirent.

Je n'oublie pas les parents, qui sont les acteurs clés en ce qu'ils sont le premier cercle éducatif de nos chers enfants. Les nombreux sacrifices qu'ils ont déjà consentis et qu'ils continuent à consentir pour la formation de leurs progénitures, répondent sans conteste à des objectifs qu'ils formulent pour les enfants et le monde qui leur reviendra. Chers parents, on ne cessera de le dire, votre rôle est crucial dans le suivi, en vue de l'émancipation de nos enfants pour qu'ils participent activement à notre projet commun d'un monde meilleur.

Madame la Ministre, Mesdames et Messieurs, Cher(e)s élèves,

La planète Terre a dépassé le lundi 31 octobre dernier le cap de 7 milliards d'habitants. Le passage à 7 milliards de personnes est le sujet central du rapport sur l'Etat de la population mondiale, lancé à travers le monde, le 26 octobre dernier. Ce rapport, qui souligne les inégalités croissantes sur la planète, montre l'importance et les défis que pose la démographie au monde.

En effet, ce chiffre record de 7 milliards de personnes peut être perçu à bien des égards comme une réussite pour l'humanité car les gens vivent plus longtemps et leurs enfants sont plus nombreux à survivre. Il représente autant d'opportunités pour assurer la croissance de l'économie mondiale, mais aussi autant de problèmes qui interpellent l'humanité dans les différentes sphères de la vie: l'éducation, la santé, l'emploi, l'habitat, l'environnement, etc.

Ce chiffre de 7 milliards de personnes sur la terre, au-delà d'une simple interpellation, nous demande d'agir dès à présent, en planifiant et en garantissant des investissements effectifs dans le capital humain.

Cette impérieuse nécessité de planification et d'investissements concerne tous les acteurs depuis la décision d'avoir un enfant, jusque dans les étapes suivantes relatives à son entretien, à sa santé, à son éducation, à sa protection...Ceci implique de développer au plan global des programmes de soins de santé primaires, intégrant la planification familiale, la santé maternelle et infantile, et de mettre en œuvre des politiques éducatives adéquates visant à doter les enfants de capacités à contribuer activement au processus de développement. Au plan individuel, le rapport en appelle à la responsabilité parentale pour les adultes et à une active implication de tous dans les efforts de développement.

Nous sommes tenus d'agir en urgence, car les défis et les disparités sont encore énormes. Par exemple, plus de 200 millions de femmes en âge de procréer n'ont pas accès aux services de planification familiale volontaire et de nombreux jeunes ne disposent pas d'informations pour éviter les grossesses ou se protéger contre les maladies comme le Sida. Dans le contexte particulier du Congo, la population est jeune, avec 40% des personnes de moins de 15 ans, mais aussi fortement urbanisée, car 62% des Congolais vivent dans les villes. Cette urbanisation accélérée de la population pose de nombreux défis, parmi lesquels l'autosuffisance alimentaire et l'emploi pour une population encore massivement jeune et pauvre. Nul besoin de rappeler ici l'impact du chômage des jeunes dans les soulèvements et autres mouvements d'indignation qui marquent le monde ces derniers temps, depuis le déclenchement du Printemps arabe, en Tunisie.

Madame la Ministre, Mesdames et Messieurs, Cher(e)s élèves,

Je me réjouis de l'importance accordée à la jeunesse par les autorités congolaises. Cette jeunesse appelée à assumer les destinées futures du Congo, mérite d'être encouragée, et d'être émancipée des antivaleurs liées à l'incivisme, à la passivité, au gain facile...pour faire éclore la richesse de leur humanité à travers la culture du travail bien fait et du gain mérité.

Nous avons le devoir de faire prendre conscience à nos chers enfants, dès à présent et sans attendre, des enjeux du développement, tout en leur offrant la possibilité d'en être parties prenantes.

Je voudrais, ainsi, soumettre à votre appréciation quelques pistes de réflexion:

1) Tout d'abord, l'intégration des principes de l'éducation au développement durable dans les écoles. Il ne s'agit pas de créer une discipline nouvelle mais plutôt de permettre à nos élèves, qui demandent aujourd'hui davantage d'autonomie, de faire preuve de civisme et de s'engager dans des actions concrètes en faveur de la planète.

2) Deuxièmement, la valorisation de l'enseignement professionnel, sensible aux cursus tournés vers les métiers et les filières de formation intégrant les principes de l'éducation au développement durable. Ces cursus et filières sont aujourd'hui largement présents dans l'apprentissage des gestes professionnels et rencontrent un succès croissant. C'est une dynamique particulièrement riche qui doit être encouragée.

3) Troisièmement, la promotion du concept d'établissement exemplaire. Cette initiative peut se faire à travers l'élaboration avant la fin de chaque année scolaire d'une charte nationale pour favoriser les bonnes pratiques, qu'il s'agisse des achats, de la restauration ou encore des déplacements des enseignants en guise des motivations. Ceci créera aussi plus de compétition et le travail deviendra un plaisir pour les enfants.

4) Quatrièmement, renforcer la formation des enseignants en matière d'éducation au développement durable, y compris en mobilisant toutes les ressources de formation en ligne. Il serait également possible de créer une plateforme d'échanges de bonnes pratiques pour que la communauté éducative puisse s'informer et agir à son tour.

5) Enfin, cinquièmement, favoriser la création d'une fondation pour l'éducation au développement durable. Il s'agirait de disposer d'une structure qui pourrait regrouper des mécènes, entreprises et collectivités, tournés vers un objectif commun: la promotion du développement durable à l'école. Les fonds ainsi recueillis permettraient d'engager des actions concrètes dans les établissements, dans le respect des principes de l'éducation au développement durable.

Avec ces cinq points, l'éducation est résolue à aller plus loin pour que le développement durable soit non seulement une réalité pour tous les élèves, mais également un projet partagé par la communauté éducative tout entière. Je suis plus que jamais convaincu que c'est à l'école que se joue l'avenir du développement durable.

Madame la Ministre, Mesdames et Messieurs, Cher(e)s élèves,

Pour conclure, permettez-moi de lancer un dernier point de réflexion relative à l'éducation en matière de population et à la vie familiale à l'école dont l'intérêt a été reconnu pour éveiller la conscience de nos enfants sur les questions majeures de population et développement pour l'avenir du pays. Il nous reviendra sans doute, Madame la Ministre, de dépoussiérer la riche expérience du Congo en cette matière, pour renforcer la capacité imaginative des enfants à développer des compétences nécessaires à une vie familiale saine et à participer ainsi activement aux efforts de développement du pays.

Je reste persuadé que nous trouverons d'importantes synergies entre l'éducation en matière de population et les initiatives éducatives plus larges, notamment celle concernant l'«éducation pour tous». Le Fonds des Nations Unies pour la population qui est l'un des parrains de cette initiative, pourra ainsi contribuer à opérationnaliser la problématique de l'éducation au développement durable prise en compte par la deuxième génération de la Stratégie de Réduction de la Pauvreté et la «Vision 2025» du Congo.

Je vous remercie.

Allocution de M. David LAWSON, Représentant résident du Fonds des Nations Unies pour la Population (UNFPA) en République du Congo & Directeur de la Représentation de l'UNFPA en République du Gabon, à l'occasion de l'atelier de validation des textes juridiques et du plan d'action du laboratoire et du Master en population et développement. Université Marien Ngouabi, Brazzaville, 30 novembre 2011

Monsieur le Ministre de l'Enseignement Supérieur,
Monsieur le Recteur de l'Université Marien Ngouabi,
Mesdames et Messieurs les Chefs d'établissements,
Mesdames et Messieurs les Secrétaires académiques,
Mesdames et Messieurs les Chefs de départements
Mesdames et Messieurs les enseignants,
Mesdames et Messieurs les représentants du corps diplomatique au Congo, et Cher(e)s Collègues,
Mesdames et Messieurs les délégués des agences du Système des Nations Unies, et Cher(e)s Collègues,
Mesdames et Messieurs les représentants de la presse et des media,
Distingué(e)s invité(e)s, Mesdames et Messieurs,
Cher(e)s étudiantes et étudiants,

Je voudrais tout d'abord adresser mes très sincères remerciements à Monsieur le Ministre de l'Enseignement Supérieur, le Professeur Ange Antoine Abena, pour son engagement au nom du Gouvernement et sa forte implication personnelle pour assurer l'ouverture d'un Laboratoire de recherches doctorales et d'un nouveau Master en Population et Développement à l'Université Marien Ngouabi, au titre de l'année académique 2011- 2012.

Je voudrais également remercier le Recteur de l'Université Marien Ngouabi, le Professeur Armand Moyikoua, pour son engagement pour un démarrage effectif du Laboratoire et du Master qui interviendra avant la fin de l'année, après cette validation des textes juridiques et du plan d'action qui nous réunissent aujourd'hui.

Monsieur le Ministre, Monsieur le Recteur, Mesdames et Messieurs,

Il n'est pas anodin que le Ministre de l'Enseignement Supérieur ait décidé de faire du Laboratoire et du Master en Population et Développement pour la République du Congo des priorités de l'action de son département ministériel. En effet, le Congo compte peu de démographes de niveau Master ou Doctorat et il n'existe presque pas d'enseignants et de chercheurs spécialisés en démographie à l'Université Marien Ngouabi.

Cette situation a essentiellement pour conséquence l'inexistence de recherches doctorales sur les questions de population et de développement au Congo, malgré leur pertinence, leur actualité permanente et l'absence d'études approfondies sur les conséquences de la dynamique démographique dans les secteurs de la vie nationale, santé, éducation, emploi, logement, alimentation, etc.

Le Master en Sciences de la Population et du Développement est un programme pluri- et interdisciplinaire qui étudie l'évolution, dans le temps et dans l'espace, des relations entre population et développement. Il intègre des disciplines complémentaires comme l'anthropologie, la démographie, l'économie, les sciences politiques, la sociologie, l'histoire... Il permettra de former des spécialistes dans les domaines de la démographie et du développement destinés à l'action ou à la recherche appliquée aux pays développés et en développement.

Avec son offre diversifiée de finalités et d'options, le programme permet à l'étudiant de choisir entre plusieurs orientations et ainsi d'acquérir une certaine spécialisation aussi bien en matière disciplinaire, démographie ou développement, qu'en matière d'outils qualitatifs ou quantitatifs, et d'objectifs professionnels, action ou recherche. Il permettra de répondre à des besoins de formation en plein essor sur le marché du travail national et international.

Le Master en Population et Développement s'inscrit également dans la modernité en répondant aux critères internationaux du système LMD (Licence, Master, Doctorat). Il devrait offrir cinq spécialités: Démographie; Population et Santé; Population et Environnement; Population et Dynamiques urbaines et Genre et Développement.

Le Laboratoire servira, quant à lui, à impulser une dynamique de recherche et d'analyses approfondies sur les questions de population et de développement au Congo, mais aussi en Afrique centrale. Il contribuera à la formation de cadres capables d'analyser les problèmes majeurs auxquels sont confrontées les populations dans des domaines variés tels que la démographie, la santé, l'environnement, les dynamiques urbaines ou le genre.

A l'issue de leur formation, ces cadres seront en mesure de formuler des réponses adaptées pour une amélioration des conditions de vie des populations congolaises et ainsi contribuer à la politique de développement national.

Monsieur le Ministre, Monsieur le Recteur, Mesdames et Messieurs,

L'action que j'ai initiée à la requête du Ministère de l'Enseignement Supérieur, en 2009, concrétisée par la validation des textes d'application de la mise en œuvre du Master et du Laboratoire en Population et Développement par la République du Congo, formalise l'une des recommandations essentielles du Plan d'Action de la Conférence internationale sur la population et le développement (CIPD) de 1994, qui stipule que les gouvernements des pays en développement, avec l'assistance de la communauté internationale, devraient mettre en œuvre des programmes d'enseignement à l'intention des jeunes et des adultes, intégrant les différences entre les cultures et entre les sexes, avec une attention particulière devant être accordée aux migrants, aux populations autochtones et aux personnes handicapées.

La Représentation du Fonds des Nations Unies pour la Population au Congo a soutenu financièrement et techniquement la préparation de la mise en place de ce Master et du Laboratoire de recherches doctorales en Population et Développement, en étroite collaboration avec le Ministère de l'Enseignement Supérieur et le Rectorat de l'Université Marien Ngouabi, depuis 2009. Les textes juridiques et le plan d'action du laboratoire soumis aux autorités compétentes congolaises pour validation aujourd'hui sont ainsi le fruit d'un travail de longue haleine, approfondi et riche, de l'Université Marien Ngouabi sous le leadership du Rectorat, avec l'appui de l'UNFPA.

Ces textes répondent aux standards académiques internationaux en la matière et feront du Congo, suivant la vision de Monsieur le Ministre, un pays phare et précurseur dans la sous-région de l'Afrique centrale, en Afrique et au-delà, sur les questions de population et développement.

Monsieur le Ministre, Monsieur le Recteur, Mesdames et Messieurs,

En terminant, je tiens à vous assurer que la Représentation de l'UNFPA continuera à accompagner le Ministère de l'Enseignement Supérieur pour la mise en place effective du Master et du Laboratoire en fournissant tous les équipements nécessaires au Laboratoire et en mettant à disposition du Rectorat en 2012, un expert international pour accompagner la mise en route du Master et du Laboratoire.

Je vous remercie de votre attention.

Allocution de M. David LAWSON, Représentant résident du Fonds des Nations Unies pour la Population (UNFPA) en République du Congo & Directeur de la Représentation de l'UNFPA en République du Gabon, à l'ouverture de l'Atelier de validation du projet de 5eme Programme de coopération entre la République du Congo et le Fonds des Nations Unies pour la Population (UNFPA) pour la période 2014-2018. Brazzaville, 20 décembre 2012

Monsieur le Ministre délégué auprès du Ministre d'Etat, Ministre de l'Economie, des Finances, du Plan, du Portefeuille public et de l'Intégration, Chargé du Plan et de l'Intégration,
Monsieur le Directeur Général du Plan et du Développement, Président du Comité de pilotage du programme de Coopération Congo-UNFPA,
Mesdames et Messieurs les Ambassadeurs et Chefs de missions diplomatiques et consulaires, et Cher(e)s Collègues,
Mesdames et Messieurs les Représentants des organisations internationales et Cher(e)s Collègues, Mesdames et Messieurs les représentants du corps diplomatique, et Cher(e)s Collègues,
Monsieur le Coordonnateur de la Cellule intersectorielle de planification des Problèmes de Population,
Mesdames et Messieurs les Directeurs généraux et centraux,
Mesdames et Messieurs les représentants de la société civile et du monde académique, Mesdames et Messieurs les représentants de la presse et des medias,
Distingué(e)s invité(e)s, Mesdames et Messieurs,

Nous sommes réunis aujourd'hui à l'occasion de l'atelier de validation du projet de cinquième programme de coopération entre la République du Congo et le Fonds des Nations Unies pour la population (UNFPA). Je tiens à tous vous remercier sincèrement d'être avec nous aujourd'hui pour ce solennel événement, et en particulier Monsieur le Ministre, qui malgré un agenda de fin d'année chargé, nous fait l'immense honneur d'être parmi nous.

Je voudrais profiter de cette occasion pour féliciter formellement et chaleureusement Monsieur Léon Raphael Mokoko, Ministre délégué auprès du Ministre d'Etat, Ministre de l'Economie, des Finances, du Plan, du portefeuille public et de l'Intégration, chargé du Plan et de l'intégration, pour sa brillante nomination au gouvernement. Nous n'avons aucun doute que ces nouvelles fonctions contribueront encore davantage au rayonnement des diverses initiatives qu'il avait largement entrepris dans ses précédentes fonctions, y compris avec les partenaires au développement, pour le bien-être des populations congolaises.

Monsieur le Ministre, Distingué(e)s invité(e)s, Mesdames et Messieurs,

Ce projet de cinquième programme de coopération est le fruit, mais également le reflet, de l'étroite et excellente collaboration qui existe entre le Gouvernement de la République et la population congolaise et le Fonds des Nations Unies pour la Population depuis plusieurs décennies.

Chaque nouveau programme de coopération capitalise en effet sur les cinq années de coopération du programme précédent. J'ai eu l'honneur et le privilège de mener pour l'UNFPA la mise en œuvre du quatrième programme qui s'achèvera à la fin l'an prochain. Ce quatrième programme aura permis des avancées sur le plan social, grâce notamment à la performance économique du pays au cours des dernières années et à des décisions et mesures volontaristes courageuses des autorités congolaises. Notre programme de coopération a contribué à des progrès sociaux importants pour le pays.

Ainsi, par exemple, outre le plaidoyer et l'assistance technique et financière pour la mise en œuvre de la gratuité de la césarienne, la mise en place de l'Observatoire national des décès maternels, le programme de traitement gratuit de la fistule qui a permis de soigner plus d'un tiers des femmes identifiées avec cette pathologie et leur réinsertion socio-économique, ont participé de la réduction de la mortalité maternelle qui a chuté au Congo de plus de 45 pour cent, entre 2005 et 2012, avec une accélération durant ce cycle de programmation.

Le renforcement de la disponibilité des préservatifs et du système de distribution des produits de la santé reproductive ont aussi contribué à la réduction du taux de prévalence du VIH/Sida que connaît le pays depuis une décennie.

Les mesures en faveur de l'égalité de genre et des droits des femmes et la mobilisation politique et sociale sans précédent dans ce domaine ont atteint leur paroxysme au Congo, notamment avec le projet de loi sur la parité, la participation des femmes aux élections et la lutte contre les violences sexuelles et les mutilations génitales.

L'accès des jeunes à des services de santé de la reproduction de qualité, y compris la prévention des grossesses précoces et l'appui à la réinsertion des jeunes filles-mères. Les droits, notamment sexuels et reproductifs, des populations vulnérables, telles que les peuples autochtones, les personnes vivant avec handicap et les personnes âgées.

Le renforcement du système statistique national, notamment avec le recensement général de la population à jour et la toute dernière enquête démographique et de santé, permet au pays de disposer désormais de données statistiques socio-démographiques à jour pour informer les politiques publiques en faveur du développement national.

Enfin, la réponse humanitaire et le renforcement des capacités nationales dans l'amélioration de la santé maternelle et néonatale, la prévention du VIH/Sida et des violences sexuelles, et la prise en charge des victimes de violence, et le renforcement de la collecte des données dans les situations humanitaires.

Monsieur le Ministre, Distingué(e)s invité(e)s, Mesdames et Messieurs,

Conformément aux principes de la Déclaration de Paris, le développement de ce document-cadre de coopération, tout comme la mise en œuvre de nos programmes de coopération, se fait en cohérence avec les priorités, politiques et stratégies nationales. Ce document de programmation est en effet articulé autour des priorités définies par le Gouvernement congolais dans la *Stratégie pour la Croissance, l'Emploi et la Réduction de la Pauvreté 2012-2016* et de la *Vision 2025 pour le Congo émergent,* dont il contribuera à atteindre les objectifs.

Il tient également compte du nouveau document-cadre de Nations Unies d'Aide au Développement -l'UNDAF- pour le Congo qui a été développé parallèlement, mais en symbiose avec notre programme de coopération, afin d'assurer les synergies et des activités communes avec les autres agences du système des Nations Unies.

Le document a été développé suivant une approche inclusive et participative: les fonctionnaires des ministères compétents, les acteurs de la société civile, du monde académique et du secteur privé, et les partenaires internationaux au développement ont été associés au processus d'élaboration de ce document. Je tiens à remercier les uns et les autres pour leurs contributions importantes, notamment lors de l'atelier de définition des priorités du programme, mais aussi par email et courrier, au cours des dernières semaines et des tout derniers jours.

Cette approche répond au principe de l'appropriation nationale. Il a pour objectif d'impliquer les partenaires de mise en œuvre du programme dès son élaboration, afin que cette appropriation facilite leur exécution du programme pour une plus grande efficacité et de meilleurs résultats.

Le document intègre également les conclusions des revues à mi-parcours et finale du quatrième programme, ainsi que les recommandations énoncées par vous-mêmes, Monsieur le Ministre, au cours de nos différentes rencontres, lorsque vous présidiez le Comité de pilotage de notre Programme de coopération.

Le nouveau programme intègre non seulement l'agenda et les préoccupations nationales, mais également les évolutions de l'environnement international, notamment les Objectifs du Millénaire pour le Développement et la vision définie par la nouvelle direction exécutive du Fonds des Nations Unies pour la population définie dans son Plan stratégique pour 2012 et 2013.

Monsieur le Ministre, Distingué(e)s invité(e)s, Mesdames et Messieurs,

Mes collègues présenteront en détail le contenu du document dans la deuxième partie de notre rencontre. Mais je voudrais faire quelques remarques liminaires sur la substance de notre projet de cinquième programme de coopération. Tout d'abord, le document prend en compte les résultats obtenus au cours du quatrième programme en cours, afin de capitaliser et passer à l'échelle dans les domaines où des résultats positifs ont été obtenus.

Il comprend cinq axes d'interventions prioritaires articulées autour des priorités nationales correspondant aux nouvelles priorités stratégiques du Fonds des Nations Unies pour la population: à savoir la santé de la mère et du nouveau-né, la planification familiale, la santé reproductive et l'éducation sexuelle des jeunes, l'égalité de genre et des droits en matière de reproduction, et la collecte et l'analyse des données. Les interventions identifiées intègre la dimension du genre, une approche respectueuse des droits humains, et la bonne gouvernance dans tous les domaines.

Les objectifs sont clairs: il s'agit, tout d'abord, de renforcer l'appui de l'UNFPA aux politiques et stratégies nationales en matière d'aide au développement pour améliorer les conditions de vie des populations congolaises, notamment des femmes et des jeunes en matière de droits et de santé de la reproduction, avec une attention particulière aux populations vulnérables; ensuite, du renforcement des capacités nationales, techniques et humaines, tant des partenaires institutionnels que de la société civile; enfin, du renforcement des politiques et législations publiques en vue de l'atteinte des Objectifs du Millénaire pour le Développement

Les activités spécifiques inhérentes au programme seront définies précisément dans le Plan d'action du programme de coopération qui sera développé à l'issue du processus d'adoption de ce document par le Conseil d'administration de l'UNFPA, à New York, l'an prochain. Conformément à la Déclaration de Paris, le programme sera mis en œuvre suivant les modalités financières de l'exécution nationale, les règles et procédures de l'UNFPA, une évaluation des risques et de la capacité effective de mise en œuvre des partenaires d'exécution. Le département dont vous êtes en charge, Monsieur le Ministre, assurera la coordination du programme avec l'appui de l'UNFPA.

Le document prévoit des mécanismes et procédures de suivi et d'évaluation qui ont déjà fait leur preuve dans le quatrième programme et qui seront renforcés par l'attention que vous porterez personnellement, Monsieur le Ministre, j'en suis sûr, à l'excellence et l'efficacité de la coopération entre le gouvernement congolais et l'UNFPA.

Monsieur le Ministre, Distingué(e)s invité(e)s, Mesdames et Messieurs,

Avant de conclure, je tiens à appeler avec déférence et bienveillance votre aimable attention sur la mobilisation des ressources du programme de coopération. La République du Congo est un pays à revenu intermédiaire de la tranche supérieure, qui bénéficie d'une croissance économique soutenue, malgré la crise financière internationale, de revenus du pétrole substantiels, d'annulations de dettes conséquentes et d'excédents budgétaires qui placent le pays parmi les plus performants d'Afrique économiquement.

Le Congo, et nous soutenons ardemment et activement cette vision, à vocation à devenir un pays émergent au cours de la prochaine décennie. La force du programme de coopération entre la République du Congo et le Fonds des Nations Unies pour la population ne réside donc pas dans la contribution financière de l'UNFPA, qui bien que substantielle reste modeste au regard des ressources financières du pays pour son développement national. Non. Sa force réside principalement dans la contribution intellectuelle et humaine, l'assistance technique, le transfert des savoirs, des connaissances et des compétences, le plaidoyer, l'analyse et le conseil stratégiques, et la bonne gestion.

Je lance donc un appel au gouvernement congolais, à travers vous, Monsieur le Ministre, un appel à la mobilisation des fonds de contrepartie nationale pour la mise en œuvre effective de ce nouveau programme. L'UNFPA participera à l'effort de mobilisation de ressources additionnelles, bien entendu, et reste également disposé à servir d'agence d'exécution de certains programmes intégralement financés par le gouvernement.

Une telle approche, je l'ai souvent dit dans le passé, permet d'accélérer l'exécution budgétaire, notamment dans nos domaines d'intervention, où les attentes des populations sont nombreuses. Ce nouveau programme de coopération est l'occasion d'un renforcement de nos approches et de nos méthodes, dans le dialogue, la transparence et le partage, qui me permettra d'être entendu, et d'un nouveau départ dynamique et constructif pour ce cinquième programme.

Monsieur le Ministre, Distingué(e)s invité(e)s, Mesdames et Messieurs,

Je suis confiant que les contributions constructives de l'ensemble des partenaires aujourd'hui réunis permettront la validation de ce projet de cinquième programme de coopération entre le Congo et l'UNFPA, qui reste un document d'orientation stratégique. Le développement ultérieur du Plan d'action du programme de coopération, le CPAP, permettra d'aller plus en détail dans les actions précises à entreprendre.

Notre défi, qui est aussi notre ambition, est la poursuite et l'accélération de l'amélioration des conditions de vie de toutes les Congolaises et de tous les Congolais, qui soient à la hauteur de leurs attentes et de leurs espérances.

En terminant, je tiens à remercier derechef Monsieur le Ministre pour son leadership, sa disponibilité et son engagement constant dans la coopération entre le gouvernement congolais et l'UNFPA. Et nous vous souhaitons plein succès dans vos nouvelles fonctions.

Je tiens également à vous réitérer, Monsieur le Ministre, et à travers vous à l'ensemble du gouvernement congolais et des populations congolaises, l'engagement plein et entier du Fonds des Nations Unies pour la population, de sa Représentation en République du Congo, et mon engagement personnel, au succès d'une coopération productive et fructueuse pour le bien-être des populations congolaises.

En souhaitant plein succès à nos travaux, je vous adresse à tous, Monsieur le Ministre, Distingué(e)s invité(e)s, Mesdames et Messieurs, mes meilleurs vœux de bonheur et de succès les plus chaleureux pour cette fin d'année et la nouvelle. Je vous remercie de votre aimable attention.

MÉDIA ET COMMUNICATION

La permanence des questions de population et de développement, telles que la mortalité maternelle, le VIH/SIDA, les violences faites aux femmes, les grossesses précoces, les inégalités basées sur le sexe, les problèmes des personnes âgées, des handicapés, minorités ethniques, etc. dans l'actualité est au cœur des préoccupations de la presse congolaise.

Les medias ont un rôle essentiel d'information des populations et des décideurs et leaders d'opinion sur les problèmes de société, notamment politiques, économiques et sociaux. Les medias doivent exposer, rendre compte, interpeller, soulever des enjeux de société, susciter des débats et des réflexions. Les medias contribuent également à éclairer les populations, voire à participer et contribuer aux changements de comportement, en matière de santé de la reproduction ou de respect des droits des femmes notamment.

Le Représentant de l'UNFPA, soucieux de l'importance de la manière de traiter l'information pour être en intelligence avec les exigences de l'heure et de la nécessite de disposer d'une presse et de journalistes spécialisés et motivés, maîtrisant parfaitement les tenants et les aboutissants des dossiers d'actualité, a défini une politique de communication pour son organisation au Congo, intitulé *"Medias pour le développement."* Cette stratégie vise à faire des journalistes et des professionnels des medias des amplificateurs du plaidoyer de l'UNFPA et des acteurs et vecteurs essentiels du développement national et d'utiliser tous les types de medias pour atteindre la plus large population possible avec des messages développementaux clairement définis.

Au cœur de cette stratégie, l'amélioration de la pratique journalistique dans le but de mieux éclairer l'opinion publique et les décideurs, afin également de renforcer la bonne gouvernance et la démocratie. Avec le Ministre de la Communication, des Relations avec le Parlement et Porte-parole du gouvernement, Bienvenu Okiemy, le Représentant de l'UNFPA aura donc par le plaidoyer et l'appui technique et financier, renforcé les moyens techniques mis à la disposition des journalistes pour exercer leur profession dans de bonnes conditions, et de leurs capacités professionnelles, à travers des séries de formations spécialisées.

L'influence des medias à l'appui de la stratégie de l'UNFPA aura largement contribué à amplifier ses messages et son action pour le bien-être des populations congolaises.

Allocution de Monsieur David LAWSON, Représentant résident du Fonds des Nations Unies pour la population (UNFPA) en République du Congo & Directeur de la Représentation de l'UNFPA au Gabon, à l'occasion de la cérémonie de Lancement du Prix pour les meilleurs articles et reportages sur population et développement et de la Relance du Réseau des Communicateurs en population et développement.

Brazzaville, 19 mars 2010

Monsieur le Ministre de la Communication, des Relations avec le Parlement, Porte-parole du Gouvernement,
Monsieur le Directeur de Cabinet de Monsieur le Ministre,
Messieurs les Directeurs d'organes de presse, les Directeurs de l'information, et les Rédacteurs en Chef,
Mesdames et Messieurs les journalistes,
Cher(e)s Collègues et Cher(e)s ami(e)s,

Laissez-moi vous dire tout d'abord que c'est un immense plaisir pour moi que de vous accueillir aujourd'hui vendredi 19 mars, au sein de la Représentation du Fonds des Nations Unies pour la Population (UNFPA) au Congo. Pour la plupart d'entre vous, ce n'est pas la première fois que vous nous rendez visite; et je suis heureux de vous accueillir ici chez nous, à l'UNFPA qui est, comme je vous l'ai déjà dit, aussi chez vous. Soyez les bienvenus!

Mais bien sûr, c'est un immense honneur que nous fait Bienvenu Okiemy, Ministre de la Communication, des Relations avec le Parlement, Porte-parole du Gouvernement, d'être aujourd'hui parmi nous. Monsieur le Ministre, vous êtes la première personnalité de marque à franchir les portes de notre salle de conférence Kofi Annan rénovée; et vous êtes le premier Ministre de la République que j'ai l'honneur d'accueillir dans l'enceinte de notre Représentation au Congo. C'est une première dont je suis honoré, et dont je me réjouis particulièrement compte tenu du rôle clé et pivot que vous jouez, Monsieur le Ministre, au sein du Gouvernement congolais. Je vous remercie très chaleureusement d'être ici aujourd'hui. Monsieur le Ministre, soyez le bienvenu chez moi, c'est-à-dire, chez vous.

Monsieur le Ministre, Chers ami(e)s journalistes,

C'est également une première qui nous réunit ici ce matin à cette cérémonie de lancement du Prix *Thoraya Ahmed Obaid,* concours organisé par l'UNFPA en partenariat avec le Ministère de la Communication et des Relations avec le Parlement, qui vise à récompenser les meilleurs articles et reportages de presse sur les questions ayant trait à la population et au développement.

A cet égard, avant d'aller plus loin, je voudrais saluer et remercier le Ministre de la Communication, des Relations avec le Parlement et Porte-parole du Gouvernement, pour sa détermination à promouvoir une culture de débats et d'excellence au sein des milieux journalistiques, de même qu'une information de qualité au profit des populations congolaises. Sa présence à cette cérémonie illustre cette forte volonté politique du Gouvernement en direction de la presse et qui bénéficie du soutien total du Fonds des Nations Unies pour la population.

Monsieur le Ministre, Cher(e)s ami(e)s journalistes,

Dans un monde en mouvement perpétuel, ou *tout est communication,* où l'information est disponible à profusion, ou le besoin d'informations précises et fiables est primordial à la prise de décisions politiques ou économiques, compte tenu des enjeux essentiels de nos sociétés, le Fonds des Nations Unies pour la population ne pouvait rester indifférent face aux efforts déployés par le Gouvernement de la République du Congo de servir l'intérêt public à travers une information de qualité. En effet, il n'est plus possible de gouverner, ni d'attendre des populations des attitudes positives, si des mécanismes de leur implication et de leur participation ne sont pas clairement définis et mis en œuvre.

Dans cette perspective, l'importance de la promotion de l'information, de l'éducation et de la communication en matière de population et de développement n'est plus à démontrer. Elle a été clairement soulignée dans le Plan d'action de la Conférence internationale sur la population et le développement tenue au Caire, en Egypte, en 1994. Et il est remarquable que le Plan de Communication gouvernementale mis en œuvre par vos soins, Monsieur le Ministre, constitue un modèle exemplaire de modernité et d'avant-garde en matière de communication institutionnelle.

Monsieur le Ministre, Chers ami(e)s journalistes,

La permanence de l'actualité des questions de population et de développement, telles que la mortalité maternelle, le VIH/SIDA, les violences faites aux femmes, les grossesses précoces, les inégalités basées sur le sexe, les problèmes des personnes âgées, des handicapés, minorités ethniques, etc. ne peuvent laisser la presse indifférente. Bien au contraire, les medias ont un rôle essentiel d'information sur les problèmes de société, à la fois vis-à-vis des populations pour contribuer à leur information et à leur éducation dans ces domaines, mais également vis-à-vis des décideurs, notamment économiques et politiques. Les medias doivent exposer, rendre compte, appeler l'attention, interpeller, soulever des enjeux de société, susciter des débats et des réflexions. Dans les domaines de préoccupation de l'UNFPA, les medias contribuent également à éclairer les populations, voire à participer et contribuer aux changements de comportement, en matière de santé de la reproduction ou de respect des droits des femmes notamment.

Ceci met, bien entendu, en évidence, l'importance de la manière de traiter l'information pour être en intelligence avec les exigences de l'heure d'une part, et la nécessité de disposer d'une presse et de journalistes spécialisés et motivés, maîtrisant parfaitement les tenants et les aboutissants des dossiers d'actualité.

L'instauration du Prix *«Thoraya Ahmed Obaid»* récompensant annuellement les meilleurs articles et reportages sur les questions de population et de développement et la relance du Réseau des Communicateurs en Population et Développement, le RECOPOD, trouvent ainsi leur raison d'être.

En effet, la prise en compte du contexte dans lequel les medias évoluent est le fil conducteur du processus de collecte et de traitement de l'information, étant donné que celle-ci n'a de sens que si elle répond à un besoin et touche directement au vécu quotidien et aux besoins des populations. C'est pourquoi Henri Schulte et Marcel Dufresne estiment qu'un journaliste qui ne réfléchit jamais sur l'impact de ses articles sur l'existence de ses concitoyens, néglige des aspects importants de son travail. Et de renchérir : *«Le journalisme sérieux ne vise donc pas seulement à informer et à former, à susciter l'indignation ou l'enthousiasme, mais aussi à provoquer des changements positifs.»*

Monsieur le Ministre, Cher(e)s ami(e)s journalistes,

L'amélioration de la pratique journalistique dans le but de mieux éclairer l'opinion publique et les décideurs, est un impératif de notre temps. Un impératif de bonne gouvernance et de démocratie. Et je sais, parce que nous en avons parlé récemment lors d'une audience, que Monsieur le ministre partage cette vision.

C'est pourquoi nous devons être reconnaissants aux medias et aux journalistes habités par le souci de mieux informer, et nous devons contribuer à renforcer les moyens techniques mis à leur disposition pour exercer leur profession dans de bonnes conditions, et veiller au renforcement de leurs capacités professionnelles.

L'initiative de la Représentation du Fonds des Nations Unies pour la population au Congo, soutenue par le Ministère de la Communication et des Relations avec le Parlement, de lancer le Prix *«Thoraya Ahmed Obaid»,* du nom de la Directrice exécutive de l'UNFPA, permettra ainsi de récompenser chaque année, au mois de décembre, les journalistes de la presse écrite, en ligne et audiovisuelle qui auront apporté une contribution de qualité à la promotion ou à la clarification de sujets ou d'enjeux liés aux questions de population et développement, notamment la santé de la reproduction, le VIH/SIDA, le genre et les droits des femmes et les dynamiques de populations.

Le concours sera doté de quatre prix: la presse écrite, la presse en ligne, la radio et la télévision. Il est également prévu un prix spécial du jury pour une contribution exceptionnelle de la part d'un journaliste, toutes catégories confondues. Les prix seront constitués de matériels et équipements informatiques, techniques, audiovisuels et formations à l'étranger, pour une valeur de quelque 10 millions de francs CFA.

Monsieur le Ministre, Cher(e)s ami(e)s journalistes,

Pour avoir reçu en 1994 de 179 pays du monde le mandat d'assurer le suivi de la mise en œuvre du programme d'action du Caire, le Fonds des Nations Unies pour la population s'est résolument engagé à contribuer à la création des conditions les plus appropriées pour l'émergence d'une information de qualité au service du développement durable et des populations. Cette vision s'est matérialisée par un appui à la mise en place de réseaux de journalistes au niveau national et régional, visant à promouvoir une information de qualité, des analyses et des débats informés, afin d'assurer une meilleure compréhension des enjeux et défis en matière de population et de développement, et de renforcer la mobilisation sociale et politique sur ces questions en Afrique.

En République du Congo, le Ministère de la Communication a mis en place le Réseau des Communicateurs en Population et Développement en 2002 avec l'appui de l'UNFPA. Depuis cette date, l'environnement national et international a beaucoup évolué et il nous faut constater que le réseau congolais de communicateurs est appelé à relever plusieurs défis pour atteindre les objectifs de sa mise en place initiale. C'est dans cet esprit de renouveau et avec cette volonté que le Ministre et moi-même souhaitons redynamiser le Réseau national, et que 1'UNFPA apporte son appui à l'organisation de la rencontre de ce jour qui doit permettre la relance du Réseau par le Ministère.

Des échanges prévus à la fin de cette cérémonie officielle et tout au long de la journée permettront, nous l'espérons, de dégager les grandes lignes d'un plan d'action du Réseau pour 2010 et la désignation d'un *facilitateur* du Réseau qui, aux côtés du Bureau du Réseau, pourra relayer au quotidien les aspirations et les initiatives des membres du Réseau, auxquelles l'UNFPA pourra de manière pragmatique apporter son appui.

Monsieur le Ministre, Cher(e)s ami(e)s journalistes,

En terminant et sans préjuger des délibérations des membres du Réseau tout au long de cette journée, je voudrais réitérer publiquement et préciser les engagements que j'ai pris vis-à-vis de Monsieur le Ministre lors d'une audience la semaine dernière: le Fonds des Nations Unies pour la population appuiera le Ministère de la Communication dans le renforcement des capacités des journalistes, notamment par l'organisation de deux ateliers de formation et de spécialisation des journalistes en population et développement, qui auront lieu à Brazzaville en juillet et en fin d'année à Pointe-Noire.

Dans la limite des ressources de 1'UNFPA, je m'engage également à soutenir l'envoi en formation à l'étranger de spécialisation de courtes durées de quelques journalistes. Dans le cadre du renforcement des compétences des journalistes congolais, je suis heureux de pouvoir vous dire que nous avons déjà sponsorisé l'envoi en spécialisation de deux journalistes respectivement au Burkina Faso et en Belgique.

En outre, nous continuerons à soutenir l'organisation de dossiers écrits ou radio-télévisés au Congo et à l'étranger, et la production de reportages sur les réalités et activités de terrain, et des documentaires télévisés.

Enfin, j'espère, en collaboration avec le Centre pour les Droits de l'Homme de Yaoundé et dans le cadre du Réseau, que nous pourrons envoyer en formation sur la thématique des droits de l'homme quelques journalistes congolais au Cameroun et à Genève.

Je suis très heureux du lancement du Prix «*Thoraya Ahmed Obaid*» aujourd'hui et de la relance du RECOPOD. Je me félicite également du partenariat établi avec le Ministère de la Communication, des Relations avec le Parlement, et je souhaite que cette rencontre constitue le premier pas d'une coopération renforcée.

Je vous remercie.

Allocution de M. David LAWSON, Représentant résident du Fonds des Nations Unies pour la Population (UNFPA) en République du Congo & Directeur de la Représentation de l'UNFPA en République du Gabon, à l'occasion de la cérémonie officielle de lancement des formations UNFPA pour les journalistes en population et développement. Brazzaville, 5 août 2010

Monsieur le Ministre de la Communication et des Relations avec le Parlement,
Porte-parole du Gouvernement,
Mesdames et Messieurs les membres du Gouvernement,
Mesdames et Messieurs les Ambassadeurs et Chefs de missions diplomatiques et consulaires en République du Congo, et Cher(e)s Collègues,
Mesdames et Messieurs les Représentants des organisations internationales et des du Système des Nations Unies, et Cher(e)s Collègues,
Mesdames et Messieurs les Directeurs Généraux,
Messieurs les Directeurs des organes de presse,
Mesdames et Messieurs les représentants du monde des medias,
Mesdames et Messieurs les journalistes, et Cher(e)s ami(e)s,
Distinguées invite(e)s, Mesdames et Messieurs,

Je suis très honoré d'être ici aujourd'hui avec vous à la maison de la Radio de NGombo, aux côtés du Ministre de la Communication et des Relations avec le Parlement, Porte-parole du Gouvernement, Monsieur Bienvenu Okiemy pour cette cérémonie officielle de lancement des formations des journalistes sur les questions de population et de développement, organisé par le Fonds des Nations Unies pour la population en partenariat avec le Ministère de la Communication et des Relations avec le Parlement.

Dans le cadre de la coopération qui unit le Ministère de la Communication et des Relations avec le Parlement et l'UNFPA, nous avons le Ministre et moi-même des contacts et des échanges réguliers sur le renforcement des capacités des journalistes congolais. Le lancement de ces formations est l'aboutissement de nos discussions. Il s'agit de la mise en œuvre de la vision du Ministre qui souhaite l'émergence d'une nouvelle presse en République du Congo: une presse modernisée... une presse redynamisée... une presse de qualité... une presse de réflexion, d'investigation et de débats suffisamment outillée, équipée, avertie et soucieuse d'éclairer les décideurs et les populations sur les enjeux du moment, les grands sujets de société, et les dossiers d'actualité.

C'est parce que le Fonds des Nations Unies pour la Population se reconnaît dans cette vision qu'elle la soutient. En effet, il y a seize ans au Caire, la Conférence internationale sur la population et le développement soulignait dans son Programme d'action : *«Accroitre la sensibilisation, la connaissance, la compréhension et la volonté d'agir dans toutes les couches de la société pour que les familles, les couples, les individus, les leaders d'opinion et responsables communautaires, les organisations non gouvernementales, les décideurs, les gouvernements et la communauté internationale apprécient l'importance et la pertinence des questions liées à la population et prennent les mesures responsables nécessaires pour aborder ces questions dans l'optique d'une croissance économique soutenue et d'un développement durable.»* Je voudrais ainsi très sincèrement saluer l'action et la vision de Bienvenu Okiemy, Ministre de la Communication et des Relations avec le Parlement, et Porte-parole du Gouvernement, pour son dynamisme, son leadership et sa vision en matière de communication et pour son engagement sur les questions de population et de développement, dont le renforcement des capacités des journalistes dans le traitement de l'information sur ces questions est l'une des priorités du département dont il a la responsabilité.

Monsieur le Ministre, au mois de mars dernier, vous avez relancé le Réseau des Communicateurs congolais en Population et Développement — le RECOPOD — soutenu par I'UNFPA. Vous avez lancé le concours UNFPA du prix des meilleurs journalistes en population et développement avec pour objectif essentiel, le renforcement des capacités des journalistes et la quête de la qualité et de l'excellence dans le domaine journalistique.

Au titre de l'année 2010, l'UNFPA a également contribué à la formation spécialisée de journalistes à l'étranger, notamment, en Belgique, au Bénin, en Ethiopie et à New York. Nous soutenons l'organisation de reportages de terrain sur des questions de population et développement dont la réalisation contribue également au renforcement des capacités des journalistes congolais.

Ceux-ci ne sont que quelques exemples des interventions qui concernent 1'UNFPA. Vous êtes à l'œuvre avec d'autres organisations du Système des Nations Unies. Vous multipliez les partenariats publics, privés, nationaux et internationaux dans le souci d'améliorer toujours à la fois les conditions de travail des journalistes, mais aussi leurs compétences, afin de toujours mieux informer et éclairer les populations. Vous innovez en matière de techniques journalistiques. Bref, nous vous sommes reconnaissants de jouer pleinement votre rôle et nous sommes heureux de pouvoir vous accompagner avec nos modestes moyens sur ce chemin.

Monsieur le Ministre, Mesdames et Messieurs les membres du Gouvernement, Distingué(e)s invité(e)s,

Le lancement officiel de cette série de formations n'est donc qu'un élément d'une coopération élargie et multiforme qui continuera à se renforcer dans les mois à venir, au fil de notre réflexion et des évolutions du pays, avec d'autres actions. Cette année, nous organiserons trois sessions de formation pour une centaine de journalistes de la presse écrite, audio-visuelle et en ligne, provenant à la fois du public et du privé, sur l'ensemble du territoire nationale. Ces formations ont pour objectif le renforcement de l'expertise des communicateurs professionnels en matière de techniques journalistiques sur les questions de population et développement et sur la qualité du traitement de l'information sur ces thèmes.

La première session se tiendra du 9 au 13 août prochains à Brazzaville et accueillera quarante journalistes de la place. Nous bénéficierons de l'expertise de communicateurs internationaux de haut niveau. Il s'agit de Layla Alyanak, de nationalité américaine, Spécialiste en Communication, ancienne Directrice adjointe à la Communication de l'ONUSIDA et actuelle Directrice adjointe de la Représentation de l'UNFPA auprès de l'Office des Nations Unies à Genève, et de Aloysius Ebokem Fomenky, de nationalité camerounaise, Consultant en Communication, ancien Directeur de l'agence de presse PANA, résident actuellement aux Etats-Unis. Nous espérons que la participation de facilitateur à ce niveau contribuera à des discussions de qualité qui renforceront l'expertise des journalistes congolais.

La seconde formation aura lieu à la mi-octobre, à Pointe-Noire. Elle s'adressera à quarante journalistes du sud du pays, en provenance des départements de la Bouenza, de la Lékoumou, du Niari, du Kouilou et de Pointe-Noire.

Enfin, la troisième session aura lieu au mois de décembre prochain à Owando et regroupera 20 journalistes provenant des départements des Plateaux, de la Cuvette, de la Cuvette-Ouest, de la Likouala et de la Sangha.

Et j'ai demandé aux facilitateurs de ces formations que celles-ci soient tout à fait pragmatiques et pratiqués avec des exercices de techniques journalistiques, grandeur nature, afin de déboucher sur des reportages spécialisés.

Monsieur le Ministre, Mesdames et Messieurs les membres du Gouvernement, Distingué(e)s invité(e)s,

Lorsque les collègues ou mes amis journalistes me disent «Monsieur le Représentant... je vous vois souvent à la télévision», ou lorsqu'un passant dans la rue me reconnaît et me salue parce qu'il m'a entendu parler de prévention du VIH/Sida à la radio, ou encore lorsque le Président du Sénat m'entretient des résultats du recensement après que nous ayons organisé un symposium radiodiffusé sur la question.... Je souris. Je ne souris pas parce que je me flatte dans une sorte de narcissisme déplacé, mais parce que des sujets de société tels que l'amélioration de la santé maternelle, la prévention du VIH/Sida, des violences sexuelles et des grossesses précoces, la fistule obstétricale, les personnes vulnérables, ou le rôle et la place de la femme dans la société congolaise, se transforment grâce à l'entremise des medias, en sujet d'intérêt national essentiel. Ces questions apparemment complexes et hors d'atteinte du grand public, deviennent des sujets de conversations populaires et contribuent ainsi au changement sociétal indispensable au développement durable. Car c'est bien à toute la puissance des medias qui doivent être non seulement les vecteurs de l'information quotidienne, mais des acteurs à part entière des efforts de développement national et de la sensibilisation des populations aux grandes questions de société.

Monsieur le Ministre, Mesdames et Messieurs les membres du Gouvernement, Distingué(e)s invité(e)s,

En 2007, la Représentation du Fonds des Nations Unies pour la population au Congo avec le Ministère de la Communication et des Relations avec le Parlement avaient réalisé une étude sur les questions de population et développement dans la presse écrite congolaise, qui avait été menée par le Docteur Guy Noel Sam'Ovhey. A l'époque, cette étude concluait que «les journaux analysés sur la période 2002-2005 avaient très peu traité les sujets concernant la maternité, la mortalité maternelle et infantile, l'égalité des sexes et la scolarisation des filles, mais faisaient principalement écho aux sujets politiques.»

Par ailleurs, l'étude faisait état «de la prédominance du reportage, du commentaire et de l'interview qui», selon l'auteur, «au lieu d'être synonyme de qualification et de compétence chez les auteurs d'articles, serait plutôt la combinaison de plusieurs facteurs négatifs, notamment le faible niveau de qualification professionnelle ou le manque de maîtrise de techniques journalistiques.» L'étude précisait en outre que l'absence de spécialistes des questions de population et développement ne serait pas de nature à faciliter la tâche de la presse congolaise, car, écrit l'auteur, «il est difficile pour les journalistes non spécialisés d'en avoir une vision globale, d'en cerner les contours exacts, de les analyser judicieusement et d'en faire des projections, ou de procéder à des extrapolations utiles pour les lecteurs à l'aide des techniques journalistiques appropriées.»

Dans son ouvrage sur la sociologie des medias, le Professeur Remy Rieffel, l'un des grands spécialistes en communication du monde francophone, estime que l'ultime défi à relever par les medias est *«celui de la formation des journalistes et de la définition de leur compétence.»* Le Président de l'Ecole supérieure de journalisme de Lille, le Professeur Hervé Bouygues, partage cet avis que la formation des journalistes est devenue un enjeu mondial, étant donne l'énorme influence des medias sur la conscience collective de l'humanité. Et il souligne que, je cite: *«Les effets du mauvais journalisme sur les sociétés modernes mettent gravement en péril la bonne gouvernance et les droits de l'homme»,* tandis que *«le bon journalisme est indispensable pour garantir la transparence civique et la démocratie citoyenne.»* Et il conclut que *«bien des entorses à la déontologie dans la profession sont dues à un manque de formation suffisante.»*

Nos amis journalistes le savent bien, l'adage populaire veut qu'«un journaliste ne vaille que ce que valent ses sources d'informations.» A cet adage, il convient sans doute d'ajouter la sagesse: un journaliste ne vaut que ce que valent sa formation et sa perspicacité le traitement de l'information.

Ceci pour renforcer, s'il en est, l'importance du renforcement des capacités professionnelles et techniques des journalistes. Dans un monde dominé par les technologies de l'information et où tout est communication, la spécialisation des professionnels de l'information et de la communication, des journalistes en particulier, est un véritable enjeu pour mobiliser l'appui des populations autour des politiques et programmes de développement.

Monsieur le Ministre, Mesdames et Messieurs les membres du Gouvernement, Distingué(e)s invité(e)s,

La permanence dans l'actualité des débats de société au Congo articulés autour des questions liées à la population et au développement ne peuvent laisser la presse indifférente. Qu'il s'agisse de la mortalité maternelle et de la nécessité de mettre en œuvre la gratuité de la césarienne; de la réduction du taux de prévalence au VIH/SIDA dans le pays et de la nécessité de poursuivre la lutte contre la stigmatisation, encourager le dépistage volontaire ou renforcer les efforts de prévention dans Likouala du fait de la situation humanitaire; de la nécessité de renforcer l'arsenal législatif contre les violences et les discriminations faites aux femmes et contre les grossesses précoces; d'améliorer la situation des personnes vulnérables, notamment les personnes âgées, les handicapés, par des politiques sociales et des moyens budgétaires appropriés; de renforcer la représentativité et la lutte contre la discrimination à l'encontre des populations autochtones... il en va de la responsabilité des journalistes que de s'en faire l'écho, d'en analyser les contours et d'en relater fidèlement les développements.

Les medias ont un rôle essentiel d'information sur ces questions de société, à la fois vis-à-vis des populations pour contribuer à leur information et à leur éducation dans ces domaines, mais également vis-à-vis des décideurs économiques et politiques. Il leur appartient d'exposer, rendre compte, analyser, interpeler, et susciter débats et réflexions. Les medias doivent également contribuer à éclairer les populations, voire à participer et contribuer aux changements de comportement, à la mobilisation sociale pour le développement. Le Professeur Remy Rieffel traduit notre pensée comme suit: *«le public réclame des journalistes rigoureux et compétents. (...) L'utilité sociale renvoie à l'idée que le journaliste peut servir directement les intérêts concrets des citoyens, produire des changements tangibles au sein de la société.»*

Ceci met bien entendu en évidence, d'une part, l'importance de la manière de traiter l'information pour être en intelligence avec les exigences de l'heure et, d'autre part, la nécessité de disposer d'une presse et de journalistes spécialisés et motivés, maîtrisant parfaitement les tenants et les aboutissants des dossiers d'actualité.

Monsieur le Ministre, Mesdames et Messieurs les membres du Gouvernement, Distingué(e)s invité(e)s,

En terminant, à l'attention de mes amis journalistes, qui savent pouvoir compter sur l'UNFPA et sur ma coopération personnelle, je forme le vœu que ces formations contribuent de manière significative et utile au renforcement des capacités des journalistes et répondent à leurs besoins et à leurs souhaits.

A l'attention de Monsieur le Ministre et à travers lui au Gouvernement de la République du Congo, je réitère toute la disponibilité et l'engagement du Fonds des Nations Unies pour la population à poursuivre ses activités multiformes afin de contribuer aux efforts nationaux visant à améliorer la condition des populations congolaises. Je vous remercie.

Allocution de M. David LAWSON, Représentant résident du Fonds des Nations Unies pour la Population (UNFPA) au Congo & Directeur de la Représentation de l'UNFPA au Gabon, à l'occasion de la cérémonie d'ouverture de la formation des journalistes sur les questions de population et développement et de l'intronisation de l'Antenne du Réseau des Communicateurs en Population et Développement. Pointe-Noire, 11 octobre 2010

Monsieur le Ministre de la Communication et des Relations avec le Parlement, Porte-parole du Gouvernement,
Monsieur le Préfet de Pointe-Noire,
Monsieur de Préfet du Kouilou,
Mesdames et Messieurs les représentants du corps consulaire à Pointe-Noire,
Mesdames et Messieurs les Directeurs départementaux,
Messieurs les Directeurs des organes de presse,
Mesdames les représentantes des organisations du Système des Nations Unies,
Mesdames et Messieurs les représentants des organisations non gouvernementales et de la société civile,
Mesdames et Messieurs les journalistes,
Distingué(e)s invité(e)s, Mesdames et Messieurs,

Je suis très heureux d'être ici à Pointe-Noire pour la cérémonie d'ouverture de la formation des journalistes en population et développement évoluant dans les villes situées dans la partie méridionale de la République du Congo et l'intronisation de l'Antenne départementale de Pointe-Noire du Réseau des Communicateurs en Population et Développement du Congo.

Au mois d'août dernier, le Ministre de la Communication et des Relations avec le Parlement, Porte-parole du Gouvernement, Monsieur Bienvenu Okiemy, et moi-même, lancions la série de formations de journalistes congolais en population et développement, dont la première s'est déroulée à Brazzaville. C'est un honneur et une joie pour moi d'être de nouveau aux côtés du Ministre pour l'ouverture de cette formation à Pointe-Noire. Cette formation s'adresse à 43 journalistes de la presse audio-visuelle, écrite et en ligne, du public et du privé, exerçant dans les départements de la Bouenza, du Kouilou, de la Lékoumou, du Niari et de Pointe-Noire.

Une troisième formation aura lieu à Owando pour les journalistes exerçant au nord du pays, et les lauréats du concours UNFPA des meilleurs articles et reportages sur les questions de population et développement seront récompensés dans les prochains mois. Ces activités viennent en compléter d'autres, telles que l'envoi de journalistes congolais en formation ou en reportages spéciaux à l'étranger, notamment au Bénin, à Addis Abeba et New York, et le renforcement du fonds documentaire du Centre international de Presse de Brazzaville, redynamisé par Monsieur le Ministre et moi-même cette année.

A travers ces initiatives, le Fonds des Nations Unies pour la Population renouvelle sa détermination à apporter un appui significatif à la politique du Ministre de la Communication et des Relations avec le Parlement visant à promouvoir la culture de l'excellence à travers les medias et à redynamiser la presse congolaise.

Depuis son arrivée à la tête de ce département ministériel, Bienvenu Okiemy, s'est illustré par des réalisations multiples, attestant de son engagement et de sa volonté de renforcer les capacités des journalistes congolais dans le traitement de l'information, afin de mieux éclairer les décideurs et l'opinion publique. L'UNFPA et moi-même s'honorent de soutenir cette dynamique et saluent le leadership et la vision de Monsieur le Ministre.

Monsieur le Ministre, Mesdames et Messieurs,

Le consensus acquis au Caire, lors de la Conférence internationale sur la population et le développement tenue en 1994, a apporté un changement majeur dans la manière dont les gouvernements doivent aborder aujourd'hui le développement humain, la population et la protection de l'environnement.

Le consensus du Caire place au cœur même du développement tout un ensemble de droits humains en rapport avec la population. Désormais, plutôt que de se limiter aux objectifs quantitatifs, les gouvernements mettent l'accent sur les aspects sociaux, culturels, économiques, environnementaux, mais aussi sur l'équité, la stabilité politique et l'égalité entre les sexes qui doivent contribuer à améliorer, entre autres, la santé et le bien-être des individus, particulièrement des femmes. Cette nouvelle approche est fondée sur l'idée que si les besoins en matière de santé, y compris ceux de la santé de la reproduction et de la planification familiale, sont satisfaits, les populations seront elles-mêmes en mesure de prendre des décisions appropriées sur leur fécondité et de choisir des opportunités d'emploi et d'éducation qu'elles jugent bonnes pour elles-mêmes, leur famille et leur communauté.

Le récent sommet des Chefs d'Etat et de Gouvernement sur le suivi des Objectifs du Millénaire pour le Développement, à New York le mois dernier, a montré que ces Objectifs ne pourront être atteints que si les questions de population, de santé de la reproduction et celles relatives à l'égalité entre les sexes sont prises en compte dans les stratégies régionales et les plans nationaux de développement économique et social.

A cet égard, il est impératif de mobiliser toutes les énergies, les Etats, la société civile, le secteur privé, et toutes les communautés dans des actions conjuguées pour lutter contre la pauvreté. Ceci nécessite des mécanismes garantissant une libre circulation de l'information et mobilisant un large public autour des objectifs de développement. Les medias sont ainsi au cœur de ce dispositif, à la fois en tant qu'acteurs essentiels de la démocratie et de la bonne gouvernance, mais aussi comme vecteurs d'information, d'éducation et de sensibilisation de la population.

Monsieur le Ministre, Mesdames et Messieurs,

En 1997, Monsieur Jean Claude Gakosso, universitaire de renom et actuel Ministre de la Culture et des Arts, publiait un ouvrage intitulé «*La nouvelle presse congolaise. Du goulag à l'agora*» dont les analyses restent encore d'actualité, qui soulignait les faiblesses de la presse congolaise. Il insistait notamment sur la nécessité de répondre aux besoins de l'information du public par la *recherche de données factuelles, la confrontation des sources, la mise en bonne et due forme et l'effort d'impartialité et d'objectivité.*

Par ailleurs, le Dr Guy Noel Sam'Ovhey soulignait dans une étude sur les questions de population et développement dans la presse écrite congolaise, publiée en 2007, à quel point il est *difficile pour les journalistes non spécialisés d'avoir une vision globale des questions de population et développement, d'en cerner les contours exacts, de les analyser judicieusement et d'en faire des projections, ou de procéder à des extrapolations utiles pour les lecteurs à l'aide des techniques journalistiques appropriées.»*

Le professeur Jean Tudesq, spécialiste des medias africains, estime que pour organiser «la gestion des affaires publiques dans le meilleur intérêt de tous (ce qui est l'objectif de la démocratie), l'Etat a besoin du soutien des citoyens; or il n'y a pas de citoyens responsables s'ils ne sont pas informés.» La transmission des connaissances nouvelles et utiles par les medias implique la formation de journalistes spécialisés dans l'information économique, médicale et technique. Car, je cite: «la formation des journalistes influe sur la contribution qu'ils peuvent apporter aux populations. Les medias peuvent participer à l'éducation des populations, mais l'école devrait aussi contribuer à l'éducation des medias.» Fin de citation.

Les citoyens réclament une information claire et de qualité, et des journalistes rigoureux et compétents. Ainsi, investir dans le renforcement des capacités des medias pour leur permettre de jouer pleinement leur rôle au sein de la société est une activité capitale pour laquelle nous soutenons pleinement la politique du Gouvernement mise en œuvre par le Ministre Bienvenu Okiemy.

Monsieur le Ministre, Mesdames et Messieurs,

Le renforcement des capacités des medias dans les techniques journalistiques appliquées aux questions de population et développement est une priorité du Fonds des Nations Unies pour la population en Afrique, et au Congo, à travers notre Représentation nationale. Sur le continent, l'UNFPA a contribué à la mise en place de réseaux nationaux des journalistes et communicateurs en population et développement. Le Réseau des Communicateurs en Population et Développement du Congo (RECOPOD), relancé par le Ministre de la Communication et des Relations avec le Parlement, au mois de mars dernier, est un instrument essentiel du renforcement des capacités techniques des journalistes congolais.

L'un de ses objectifs est de mobiliser les journalistes en tant qu'acteurs des changements de société sur les questions de population et développement nécessaires pour le développement durable, notamment l'accès universel aux services de santé de la reproduction, la lutte contre le Sida, la promotion de l'égalité entre les sexes, la lutte contre les discriminations et les violences faites aux femmes, etc.

A ce titre, je tiens à saluer le dynamisme du Réseau et de ses membres qui ont récemment élaboré un plan d'action jusqu'en 2012, auquel l'UNFPA apportera son appui. A cet égard, je me réjouis de l'enthousiasme des journalistes des départements du sud du pays qui a contribué à la décision de mettre en place une Antenne du réseau national des journalistes en population et développement à Pointe-Noire. Chers amis journalistes, je vous félicite et l'UNFPA et moi-même vous soutenons.

Monsieur le Ministre, Mesdames et Messieurs,

Pour terminer, la formation qui s'ouvre aujourd'hui et la mise en place d'une antenne du RECOPOD à Pointe-Noire sont des actes qui doivent permettre d'améliorer le traitement et la qualité de l'information.

Mais il appartient aux journalistes et aux communicateurs de capitaliser sur ces opportunités et de s'engager pleinement pour améliorer leurs compétences et la qualité de l'information livrée au public. Je vous encourage tous à tirer le plus grand bénéfice de ces instruments pour le développement du pays et le bien-être des populations.

Pour ma part, je m'engage à poursuivre et renforcer l'appui de l'UNFPA au Ministère de la Communication et des Relations avec le Parlement dans le cadre du Programme de coopération entre la République du Congo et l'UNFPA 2009-2013. A ce titre, d'autres activités concrètes pour l'année 2011 seront discutées et formalisées entre le Ministre et moi-même avant la fin de l'année, afin de développer davantage un partenariat déjà fructueux. Je vous remercie.

Allocution de Monsieur David LAWSON, Représentant résident du Fonds des Nations Unies pour la Population (UNFPA) en République du Congo & Directeur de la Représentation de l'UNFPA en République du Gabon, à l'occasion de la Première en République du Congo du film documentaire de l'UNFPA « Mouato: les Femmes autochtones du Congo », dans le cadre de la Célébration de la Journée internationale des peuples autochtones. Brazzaville, 26 juillet 2011

Monsieur le Ministre d'Etat, Coordonnateur du Pôle de la Souveraineté, Garde des Sceaux, Ministre de la Justice et des Droits humains,
Monsieur le Ministre de la Communication et des Relations avec le Parlement, Porte-parole du Gouvernement,
Madame la Ministre des Affaires sociales, de l'Action Humanitaire et de la Solidarité,
Madame la Ministre de la Promotion de la Femme et de l'Intégration de la Femme au Développement
Honorables Député(e)s, Vénérables Sénateurs,
Mesdames et Messieurs les Ambassadeurs, Chefs de Missions diplomatiques et consulaires, et Représentants des organisations internationales accrédité(e)s en République du Congo, Cher(e)s Collègues,
Monsieur le Représentant de l'Instance permanente des Nations Unies sur les Questions autochtones,
Mesdames et Messieurs les Directeurs de Cabinet,
Mesdames et Messieurs les Conseillers,
Mesdames et Messieurs les Directeurs généraux et d'administrations centrales,
Monsieur le Coordonnateur du Réseau National des Populations Autochtones du Congo (RENAPAC),
Mesdames et Messieurs les représentants des organisations de populations autochtones du Congo,
Mesdames et Messieurs les représentants de la société civile et du secteur privé,
Mesdames et Messieurs les représentants de la presse et des media,
Distingué(e)s invité(e)s, Mesdames et Messieurs,

Du 16 au 27 mai derniers, à New York, s'est tenue la dixième session de l'Instance permanente des Nations Unies sur les Questions autochtones. Cette session a revêtu pour la République du Congo un caractère tout à fait exceptionnel.

En effet, à vingt-quatre heures d'intervalle, alors que la communauté internationale acclamait le discours du Ministre de la Communication et des Relations avec le Parlement, et Porte-Parole du Gouvernement congolais, Bienvenu Okiemy, qui présentait la loi no 05-2011 portant promotion et protection des droits des populations autochtones promulguée en février dernier, un vote sans équivoque de l'Assemblée générale de l'ONU faisait entrer la République du Congo au Conseil des Droits de l'Homme.

Au siège de l'Organisation des Nations Unies, avec toute la pédagogie et l'éloquence qu'on lui connaît, le Ministre Okiemy a rappelé *l'attachement de la République du Congo au droit international, au respect de la dignité et l'inaliénabilité des droits entre les membres de la famille humaine, fondement même de la liberté, de la justice et de la paix, et l'un des piliers du Pacte social congolais défini par le Président de la République.»*

Amplifiant la priorité accordée aux populations autochtones du Congo, ma collègue Marianne Flach, Représentante de l'UNICEF, et moi-même qui participions également aux débats de l'Instance permanente, avons pris la parole à New York en séance plénière pour saluer l'engagement et la maturité politiques du gouvernement congolais avec l'adoption de cette loi qui d'après le Rapporteur spécial de l'ONU sur les droits des populations autochtones, James Anaya, constitue *«un cas unique en Afrique et exemplaire pour le continent et le monde entier.»*

Monsieur le Ministre, Distingué(e)s invité(e)s,

Avant même l'adoption de la loi, des mesures énergiques avaient été entreprises par les pouvoirs publics et la société civile, notamment en ce qui concerne l'amélioration des conditions de vie des populations autochtones dans différents domaines. A ce titre, il faut rendre hommage aux efforts menés par le Gouvernement, notamment en matière d'éducation, de droit foncier et d'administration du territoire.

La loi congolaise portant promotion et protection des droits des populations autochtones fera l'objet de dispositions particulières de mise en œuvre, afin de faciliter aux populations autochtones du Congo l'accès à la citoyenneté, à l'éducation, à la santé ou encore à l'emploi, qui compléteront le Plan d'action national pour l'amélioration de la qualité de vie des populations autochtones qui vise des objectifs ambitieux à l'horizon 2013.

Le processus de rédaction du Document Stratégique de Réduction de la Pauvreté, de la *Vision Congo émergent 2025,* et le processus de préparation et d'adoption de la loi de finances 2012 sont autant d'opportunités d'intégrer les spécificités des besoins des populations autochtones et d'opérationnaliser la loi.

Monsieur le Ministre, Distingué(e)s invité(e)s,

Le Fonds des Nations Unies pour la population (UNFPA) se réjouit d'accompagner la réalisation progressive de cette ambition, avec les autres agences du système des Nations Unies et les partenaires internationaux au développement, car l'étroitesse de la population autochtone au Congo, quelque 43,500 âmes, et les défis auxquels elle est confrontée font peser sur elle, comme sur d'autres communautés autochtones à travers le monde, une menace existentielle.

En effet, selon le dernier recensement général de la population de 2007, la population autochtone représente moins de 2% des 3,7 millions d'habitants au Congo, alors qu'en l'absence de chiffres précis avant cette date, elle était estimée à 10%. Cette réduction significative peut donc laisser craindre un risque d'extinction à long terme.

La santé de la reproduction nous semble être au cœur de cette problématique. De condition économique souvent fragile, peu représentés ou impliqués dans les instances de prise de décision, mal informés sur le fonctionnement de l'administration, les populations autochtones vivent largement en marge des principales institutions, notamment des structures de santé publique.

Le taux de mortalité maternelle élevé au Congo, à 781 décès pour 100,000 naissances vivantes, frappent toutes les Congolaises, mais les femmes autochtones souffrent d'une vulnérabilité plus exacerbée principalement pour des raisons socio-culturelles: un mode de vie caractérisé par une mobilité permanente; une sexualité et des mariages précoces; un isolement en forêt les exposant aux violences sexuelles; des croyances et pratiques en matière d'accouchement et d'avortement parfois en contradiction avec les normes et standards scientifiques.

Par ailleurs, les femmes autochtones fréquentent peu les centres de santé publique, par culture, mais aussi car elles s'y sentent mal accueillies ou victimes de discriminations. Ainsi, moins de 20% d'entre elles se rendent aux consultations prénatales durant la grossesse; et seules 24% d'entre elles accouchent à l'hôpital, contre 80% pour les autres Congolaises. Elles accouchent dans la forêt parfois avec l'aide d'accoucheuses...mais le plus souvent seules... avec des risques majeurs pour l'enfant à naître et pour elles-mêmes en cas de complication.

Les populations autochtones sont aussi extrêmement vulnérables aux infections sexuellement transmissibles et au Sida, dont la majorité a une totale méconnaissance: en 2007, en effet, seuls 11% des adolescents autochtones connaissaient le Sida et 60% d'entre eux n'avaient jamais vu un préservatif.

Les jeunes femmes autochtones sont également victimes de viols, plus de 10% d'entre elles ayant subi des rapports sexuels non consentis.

Facteur aggravant, au sein des communautés autochtones, la sexualité est généralement taboue; ce qui rend plus difficile la dénonciation et la prise en charge sanitaire et psychologique des victimes de violences sexuelles.

Pourtant, les femmes, à la fois par leurs rôles reproductif et productif, sont le fondement du bien-être des familles et des communautés. En milieu autochtone comme ailleurs, elles doivent être encouragées à prospérer, par l'éducation et l'autonomisation sociale et économique, et comme le disait le Ministre d'Etat Firmin Ayessa, au nom du Chef de l'Etat, lors du dernier Forum international des populations autochtones d'Afrique centrale, en mars dernier, à Impfondo, les femmes autochtones doivent également bénéficier de la loi sur la parité hommes-femmes aux fonctions politiques, administratives et électives, dont l'adoption est imminente.

Monsieur le Ministre, Distingué(e)s invité(e)s,

C'est à la lumière de cette situation que j'ai décidé de produire un film documentaire sur les femmes autochtones congolaises. Ce documentaire leur rend hommage tout en soulignant certaines de leurs difficultés de vie. Il est original car les femmes elles-mêmes s'expriment, grâce au talent de son réalisateur congolais Alain Nkodia qui a su créer les conditions de la libération de leur parole.

Je voudrais saluer Alain Nkodia qui est avec nous cet après-midi, avec certains membres de l'équipe de tournage. J'en profite pour saluer également tous les intervenants qui ont accepté de témoigner dans ce film, réalisé dans la Sangha et la Likouala.

Je tiens à remercier chaleureusement le Ministre de la Culture et des Arts, Jean-Claude Gakosso, pour avoir facilité le tournage, et la Ministre des Affaires sociales, de l'Action humanitaire et de la Solidarité, Emilienne Raoul, pour sa participation et son soutien.

Je voudrais également profiter de cette occasion pour féliciter sincèrement le Ministre d'Etat, Coordonnateur du Pôle de la Souveraineté, Ministre de la Justice et des Droits humains, Maître Aimé Emmanuel Yoka, pour cette loi novatrice dont il est l'artisan et le promoteur principal, et la Ministre de la Promotion de la Femme et de l'Intégration de la Femme au développement, Jeanne-Françoise Leckomba-Pombo pour son engagement en faveur des femmes autochtones.

Mesdames et Messieurs les Ministres, nous sommes très honorés et vous remercions de l'amabilité que vous nous faites d'être avec nous cet après-midi et de votre intérêt pour ce documentaire.

Le film a été présenté à la communauté internationale, en avant-première à New York, en marge de la dernière session de l'Instance permanente des Nations Unies sur les Questions autochtones, au cours d'un événement spécial organisé par l'UNFPA et préside par sa Directrice exécutive adjointe, dont le Ministre Bienvenu Okiemy et moi-même étions les orateurs principaux. Il a suscité auprès des délégués gouvernementaux, autochtones et de la société civile d'autres pays, vif intérêt, admiration et émotion.

Ce documentaire que nous sommes heureux de présenter aujourd'hui en avant-première au Congo, et en direct sur Télé-Congo, figurera ensuite dans la programmation de l'Institut français du Congo et sera rediffusé sur la chaîne nationale congolaise, accessible dans le monde entier par l'intermédiaire de *Canal Satellite.*

A ce titre, je tiens à remercier chaleureusement le Ministre de la Communication, des Relations avec le Parlement, et Porte-Parole du Gouvernement, Bienvenu Okiemy, pour son accueil ici à Nkombo, aujourd'hui, et surtout pour son action et son engagement sur les questions autochtones.

Pour les non-initiés, «*Mouato*», -le titre du film- signifie «femme» en langue Baâka. Nous souhaitons que «*Mouato*» contribue à mieux faire connaître les réalités quotidiennes des femmes autochtones, sensibiliser les populations sur la loi en vigueur, et rapprocher les communautés dans un esprit fraternel pour que, comme vous le disiez vous-mêmes dans votre discours historique à New York, Monsieur le Ministre, «(...) *face à la poussée uniformisatrice de la mondialisation, les peuples autochtones soient reconnus égaux et différents à la fois, citoyens nationaux et autochtones, intégrés mais non assimilés, dans des démocraties plurielles qui sachent faire l'unité dans la diversité.*» Je vous remercie de votre attention.

Allocution de M. David LAWSON, Représentant résident du Fonds des Nations Unies pour la Population (UNFPA) au Congo & Directeur de la Représentation de l'UNFPA au Gabon, à l'occasion de la cérémonie d'ouverture de la formation des journalistes congolais des départements méridionaux sur les questions de population et développement. Pointe-Noire, 4 juin 2012

Monsieur le Ministre de la Communication et des Relations avec le Parlement, Porte-parole du Gouvernement,
Monsieur le Député-Maire de Pointe-Noire,
Monsieur le Préfet du Département de Pointe-Noire,
Mesdames et Messieurs les Directeurs généraux,
Mesdames et Messieurs les Directeurs départementaux,
Mesdames et Messieurs les délégués des agences des Nations Unies, et Cher(s) Collègues,
Mesdames et Messieurs les représentants de la société civile et du secteur privé,
Mesdames et Messieurs de la presse et des media,
Cher(e)s ami(e)s journalistes,
Distingué(e)s invité(e)s, Mesdames et Messieurs,

En août 2010, au siège de la Télévision et de la Radio nationales, à Brazzaville, cœur névralgique de l'information congolaise, le Ministre de la Communication, des Relations avec le Parlement et Porte-parole du Gouvernement, Bienvenu Okiemy, et moi-même, lancions la première d'une longue série de formations de journalistes en techniques journalistiques appliquées aux questions de population et de développement.

Elles se sont tenues à Pointe-Noire en octobre 2010, à Owando en décembre 2010, à Brazzaville en juin 2011, à Owando en septembre 2011 et nous voici de retour dans la capitale océane aujourd'hui. Ce sont ainsi plus de 200 journalistes de tous media confondus, presse écrite, audio-visuelle, en ligne, et en provenance de tous les départements de la République qui ont été formés.

L'engagement et l'appui du Fonds des Nations Unies pour la population (UNFPA) au Ministère de la Communication et des Relations avec le Parlement, répond à la ligne politique définie par Monsieur le Ministre, Bienvenu Okiemy, depuis son arrivée au Gouvernement en 2009: accès de toutes les populations congolaises à une information de qualité par l'extension de la couverture de diffusion de Télé-Congo; renforcement des capacités techniques des journalistes et des organes de presse; renforcement du statut de la profession de journaliste par la mise en place de la carte de presse; modernisation des équipements médiatiques à disposition des journalistes; modernisation de la qualité de la grille des programmes de la télévision nationale; modernisation de la communication gouvernementale; création d'un centre multimédia pour les professionnels de la communication; organisation de formations internationales de haut niveau pour les journalistes, dont celles de l'UNFPA.

Monsieur le Ministre, depuis votre prise de fonction et le partenariat noué avec l'UNFPA, vous avez multiplié les efforts sur la scène nationale et à l'étranger pour assurer la diffusion d'une information de qualité par des journalistes formés à l'excellence, avec pour objectif de fournir à l'ensemble des populations, sur toute l'étendue du territoire national, une information leur fournissant des clés de compréhension des questions de société et leur permettre de s'impliquer dans le processus de développement national. Le Fonds des Nations Unies pour la population que je représente et moi-même personnellement sommes fiers du chemin parcouru et de contribuer à ces succès et j'entends bien poursuivre et intensifier cet appui.

Monsieur le Ministre, Distingué(e)s invité(e)s, Mesdames et Messieurs,

Le 22 mai dernier, à l'issue de la tournée septentrionale du Chef de l'Etat dans les départements de la Cuvette et de la Sangha, le Ministre de la communication et des Relations avec le Parlement, Porte-Parole du Gouvernement a salué la qualité du travail fourni par les journalistes et les agents relevant de sa tutelle.

Tout en encourageant les représentants de la presse nationale et des media à l'excellence dans leurs prestations, les programmes, les reportages et l'information, je voudrais m'associer au Ministre pour remercier et féliciter nos amis journalistes pour le travail accompli, particulièrement à l'appui de l'action menée par l'UNFPA au Congo.

Je l'ai souvent dit: les efforts de plaidoyer, d'information et de sensibilisation des populations menées dans le cadre des politiques publiques ne prennent toute leur résonnance que grâce à l'amplification et à l'action des media.

En effet, nous avons observé au cours de ces deux dernières années, à travers la presse nationale congolaise, une amélioration à la fois quantitative et qualitative, de la couverture médiatique des dossiers relatifs à la population et au développement, notamment la santé maternelle, le VIH/SIDA, l'amélioration de la condition féminine et les populations vulnérables sont en constante augmentation. Ainsi près de trois cent cinquante articles de la presse écrite et en ligne ont été répertoriés. Par ailleurs, nous estimons que près de cent cinquante reportages et dossiers radio-télévisés portant sur ces thèmes ont été diffusés en 2010 et 2011. Sur le plan qualitatif, on observe des améliorations au regard de la diversité des sujets abordés et la manière de les traiter.

Cet indicateur positif démontre ainsi la pertinence et l'utilité de ces séries de formations aux techniques journalistes appliquées aux questions de population et de développement.

Monsieur le Ministre, Distingué(e)s invité(e)s, Mesdames et Messieurs,

C'est pour pérenniser ces acquis que cette série de formations est essentiellement axée sur des travaux pratiques, notamment des conférences de rédaction, des reportages et des montages. L'objectif poursuivi par cette approche est de faire en sorte que la publication et la diffusion des informations sensibles et essentielles, telles que la mortalité maternelle, les conséquences des grossesses précoces et non désirées, l'épidémie de Sida, les inégalités entre hommes et femmes, les droits des personnes vulnérables, troisième âge, handicapés et peuples autochtones, ne soient pas uniquement dépendant de l'actualité ou de l'événementiel.

Initier des dossiers de fond et d'analyse, d'investigation et d'enquête, tel est le principal enjeu de cette formation dont les bénéficiaires pourront s'exercer à manier ces pratiques essentielles au traitement de l'information touchant au vécu quotidien des populations. Quel que soit, leur organe d'origine, presse publique ou privée, le rôle des medias dans la société est de servir l'intérêt général en toute indépendance.

Le Professeur Jean Chretien Ekambo Duasenge, ancien Recteur et enseignant de l'Institut des Sciences et Techniques de la Communication de Kinshasa, et le Professeur Guy-Noel Sam'Ovhey-Panquima, enseignant au Département des Sciences et Techniques de la Communication de l'Université Marien Ngouabi à Brazzaville, vont s'atteler, au cours des cinq prochains jours à susciter et canaliser des échanges visant à atteindre cet objectif.

Monsieur le Ministre, Distingué(e)s invité(e)s, Mesdames et Messieurs,

Les journalistes et les organes de presse ont l'opportunité d'appeler l'attention de l'opinion publique et des dirigeants sur les questions d'actualité et d'intérêt général, qui ne sont pas toujours abordées suffisamment, faute de moyens ou d'expertise.

Les élections législatives de juillet 2012 sont une parfaite illustration de ce propos. Les enjeux de cette élection sont connus: investitures, transparence et équité démocratiques; positionnement et renouvellement de la majorité présidentielle; et taux de participation. Un autre enjeu fondamental de cette élection pour l'avenir et le développement du Congo concerne la participation des femmes aux élections et de leur représentation équitable au parlement et aux postes de décision.

Les femmes et les jeunes filles représentent plus de 52% de la population congolaise, et un pourcentage équivalent de l'électorat. Pourtant, elles sont sous-représentées dans toutes les instances de décision. Sur 37 ministres, 5 sont des femmes. Le parlement congolais compte moins de 12% de femmes. Enfin, d'après le Ministère de l'Intérieur et de la Décentralisation, en 2008, le taux de participation des femmes aux élections locales s'est élevé à 24,28%.

Cependant, conformément aux instruments juridiques internationaux, la République du Congo défend l'égalité entre l'homme et la femme. L'article 8 de la Constitution congolaise stipule que *"Tous les citoyens sont égaux devant la loi. (...) La femme a les mêmes droits que l'homme. La loi garantit et assure la promotion de la femme et sa représentativité à toutes les fonctions politiques, électives et administratives."* Par ailleurs, en son article 61, la loi électorale prescrit à chaque parti politique de présenter au moins 15% de femmes comme candidates aux élections législatives, et 20% aux élections locales. Enfin, le 13 août 2010, le Président de la République a annoncé l'adoption d'une loi sur la parité aux fonctions politiques, électives et administratives.

Pourquoi donc les femmes ont-elles tant de difficultés à participer aux processus électoraux, malgré leur nombre, leurs compétences et leurs talents? La presse contribue directement par sa fonction tribunicienne au développement national. Les media sont également des garants de la démocratie, comme Monsieur le Ministre l'a dit: *"la radio et la télévision retransmettront en direct le déroulement du scrutin."* Il appartient ainsi à la presse, en toute objectivité, de dénoncer les inégalités et de défendre la nécessité de la pleine implication des femmes et des jeunes dans la vie publique pour la modernisation et le développement du pays.

Outre la nécessité de rendre compte et de commenter les déclarations et décisions des intervenants politiques, il appartient aux media de faire comprendre à l'opinion publique l'enjeu et l'importance des élections, susciter l'intérêt du public, et contribuer à l'indispensable sensibilisation et mobilisation des femmes aux investitures et leur participation aux scrutins.

Monsieur le Ministre, Distingué(e)s invité(e)s, Mesdames et Messieurs,

Vous le savez, l'UNFPA mène avec le Ministère de la Promotion de la Femme et de l'Intégration de la Femme au développement un programme de mobilisation des femmes aux élections législatives de 2012 et locales de 2013, avec le soutien financier du gouvernement américain, visant à encourager les femmes à s'inscrire sur les listes électorales, participer aux campagnes électorales, se présenter aux élections et voter.

J'en appelle donc à tous les journalistes à nous aider à faire avancer la cause des femmes dans ce contexte. Car c'est bien vous, Cher(e)s ami(e)s journalistes, qui décidez très largement de la place et de l'importance de cette thématique et des autres sujets de population et développement dans l'information et le débat public.

La manière dont vous traitez les dossiers relatifs aux élections contribue très directement à la défense des droits des femmes et ainsi au développement politique, 'économique et social du pays. Ce ne sont pas de petits enjeux. N'oubliez pas que si les acteurs de la vie nationale font l'actualité, c'est la presse qui détermine l'agenda politique national et international en maîtrisant l'information.

Je vous souhaite plein succès dans vos travaux. Et je vous remercie de votre attention.

Allocution de M. David LAWSON, Représentant résident du Fonds des Nations Unies pour la Population (UNFPA) au Congo & Directeur de la Représentation de l'UNFPA au Gabon, à l'occasion de la cérémonie d'ouverture de la formation des Chargés de communication des Ministères du Gouvernement en Communication stratégique en matière de population et développement. Brazzaville, 18 juillet 2012

Monsieur le Ministre de la Communication et des Relations avec le Parlement, Porte-parole du Gouvernement,
Messieurs les Chefs d'agence du système des Nations Unies au Congo,
Mesdames et Messieurs les Conseillers ministériels,
Mesdames et Messieurs les Attachés de presse et Chargés de communication ministériels,
Mesdames et Messieurs les Directeurs généraux,
Mesdames et Messieurs de la presse et des medias,
Distingué(e)s invité(e)s, Mesdames et Messieurs,

Je suis très heureux d'être aux côtés de mon ami, Bienvenu Okiemy, Ministre de la Communication et des Relations avec le Parlement, Porte-parole du Gouvernement, à l'occasion de cette cérémonie d'ouverture de la formation des Conseillers en communication et des Attachés de presse des ministères du Gouvernement de la République du Congo en communication stratégique, axée sur les questions de population et développement. C'est un plaisir car le Ministre Bienvenu Okiemy et moi-même avons déjà organisé ensemble de nombreuses formations au cours des trois dernières années qui ont contribué à renforcer la formation aux techniques journalistiques de 200 journalistes et professionnels des medias sur toute l'étendue du territoire national. Mais c'est la première formation que nous organisons à l'endroit des membres des cabinets ministériels.

Le Programme d'action de la Conférence internationale sur la population et le développement, organisée au Caire, en Egypte, en 1994, stipule que l'éducation, l'information et la communication sur la santé de la reproduction, la planification familiale, les inégalités liées au sexe, et tant d'autres questions d'intérêt vital pour la population, créent les conditions favorables au développement. La Conférence mondiale sur les femmes, de Pékin, de 1995, a également reconnu l'importance de la communication et des medias, dans les efforts visant l'amélioration du statut de la femme. La communication stratégique dans ses différentes variantes l'information, l'éducation et la communication, la communication pour le changement de comportement, la sensibilisation, ou le plaidoyer se servent des medias pour toucher un large public.

Le Ministre de la de la Communication et des Relations avec le Parlement, Porte-parole du Gouvernement du Congo, Bienvenu Okiemy, a, depuis son entrée au Gouvernement en 2009, savamment et éminemment orchestré la communication stratégique de son département ministériel et des media publics congolais. Il a ainsi contribué à améliorer durablement la performance de ses agents et à renforcer le changement de comportement et de perception des populations sur les grands dossiers de société. Mais il a également très largement inspiré le renforcement de la communication stratégique du Gouvernement.

Monsieur le Ministre, Distingué(e)s invité(e)s, Mesdames et Messieurs,

La Représentation du Fonds des Nations Unies pour la population au Congo, à travers moi, fait de la communication stratégique un instrument essentiel de sa propre politique, de son plaidoyer et de son action développernentale en faveur des populations, en vue de renforcer la mobilisation sociale, populaire et gouvernementale sur des questions vitales, telles que la santé maternelle, l'amélioration de la condition féminine et des jeunes, la prévention du VIH/Sida et l'appui aux populations vulnérables, notamment autochtones, handicapées et âgées.

Cette formation revêt ainsi un caractère fondamental pour l'action gouvernementale menée en République du Congo. Et je tiens à saluer la vision du Ministre Bienvenu Okiemy qui a insisté pour que nous organisions cette formation à destination des Chargés de communication et Attachés de presse de tous les ministères, afin de renforcer l'action du Gouvernement auprès des administrés, notamment les changements de comportement et la sensibilisation, par une communication stratégique renforcée sur les sujets de société.

La communication stratégique est nécessaire pour susciter débats, réflexions et faire ainsi progresser le développement. Elle est un outil indispensable de la gouvernance, de gestion et du processus de prise de décision. Elle constitue un élément essentiel de la réussite de toute politique gouvernementale visant le progrès politique, économique et social par l'adhésion des populations à un projet de société qu'elles doivent s'approprier pour y participer.

A notre époque, marquée par une culture communicationnelle tous azimuts et l'information continue, la communication devient ainsi un outil au service de la politique pour le maintien de l'ordre public et le fonctionnement harmonieux de la société. Et elle ne doit pas se limiter à l'information. Tenant compte des besoins des populations, elle doit avoir un enjeu, un objectif, une signification profonde pour les destinataires du message. La communication stratégique peut ainsi intégrer les stratégies de développement, de changement de comportement, de production, de conquête du pouvoir, de mobilisation sociale, et de création des richesses. En effet, seules la communication stratégique ou une approche stratégique de la communication permet de promouvoir des messages favorables au changement et incitant le public à opérer des choix éclairés sur le plan politique, économique, social et environnemental, y les questions de population et développement.

Monsieur le Ministre, Distingué(e)s invité(e)s, Mesdames et Messieurs,

L'Etat est constitué de plusieurs institutions ayant la mission d'œuvrer pour l'amélioration des conditions de vie des populations. L'efficacité d'un processus de développement impulsé par l'Etat nécessite donc la mobilisation de ressources conséquentes, y compris une expertise de qualité dans le domaine de la gouvernance, de la programmation et de la gestion, dont l'un des outils transversaux est la communication stratégique. Une bonne communication à tous les niveaux de la société permet donc une transmission fiable et rapide des messages, et contribue à améliorer la qualité de la participation des populations au processus de développement.

Toute organisation ou institution appelée à pérenniser son action et à contribuer au bien-être des populations a l'obligation d'optimiser sa communication pour faire face aux enjeux du moment.

Dans cette optique, renforcer les capacités des personnels chargés de la communication des ministères du Gouvernement dans le domaine de la communication stratégique autour des questions de population et de développement participe directement de l'action du Fonds des Nations Unies pour la population, pour faire en sorte que les besoins des populations soient au centre de toute initiative de développement.

Nous souhaitons que les quarante Chargés de communication et Attachés de presse ministériels profitent pleinement de cette formation, afin de renforcer l'action du Gouvernement pour le bien-être des populations congolaises.

Le Fonds des Nations Unies pour la population et son Représentant se tiennent une fois de plus à vos côtés, Monsieur le Ministre, pour appuyer et renforcer l'action de votre département et celle de l'ensemble du Gouvernement en faveur de toutes les Congolaises et de tous les Congolais.

Je vous remercie de votre attention.

DÉFENSE DES DROITS DES PEUPLES AUTOCHTONES, DES POPULATIONS VULNÉRABLES, DES MINORITÉS ET DES RÉFUGIÉS

D'après le dernier recensement, les populations autochtones du Congo sont au nombre de quelque 43,000 âmes, menacées d'extinction. La mortalité maternelle et de la reproduction de cette population déjà réduite est donc un élément essentiel de sa survie. Au nombre de ses priorités en faveur des populations vulnérables, au Congo, le Représentant du Fonds des Nations Unies pour la population a placé les populations autochtones parmi les premiers rangs.

L'effort de plaidoyer mené par son Représentant avec le Ministre d'Etat, Ministre de la Justice, des Droits humains et des Libertés fondamentales, Me Aimé Emmanuel Yoka, a favorisé des mesures d'urgence pour l'intégration des autochtones dans les programmes de développement, sans distinction ou discrimination, tout en protégeant leurs spécificités culturelles. En outre, l'UNFPA a apporté un appui technique et financier à ces populations et à leurs leaders associatifs, notamment par le renforcement de leurs capacités de plaidoyer et de mobilisation de ressources. Le plaidoyer du Représentant de l'UNFPA a été mené au Congo, mais également auprès de la communauté internationale, et a abouti à l'adoption de la loi 05/2011 sur la protection et la promotion des populations autochtones du Congo, loi unique en son genre en Afrique.

Avec Mme Emilienne Raoul, Ministre des Affaires Sociales et de l'Action humanitaire, le Représentant de l'UNFPA a défendu la cause des personnes vivant avec un handicap, pour le renforcement du cadre juridique de leur protection, et en soutenant notamment les représentants de leurs associations, notamment l'action et les capacités institutionnelles de l'Union Nationale des Personnes Handicapées (UNHACO), principale fédération au Congo. Le plaidoyer du Représentant de l'UNFPA a consisté également à soutenir les leaders des associations d'aveugles, malvoyants et albinos auprès du gouvernement et des parlementaires congolais, afin d'accélérer les efforts nationaux pour la protection et la promotion des personnes vivant avec un handicap, notamment la ratification de la Convention sur les personnes vivant avec un handicap. Celle-ci a ainsi été ratifiée fin 2012.

L'UNFPA a aussi contribué à la réouverture du centre de fabrication de tricycles en série, avec formation des personnes vivant avec un handicap à ce métier à Brazzaville et à la réhabilitation du plus grand centre de réhabilitation et d'appareillage du pays à Pointe-Noire, en partenariat avec la société pétrolière française Total. Au titre de son plaidoyer, le Représentant de l'UNFPA a largement soutenu la promotion des activités handisport.

Il aura mené un plaidoyer soutenu en faveur des personnes âgées et de la question du vieillissement de la population et de ses implications économiques et sociales. De même qu'en faveur des populations déplacées et réfugiées au Congo qui a contribué à la mobilisation importante de fonds en faveur de la réponse humanitaire.

Allocution de M. David LAWSON, Représentant résident du Fonds des Nations Unies pour la Population (UNFPA) au Congo & Directeur de la Représentation de l'UNFPA au Gabon, à l'occasion de la Journée internationale des Peuples autochtones. Table Ronde sur les Peuples autochtones en République du Congo: Appui à la mise en œuvre de la stratégie nationale de promotion et de protection des droits des populations autochtones mobilisation des ressources et des partenariats - Expérience et perspectives de l'UNFPA. Brazzaville, 9 août 2010

Monsieur le Ministre d'Etat, Coordonnateur du Pôle de la Souveraineté, Garde des Sceaux, Ministre de la Justice et des Droits Humains,
Monsieur le représentant de Madame la Ministre des Affaires sociales, de l'Action humanitaire et de la Solidarité,
Monsieur le représentant de Madame la Ministre de la Promotion de la Femme et de l'Intégration de la Femme au Développement,
Monsieur le Coordonnateur Résident du Système des Nations Unies au Congo,
Madame la Représentante du Centre des Nations Unies pour les Droits de l'Homme et la Démocratie en Afrique Centrale,
Mesdames et Messieurs les Représentants des organisations internationales et des agences des Nations Unies au Congo, Cher(e)s Collègues Chefs d'Agences,
Monsieur le Coordonnateur du RENAPAC,
Cher(e)s ami(e)s des medias,
Distingué(e)s invité(e)s, Mesdames et Messieurs,

En commençant, je voudrais tout d'abord remercier chaleureusement le Ministre d'Etat, Coordonnateur du Pôle de la Souveraineté, Garde des sceaux, Ministre de la Justice et des Droits Humains, Me Aime Emmanuel Yoka, pour son leadership et son engagement en faveur des populations autochtones, pour l'organisation de cette journée et la large mobilisation des partenaires nationaux et internationaux, qui expriment la priorité accordée par le Gouvernement congolais à cette thématique.

Je voudrais également remercier Emilienne Raoul, Ministre des Affaires sociales, de l'Action humanitaire et de la Solidarité, et Monsieur Henri Djombo, Ministre du Développement durable, de l'Economie forestière et de l'Environnement, qui contribuent activement avec le Ministre d'Etat à la protection des populations autochtones au Congo.

Enfin, je suis heureux que l'UNFPA contribue financièrement et techniquement à la célébration de cette journée et de pouvoir y participer moi-même avec mes collègues.

Cette Journée de commémoration est importante car elle contribue à une meilleure compréhension par la communauté nationale des populations autochtones, de leur culture et des problèmes spécifiques qu'ils ont à confronter, et ce que tout un chacun peut faire pour lutter contre la discrimination dont sont parfois victimes les populations autochtones.

Monsieur le Ministre d'Etat, Distingué(e)s invité(e)s, Mesdames et Messieurs,

La question des populations autochtones est une thématique d'intérêt général et une priorité pour le Gouvernement comme pour les Nations Unies. Il s'agit d'un véritable défi pour notre temps, car aucune catégorie de la population ne doit être marginalisée ou discriminée dans le monde. C'est le sens de la Déclaration des Nations Unies sur les Droits des Peuples autochtones.

Dans son Préambule, la Déclaration dit: je cite : «les peuples autochtones, dans l'exercice de leurs droits, ne doivent faire l'objet d'aucune forme de discrimination.» Fin de citation.

Ma collègue la Directrice régionale du Centre des Droits de l'Homme de Yaoundé a clairement expliqué le concept de «peuples autochtones.» Je voudrais souligner ici que le débat ne doit pas porter sur la sémantique que mes ami(e)s universitaires apprécient tant. C'est le débat de fond qui est essentiel. Si nous débattons de cette question c'est parce que les populations autochtones ont longtemps subi des injustices et discriminations pour des raisons culturelles et historiques qui les ont empêchés pendant longtemps d'exercer leurs droits, notamment leur droit au développement. C'est le cas du Congo. C'est pour cela que la Communauté internationale, y compris le Gouvernement du Congo ont jugé nécessaire d'intervenir vigoureusement pour défendre les populations autochtones.

La population autochtone de la République du Congo compte aujourd'hui quelque quarante-trois mille cinq cents (43,500) individus, dont 51,5% de femmes. Une majorité de femmes donc. C'est une relativement petite communauté dispersée sur l'ensemble du territoire national congolais, et dont la majorité vit dans les départements de la Likouala, de la Lékoumou, de la Sangha, des Plateaux, du Niari et du Pool.

C'est d'ailleurs pourquoi, il est indispensable de respecter la communauté autochtone, et protéger son existence et ses droits.

Le Préambule de la Déclaration des Nations Unies sur les Droits des Peuples autochtones poursuit: je cite : «tous les peuples contribuent à la diversité et à la richesse des civilisations et des cultures, qui constituent le patrimoine commun de l'humanité.» Fin de citation. Les populations autochtones contribuent à la richesse de la culture et de la civilisation congolaises. Le film que nous avons vu l'a magnifiquement illustré.

Dans quelques jours, nous allons célébrer le cinquantième anniversaire de l'indépendance du Congo. N'est-il pas temps de tourner la page de la discrimination, de la marginalisation, de l'ostracisme ou de l'indifférence vis-à-vis de la population autochtone? Le Fonds des Nations Unies pour la population et le Représentant que je suis, avec l'ensemble des agences du Système des Nations Unies en République du Congo disent très fort.... OUI... et MAINTENANT !

Ce Cinquantenaire est un moment historique unique pour le pays. Il doit être l'occasion d'une prise de conscience et d'une réflexion, chacun à son niveau sur beaucoup de sujets de société, notamment la représentativité des femmes congolaises aux fonctions politiques, administratives et électives; la protection des femmes contre les discriminations et les violences; la gratuité de la césarienne et des soins obstétricaux d'urgence pour les femmes enceintes l'accès des femmes aux services de planification familiale, aux services de soins obstétricaux d'urgence et à des maternités de qualité pour sauver la vie de femmes qui ne devraient pas mourir en donnant la vie. Ces questions sont *ipso facto* pertinentes pour les populations autochtones.

Mais la question globale de la protection des populations doit elle aussi faire l'objet d'une réflexion de la part de chacun au niveau individuel.

Le Congo a atteint sa maturité politique; il faut que le peuple congolais saisisse cette opportunité pour tourner définitivement le dos à la discrimination. Le Gouvernement a proposé un texte de loi. Les représentants du peuple congolais tout entier -les parlementaires-, doivent ainsi rapidement voter cette proposition de loi sur la protection et contre la discrimination à l'égard des populations autochtones.

Le 15 août prochain, il faut que les représentants des populations autochtones soient invités aux cérémonies officielles qui se tiendront à travers le pays. Toutes les Congolaises et tous les Congolais, fraternellement dans la joie et le respect, doivent se donner la main, tous ensemble, populations autochtones y compris, pour tenir fièrement haut les drapeaux et chanter l'hymne national.

Monsieur le Ministre d'Etat, Distingué(e)s invité(e)s, Mesdames et Messieurs,

Tout en saluant les efforts consentis par le Gouvernement et ses partenaires au niveau législatif et juridique, sur le plan de la reconnaissance des droits des populations autochtones, leur protection et leur promotion dans les textes, il nous faut reconnaître que beaucoup reste à faire sur le plan de l'amélioration de la vie quotidienne des populations autochtones.

Il convient donc de trouver les moyens d'accélérer ce changement sociétal et les changements de mentalités et de comportements vis-à-vis des populations autochtones. Ceci relève du Gouvernement et de ses partenaires au développement, de la société civile, qui doivent renforcer leurs politiques et leurs programmes sectoriels, prenant en compte les spécificités des populations autochtones ou directement articulées pour elles. Mais ces changements relèvent peut-être même davantage de la responsabilité individuelle de chacun.

L'alinéa Premier de l'article 22 de la Déclaration des Nations Unies sur les Droits des Populations autochtones énonce: je cite «une attention particulière est accordée aux droits et aux besoins spéciaux des anciens, des femmes, des jeunes, des enfants et des personnes handicapées autochtones dans l'application de la présente Déclaration.» Fin de citation.

Le Préambule de la Déclaration poursuit: je cite «les peuples autochtones sont égaux à tous les autres peuples, tout en reconnaissant le droit de tous les peuples d'être différents, de s'estimer différents et d'être respectés en tant que tel.» Fin de citation.

Il convient donc de favoriser les mesures qui visent à l'intégration des populations autochtones dans les programmes de développement existants, formulés pour l'ensemble des populations congolaises, sans distinction ou discrimination, tout en protégeant les spécificités culturelles des autochtones lorsqu'ils le jugent nécessaire.

Il faut mettre en œuvre des actions concrètes et pérennes pour l'amélioration des indicateurs socio-économiques les plus alarmants, notamment ceux concernant le cadre de vie, la santé, l'instruction, l'économie et la protection contre toutes les formes d'injustice et de violences.

Ceci passe par un renforcement du dialogue entre les populations autochtones et les autorités nationales et locales pour mieux connaître leurs besoins et les prendre en considération dans les politiques et programmes nationaux ou locaux.

A ce titre, je me réjouis de la mise en place du RENAPAC, soutenue par le Gouvernement, avec l'appui des partenaires au développement, y compris l'UNFPA. Je salue au passage son Coordonnateur national, Parfait Dihoukamba, pour son dynamisme et son leadership. Je travaille avec lui et, il le sait, j'ai l'intention d'intensifier la coopération entre le RENAPAC et l'UNFPA.

Je profite de cette occasion pour lancer un appel en direction des autorités locales, Maires, Préfets, élus et Présidents de Conseils départementaux et municipaux, à inviter les représentants départementaux du RENAPAC aux réunions et cérémonies officielles pour intensifier ce dialogue.

Je voudrais maintenant, avec votre permission, Monsieur le Ministre d'Etat, m'arrêter un instant sur trois aspects importants de l'action du Fonds des Nations Unies pour la population en faveur des populations autochtones:

1) Tout d'abord, premier élément, la prévention du VIH/Sida : l'habitat, la culture et le mode de vie des populations autochtones les rendent particulièrement vulnérables à l'infection. Je rappelle que le taux de prévalence national en réduction ces dernières années est de 3,2% à la fin de l'année 2009.

Les populations autochtones vivent dans les départements de la République parmi les plus affectés par l'épidémie. La **Lékoumou** et le **Niari** ou les taux de prévalence sont les plus élevés du pays respectivement, à 7,3% et 6,3%. Dans la **Sangha,** le taux de prévalence s'élève à 3,8%. Dans la **Likouala,** où les populations autochtones sont les plus nombreuses du pays, le taux de prévalence est relativement moins élevé qu'ailleurs, à 1,6%, mais en augmentation de près de 25% ces dernières années. La situation humanitaire dans ce département laisse présager une aggravation des choses, si des mesures spécifiques ne sont pas mises en œuvre rapidement.

En qualité d'agence leader du Système des Nations Unies pour la prévention du VIH, le Fonds des Nations Unies pour la population y travaille déjà dans un certain nombre de départements avec la formation de relais communautaires et la mise à disposition de préservatifs masculins et féminins à l'échelle nationale qui bénéficient aux populations autochtones.

Néanmoins, j'ai l'intention de saisir dans les prochains jours le Secrétariat exécutif permanent du Comité national de lutte contre le Sida, le SEP/CNLS de cette question pour le renforcement des mesures de prévention en direction des populations autochtones.

2) Ensuite, deuxième élément, les programmes de santé maternelle et reproductive : Durant une récente visite dans la Likouala, j'ai eu l'honneur et le plaisir de rencontrer des dirigeants départementaux du RENAPAC et d'associations autochtones. Ils m'ont fait part de la discrimination qui persiste vis-à-vis des femmes enceintes autochtones, que l'on fait passer en dernier ou qui ne sont pas traitées avec les mêmes égards ou la même attention que les autres femmes, lors des consultations prénatales dans les hôpitaux et les centres de santé.

Cette discrimination est absolument inacceptable. Elle est inacceptable du point de vue de la dignité et des droits humains et elle doit impérativement cesser. Elle est inacceptable car sa conséquence directe est que les femmes autochtones ne vont plus consulter, ne vont plus accoucher dans les centres de santé, où il est essentiel qu'elles viennent pour éviter des difficultés lors de la grossesse ou de l'accouchement.

Car quand elles ne viennent pas, elles courent des risques graves qui contribuent à la mortalité maternelle et néonatale. Et aucune femme ne devrait mourir en donnant la vie.

En outre, il convient non seulement de veiller au respect des droits et des besoins immédiats et spécifiques qui caractérisent les populations autochtones, mais aussi de prendre en considération les principes culturels et sociaux qu'ils défendent et les limites économiques qu'ils supportent. Cela induit la reconnaissance et la bonne appréciation des savoirs précieux et de la culture qui leur est propre.

En matière de santé de la reproduction, les femmes sont particulièrement vulnérables du fait d'une combinaison de facteurs contextuels, culturels, politiques, historiques et économiques qui les rendent vulnérables à la mortalité maternelle et néonatale.

Elles vivent souvent dans des environnements assez difficiles, parfois inaccessibles; elles ont rarement des revenus ou des ressources propres; elles sont faiblement instruites et du fait de traditions anciennes, les femmes autochtones ont généralement moins d'opportunités pour s'épanouir et se protéger contre les risques, notamment ceux liés à la grossesse et à la maternité.

Avec le Gouvernement, les associations autochtones, la société civile et les agences des Nations Unies, le Fonds des Nations Unies pour la Population soutient ainsi des programmes destinés aux femmes autochtones, qui assurent la prise en compte d'une approche respectueuse de la diversité culturelle, des droits humains et du genre.

Le respect de la diversité culturelle et de l'identité de toutes les communautés est une priorité qui a été définie par la Directrice exécutive de l'UNFPA, Thoraya Ahmed Obaid, et qui tient une place centrale dans toutes les activités de 1'UNFPA.

Ainsi, nous appuyons des programmes sur la médecine traditionnelle autochtone à travers la formation des matrones traditionnelles. Cela permet d'améliorer l'adhésion des communautés autochtones aux méthodes et pratiques de la médecine moderne et réduit les risques encourus par les femmes lors de la grossesse ou l'accouchement.

Cette approche contribue à l'accélération des progrès en matière de fréquentation des services de santé de la reproduction, de planification familiale, de consultations pré- et post-natales par les jeunes filles et les femmes autochtones qui contribuent à réduire les risques liés à la grossesse et à la maternité.

L'UNFPA contribue également aux efforts du Ministère de la Santé et de la Population dans le renforcement des capacités techniques et humaines des centres de santé à l'échelle nationale. Dans le cadre de cette stratégie de renforcement des capacités des structures de santé congolaises, nous accordons une attention particulière aux centres fréquentés par les populations autochtones, afin de leur garantir des services de planification familiale, de santé de la reproduction, de santé maternelle et néonatale et de soins obstétricaux d'urgence de qualité.

3) Enfin, troisième élément, la lutte contre la discrimination et les violences faites aux femmes: En partenariat avec le Gouvernement et avec les autres partenaires au développement, l'UNFPA appuie le processus national de protection des droits des populations autochtones, contribue au plaidoyer en faveur du respect de ces droits par la prise en compte de la vulnérabilité des autochtones dans les politiques, les stratégies et programmes sectoriels de développement auprès des pouvoirs publics et des représentants de la société civile. Nous plaidons en faveur de la prise en compte de la dimension genre dans l'ensemble de ces actions. Celle-ci induit naturellement le respect des droits des femmes.

Les femmes autochtones, comme l'ensemble des Congolaises, connaissent des discriminations dans leur vie professionnelle et personnelle. La lutte contre toutes formes de discriminations et de violences à l'encontre des femmes est une priorité du Chef de l'Etat, mise en œuvre par le Gouvernement, sous le dynamisme et le leadership de Madame Jeanne-Françoise Leckomba Loumeto, Ministre de la Promotion de la Femme et de l'Intégration de la Femme au développement, qui ne ménage aucun effort pour cette cause. Le Fonds des Nations Unies pour la population travaille étroitement avec ce département ministériel sur beaucoup de dossiers.

La protection des femmes autochtones figure tout naturellement au rang de son action et 1'UNFPA y contribue très largement. Comme pour la santé de la reproduction, nous animons des activités de sensibilisation de relais communautaires des populations autochtones sur les droits des femmes, le genre et la prévention des violences sexuelles. Notre appui à l'Observatoire national et aux Observatoires départementaux sur les violences sexuelles devraient permettre de mieux protéger les femmes autochtones contre les violences sexuelles.

Dans le cadre de la valorisation des femmes congolaises et de son approche développementale sensible aux cultures, alliant diversité culturelle et respect des identités communautaires, l'UNFPA soutient également la valorisation et la promotion des femmes autochtones dans leur diversité, notamment dans le domaine artistique.

Monsieur le Ministre d'Etat, Distingué(e)s invité(e)s, Mesdames et Messieurs,

Suite aux échanges que j'ai eus avec les leaders nationaux et départementaux du RENAPAC, en marge de son Assemblée générale de juin dernier, à Brazzaville, j'ai le plaisir d'annoncer officiellement, en cette

Journée internationale des Peuples autochtones, que l'UNFPA a l'intention de renforcer sa stratégie et ses actions en direction des populations autochtones.

Et je voudrais conclure mon propos en vous offrant les perspectives de l'engagement de l'UNFPA pour la fin de l'année 2010 et pour 2011, en 10 points précis, qui constitueront l'essentiel de notre programme d'action.

1) Etant l'un des principaux bailleurs de fonds de la 2è édition du Forum international des Peuples autochtones d'Afrique Centrale (FIPAC) qui se tiendra au Congo, en février 2011, nous allons contribuer activement aux préparatifs et je prendrai part personnellement au Forum.

2) Nous allons appuyer le renforcement des capacités techniques et institutionnelles du RENAPAC;

3) Intensifier le plaidoyer en faveur du renforcement de la participation des représentants des populations autochtones aux processus de décisions nationaux, départementaux et municipaux, et aux cérémonies officielles ;

4) Soutenir les programmes d'intensification de la prévention du VIH/Sida, prenant en considération les spécificités culturelles des autochtones et dans les zones géographiques de concentration des populations autochtones ;

5) Intensifier le plaidoyer auprès des autorités sanitaires en faveur d'un meilleur accès aux services de santé de la reproduction des populations autochtones, et le renforcement de la formation de relais communautaires encourageant l'accès des femmes aux services de santé de la reproduction ;

6) Poursuivre la formation des accoucheuses traditionnelles en milieux autochtones sur la mortalité maternelle et néonatale et les moyens de réduction des risques de complications liées à la grossesse et aux accouchements;

7) Soutenir la formation des femmes autochtones sur le développement d'activités génératrices de revenus adaptées à leurs habitudes et à leurs besoins, et la formation de relais communautaires chargés de la sensibilisation des communautés autochtones sur des thématiques favorables l'amélioration de leur statut socio-économique et de leurs conditions de vie;

8) Appuyer la réalisation d'une enquête qualitative nationale sur les conditions de vie, les coutumes et pratiques autochtones en liaison avec l'utilisation des services sociaux de base, axée sur la santé reproductive des filles et des femmes en âge de procréer, ainsi que sur les violences sexo-spécifiques ;

9) Soutenir la production d'un documentaire sur les femmes autochtones, avec un accent les conditions de vie, les coutumes et pratiques autochtones en liaison avec l'utilisation des services sociaux de base, notamment la santé

maternelle et de la reproduction, et la condition de la femme autochtone, y compris les violences sexo-spécifiques ;

10) Enfin, naturellement, nous allons poursuivre le plaidoyer auprès du Parlement pour l'adoption de la loi sur la protection des populations autochtones, jusqu'à son adoption définitive.

Monsieur le Ministre d'Etat, Distingué(e)s invité(e)s, Mesdames et Messieurs,

J'ai été un peu long et je vous prie de m'en excuser. Mais nous ne célébrons les populations autochtones qu'une fois par an et c'est un moment de mobilisation générale important et il nous faut en tirer le maximum de profit.

Pour me faire pardonner et pour terminer, je voudrais nous laisser méditer cette citation pleine de sagesse de la Directrice exécutive du Fonds des Nations Unies pour la population. Je cite : «*Plus les menaces qui pèsent sur les communautés autochtones se perpétuent, en raison des systèmes économiques qu'ils ne maîtrisent pas, de l'exploitation massive de leur environnement et des ressources naturelles, du changement climatique et d'une augmentation rapide de la population, plus nous devons veiller à ce que nos programmes ne se contentent pas de les protéger, mais qu'ils leur donnent aussi des capacités permettant de tirer des enseignements, d'apprécier la valeur des mélanges de savoirs et de traditions au contact des autres cultures, autant que l'harmonie qu'ils entretiennent avec la nature.*» Fin de citation.

Je vous remercie.

Allocution de M. David LAWSON, Représentant résident du Fonds des Nations Unies pour la Population (UNFPA) au Congo & Directeur de la Représentation de l'UNFPA au Gabon, à l'occasion de la conférence débat organisée par l'Union Nationale des Personnes Handicapées du Congo dans le cadre de la célébration de la Journée internationale des personnes handicapées. Brazzaville, 3 décembre 2010

Monsieur le Secrétaire Général de l'Union Nationale des Personnes Handicapées du Congo,
Messieurs les représentants des maires des arrondissements I de Makélékélé et II de Bacongo,
Monsieur le Directeur Général des droits humains et des libertés fondamentales,
Monsieur le représentant du Directeur général des Affaires Sociales,
Monsieur le représentant du médiateur de la République,
Monsieur le représentant du deuxième Secrétaire du Sénat ;
Monsieur le représentant du Directeur général de la formation qualifiante et de l'emploi, Monsieur le Directeur de l'Institut Africain de Réadaptation,
Mesdames et Messieurs les représentants de la société civile et Associations de personnes vivant avec un handicap,
Distingué(e)s invité(e)s, Mesdames et Messieurs,

Laissez-moi tout d'abord vous dire et la joie que j'éprouve à partager cette journée commémorative avec vous. Nous célébrons, aujourd'hui 3 décembre, la Journée internationale des Personnes Handicapées. Loin d'être une simple initiative théorique, cette Journée vise à promouvoir une meilleure compréhension des problèmes liés au handicap et à mobiliser les énergies pour assurer le respect de la dignité, les droits et le bien-être des personnes vivant avec un handicap.

Cette commémoration annuelle permet également de sensibiliser le public aux bénéfices de l'insertion des personnes vivant avec un handicap dans tous les aspects de la vie politique, économique, sociale et culturelle, et à la nécessité d'améliorer la situation de ces personnes pour leur permettre de bénéficier des mêmes chances que les valides.

Cette journée, qui se tient une semaine jour pour jour avant celle sur des droits humains, est l'occasion de réaffirmer un principe existentiel fondamental, trop souvent passé sous silence, à savoir que: *«Tous les êtres humains naissent libres et égaux en dignité et en droits.»*

Le respect de cette dignité due à chaque personne, valide ou non, implique donc la reconnaissance de droits fondamentaux tels que l'accès à la santé, à l'éducation ou à l'emploi, et la participation effective, dans des conditions d'égalité avec les autres, à la vie civile, politique, économique, sociale et culturelle, de façon à bâtir une société pour tous.

Monsieur le Secrétaire Général, Distingué(e)s invité(e)s, Mesdames et Messieurs,

Pour répondre au thème de la journée cette année *«Tenir la promesse, intégrer la dimension du handicap dans les objectifs du Millénaire»*, j'ai choisi de souligner ici l'importance de l'accès des personnes vivant avec un handicap aux soins de santé en général et à ceux de la santé de la reproduction en particulier.

La santé de la reproduction joue un rôle crucial dans l'amélioration de la santé et des droits des femmes et des hommes dans le monde. D'après l'Organisation Mondiale de la Santé, la santé est un état de complet bien-être tant physique, mental que social de la personne humaine, et non pas seulement l'absence de maladie ou d'infirmités; cela suppose que les hommes et les femmes soient en mesure d'avoir une vie sexuelle satisfaisante et sans danger; qu'ils soient en mesure de se reproduire et aient la liberté de décider de l'opportunité et du moment de le faire, ainsi que du nombre de leurs enfants.

Ceci signifie que les populations doivent être informées des méthodes de planification des naissances et pouvoir accéder aux services de santé de qualité pour une bonne prise en charge de la grossesse et de l'accouchement.

La réalité pourtant est bien différente. Dans bien des cas, les libertés et les droits des personnes vivant avec un handicap dans ce domaine ne sont pas pleinement respectés. En effet, souvent, du fait de leur handicap, en plus des difficultés naturelles et/ou conjoncturelles, les femmes vivant avec un handicap n'ont pas les mêmes opportunités d'accès à l'information et aux services de prise en charge.

Le handicap et le manque d'infrastructures adéquates les placent aussi en situation de victimes de discriminations, injustices et de violences de toutes sortes du fait de leur statut: non-scolarisation, célibat, marginalisation, stigmatisation, dévalorisation, agressions sexuelles, grossesses non désirées et abandons par des partenaires, etc. Elles connaissent donc des difficultés à la fois pour mener une existence acceptable, s'épanouir, et pour vivre pleinement leur féminité.

Le Fonds des Nations Unies pour la Population ne distingue pas entre personnes vivant avec un handicap et personnes valides dans le cadre de ses activités.

Les personnes vivant avec un handicap sont considérées comme des bénéficiaires de plein droit de toutes les actions appuyées par l'UNFPA dans le domaine de la santé de la reproduction, la santé maternelle, la prévention du VIH, les droits et la promotion des femmes, le renforcement des systèmes statistiques, l'appui aux populations vulnérables dont les personnes vivant avec un handicap, les personnes âgées ou les populations autochtones. Bien au contraire, nous développons des actions et des initiatives spécifiques pour ces populations vulnérables prenant en compte leurs besoins et spécificités.

Monsieur le Secrétaire Général, Distingué(e)s invité(e)s, Mesdames et Messieurs,

Les personnes vivant avec un handicap ont une contribution essentielle à apporter au développement national au même titre que les valides. L'une des méthodes efficaces pour les associer au développement national est la réadaptation à base communautaire, qui est appliquée dans plus de quatre-vingt-dix pays dans le monde.

Elément constitutif de la stratégie globale de développement local visant à réduire la pauvreté, égaliser les chances et faire participer les personnes vivant avec un handicap à la vie de la société, cette approche est souple et dynamique, et s'adapte à la diversité des conditions socio-économiques, cultures et systèmes politiques, et englobe l'accès aux soins de santé, à l'éducation, aux moyens d'existence, à la participation à la vie locale et à l'intégration dans la communauté.

Elle est mise en œuvre grâce aux efforts conjugués des personnes vivant avec un handicap, de leurs proches, des associations, et des organisations gouvernementales et non gouvernementales actives dans le domaine du développement.

Partisans de cette approche, nous encourageons l'action de l'Union Nationale des Personnes Handicapées et louons le dynamisme exceptionnel de son Président, Jean De Dieu Goma.

Monsieur le Secrétaire Général, Distingué(e)s invité(e)s, Mesdames et Messieurs,

L'an dernier, j'ai pris contact avec les dirigeants de l'UNHACO et d'autres associations de personnes vivant avec un handicap, notamment les aveugles, les malvoyants et les albinos. J'avais pris des engagements. Je voudrais profiter de cette journée pour renouveler mon engagement à travailler avec le Gouvernement et avec vous tous pour une contribution effective du Fonds des Nations Unies pour la Population en vue d'accélérer les efforts nationaux pour la protection et la promotion des personnes vivant avec un handicap du Congo, notamment la ratification de la Convention onusienne sur les personnes vivant avec un handicap, dont le Président du Sénat m'a promis la ratification prochaine.

Monsieur le Secrétaire General, outre les actions à l'appui du Ministre des Affaires Sociales, de l'Action Humanitaire et de la Solidarité, je vous annonce aujourd'hui mon engagement à appuyer en 2011 la réalisation des projets principaux suivants; et vous savez que je tiens toujours mes engagements:

1. La réouverture du centre de fabrication de tricycles en série de Brazzaville, avec formation des personnes vivant avec un handicap à ce métier;

2. La promotion des activités sportives, notamment la confection d'équipements, l'organisation d'événements et la prise en charge des déplacements des équipes pour des compétitions à l'étranger;

3. Le plaidoyer pour le renforcement du cadre juridique visant la protection et la promotion des personnes vivant avec un handicap;

4. Le renforcement des capacités institutionnelles de l'UNHACO;

5. Et d'autres qui restent à identifier conjointement avec vous.

En terminant, je réaffirme la solidarité du Fonds des Nations Unies pour la Population avec toutes les personnes vivant avec un handicap au Congo et mon soutien à l'UNHACO.

Je vous remercie pour votre aimable attention.

Allocution de Monsieur David LAWSON, Représentant résident du Fonds des Nations Unies pour la population (UNFPA) en République du Congo & Directeur de la Représentation de l'UNFPA au Gabon, à l'occasion de l'atelier de formation des formateurs sur le Dispositif Minimum d'urgence (DMU) en situation d'urgence humanitaire. Brazzaville, 18 janvier 2011

Monsieur le Directeur de Cabinet du Ministre de la Santé et de la Population,

Monsieur le Directeur Exécutif de l'Association Congolaise Pour le Bien-Etre Familial,

Mesdames et Messieurs les directeurs centraux et départementaux du Ministère de la Santé et la Population, du Ministère des Affaires Sociales, de l'Action Humanitaire et de la Solidarité,

Mesdames et Messieurs, Cher(e)s participant(e)s,

Haïti, Côte d'Ivoire, République démocratique du Congo, Darfour, le contexte mondial actuel nous interpelle à plus d'un titre, au regard des multiples catastrophes qui frappent partout dans le monde les populations. Aux catastrophes humaines comme les conflits armés s'ajoutent des catastrophes naturelles -inondations, tremblements de terre et épidémies en tout genre- qui forcent, inexorablement, à des déplacements de population. Dans ces circonstances, les populations sont en proie au désarroi, cherchant un abri, de l'eau, de la nourriture dans des conditions d'hygiène des plus désastreuses. Leur santé est menacée et parmi ceux qui paient le plus lourd tribut sont les femmes et les enfants.

Les femmes enceintes, qui représentent près de 20% de la population, souffrent tout particulièrement en période de crise, car, trop souvent et à tort, les questions de santé de la reproduction ne constituent pas une priorité en matière d'intervention humanitaire. Par ailleurs, la capacité souvent limitée de prise en charge de la communauté touchée par ces désastres dans les localités où ces populations se trouvent souvent déplacées, impose, de plus en plus, un recours à une assistance extérieure.

Face à ce dilemme, les organisations internationales ont reconnu la nécessité de mettre en place une coordination multidisciplinaire et multisectorielle pour mieux aborder les crises humanitaires et faire en sorte que rien ne soit laissé au hasard. Le Dispositif Minimum d'Urgence, le

DMU, constitue ainsi la mise en place d'un paquet essentiel de soins en matière de santé de la reproduction dans des contextes de crise humanitaire.

Ce dispositif a été reconnu comme indispensable parce que la santé reproductive est avant tout un droit mais surtout parce que la fourniture de soins de santé reproductive permet de prévenir des handicaps consécutifs à une grossesse non désirée, à des complications de la grossesse, à des violences sexuelles, ou autre violence basée sur le genre, à prévenir les infections sexuellement transmissibles, y compris le VIH/SIDA.

Le DMU permet, entre autres, aux acteurs humanitaires de mettre en œuvre les normes minimales de prévention et de réponse à la violence sexuelle dans les premières phases d'une situation d'urgence ou la vulnérabilité des femmes et des jeunes filles est la plus extrême. Bref, le Dispositif Minimum d'Urgence en santé de la reproduction sauve tout simplement des vies.

Monsieur le Directeur de Cabinet, Mesdames et Messieurs,

Au cours de la décennie qui vient de s'achever, la succession des formations de formateurs sur le DMU en matière de santé reproductive, y compris la dernière, celle de juin 2010, à Nairobi, à laquelle trois formateurs congolais ont pris part aux côtés d'autres participants de la sous-région, permet de mesurer l'importance que les gouvernements, les organisations internationales et la société civile accordent à cette problématique.

C'est la traduction même de cet engagement qui justifie la tenue du présent atelier de formation qui mettra l'accent sur l'élaboration de véritables plans de contingence, avec des mécanismes de coordination plus performants et la prise en compte aussi bien des besoins liés à l'assainissement, la nourriture, l'eau, l'hébergement, la protection, et les soins de santé primaires, que ceux d'autres services concourant au bien-être des populations réfugiées ou déplacées internes en matière de santé reproductive.

Le Fonds des Nations Unies pour la Population appuie le gouvernement congolais pour répondre à la situation humanitaire et aux problèmes des populations réfugiées de la République démocratique du Congo dans le département de la Likouala, y compris en mettant en place le DMU avec la collaboration des ONG locales comme Médecins d'Afrique, de deux délégués de l'UNFPA ici présents. A cet égard, je tiens à saluer l'action de Madame Raoul, Ministre des Affaires Sociales, de l'Action Humanitaire et de la Solidarité pour son leadership dans la réponse nationale à la situation humanitaire dans la Likouala de même que le leadership du Directeur Départemental de la santé de la Likouala, le Dr Jean Martin Mabiala, qui est parmi nous et en est l'un des principaux acteurs. Je tiens également à féliciter les organisateurs, notamment l'Association Congolaise pour le Bien-Etre Familial, pour l'initiative de cette formation suite à l'atelier de Nairobi qui, j'en suis convaincu, contribuera à améliorer les compétences nationales en vue d'une réponse encore plus efficace aux urgences humanitaires et pour la préparation de plans de contingence.

Monsieur le Directeur de Cabinet, Mesdames et Messieurs,

En terminant, je voudrais vous réitérer le soutien et l'engagement sans faille du Fonds des Nations Unies pour la Population à accompagner la réponse du Gouvernement congolais à la situation humanitaire dans la Likouala par le renforcement des plateaux techniques et des capacités des ressources humaines en matière de santé de la reproduction, à la prévention du VIH/Sida et à la prévention des violences sexuelles et l'assistance psycho-sociale aux victimes dans ce contexte. Tout en nous félicitant de l'accord tripartite entre le Gouvernement de la République du Congo, le Gouvernement de la République démocratique du Congo et le Haut-Commissariat des Nations Unies pour les réfugiés pour un rapatriement volontaire des réfugiés, nous souhaitons que les conditions pour un retour en toute sécurité de l'autre côté du fleuve Congo soient réunies rapidement, afin que les réfugiés retrouvent leur pays et leur village en toute sérénité.

Pour finir, permettez-moi de vous adresser à vous-même et à vos familles respectives mes vœux de réussite, de santé, succès et prospérité pour cette année 2011. Je vous souhaite un atelier fructueux.

Je vous remercie de votre attention.

Allocution de M. David LAWSON, Représentant résident du Fonds des Nations Unies pour la Population (UNFPA) en République du Congo & Directeur de la Représentation de l'UNFPA en République du Gabon, à l'occasion de la formation des relais communautaires autochtones chargés de la sensibilisation sur la fréquentation des services de santé de la reproduction et la lutte contre les violences sexuelles. Impfondo (département de la Likouala), 16 mars 2011

Monsieur le Préfet du département de la Likouala,
Monsieur le représentant de Madame la Ministre des Affaires sociales, de l'Action humanitaire et de la Solidarité,
Monsieur le représentant de Madame la Ministre de la Promotion de la Femme et de l'Intégration de la Femme au Développement,
Madame la Représentante régionale du Centre des droits de l'homme de Yaoundé,
Mesdames et Messieurs les Représentants des organisations internationales et des agences des Nations Unies en République du Congo, et Cher(e)s Collègues,
Monsieur le Coordonnateur du Réseau national des populations autochtones du Congo,
Monsieur le représentant de Médecins d'Afrique,
Cher(e)s ami(e)s des medias,
Distingué(e)s invité(e)s, Mesdames et Messieurs,

Je suis très heureux d'être avec vous aujourd'hui une nouvelle fois à Impfondo, chef-lieu du département de la Likouala, à l'occasion de cette cérémonie de clôture de la formation des relais communautaires autochtones chargés de sensibilisation sur la fréquentation des services de santé de la reproduction et la lutte contre les violences sexuelles, à Impfondo.

Je voudrais tout d'abord exprimer mes remerciements et ma gratitude à Monsieur le Préfet de la Likouala, à Monsieur le Maire d'Impfondo et aux autorités municipales et départementales, ainsi qu'aux populations du département et de la ville, pour la qualité, la générosité et la convivialité de leur accueil. Je souhaiterais également remercier le Représentant de Médecins d'Afrique pour son appui à l'organisation de cette formation.

Distingué(e)s invité(e)s, Mesdames et Messieurs,

Les peuples autochtones ont longtemps subi des injustices et discriminations pour des raisons culturelles, traditionnelles et historiques qui les ont empêchées d'exercer pleinement leurs droits. De nos jours, des comportements aux effets discriminatoires et limitatifs de leurs progrès persistent, particulièrement en Afrique centrale.

Les rapports produits au Congo par des spécialistes d'origines diverses attestent que les populations autochtones sont victimes d'exclusion, de rejet et surtout marginalisées. Les autochtones sont notamment confrontés à la persistance de stéréotypes à leur égard, à la pauvreté, l'analphabétisme, la précocité de la sexualité, des grossesses et des mariages, l'augmentation du phénomène des filles-mères et chefs de ménages, aux abandons des grossesses et des enfants par les géniteurs par pudeur ou au nom de la défense de l'honneur familial et ethnique.

Marqués par une condition économique fragile et une sous-information des mécanismes de fonctionnement de l'administration, les autochtones vivent le plus souvent en marge des principales institutions, notamment des structures sanitaires publiques.

Les femmes autochtones congolaises en sont les premières victimes. En effet, seulement 26% des femmes adultes autochtones accouchent à la maternité, contre une moyenne nationale qui est l'une des plus élevée d'Afrique, de plus de 80% des accouchements qui ont lieu à l'hôpital. Ce «paradoxe congolais» à l'échelle du continent africain en matière de santé maternelle, souffre donc d'un «paradoxe autochtone» inversé.

Par ailleurs, seules 16% des femmes autochtones en âge de procréer et 21% des adolescentes ont bénéficié de consultations prénatales durant dernière grossesse, augmentant ainsi considérablement le risque de problème ou complication avant et pendant l'accouchement, résultant en de graves traumatismes, tels que les fistules ou autres lésions, pouvant aller parfois jusqu'au décès.

A cela s'ajoute la faible connaissance par les populations autochtones des infections sexuellement transmissibles et du VIH/Sida, notamment des voies de transmission. De plus, les questions liées à la sexualité sont taboues au sein des communautés autochtones, ce qui rend difficile la prise en charge médicale et psychologique des victimes de violences sexuelles.

Distingué(e)s invité(e)s, Mesdames et Messieurs,

Je soutiens activement la promotion et la protection des droits des populations autochtones. Cette armée, je me suis engagé à multiplier les actions en faveur des populations autochtones et la présente formation des relais communautaire chargés de la sensibilisation sur la fréquentation des services de santé de la reproduction et la lutte contre les violences sexuelles s'inscrit dans cette dynamique.

Je me suis réjoui publiquement de l'adoption par le Parlement, le 30 décembre dernier, de la loi portant sur la protection et promotion des droits des populations autochtones en République du Congo, à laquelle nous avons contribué. Celle loi témoigne des avancées significatives dans la reconnaissance et la protection des populations autochtones en général dans le pays.

Il s'agit là, en effet, d'une première du genre sur le continent africain, que le Rapporteur spécial de l'ONU sur les droits des peuples autochtones, M. James Anaya, qui a visité le Congo au mois de novembre dernier, a salué en la qualifiant *«d'exemple important de bonne pratique dans la région.»*

Cette initiative atteste notamment de la maturité politique de la République du Congo et de la détermination du gouvernement à combattre la discrimination vis-à-vis des populations vulnérables.

Je suis également heureux que le Président du Sénat, le Vénérable André Obami-Itou, que j'ai rencontré le 11 mars dernier, se fasse le partisan actif de la mise en œuvre de cette loi par l'adoption des textes d'application, et encourage les parlementaires à se faire les porte-parole de ce texte dans leurs circonscriptions. Avec lui, nous sommes convaincus que le Gouvernement prendra rapidement les mesures qui s'imposent.

Distingué(e)s invité(e)s, Mesdames et Messieurs,

La formation des relais communautaires autochtones sur la fréquentation des services de santé de la reproduction et pour la lutte contre les violences sexuelles est essentielle à plusieurs égards.

Abordant des thèmes variés comme la consultation prénatale et l'accouchement en milieu sanitaire, l'utilisation du préservatif, la prise en charge des infections sexuellement transmissibles, la planification familiale et les violences sexuelles, elle a pour objectif d'outiller les participants en connaissances nécessaires et en stratégies de mobilisation communautaire en matière de santé de reproduction, afin de sensibiliser leurs pairs, les populations autochtones et les femmes en particulier, à la fréquentation régulière et continue des centres de santé.

Les relais communautaires autochtones, femmes et hommes, comprenant les effets pernicieux de la non fréquentation des services de santé de la reproduction et des violences sexuelles sauront, mieux que tout expert venu de l'extérieur, diffuser des messages cibles appris durant leur formation auprès des populations autochtones, convaincre et ainsi contribuer au changement de mentalités et de comportements.

Cette formation s'inscrit dans le long processus de changement de normes sociales et comportements indispensables à la protection des femmes autochtones, souvent profondément ancrées dans les mentalités, concernant les relations entre hommes et femmes en matière de santé de la reproduction, l'équilibre du genre dans le rapport sexuel, tout en adoptant une approche respectueuse des sensibilités culturelles.

Je souhaite d'ailleurs insister sur la nécessité de l'implication effective et constante des hommes auprès des femmes dans le combat pour l'égalité des sexes, contre les violences sexuelles, et dans l'accompagnement de la grossesse et de la maternité.

Distingué(e)s invité(e)s, Mesdames et Messieurs,

Les réflexions et les échanges au cours de cette formation ont été, je le sais, fructueux. Je voudrais ainsi féliciter chaleureusement l'ensemble des participants. N'oubliez jamais que vous êtes le fer de lance de la protection des femmes et de leurs nouveau-nés autochtones, et que la survie de ces populations dépend largement de vous.

L'UNFPA continuera son effort d'appui à ce type de formations, afin d'élargir autant que possible le nombre de relais communautaires dans les départements de concentration de populations autochtones.

En terminant, je souhaite plein succès à nos relais communautaires dans leurs missions pour le bien-être des populations autochtones et l'équilibre de l'ensemble de la société congolaise. Je vous remercie de votre attention.

Discours de Monsieur David LAWSON, Représentant résident du Fonds des Nations Unies pour la Population (UNFPA) en République du Congo & Directeur de la Représentation de l'UNFPA en République du Gabon, à l'occasion de l'ouverture du séminaire national de plaidoyer pour les droits des personnes vivant avec handicap et la ratification de la Convention des Nations Unies relative aux personnes handicapées. Brazzaville, 9 mai 2011

Madame la Ministre des Affaires sociales, de l'Action Humanitaire et de la Solidarité,
Monsieur le Président de 1'Union Nationale des Associations des Personnes Handicapées du Congo,
Honorables député(e)s, Vénérable Sénateurs,
Mesdames et Messieurs les Directeurs généraux,
Mesdames et Messieurs les représentants des départements ministériels,
Mesdames et Messieurs les responsables des associations de personnes vivant avec un handicap,
Mesdames et Messieurs les représentants des organisations de la société civile,
Mesdames et Messieurs les représentants de la presse et des medias,
Distingué(e)s invité(e)s, Mesdames et Messieurs,

Les incapacités physiques, mentales et sensorielles touchent près de 10% de la population mondiale. C'est-à-dire plus de sept cents millions de personnes dans le monde. La majorité de ces personnes, soit quatre-vingts pour cent, vivent dans des pays en développement.

Le handicap est étroitement lié à la pauvreté. Dans les pays en développement, en effet, les personnes handicapées représentent près de vingt pour cent des pauvres.

Partout dans le monde, les personnes vivant avec un handicap sont touchés par le chômage; elles ont du mal à accéder à une instruction suffisante et aux soins de santé dont elles ont besoin. De nombreux pays ne prennent aucune disposition en leur faveur, si bien qu'elles se retrouvent isolées et coupées des réalités du monde.

En République du Congo, d'après le recensement général de la population et de l'habitat de 2007, on dénombre quelque 53,000 personnes vivant avec un handicap. Il ne s'agit pas d'inconnus ou d'anonymes errant au milieu des valides. Ce sont des personnes de nos entourages, des membres de nos familles, des amis, des collègues, des voisins, des connaissances, qui forment partie intégrante de la société congolaise.

55,2% d'entre eux souffrent d'un handicap moteur, 15,8% d'une déficience ou d'un handicap mental, 15,8% d'un handicap auditif, et 13% d'une cécité totale ou partielle. Les départements de Brazzaville, de Pointe-Noire, de la Bouenza et du Niari les abritent à près de 75%, dont 33% résident à Brazzaville.

L'engagement politique du gouvernement congolais à prendre en compte la protection et la promotion des droits des personnes handicapées s'est traduit très tôt, notamment par l'appui à la création de l'Union Nationale des Associations des personnes Handicapées du Congo -l'UNAHCO- en 1987, puis par l'adoption de la loi 009/92, le 22 avril 1992, portant statut, protection et promotion de la personne handicapée.

Cette loi, à la fois progressiste et novatrice à l'échelle africaine et mondiale, a ainsi devancé de près de quatorze ans l'adoption par la communauté internationale d'une Convention des Nations Unies relative aux droits des personnes handicapées, le 13 décembre 2006.

Le Congo demeure l'un des rares pays à disposer d'une législation spécifique en ce domaine. A ce titre, je voudrais saisir cette opportunité pour saluer l'engagement politique sans faille du gouvernement et la vision au plus haut niveau au Congo en faveur des personnes handicapées.

Madame la Ministre, Mesdames et Messieurs,

L'appui du Fonds des Nations Unies pour la population (UNFPA) aux personnes vivant avec un handicap s'inscrit dans le cadre de la mission que lui a conférée la communauté internationale lors du Sommet du Caire de 1994 et la Conférence internationale sur la population et le développement qui prescrit aux Etats de «*veiller à ce que toutes les personnes handicapées jouissent de leurs droits et participent à tous les aspects de la vie sociale, économique et culturelle; à créer, et renforcer les conditions qui égaliseront les chances pour les handicapés et garantiront la reconnaissance de leurs capacités dans le processus de développement économique et social, et à assurer le respect de la dignité des handicapés et promouvoir leur autonomie.*»

C'est à ce titre que je me suis engagé en 2011 à (i) financer la réouverture du centre de fabrication de tricycles en série, avec formation des personnes vivant avec un handicap à ce métier, à Brazzaville; (ii) promouvoir des activités handisports, notamment la confection d'équipements, l'organisation d'événements et la prise en charge des déplacements des équipes pour des compétitions à l'étranger; (iii) renforcer les capacités institutionnelles de l'UNHACO; (iv) assurer le plaidoyer pour le renforcement du cadre juridique visant la protection et la promotion des personnes vivant avec un handicap.

C'est au titre de ce plaidoyer que je suis heureux d'être associé, d'une part, au Président de l'UNAHCO, Jean De Dieu Goma, dont je loue et salue le dynamisme exceptionnel, et, d'autre part, à Emilienne Raoul, Ministre de l'Action humanitaire, des Affaires sociales et de la Solidarité, dont l'engagement et l'action inébranlables en faveur des populations vulnérables et les plus démunies du Congo force l'admiration. Et je suis ainsi honoré d'être aujourd'hui avec vous pour ce plaidoyer en faveur des droits des personnes vivant avec un handicap.

En effet, le gouvernement de la République du Congo a signé la Convention des Nations Unies relative aux personnes handicapées depuis le mois de mars 2008, signifiant ainsi une nouvelle fois son engagement en faveur des personnes vivant avec un handicap. Malgré cet engagement franc et clair, réaffirmé par décret présidentiel 2010-298 du 1 er avril 2010, instituant un Comité national de suivi du plan d'action pour les handicapés, chargé notamment d'assurer la coordination, le plaidoyer et la mobilisation des ressources, de suivre et évaluer périodiquement l'exécution du plan d'action sur l'ensemble du territoire national.

Il est donc anachronique et paradoxal que le Congo figure encore parmi les rares pays qui n'aient pas encore ratifié la Convention des Nations Unies relative aux personnes handicapées.

Les Présidents des deux Chambres parlementaires m'ont personnellement garanti une ratification rapide de cette Convention, l'engagement du gouvernement est explicite et la volonté sans faille de Madame la Ministre de l'Action humanitaire, des Affaires sociales et de la Solidarité en faveur des populations vulnérables doit faire aboutir la ratification de cette Convention par le Congo dans les prochaines semaines. Il en va de la crédibilité internationale du pays. J'en appelle donc aux parlementaires pour qu'ils ratifient cette Convention au cours de leur prochaine session ordinaire.

Madame la Ministre, Mesdames et Messieurs,

Si beaucoup de personnes handicapées sont plus exposées à la misère comme je l'ai dit au début de mon propos, c'est souvent parce que leur situation est ignorée et négligée. Cette situation est aggravée par une administration et des politiques et programmes de développement qui les excluent largement, et auxquels elles n'ont pas accès ou qui ne garantissent pas leur droit d'être intégrées à la vie socio-économique du pays.

Les pouvoirs publics à tous les niveaux doivent tenir compte des besoins des handicapés, en se plaçant du point de vue à la fois de la morale et des droits humains. Les Etats ont, en outre, la responsabilité d'éliminer toutes formes de discriminations auxquelles sont confrontées les personnes handicapées. Il s'agit notamment de la liberté de mouvement, du droit de procréer, de fonder une famille, du droit à l'éducation et à la santé.

A cet égard, je voudrais recommander les mesures suivantes.

1) Il est ainsi indispensable pour le gouvernement de **prendre des mesures de dépistage précoce du handicap afin d'assister au plus tôt.** Ces actions doivent mobiliser les départements ministériels de la santé et de l'enseignement.

2) Les enfants paralysés, sourds, muets et aveugles doivent aller à l'école. Il est essentiel de **scolariser les enfants vivant avec un handicap** afin d'éviter leur désœuvrement et leur marginalisation et leur offrir l'égalité des chances, malgré un handicap qui peut toujours être surmonté. Là encore, le Ministre de l'Enseignement Primaire et Secondaire, chargé de la Scolarisation a un rôle crucial à jouer.

3) Les personnes vivant avec un handicap doivent être pleinement intégrées à la société et associées au développement national. A ce titre, **l'accès à l'emploi par les personnes handicapées est une stratégie essentielle de réduction de la pauvreté et d'égalité des chances.** A ce titre, il convient de saluer le leadership de Madame Raoul qui réserve 10% des emplois du Ministère dont elle a la responsabilité aux personnes handicapées. J'invite le gouvernement à définir et systématiser un quota minimum d'emplois au sein de chaque administration réserve aux personnes vivant avec un handicap.

4) Parallèlement, **un plan de formation destiné aux personnes handicapées** devrait créer pour eux des opportunités d'emploi et de carrière.

5) Afin de faciliter l'intégration des personnes vivant avec un handicap à la société congolaise moderne qui se construit sous nos yeux, **les infrastructures en matière d'enseignement, de formation, de rééducation et de santé, les plans de développement urbains et les transports publics doivent s'adapter pour prendre en compte leurs besoins spécifiques.**

Madame le Ministre, A l'issue de la ratification de la Convention des Nations Unies relative aux personnes handicapées par le Congo, la loi congolaise de 1992 nécessitera sans doute un toilettage. Je m'engage d'ores et déjà à appuyer les efforts du Parlement, du Gouvernement, du Ministère de l'Action humanitaire, des Affaires sociales et de la solidarité, des associations de personnes handicapées, en ce sens et pour l'adoption rapide à sa suite des décrets d'application sectoriels.

En terminant, je tiens à réaffirmer ma solidarité avec toutes les personnes vivant avec un handicap au Congo et assurer l'UNHACO et son Président d'une coopération renforcée et de notre soutien. Je vous remercie de votre attention.

Discours de Monsieur David LAWSON, Représentant résident du Fonds des Nations Unies pour la Population (UNFPA) en République du Congo & Directeur de la Représentation de l'UNFPA en République du Gabon, à l'occasion de la 10e session du Forum permanent des Nations Unies sur les questions autochtones (ONU, New York, 16-27 mai 2011). Point de l'ordre du jour 4 «Droits humains.» New York, 18 mai 2011

Madame la Présidente,
Distingue(e)s Membres du Forum Permanent,
Monsieur le Ministre de la République du Congo,
Mesdames et Messieurs les Ambassadeurs, Représentants permanents auprès des Nations Unies,
Mesdames et Messieurs les Représentants des populations autochtones et des organisations non gouvernementales,
Distingué(e)s délégué(e)s, Mesdames et Messieurs,

Populations en danger d'extinction

Selon le dernier recensement général de la population du Congo de 2007, les quelque 43,500 autochtones représentent moins de 2% de la population congolaise. En dépit de l'absence de chiffres précis avant ce dernier recensement, le nombre des autochtones était estimé à 10% de la population générale.

La population autochtone du Congo est donc en réduction très significative aujourd'hui et à long terme en danger d'extinction. La santé de la reproduction est au cœur de cette problématique. Dans un monde en forte croissance démographique, où la sexualité est partout plus explicite et présente, alors que les populations sont arrimées aux exigences de la vie moderne, chez les autochtones du Congo, la fécondité reste largement dépendante de la reproduction de l'espèce, dans un contexte culturel où les décisions concernant la sexualité et la santé sont rarement prises par les femmes.

Pourtant, les femmes, à la fois par leurs rôles reproductif et productif, sont le fondement du bien-être des familles et des communautés. En milieu autochtone comme ailleurs, elles doivent être encouragées à prospérer, par l'éducation et l'autonomisation sociale et économique.

Madame la Présidente, Distingué(e)s délégué(e)s, Mesdames et Messieurs,

Les populations autochtones sont l'objet de discriminations, du fait de préjugés culturels, d'une dépendance ancestrale aux populations bantoues et d'une timidité inhérente à leur tempérament réserve et pacifique.

De condition économique souvent fragile, sous-représentés ou peu impliqués dans les instances de décision du pays, mal informées sur le fonctionnement de l'administration, les populations autochtones vivent largement en marge des principales institutions, notamment des structures de santé publique.

Pourtant, la République du Congo est dotée d'un cadre constitutionnel, législatif et réglementaire qui donne les mêmes droits à tous les citoyens. Et le pays vient d'adopter une loi progressiste visant la protection et la promotion des populations autochtones, que Bienvenu Okiemy, Ministre de la Communication, des Relations avec le Parlement, et Porte-parole du Gouvernement, vient de présenter.

Combattre les discriminations de genre et améliorer la santé reproductive

Les femmes congolaises sont vulnérables en matière de santé de la reproduction: le taux de mortalité maternelle au Congo s'élève en effet à 781 décès pour 100,000 naissances vivantes. Les femmes autochtones souffrent d'une vulnérabilité plus exacerbée en cette matière principalement pour des raisons culturelles, tout d'abord, au sein du milieu autochtone lui-même: un mode de vie caractérisé par une mobilité permanente; des pratiques sexuelles ancestrales peu protectrices des droits des femmes; des mariages précoces; un isolement en forêt les exposant fortement aux violences sexuelles; des croyances et pratiques en matière d'accouchement et d'avortement parfois en contradiction avec les normes et standards scientifiques.

Ensuite, dans la cohabitation communautaire avec les populations bantoues, au nom d'un statut d'infériorité établi, la vulnérabilité des femmes autochtones est aggravée, et se caractérise souvent par des abus de pouvoir sur elles.

Ainsi, la fréquentation des femmes autochtones dans les centres de santé publique reste faible et elles y sont souvent mal accueillies, voire victimes de discriminations. Seules 18% d'entre elles se rendent aux consultations prénatales durant la grossesse; et seules 24% d'entre elles accouchent à l'hôpital, contre 80% pour les autres Congolaises.

Elles accouchent dans la forêt parfois avec l'aide d'accoucheuses...mais le plus souvent seules... avec des risques majeurs en cas de complication pendant la grossesse... pour l'enfant à naitre et pour elles-mêmes.

Enfin, l'activité sexuelle précoce constitue un facteur de vulnérabilité sérieux pour les jeunes filles autochtones car 50% d'entre elles ont eu leur premier rapport sexuel à l'âge de 13 ans.

Madame la Présidente, Distingué(e)s délégué(e)s, Mesdames et Messieurs,

Extrême vulnérabilité au Sida aggravé par les violences sexuelles

Les populations autochtones sont aussi extrêmement vulnérables aux infections sexuellement transmissibles et au Sida, dont la majorité a une totale méconnaissance. En 2007, en effet, seuls 11% des adolescents autochtones avaient connaissance du Sida et 60% d'entre eux n'ont jamais vu un préservatif. Et bien que le taux de prévalence au VIH/Sida soit en réduction ces dernières années au Congo, à 3,2% en 2009, les populations autochtones vivent dans des départements aux taux de prévalence élevés.

Beaucoup de malades autochtones évitent les centres de santé modernes pour ce type de pathologies, en raison des difficultés à parler de ces maladies perçues comme «honteuses.» C'est ainsi toute une série d'infections sexuellement transmissibles qui sont souvent partiellement traitées par moyens traditionnels, alors que des antibiotiques sont parfois nécessaires pour leur éradication totale.

Les femmes autochtones sont également victimes de viols: 10,4% des adolescentes autochtones ont subi des rapports sexuels non consentis. Fait aggravant, au sein des communautés autochtones, la sexualité est généralement taboue; ce qui rend plus difficile la dénonciation et la prise en charge sanitaire et psychologique des victimes de violences sexuelles. Ce tabou freine aussi la transmission des connaissances et des bonnes pratiques des parents à leurs enfants.

Madame la Présidente, Distingué(e)s délégué(e)s, Mesdames et Messieurs,

Axes stratégiques de l'action de l'UNFPA en faveur des populations autochtones

La Déclaration des Nations Unies sur les droits des peuples autochtones reconnait les droits des peuples et des communautés autochtones à leurs terres, leur culture, leur mode de vie ancestraux et à un environnement sain. Nous sommes convaincus que l'application de la loi congolaise portant protection et promotion des populations autochtones marquera un pas significatif dans la défense effective de ces droits. Le Fonds des Nations Unies pour la Population -l'UNFPA- appuiera les efforts du gouvernement dans la mise en œuvre de cette loi avec ses partenaires, autour de 7 axes stratégiques :

1) Le renforcement de la participation et des capacités des populations et des femmes autochtones aux processus de gouvernance nationale et locale;

2) Le renforcement de l'autonomisation économique des femmes par des formations professionnelles, et l'alphabétisation fonctionnelle des jeunes adolescentes-mères déscolarisées;

3) Le soutien aux programmes d'intensification de prévention du VIH/Sida, prenant en considération les spécificités culturelles des populations autochtones et leurs zones géographiques de concentration;

4) La formation de relais communautaires autochtones encourageant l'accès des femmes aux services de santé de la reproduction, et aux méthodes et pratiques de la médecine moderne pour réduire les risques lors de la grossesse ou l'accouchement;

5) L'appui à la réalisation d'une enquête qualitative nationale conjointe UNFPA/UNICEF sur les conditions de vie, les coutumes et pratiques autochtones en liaison avec l'utilisation des services sociaux de base, y compris la santé reproductive des filles et des femmes et les violences sexuelles;

6) Le renforcement des capacités des associations autochtones pour la sensibilisation des communautés autochtones sur la prévention des violences sexuelles, les recours possibles et la prise en charge des victimes;

7) Et enfin, la production et la diffusion d'un documentaire sur la condition de la femme autochtone qui a été projeté en avant-première au cours d'un événement spécial de l'UNFPA aujourd'hui même.

Madame la Présidente, Distingué(e)s délégué(e)s, Mesdames et Messieurs,

Il est nécessaire de protéger les populations autochtones du Congo et leur culture tout en leur permettant de prospérer et bénéficier de la modernité, et en préservant leurs spécificités dans les politiques et programmes sectoriels de développement.

En terminant, je voudrais remercier le gouvernement américain pour son appui au programme de l'UNFPA visant à accroître la participation des femmes autochtones congolaises aux processus de gouvernance nationaux. Je voudrais également en appeler à la communauté internationale ici réunie pour qu'elle soutienne le gouvernement congolais et ses partenaires, dont l'UNFPA, afin d'améliorer les conditions de vie de ces populations et assurer leur pérennité pour leur bien-être. Je vous remercie de votre attention.

Allocution de M. David LAWSON, Représentant résident du Fonds des Nations Unies pour la population (UNFPA) en République du Congo & Directeur de la Représentation de l'UNFPA en République du Gabon, à l'occasion de la table ronde nationale relative à la situation globale des albinos en République du Congo. Ministère des Affaires étrangères, Brazzaville, 15 juin 2011

Madame la Directrice Générale de la Solidarité, représentant Madame la Madame la Ministre des Affaires Sociales, de l'Action Humanitaire et de la Solidarité,

Mesdames et Messieurs les Conseillers et représentants de la Présidence de la République,

Mesdames et Messieurs les représentants des Ministres de la Justice et des Droits Humains, de l'Enseignement Supérieur, de la Santé et de la Population, de la Jeunesse et l'Education civique, Mesdames et Messieurs les Représentants du Système des Nations Unies et Cher(e)s Collègues, Mesdames et Messieurs les Directeurs généraux et centraux,

Mesdames et Messieurs les Représentants des Organisations non gouvernementales nationales et internationales et de la société civile,

Mesdames et Messieurs les représentants de la presse et des media,

Distingué(e)s invité(e)s, Mesdames et Messieurs,

La situation des albinos dans le monde, et particulièrement en Afrique, constitue une des détresses silencieuses qui mérite notre indignation et justifie non seulement la réflexion, et surtout des actions concrètes et effectives en termes de protection sociale et juridique, et de prise en charge. C'est la raison pour laquelle je me félicite d'être associé à l'organisation de cette table ronde.

Les albinos souffrent d'une incapacité du corps à produire la mélanine, cette substance qui colore la peau et protège du soleil. Ils sont ainsi directement exposés aux rayons solaires ultraviolets nocifs et ont une moins bonne vue. C'est une situation particulièrement difficile à vivre, notamment dans le contexte de familles démunies.

Au Congo, où plus de 50% de la population vit en deçà du seuil de pauvreté avec moins d'un dollar par jour, la survenue d'un enfant albinos est souvent vécue comme un poids financier en raison des soins spécifiques importants qu'il nécessite: soins corporels particuliers avec utilisation de crèmes cosmétiques spéciales, soins de santé, scolarisation spécialisée.... En matière scolaire notamment, un enfant albinos présente de sérieuses complications scolaires marquées par une vision déficitaire nécessitant le port des verres correcteurs.

L'absence de statistiques sur ces communautés et leurs effectifs exacts est un indicateur qui traduit l'insuffisante considération accordée à leur situation. Cette absence de statistiques induit en réalité l'ignorance réelle de la détresse vécue en silence par cette communauté. A ce titre, je voudrais saluer l'engagement, le leadership et la détermination d'Emilienne Raoul, Ministre des Affaires Sociales, de l'Action Humanitaire et de la Solidarité en faveur des populations vulnérables, et qui est engagée sur ce dossier, notamment à travers la réalisation d'une enquête à ce sujet. Je profite de cette opportunité pour remercier Madame la Ministre pour son engagement en faveur des albinos et de leurs droits.

Madame la Directrice Générale, Mesdames et Messieurs,

Les albinos sont victimes de nombreux préjugés stigmatisants, notamment lorsqu'ils sont considérés comme porte-malheur. Ils sont aussi l'objet de maltraitance, d'abandon, de rejet et de traumatismes, d'isolement, ou de camouflage.

Accusés de sorcellerie et de pratiques magiques, jusqu'au soupçon d'immortalité, on attribue aux albinos, que l'on appelle ces «enfants blancs» nés de parents noirs, des forces surnaturelles. Ainsi, très souvent, ils sont victimes d'infanticides à la naissance, pour éviter le sort qui risque de s'abattre sur la famille et la société. Les mères craignent les moqueries et les quolibets, car elles sont soupçonnées indûment par la société d'avoir eu une aventure avec un homme blanc de peau ou un diable quelconque ou d'être victimes d'un mauvais sort.

En raison de ces préjugés sociaux, les albinos sont invariablement privés d'accès à l'éducation, à l'emploi et au mariage -et donc souvent condamnés à une consanguinité ne pouvant que perpétuer leur handicap.

Les albinos sont aussi victimes de crimes rituels en vertu d'une fausse croyance selon laquelle leurs membres ont des pouvoirs spéciaux lorsqu'on les mélange à des concoctions utilisées dans les rituels de sorcellerie. Cette croyance imaginaire délirante est encore très répandue en Afrique.

Madame la Directrice Générale, Mesdames et Messieurs,

Tous ces préjugés et ces croyances sont parfaitement infondés, injustifiés et injustes et il faut les combattre avec la plus grande vigueur.

L'ignorantisme qui entoure l'albinisme doit être combattu vigoureusement. Il nous faut briser ces hérésies, ainsi que l'isolement et les massacres dont sont victimes les albinos. Il faut faire d'eux des acteurs à part entière du développement national. Pour atteindre cet objectif, nous leur devons la dignité à laquelle ils ont droit en commençant par respecter et prendre en compte la spécificité de leur situation.

Tout en reconnaissant les efforts déployés par la communauté nationale et internationale, conformément aux recommandations de la Convention des Nations Unies relative aux droits des personnes handicapées, des actions urgentes se révèlent encore nécessaires au niveau national pour faire face à la situation spécifique des albinos.

Il convient aussi d'intensifier les actions d'éducation et de sensibilisation des populations, des familles et des parents, telles que notre table ronde d'aujourd'hui. Il faut informer les populations du caractère génétique et non magique ou surnaturel de l'albinisme, pour les amener à changer d'attitudes et de comportements vis-à-vis des albinos.

Ces programmes d'éducation et de sensibilisation devront inclure des informations sur les risques de cancer de la peau causés par l'albinisme, la promotion de la santé et du bien-être des enfants albinos défavorisés, notamment à travers l'éducation à l'hygiène corporelle, la facilitation de l'accès aux médicaments, aux soins et à l'instruction et inclure des actions de prévention des risques d'albinisme.

Je m'engage à soutenir l'opération de collecte de données spécifiques sur les albinos au Congo initiée par le Ministère des Affaires Sociales, de l'Action Humanitaire et de la Solidarité, afin de mieux connaître leurs effectifs, structures et dynamisme démographiques en vue d'une meilleure planification de la prise en compte de leurs besoins en matière économique et sociale, notamment de santé, d'éducation et d'emploi.

Madame la Directrice Générale, Mesdames et Messieurs,

La question des droits des albinos doit être abordée en termes de sécurité, de santé et d'éducation. Elle nécessite également un effort de plaidoyer important auprès des décideurs et de la société civile. Je voudrais proposer deux idées pour la réflexion de cette table ronde: (i) le gouvernement, les parlementaires et la société civile pourraient engager une réflexion pour une loi visant la protection des albinos tenant compte de leur spécificité par rapport aux autres handicaps; (ii) l'institution d'une journée nationale de l'albinisme, afin de mieux faire connaître cette situation, assurer annuellement le bilan des progrès réalisés au regard de la situation des albinos et dégager des perspectives d'actions au Congo.

Madame la Directrice Générale, Mesdames et Messieurs,

En terminant, je veux dire que je suis persuadé que ces propositions d'actions et celles tout aussi pertinentes qui émaneront des discussions de cette table ronde, doivent engager effectivement tous les acteurs. C'est ensemble et par la mobilisation de tous, pouvoirs publics, parlementaires, société civile partenaires au développement, communautés religieuses et albinos eux-mêmes que nous parviendrons à sortir les albinos de leur isolement, faire entendre leur voix et défendre pleinement leurs droits.

Je vous remercie de votre aimable attention.

Allocution de Monsieur David LAWSON, Représentant résident du Fonds des Nations Unies pour la population (UNFPA) en République du Congo & Directeur de la Représentation de l'UNFPA en République du Gabon, à l'occasion de l'atelier de renforcement des capacités des responsables des Organisations non gouvernementales du Réseau National des Populations Autochtones du Congo (RENAPAC). Siège du RENAPAC, Brazzaville, 16 juin 2011

Madame la Ministre de la Promotion de la Femme et de l'Intégration de la Femme au Développement,
Monsieur le Coordonnateur du Réseau National des Populations Autochtones du Congo,
Mesdames et Messieurs les dirigeants et représentants des organisations non gouvernementales et associations constitutives du RENAPAC,
Madame la Directrice de Cabinet de Madame la Ministre,
Mesdames les Directrices générales,
Mesdames et Messieurs les membres du RENAPAC,
Mesdames et Messieurs les représentants des organisations de la société civile,
Mesdames et Messieurs de la presse et des media,
Distingué(e)s invité(e)s, Mesdames et Messieurs,

Le 25 février dernier, la loi no. 5/2011 portant promotion et protection des droits des populations autochtones du Congo était promulguée par le Président de la République.

Aux termes de l'article 3 de la loi, les populations autochtones doivent être consultées sur toute mesure législative, administrative ou programmatique susceptible de les affecter, à travers des institutions représentatives de leurs intérêts, en assurant la participation des hommes et des femmes autochtones aux processus de décision.

Lors de la seconde édition du Forum international des Populations Autochtones d'Afrique Centrale, tenue à Impfondo, du 16 au 19 mars dernier, s'exprimant au nom du Chef de l'Etat, le Ministre d'Etat, Directeur de Cabinet du Président de la République, Firmin Ayessa, a ainsi rappelé l'importance pour les populations d'être associées aux processus de décision nationaux, afin de contribuer au même titre que l'ensemble des Congolais au développement du pays. Il appelait l'attention sur la place éminente des femmes autochtones qui devraient bénéficier de la loi sur la parité aux fonctions électives, politiques et administratives, annoncée par le Président de la République et en préparation au Gouvernement.

L'intérêt de la communauté internationale pour la cause autochtone congolaise relayée par le Ministre de la Communication, des Relations avec le Parlement, Porte-Parole du Gouvernement, Bienvenu Okiemy, et moi-même au cours de la dixième session de l'Instance permanente des Nations Unies sur les questions autochtones qui s'est tenue en mai 2011, à New York, et l'accès de la République du Congo au Conseil des Droits de l'Homme durant la même semaine, engendrent des responsabilités et des obligations nouvelles, immédiates et historiques pour le Gouvernement vis-à-vis des populations autochtones et de la part des représentants des populations autochtones vis-à-vis des citoyens autochtones.

Madame la Ministre, Mesdames et Messieurs,

Lors de la Journée internationale sur les droits des peuples autochtones de 2010, célébrée le 9 août 2010, j'avais annoncé un renforcement du soutien du Fonds des Nations Unies pour la Population (UNFPA) aux populations autochtones en République du Congo et défini un plan d'action en huit points en faveur des populations autochtones, que j'ai réitéré au Forum International sur les Populations Autochtones d'Afrique Centrale 2 à Impfondo et à l'Instance permanente des Nations Unies sur les questions autochtones.

Dans le cadre de ce plan d'action, nous avons prévu entre autres l'appui au renforcement des capacités du Réseau national des Peuples autochtones du Congo, le RENAPAC, à la participation des populations autochtones aux processus de décision nationaux et locaux, notamment le renforcement des capacités des femmes autochtones à participer à la gouvernance nationale.

C'est donc à ce titre, que je suis particulièrement heureux d'être ici aujourd'hui pour ce séminaire sur le renforcement des capacités du RENAPAC et des leaders d'associations autochtones à l'organisation institutionnelle, la mobilisation sociale et la participation aux processus de décision.

Madame la Ministre, Mesdames et Messieurs,

A New York, j'ai interpellé la communauté internationale sur le fait que les peuples autochtones du Congo étaient menacés d'extinction si des mesures vigoureuses n'étaient pas rapidement adoptées. En effet, le dernier recensement de la population du Congo, en 2007, dénombrait quelque 43,500 âmes autochtones, soit deux pour cent (2%) de la population congolaise, c'est-à-dire une réduction significative par rapport aux estimations que la population autochtone représentait dix pour cent (10%) de la population générale auparavant.

Parmi les facteurs principaux de cette diminution figure le manque d'accès aux soins médicaux modernes par les populations autochtones, y compris les soins de santé de la reproduction, surtout par les femmes.

Les femmes sont l'essence de la société et contribuent au bien-être des familles et des communautés. Comme les autres Congolaises, les femmes autochtones ont droit à l'égalité de genre, à l'éducation et à la santé, et doivent prospérer par l'autonomie économique et sociale.

J'ai donc félicité vivement le Gouvernement de la République pour son courage politique et son engagement en faveur de la défense des droits des populations vulnérables, notamment les peuples autochtones, par l'adoption de cette loi novatrice sur la promotion et protection des populations autochtones du Congo qui doit répondre à l'urgence des besoins des populations autochtones congolaises.

Madame la Ministre, Mesdames et Messieurs,

Je voudrais rappeler que seule la mise en œuvre effective de cette loi protégera les peuples autochtones du Congo. La mise en œuvre effective de cette loi nécessite la participation active de tous: pouvoirs publics, parlementaires, partis politiques, société civile, organisations autochtones, populations bantoues et autochtones, et partenaires au développement.

C'est donc pleinement conscient de notre responsabilité historique que je me réjouis de soutenir l'organisation de cette formation. Ainsi, en accroissant l'éthique et l'efficacité des responsables du RENAPAC et des organisations membres du RENAPAC, ainsi que leur leadership, je suis convaincu que nous contribuerons à la redynamisation du Réseau et de sa représentativité, et à la mise en œuvre efficace de la loi pour le bien-être des populations autochtones du Congo.

Je souhaite qu'à l'issue de cet atelier, le RENAPAC redynamisé puisse porter la cause des populations autochtones à travers le pays auprès des pouvoirs publics nationaux et locaux et favorise l'inclusion des populations autochtones dans la vie de la nation. A long plus terme, je souhaite que les responsables du RENAPAC puissent former des relais communautaires aptes à sensibiliser les populations autochtones sur l'importance de la santé de la reproduction, sur la consultation prénatale, la prévention du VIH/Sida et des violences sexuelles.

En terminant, je voudrais remercier chaleureusement, Madame la Ministre de la Promotion de la Femme et de l'Intégration de la Femme au Développement, pour son leadership et son engagement sans faille en faveur des populations et des femmes autochtones. De mon côté, je puis assurer le Gouvernement de la République, à travers vous Madame la Ministre, et les populations autochtones, à travers leurs représentants ici réunis, que le soutien du Fonds des Nations Unies pour la Population pour défendre cette noble cause des droits des peuples autochtones sera indéfectible.

Je vous remercie.

Discours de M. David LAWSON, Représentant résident du Fonds des Nations Unies pour la Population (UNFPA) en République du Congo & Directeur de la Représentation de l'UNFPA en République du Gabon, à l'occasion des activités handisport dans le cadre de la Journée mondiale de la Population 2011, sous le patronage du Ministre des Sports et de l'Education physique. Brazzaville, 13 juillet 2011

Monsieur le Ministre des Sports et de l'Education physique,
Honorables député(e)s, Vénérables sénateurs.
Mesdames et Messieurs les Ambassadeurs, Chefs de missions diplomatiques et Représentants des organisations internationales, et Cher(e)s Collègues,
Mesdames et Messieurs les Directeurs généraux et centraux,
Monsieur le Président de l'Union Nationale des personnes Handicapées du Congo (UNAHCO),
Mesdames et Messieurs les représentants de la société civile et du secteur privé,
Mesdames et Messieurs de la presse et des medias,
Cher(e)s ami(e)sportifs,
Distingué(e)s invité(e)s, Mesdames et Messieurs,

Nous nous sommes réunis aujourd'hui dans le cadre des activités de célébration de la Journée mondiale de la population, dont le thème est «*un monde de 7 milliards d'habitants*», et conformément au slogan du Fonds des Nations Unies pour la population «*Parce que tout le monde compte.*»

Permettez-moi tout d'abord de féliciter chaleureusement les sportifs et compétiteurs qui nous ont fait une démonstration magistrale cet après-midi de talent physique et d'esprit sportif. Je voudrais remercier également le Ministre des Sports et de l'Education physique qui est avec nous aujourd'hui, de retour de Sibiti. Je remercie également le Président de l'Union Nationale des Handicapés du Congo (UNAHCO) pour l'organisation avec le Fonds des Nations Unies pour la population (UNFPA) de cet événement, et vous tous qui êtes venus partager ces moments avec nous, parce que nous ne faisons aucune différence de droits ou de traitement entre les handicapés et les valides.

Monsieur le Ministre, Distingué(e)s invité(e)s,

Le sport est une discipline qui a beaucoup de vertus. La dépense physique est un élément essentiel de la santé humaine et d'épanouissement. Le sport est une activité sociale par excellence, qui privilégie l'esprit d'équipe et de compétition, dans la quête du dépassement de soi.

A l'occasion de cette Journée, nous célébrons notre humanité commune et notre diversité. Aujourd'hui, nous avons symboliquement choisi quelques disciplines d'athlétisme du handisport car la compétition sportive est également porteuse d'espoir, et l'athlétisme est au cœur de l'olympisme, dont les principes et les valeurs sont à l'image de ce que nous espérons pour le pays. C'est pourquoi, j'ai souhaité apporter un appui spécial à la fédération congolaise handisport, pour renforcer les performances des athlètes vivant avec un handicap sur la scène sportive para-olympique internationale.

L'an dernier à l'occasion de la Journée internationale sur les personnes vivant avec un handicap, je m'étais engagé à soutenir la participation des athlètes handisport congolais dans les compétitions internationales et à leur fournir des équipements adéquats. Je suis donc particulièrement heureux, à l'occasion de la Journée mondiale de la Population 2011, de remettre à Monsieur le Ministre des Sports et de l'Education physique, des maillots aux couleurs nationales à l'attention des athlètes handisport congolais qui participeront à ces compétitions.

La défense et la promotion des droits des personnes vivant avec un handicap est une des priorités de mon action en République du Congo. Au mois de mai dernier, nous avons organisé avec l'UNAHCO, une conférence de sensibilisation sur la ratification de la Convention des Nations Unies sur les droits des personnes handicapées.

Hier, au cours d'une Table Ronde interactive de haut niveau à l'occasion de Journée mondiale de la Population, le Vénérable Président de la Commission sénatoriale «Affaires sociales, Santé, Genre et Environnement» a souligné la nécessité de prendre en considération les besoins des handicapés. Et j'ai le plaisir de vous dire qu'il a également assuré les participants que le Parlement ne tarderait pas à ratifier ce texte des qu'il serait saisi par le gouvernement, dont je ne doute pas qu'à travers l'action du Ministère des Affaires sociales, de l'Action humanitaire et de la Solidarité, ceci ne saurait plus tarder.

Je suis convaincu qu'il est urgent au Congo (i) de prendre des mesures de dépistage précoce du handicap, afin d'assister au plus tôt. Il me semble également important (ii) que les enfants handicapés soient scolarisés, afin d'éviter leur marginalisation et de faciliter leur intégration sociale. Les handicapés doivent avoir accès à l'emploi. A ce titre, il serait utile de (iii) définir et systématiser un quota minimum d'emplois réservés aux personnes vivant avec un handicap au sein des administrations, (iv) tout en définissant un plan de formation adéquat pour créer des opportunités d'emploi et de carrière.

Enfin, dans une société moderne à la poursuite de l'émergence, afin de faciliter l'intégration des personnes handicapées, les infrastructures d'enseignement, de formation, de rééducation et de santé, les plans d'urbanisation et les transports publics doivent prendre en compte leurs besoins spécifiques.

En terminant, Monsieur le Ministre, Distingué(e)s invité(e)s, je tiens à réaffirmer la solidarité du Fonds des Nations Unies pour la population avec toutes les personnes vivant avec un handicap au Congo et assuré le gouvernement congolais et l'UNHACO de toute sa coopération sur ce dossier. Ensemble, nous devons apprendre à compter les uns sur les autres, avec nos similarités, nos complémentarités et nos différences. Ensemble, nous pouvons collectivement et individuellement contribuer à changer le monde. Je vous remercie de votre aimable attention.

Allocution de M. David LAWSON, Représentant résident du Fonds des Nations Unies pour la Population (UNFPA) au Congo & Directeur de la Représentation de l'UNFPA au Gabon, à l'occasion de la Journée internationale des Peuples autochtones. Brazzaville, 5 août 2011

Monsieur le Ministre d'Etat, Coordonnateur du Pôle de la Souveraineté, Garde des Sceaux, Ministre de la Justice et des Droits humains,
Mesdames et Messieurs les Membres du Gouvernement,
Honorables Député(e)s, Vénérables Sénateurs,
Mesdames et Messieurs les Ambassadeurs, Chefs de Missions diplomatiques et consulaires, et Représentants des organisations internationales accrédité(e)s en République du Congo, Cher(e)s Collègues,
Monsieur le Représentant de l'Instance permanente des Nations Unies sur les Questions autochtones,
Mesdames et Messieurs les Directeurs de Cabinet,
Mesdames et Messieurs les Conseillers,
Mesdames et Messieurs les Directeurs généraux et d'administrations centrales,
Monsieur le Coordonnateur du Réseau National des Populations Autochtones du Congo,
Mesdames et Messieurs les représentants des organisations de populations autochtones du Congo,
Mesdames et Messieurs les représentants de la société civile et du secteur privé,
Mesdames et Messieurs les représentants de la presse et des media,
Distingué(e)s invité(e)s, Mesdames et Messieurs,

Nous sommes réunis aujourd'ḥui, avec quelques jours d'anticipation, en prélude à l'ouverture des activités de célébration de la Journée internationale des Peuples autochtones, qui auront lieu le 9 août prochain, à Mbomo, dans le département de la Cuvette Ouest.

La mobilisation de la communauté internationale, des décideurs et des opinions publiques, à travers cette journée répond à l'impératif de promouvoir la justice, l'équité et l'égalité des droits sans distinction de race, d''ethnie, de religion ou de culture, et de lutter efficacement contre les inégalités.

Nous connaissons, en effet, les discriminations, les violences et agressions physiques et psychologiques, la stigmatisation et les clichés infériorisant dont ont été victimes, depuis des décennies et encore aujourd'hui, les peuples autochtones, et qui contribuent à accentuer leur vulnérabilité à travers le monde et au Congo. Il nous faut y mettre un terme définitif maintenant!

A ce stade de mon propos, je voudrais exprimer ma reconnaissance aux autorités congolaises, pour la place accordée à cette Journée internationale des Peuples autochtones en République du Congo, et la très remarquable mobilisation, y compris des membres du Gouvernement, pour toute réflexion accordée aux questions autochtones dans ce pays. Et à ce point, je voudrais remercier le Monsieur le Ministre d'Etat, Coordonnateur du Pôle de la Souveraineté, Garde des Sceaux, Ministre de la Justice et des Droits humains, Me Aimé Emmanuel Yoka, pour sa volonté indéfectible sur ce sujet et sa présence parmi nous en ce jour qui nous honore.

Monsieur le Ministre d'Etat, Mesdames et Messieurs,

J'ai déjà eu l'occasion de dire, mais je me dois de le répéter au cours de cette célébration: comme d'autres dans le monde, **la communauté autochtone congolaise aujourd'hui est en danger d'extinction.** En effet, selon le dernier recensement général de la population congolaise de 2007, la population autochtone compte quelque 43,500 âmes et représente moins de 2% des 3,7 millions d'habitants au Congo, alors qu'elle était estimée, en l'absence de chiffres plus précis avant cette date, à 10%.

C'est la raison pour laquelle je souhaite profiter de cette Journée pour lancer un cri d'alarme en faveur des peuples autochtones du Congo. Et c'est également pour cela que nous nous félicitons de la promulgation de la loi no.5/2011 sur la promotion et la protection des populations autochtones du Congo.

Les problèmes et les défis auxquels les peuples autochtones sont confrontés sont nombreux. Le Coordonnateur du RENAPAC vient de nous en faire brièvement l'économie. Mais je voudrais aujourd'hui appeler l'attention de la communauté nationale congolaise sur **la santé de la reproduction qui me semble être au cœur de la problématique existentielle des peuples autochtones congolais.** Mon intervention et mes recommandations porteront sur les femmes autochtones en particulier qui sont au cœur de mon action en faveur des populations vulnérables au Congo.

1) Tout d'abord, Monsieur le Ministre d'Etat, Mesdames et Messieurs, le taux de mortalité maternelle élevé au Congo, à 781 décès pour 100,000 naissances vivantes, frappent toutes les Congolaises, mais les femmes autochtones souffrent d'une vulnérabilité plus exacerbée principalement pour des raisons socio-culturelles: un mode de vie caractérisé par une mobilité permanente; une sexualité et des mariages précoces; un isolement en forêt les exposant aux violences sexuelles; des croyances et pratiques en matière d'accouchement et d'avortement parfois en contradiction avec les normes et standards scientifiques.

Du reste, les femmes autochtones fréquentent peu les centres de santé publique, par culture, mais aussi car elles s'y sentent mal accueillies ou victimes de discriminations. Ainsi, moins de 20% d'entre elles se rendent aux consultations prénatales durant la grossesse; et seules 24% d'entre elles accouchent à l'hôpital, contre 80% pour les autres Congolaises. Elles accouchent dans la forêt parfois avec l'aide d'accoucheuses...mais le plus souvent seules... avec des risques majeurs pour l'enfant à naître et pour elles-mêmes en cas de complication.

Cette situation appelle des réponses urgentes, appropriées, et culturellement sensibles, pour réduire les taux de mortalité maternelle et néonatale de la part des autorités sanitaires nationales. A ce titre, je voudrais profiter de cette occasion pour rendre hommage aux autorités départementales, notamment certains Directeurs départementaux de la Santé qui prennent des mesures extraordinaires et novatrices, malgré des ressources trop insuffisantes pour sauver des vies de femmes et de nouveau-nés autochtones, avec l'assistance de l'ACBEF et de l'UNFPA notamment. **Il est indispensable de faire venir les femmes autochtones enceintes aux consultations prénatales et accoucher à l'hôpital.**

Le Fonds des Nations Unies pour la population travaille à la formation de relais communautaires autochtones pour inciter les femmes à venir dans les centres de santé. Mais **il est nécessaire de renforcer l'éducation sexuelle et la sensibilisation pour lutter contre les grossesses précoces en milieux autochtones et ceci nécessite sans doute une stratégie spécifique. De même, il est nécessaire que les personnels des centres de santé soient mieux formés à l'accueil et à la prise en charge sensible des femmes autochtones et les incite à revenir.**

Monsieur le Ministre d'Etat, Mesdames et Messieurs,

2) Les populations autochtones sont aussi extrêmement vulnérables aux infections sexuellement transmissibles et au Sida, dont la majorité a une totale méconnaissance: en 2007, en effet, seuls 11% des adolescents autochtones connaissaient le Sida et 60% d'entre eux n'avaient jamais vu un préservatif. Par leur mode de vie, les peuples autochtones du Congo qui vivent reculés en forêt ne sont pas ou très peu touchés par les campagnes nationales de prévention au VIH. Le niveau de connaissance de l'épidémie en leur sein en atteste. Il **semble donc judicieux pour le Comité National de Lutte contre le Sida de définir une stratégie spécifique de prévention**

du VIH en milieux autochtones, auquel l'UNFPA apportera sa contribution.

3) Les jeunes femmes autochtones sont également victimes de viols, plus de 10% d'entre elles ayant subi des rapports sexuels non consentis. Facteur aggravant, au sein des communautés autochtones, la sexualité est généralement taboue; ce qui rend plus difficile la dénonciation et la prise en charge sanitaire et psychologique des victimes de violences sexuelles.

Il est donc indispensable de protéger les jeunes filles et les femmes contre les violences sexuelles en poursuivant la prévention des violences sexuelles, mais aussi en dissuadant les auteurs potentiels par une application stricte de la loi pénale contre les auteurs de ces actes, et en renforçant l'assistance juridique aux victimes pour porter plainte et poursuivre les auteurs.

Monsieur le Ministre d'Etat, Mesdames et Messieurs,

4) Alors que le Gouvernement s'engage, avec la mise en œuvre de la loi no. 5-2011 portant promotion et protection des droits des populations autochtones du Congo, dans le changement de comportements des populations bantoues vis-à-vis des peuples autochtones, dans le sens du respect de l'égalité, des peuples autochtones vis-à-vis des populations bantoues, dans le sens d'une lutte contre le sentiment d'infériorité, et des peuples autochtones vis-à-vis d'eux-mêmes, dans un sens d'un plus grand respect d'eux-mêmes et d'une prise de conscience de leurs propres droits, les femmes, qui sont le fondement du bien-être des familles et des communautés, doivent occuper leur juste place au sein de la famille autochtone et de la Nation congolaise.

En milieu autochtone comme ailleurs, elles doivent être encouragées à prospérer, par l'éducation et l'autonomisation sociale et économique. Afin de gagner comme les autres Congolaises leur émancipation, elles doivent s'impliquer dans les bénéfices que leur prodiguera la loi sur la parité entre hommes et femmes aux fonctions politiques, administratives et électives. Il est donc important d'accompagner les femmes autochtones dans ce processus d'autonomisation.

Le Fonds des Nations Unies pour la population, en partenariat avec le Ministère de la Promotion de la Femme et de l'Intégration de la Femme au développement soutient et poursuivra le renforcement des capacités de femmes autochtones dans cette perspective.

5) Enfin, depuis l'adoption de la loi no. 5-2011, l'UNFPA appuie le Ministère de la Justice et des Droits humains et un Comité interministériel mis en place pour la préparation de ses décrets d'application. Ceux-ci sont en effet essentiels à l'application effective de la loi. Ils vont permettre l'appropriation de la loi par les différents départements ministériels qui seront chargés de la mettre en œuvre. Ces textes devraient être adoptés en

Conseil des Ministres dans les prochaines semaines, et ainsi **permettre au Gouvernement d'inclure les dispositions budgétaires afférentes à la mise en œuvre des décrets dans le projet de loi de finances 2012 actuellement en cours d'élaboration.** Les parlementaires pourront ensuite s'assurer que ces prévisions budgétaires prennent bien en compte les besoins de leurs concitoyens autochtones dans leurs circonscriptions respectives.

En terminant, Monsieur le Ministre d'Etat, Mesdames et Messieurs, laissez-moi dire ici avec solennité que de l'urgence de l'effectivité de la mise en œuvre de la loi congolaise portant promotion et protection des populations autochtones du Congo dépendra pour une large part l'avenir de ces populations menacées d'extinction. Il faut donc que toute la société congolaise, Gouvernement, parlementaires, société civile, associations de peuples autochtones, l'ensemble des populations congolaises, et les partenaires internationaux au développement, se mobilisent pour accélérer ce processus.

Enfin, l'entrée de la République du Congo au Conseil des Droits de l'Homme et la reconnaissance de cette loi congolaise par 1'Instance permanente des Nations Unies sur les Questions autochtones au mois de mai dernier créent des responsabilités nouvelles et une obligation de résultats concrets sur ce dossier. L'Instance permanente souhaite en effet visiter la République du Congo qui émerge comme un modèle pour le monde avec le progressisme de sa loi.

Il est donc urgent d'agir et impérieux de réussir pour que l'attachement de la République du Congo au droit international, au respect de la dignité et l'inaliénabilité des droits entre les membres de la famille humaine, fondement même de la liberté, de la justice et de la paix, et pilier essentiel du Pacte social congolais défini par le Président de la République soit une réalité vivante. Je vous remercie de votre aimable attention.

Allocution de M. David LAWSON, Représentant résident du Fonds des Nations Unies pour la Population (UNFPA) en République du Congo & Directeur de la Représentation de l'UNFPA en République du Gabon, à l'occasion de la Journée internationale des Personnes Handicapées, Conférence-débat sur le thème: «Dignité et Justice pour Tous.» Institut des Jeunes Sourds de Brazzaville, 2 décembre 2011

Madame la Ministre des Affaires Sociales, de l'Action Humanitaire et de la Solidarité,
Mesdames et Messieurs les membres du Gouvernement,
Honorables Député(e)s, Vénérables Sénateurs,
Madame la Directrice de Cabinet de Madame la Ministre,
Monsieur le Conseiller social du Président de la République,
Monsieur le Conseiller technique aux Groupes vulnérables du Président de la République, Mesdames et Messieurs les Directeurs généraux et centraux,
Mesdames et Messieurs les Ambassadeurs, Chefs de Missions diplomatiques et consulaires, et Cher(e)s Collègues,
Mesdames et Messieurs les délégués des d'agences du Système des Nations Unies et des organisations internationales au Congo, et Cher(e)s Collègues,
Monsieur le Président de la Fédération Congolaise des Associations de Personnes Handicapées,
Monsieur le Président de l'Association des Personnes vivant avec Handicap au Congo,
Monsieur le Président de l'Union nationale des Associations des Personnes Handicapées du Congo,
Mesdames et Messieurs les représentants des organisations de la société civile et religieuses, Mesdames et Messieurs les représentants de la presse et des media,
Distingué(e)s invité(e)s, Mesdames et Messieurs,
Cher(e)s ami(e)s,

Je suis particulièrement heureux d'être avec vous aujourd'hui pour célébrer la dix-neuvième Journée internationale des Personnes Handicapées placée cette année sous le thème: «*Ensemble pour un monde meilleur pour tous: inclure les personnes handicapées dans le développement.* Cette journée est l'occasion pour nous de célébrer notre solidarité avec les personnes vivant avec un handicap, mais aussi la valeur de notre diversité.

Permettez-moi de rappeler que la population mondiale vient de franchir le cap des sept milliards d'habitants. Dans ce monde plus riche qu'il ne l'a jamais été auparavant, nous vivons mieux éduqués, nous vivons plus longtemps, et en meilleure santé. Pourtant, dans ce monde en expansion, d'après les estimations de l'Organisation mondiale de la Santé, c'est 15% de la population, soit 1 milliard de personnes qui vivent avec un handicap moteur, physique ou mental. En République du Congo, d'après les résultats du dernier recensement général de la population, le nombre de personnes vivant avec un handicap s'élève à 53,000.

Comme dans la plupart des pays en développement, les Congolais vivant avec un handicap cumulent malheureusement souvent d'autres handicaps économiques et sociaux, tels que la pauvreté, la difficulté d'accès aux services sociaux de base, notamment l'éducation et la santé, mais aussi à l'emploi.

Pourtant, il convient de rappeler que les personnes vivant avec un handicap, au même titre que les valides, ont une contribution inestimable à apporter au développement national et à l'humanité tout entière. Il revient ainsi au Gouvernement, à la représentation nationale, aux élus locaux, mais aussi aux organisations de la société civile, au secteur privé et aux partenaires internationaux de tout mettre en œuvre pour lever les obstacles qui affectent les personnes invalides. Car les personnes handicapées doivent bénéficier de la même dignité et du même respect que les valides, et pour cela il est indispensable de lever les obstacles juridiques et matériels qui font obstacle à l'épanouissement de leurs droits et de leurs pleines potentialités.

A ce titre, j'ai apprécié la justesse de la démonstration faite par le film sur le handifoot que nous venons de visionner, qui valorise les capacités des personnes vivant avec handicap tout en soulignant leur aptitude à contribuer, comme les valides, à l'épanouissement de la société. Nous en apprendrons sans doute davantage à travers l'exposition vente de cette après-midi et la suite du programme sportif prévu demain 3 décembre.

Madame la Ministre, Distingué(e)s invité(e)s, Mesdames et Messieurs,

La Conférence-débat qui nous réunit ce matin porte sur un thème choisi par les associations de personnes vivant avec un handicap elles-mêmes: *"Dignité et Justice pour les personnes handicapées."* Je suis heureux de ce choix parce qu'il me semble juste. Je suis heureux aussi que les associations de personnes vivant avec un handicap se mobilisent pour la défense de leurs droits. Et je suis heureux que notre manifestation aujourd'hui permette de dynamiser le rapprochement des principales associations de personnes handicapées, notamment l'Association des Personnes Vivant avec Handicap (APVH), la Fédération congolaise des Associations pour Personnes Handicapées (FECAPH) et l'Union National des Handicapés du Congo (UNAHCO) pour faciliter les efforts de plaidoyer et d'action. Et j'ai pu observer avec satisfaction que ces associations s'organisent, car c'est dans l'union que les grandes causes avancent.

A ce titre, je tiens à saluer la mise en œuvre effective du décret du 1er avril 2010 portant création, attributions et composition du Comité national de suivi et d'évaluation du plan d'action national pour les personnes handicapées. Et je profite de cette occasion pour féliciter chaleureusement tous les membres du bureau du Comité élus le 26 novembre dernier, en présence du Conseiller technique du Chef de l'Etat et du Directeur général des Affaires sociales et de la Famille du Ministère des Affaires sociales, de l'Action humanitaire et de la Solidarité. J'encourage vivement les membres du Comité à travailler de concert constructivement avec Madame la Ministre Emilienne Raoul. C'est ensemble que les droits et les actions en faveur des personnes vivant avec un handicap pourront être mis en œuvre.

Dignité et Justice pour les personnes handicapées n'est pas seulement une interpellation, mais aussi et surtout un appel à l'action. C'est un appel à unir nos volontés et nos forces à tous, valides et moins valides, pour protéger les droits des personnes vivant avec handicap prévus par les instruments juridiques internationaux. A ce titre, la Convention des Nations Unies relative aux droits des personnes handicapées prescrits à tous les Etats de protéger la dignité et la valeur des personnes handicapées. Cette Convention a pour objet de promouvoir, protéger et assurer la pleine et égale jouissance de tous les droits humains et de toutes les libertés fondamentales par les personnes handicapées et le respect de leur dignité. Les droits prescrits par cette Convention découlent en effet de la Charte des Nations Unies, de la Déclaration universelle des droits de l'homme, des Pactes internationaux et autres instruments internationaux relatifs aux droits humains.

Les personnes handicapées ont ainsi le droit d'accès sans discrimination aux infrastructures, aux services sociaux de base, notamment la santé et l'éducation, et à la justice. Elles ont le droit de vivre libres et en sécurité. Et surtout, elles ont le droit à la vie. Une vie décente et digne.

Le Gouvernement de la République du Congo doit être félicité pour son engagement en faveur de la protection des droits des personnes vivant avec un handicap. En effet, dès 1992, le Congo a adopté la loi 009/92 du 22 avril 1992, portant statut, protection et promotion des personnes handicapées. En mars 2008, le Gouvernement congolais figurait parmi les premiers pays à signer la Convention des Nations Unies relative aux droits des personnes handicapées. Toutefois, le Congo est aujourd'hui l'un des rares pays à ne pas avoir ratifié cette Convention et son protocole facultatif, donnant la fausse impression au reste de la communauté internationale que le Congo aurait un problème avec cette Convention. Mais je suis convaincu que cette anomalie sera prochainement corrigée, comme me l'a promis cette année le Vénérable Président du Sénat.

Et je voudrais profiter de cette tribune pour réitérer mon appel au Gouvernement et au Parlement à accélérer le processus de ratification de cette Convention. Il ne fait aucun doute que l'engagement du Gouvernement et la volonté cumulée d'Emilienne Raoul, Ministre des Affaires sociales, de l'Action humanitaire et de la Solidarité, et du Parlement, devrait permettre de faire aboutir ce processus pour assurer effectivement la transposition en droit national de ces dispositions internationales et ainsi faciliter le toilettage de la loi 009/92 et l'adoption de ses décrets d'application.

Madame la Ministre, Distingué(e)s invité(e)s, Mesdames et Messieurs,

Comme vous le savez, depuis 2009, j'ai engagé l'UNFPA dans le renforcement de ses actions à l'appui du Gouvernement et de la société civile pour améliorer les conditions de vie des personnes vivant avec un handicap au Congo autour de quatre priorités: (1) le renforcement des structures de soutien aux personnes handicapées, aux activités génératrices de revenus bénéfiques aux personnes handicapées; (2) la promotion d'activités handisport, notamment la fourniture d'équipements, l'organisation d'événements et la prise en charge des déplacements des équipes pour des compétitions à l'étranger; (3) le plaidoyer pour le renforcement du cadre juridique visant la protection et la promotion des personnes vivant avec un handicap; et (4) le renforcement des capacités institutionnelles des organisations de personnes vivant avec un handicap, notamment l'UNHACO.

A ce titre, je suis heureux de vous informer que le 11 juillet dernier, tors de la Journée mondiale de la Population, j’ai tenu à mettre en valeur les talents et les capacités sportives des personnes vivant avec handicap par des activités handisport. A cette occasion, où nous avions assisté à une démonstration magistrale de talent physique et d'esprit sportif, j'ai remis au Ministère des Sports et de l'Education physique, des maillots destinés aux compétitions internationales des athlètes handisport. Au mois de septembre dernier, nous sommes convenus avec le Ministre des Sports et de l'Education physique, Léon-Alfred Opimbat, de renforcer notre coopération en faveur du handisport, notamment aux équipes, mais aussi en matière de formation des enseignants d'éducation physique.

Par ailleurs, dans le cadre de son partenariat avec la Société pétrolière Total E&P Congo, l'UNFPA a pu mobiliser trois cents millions de francs CFA qui permettront de financer deux projets majeurs pour les personnes handicapées de Pointe-Noire et ses environs.

Il s'agit de la réhabilitation du Centre de Rééducation Fonctionnelle pour les personnes handicapées moteur (CEREFO) et de la réinsertion socio-économique des personnes affectées par la poliomyélite suite à l'épidémie qui a durement frappé les populations des départements de Pointe-Noire et du Kouilou.

Au mois de mai dernier, j'ai apporté l'appui technique et financier de l'UNFPA pour l'organisation d'un séminaire de plaidoyer pour la ratification de la Convention relative aux droits des personnes handicapées. Et aujourd'hui même, à l'issue de la visite de l'exposition, je ferai don à l'UNAHCO d'équipements informatiques et bureautiques destinés à renforcer ses capacités d'action et à travers elle, l'action de toutes les associations fédérées au sein de l'UNAHCO. Vous êtes tous cordialement invités à cette cérémonie.

Madame la Ministre, Distingué(e)s invité(e)s, Mesdames et Messieurs,

Je me réjouis de voir s'intensifier une dynamique en faveur des personnes vivant avec un handicap au Congo, sous le leadership de Madame la Ministre des Affaires Sociales, de l'Action Humanitaire et de la Solidarité, des autorités gouvernementales, du Parlement, de la société civile et du secteur privé, notamment la Société Total E & P Congo et l'UNFPA. Nous devons également nous réjouir de l'Intégration de personnes handicapées dans la fonction publique. Car les handicapés doivent avoir accès à l'emploi. Il s'agit là d'une expression de la ferme volonté du Gouvernement d'améliorer leurs conditions de vie.

En ce sens, pour accélérer la transformation de la vie des populations par des actions tout aussi concrètes, il serait souhaitable pour le Gouvernement et le Parlement de (i) définir et systématiser un quota minimum d'emplois réservé aux personnes vivant avec un handicap au sein des administrations et du secteur privé, (ii) tout en définissant un plan de formation adéquat pour créer des opportunités d'emploi et de carrière pour les personnes handicapées. Je suis également convaincu de la nécessité (iii) de prendre des mesures de dépistage précoce du handicap, afin d'assister les enfants plus tôt, et (iv) de scolariser les enfants handicapés, afin de faciliter leur intégration sociale et éviter leur marginalisation.

Enfin, dans une société moderne à la poursuite de l'émergence, afin de faciliter l'Intégration des personnes handicapées, les infrastructures d'enseignement, de formation, de rééducation et de santé, les plans urbanisation et les transports publics doivent prendre en compte leurs besoins spécifiques.

Pour terminer, je renouvelle ma détermination à poursuivre les efforts entrepris pour renforcer l'action en faveur des personnes vivant avec handicap au Congo. Je tiens également à réaffirmer que je continuerai à soutenir l'action du Gouvernement, des parlementaires et des organisations de la société civile pour le bien-être des populations handicapées congolaises. Je vous remercie de votre attention.

Discours de Monsieur David LAWSON, Représentant résident du Fonds des Nations Unies pour la Population (UNFPA) en République du Congo & Directeur de la Représentation de l'UNFPA en République du Gabon, à l'occasion de la 11è session de l'Instance permanente des Nations Unies sur les questions autochtones (ONU, New York, 7-18 mai 2012). Point de l'agenda 3. New York, 8 mai 2012

Monsieur le Président de l'Instance permanente des Nations Unies sur les questions autochtones,
Mesdames et Messieurs les Ambassadeurs, Représentants permanents auprès des Nations Unies,
Distingué(e)s Membres de l'Instance permanente et Représentants des populations autochtones,
Distingué(e)s délégué(e)s, Mesdames et Messieurs,

Prenant la parole pour la première fois à l'occasion de cette session, j'aimerais, tout comme les orateurs qui m'ont précédé, présenter mes félicitations au Grand Chef Edward John et aux autres membres de l'Instance permanente pour leur élection.

C'est un honneur pour moi de prendre la parole devant cette auguste assemblée à l'occasion de la onzième session de l'Instance. L'année dernière, lors de la dixième session, dans cette même salle de conférence, j'avais appelé l'attention de la communauté internationale sur le danger d'extinction qui menace les populations autochtones de la République du Congo.

En effet, d'après le recensement de la population de 2007, sur une population de 3.7 millions d'habitants, les 44.000 autochtones représentent moins de 2% de la population, une proportion en diminution considérable comparée à l'estimation, 10 ans auparavant, de 10%. L'existence même des populations autochtones du Congo est donc menacée.

Avec un taux de mortalité maternelle de 781 décès pour 100,000 naissances vivantes, seulement 18% des femmes autochtones qui se rendent aux consultations prénatales et 24% qui accouchent dans des hôpitaux ou des centres de santé, 11% des adolescents autochtones qui connaissent l'existence du Sida, auxquels s'ajoutent un isolement en forêt les exposant fortement aux violences sexuelles et des croyances et pratiques en matière d'accouchement parfois en contradiction avec les normes et standards scientifiques de la médecine, la santé de la reproduction est au cœur de cette problématique.

Monsieur le Président, Distingué(e)s délégué(e)s, Mesdames et Messieurs,

Grâce à l'engagement politique et au leadership du gouvernement du Congo, de nombreuses initiatives ont été entreprises l'an dernier pour renverser cette tendance. Bienvenu Okiemy, Ministre de la Communication, des Relations avec le Parlement, et Porte-parole du Gouvernement, a évoqué avec éloquence, lors de la session d'ouverture du Forum, la loi adopté l'an dernier par le gouvernement congolais visant à la promotion et à la protection des droits des populations autochtones du Congo et abordant leur vulnérabilité et les discriminations auxquelles ces populations sont confrontées.

Le Ministre a également mentionné hier, durant une conférence de presse, le rôle essentiel joué par le Fonds des Nations Unies pour la population - UNFPA- dans la promotion des droits des populations autochtones, particulièrement dans le domaine de la santé de la reproduction des femmes autochtones et de la protection contre toutes les formes de violence et de discriminations, notamment les violences basées sur le genre.

L'objectif principal de l'UNFPA est la réduction de la mortalité maternelle et infantile chez les femmes autochtones et leurs nouveau-nés, la prévention du VIH et des grossesses précoces. Afin d'y parvenir, l'UNFPA contribue au processus de réforme législatif et à la formulation de politiques, cadres de loi et programmes qui reconnaissent l'importance d'un accès accru à des services de santé de la reproduction en adéquation avec la culture autochtone. L'UNFPA présentera sa nouvelle stratégie à ce sujet lors du dialogue global avec les organismes des Nations Unies, mercredi.

Au Congo, de nombreuses actions ont été mises en place afin de mettre en œuvre la loi révolutionnaire sur les populations autochtones adoptée par le Parlement en 2011. L'UNFPA soutient le gouvernement pour l'élaboration et la mise en œuvre de décrets d'application de la loi.

L'UNFPA a joué un rôle clé au sein de l'Equipe des Nations Unies pour assurer que les clauses financières appropriées, permettant la mise en œuvre de la loi, soient inscrites dans le budget national de 2012. L'UNFPA a ainsi participé à l'élaboration de l'une des premières propositions soumises au Partenariat des Nations Unies sur les peuples autochtones, approuvée en décembre 2011. Cette initiative est mise en œuvre conjointement par les agences des Nations Unies, les peuples autochtones et le gouvernement avec pour objectif l'accélération de la mise en application de la loi. Je voudrais saisir cette occasion pour remercier les donneurs qui ont contribué à ce Fond, y compris le gouvernement finlandais, pour leur générosité et soutien à cette initiative.

Monsieur le Président, Distingué(e)s délégué(e)s, Mesdames et Messieurs,

Alors que les élections législatives se tiendront en juillet 2012 au Congo, j'ai le plaisir de vous informer que l'UNFPA a lancé, avec les femmes autochtones congolaises, la société civile, les parlementaires, les autorités locales et le gouvernement congolais, et avec le soutien financier du gouvernement américain, un programme novateur visant à augmenter la participation des femmes autochtones aux processus de prises de décision politique. L'objectif est de s'assurer qu'elles iront voter en juillet 2012 et aux élections locales de 2013 et que certaines d'entre elles soient préparées pour se présenter aux élections.

Ce programme fait partie des efforts du gouvernement pour la protection des droits politiques et civiques des populations autochtones, comme mentionné dans la nouvelle loi et en accord avec la Déclaration des Nations Unies sur les droits des peuples autochtones. Je souhaite saisir cette opportunité pour remercier le gouvernement américain et son Ambassadeur en République du Congo, Christopher W. Murray, d'avoir accordé leur confiance à l'UNFPA pour mener à bien ce programme révolutionnaire.

A travers cette initiative, nous espérons non seulement aider les autochtones à profiter pleinement des bénéfices de leur citoyenneté et de leurs droits politiques et civiques, mais aussi de permettre aux femmes autochtones de jouir d'une plus grande autonomie économique et sociale.

Monsieur le Président, Distingué(e)s délégué(e)s, Mesdames et Messieurs,

La République du Congo est désormais dotée d'un cadre législatif et constitutionnel qui garantit des droits égaux pour tous les citoyens du pays. Cette nouvelle loi marque un véritable tournant des relations entre les autochtones et le gouvernement. Elle restaure pleinement l'égalité des droits pour tous, perdue depuis la colonisation et proclamée avec l'indépendance, pas seulement sur papier mais aussi dans la vie quotidienne de tous les autochtones congolais.

Je souhaite que le partenariat entre le gouvernement congolais, les peuples autochtones et l'UNFPA puisse servir de modèle sur le continent africain et ailleurs. Dans le cadre de sa nouvelle stratégie, l'UNFPA sera un membre actif des Equipes-pays des Nations Unies, afin d'apporter son soutien aux gouvernements africains sur le sujet. Au Congo, je continuerai à apporter mon soutien au gouvernement et au leadership qu'il insuffle sur le continent.

En terminant, Monsieur le Président, j'aimerais vous assurer, ainsi qu'aux membres de l'Instance permanente que je travaille avec mes collègues du système des Nations Unies au Congo avec le gouvernement pour m'assurer que des dates clés et des résultats concrets soient atteints avant même la pré-session de l'Instance de 2013 qui se tiendra au Congo. A ce sujet, je souhaite exprimer mes remerciements aux membres du Forum, notamment la présidente sortante, Myrna Cunningham, ainsi que la Cheffe du secrétariat de l'Instance, Chandra Roy-Henriksen, pour leur leadership et leur soutien.

Je vous remercie pour votre attention.

Discours de Monsieur David LAWSON, Représentant résident du Fonds des Nations Unies pour la Population (UNFPA) en République du Congo & Directeur de la Représentation de l'UNFPA en République du Gabon, à l'occasion du déjeuner avec les Ambassadeurs du Groupe africain des Nations Unies. 11è session de l'Instance permanente des Nations Unies sur les questions autochtones. ONU, New York, 11 mai 2012

Monsieur le Ministre de la Communication, des Relations avec le Parlement et Porte-parole du Gouvernement de la République du Congo,
Monsieur le Président de l'Instance permanente des Nations Unies sur les Questions autochtones, Mesdames et Messieurs les Ambassadeurs, Représentants permanents auprès des Nations Unies, Messieurs les membres de l'Instance permanente des Nations Unies sur les Questions autochtones,
Madame la Représentante de la Commission des Droits de l'Homme de l'Union africaine,
Madame la Cheffe du Secrétariat de l'Instance permanente des Nations Unies sur les Questions autochtones,
Distingué(e)s invité(e)s, Mesdames et Messieurs,

Je suis très heureux de me joindre à l'Ambassadeur Serge Bale, Représentant permanent de la République du Congo auprès des Nations Unies, pour vous souhaiter la bienvenue à ce déjeuner organisé conjointement par la Mission permanente de la République du Congo et la Représentation du Fonds des Nations Unies pour la population (UNFPA) au Congo.

Nous sommes particulièrement honorés que Bienvenu Okiemy, Ministre de la Communication, des Relations avec le Parlement, et Porte-parole du Gouvernement de la République du Congo, Chef de la délégation congolaise à la 11è session de l'Instance permanente des Nations Unies sur les Questions autochtones, soit avec nous aujourd'hui.

Je tiens à le remercier chaleureusement, ainsi que tous nos invités, dont le Président de l'Instance permanente, Great Chief Edward John, et les membres de l'Instance, leurs excellences les Ambassadeurs du Groupe africain des Nations Unies, la Représentante de la Commission des Droits de l'Homme et des Peuples de l'Union Africaine, ainsi que la Cheffe du Secrétariat de l'Instance permanente.

Monsieur le Ministre, Mesdames et Messieurs les Ambassadeurs, Distingué(e)s invité(e)s,

Des Massais du Kenya, en passant par les Baâka de la République du Congo, les Mbororos du Cameroun, les Batwa de l'Ouganda, aux Baka du Bassin du Congo et aux Twa de la République démocratique du Congo et de la région des Grands Lacs, le nombre des peuples autochtones en Afrique est estimé à 14 millions. Bien que d'origines diverses, ils partagent des caractéristiques communes: un mode de vie qui diffère de celui de la société dominante, généralement nomade et pastorale, vivant de la chasse et de la cueillette, et une culture traditionnellement attachée à la terre et à ses ressources naturelles.

Vivant dans des régions souvent isolées, les peuples autochtones africains sont plus touchés par la pauvreté que leurs concitoyens, peu intègres au système économique de leur pays, souvent en marge du développement national, et sous-représentes dans les instances de décision. Confrontés à des préjugés persistants, les peuples autochtones sont très vulnérables et confrontés à des problèmes récurrents inhérents au reniement de leur rôle légitime, notamment la discrimination, la sous-scolarisation, l'exploitation économique, l'expropriation, le sous-emploi ou encore leur utilisation à des tâches subalternes et dégradantes.

Les conséquences qui dérivent de cette marginalisation sont l'exclusion sociale, économique et politique. Les peuples autochtones africains vivent ainsi souvent dans la méconnaissance de leurs droits, avec des difficultés d'accès à la propriété foncière, à la citoyenneté et aux services sociaux de base, tels que l'éducation et la santé.

Dans ce contexte, les femmes autochtones sont plus particulièrement touchées. Elles endurent des conditions de travail difficiles, fréquentent peu les centres de santé publique ce qui met leur vie en danger notamment lors de l'accouchement.

Pour toutes ces raisons, les autochtones seraient, dans de nombreuses régions, en danger d'extinction. Au Congo par exemple, d'après le dernier recensement général de la population de 2007, sur 3.7 millions d'habitants, les 44.000 autochtones représentent moins de 2% de la population, contre 10% dix ans auparavant.

Marginalisées, les populations autochtones n'ont fait l'objet que d'études parcellaires. En vertu de la Déclaration des Nations Unies sur les Droits des peuples autochtones, la connaissance approfondie de cette population et de ses principales caractéristiques, devraient s'imposer aux pouvoirs publics pour élaborer des politiques d'intégration viables. Le Fonds des Nations

Unies pour la population, l'UNFPA, tient son expertise disponible pour soutenir des études socio-démographiques en la matière.

Monsieur le Ministre, Mesdames et Messieurs les Ambassadeurs, Distingué(e)s invité(e)s,

Afin de corriger ces inégalités, quelques pays d'Afrique ont entrepris des initiatives de reconnaissance des droits des peuples autochtones. Sans être exhaustif, on peut citer l'Afrique du sud, l'Algérie, le Mali, la Maroc, le Burundi et le Cameroun. En 2011, le gouvernement de la République du Congo a pris un engagement politique majeur en adoptant une loi visant la protection et la promotion des droits des populations autochtones.

Grâce à cette loi, qualifiée de "modèle à suivre" par le Rapporteur spécial des Nations Unies sur les droits des peuples autochtones, James Anaya, le Congo dispose ainsi d'un cadre législatif et constitutionnel qui rétablit et garantit des droits aux peuples autochtones égaux à ceux de tous les citoyens.

Conformément à la Déclaration des Nations Unies sur les droits des peuples autochtones et la Charte africaine des droits de l'homme et des peuples, une implication similaire d'autres gouvernements africains avec les peuples autochtones, et une coopération régionale renforcée permettraient d'apporter des solutions à la problématique autochtone, commune à une grande partie des pays du continent. La menace d'extinction des peuples autochtones dans plusieurs pays nous oblige à envisager des mesures concrètes d'urgence, afin de renverser la tendance, enrayer la disparition de ces populations et mettre l'Afrique au diapason des instruments internationaux et régionaux sur les droits humains.

Les Chefs d'Etat et de Gouvernement devront en effet présenter les progrès réalisés en la matière lors de la Conférence internationale sur les Peuples autochtones, qui se tiendra, à New York, en 2014, en prélude à l'ouverture de la soixante-huitième session de l'Assemblée générale. C'est là une occasion unique de faire une différence en Afrique. Le Président de l'Instance permanente nous en dira sans doute davantage sur cette question dans quelques minutes.

Monsieur le Ministre, Mesdames et Messieurs les Ambassadeurs, Distingué(e)s invité(e)s,

Dans le cadre de sa nouvelle stratégie globale sur les peuples autochtones, présentée ce mercredi 9 mai à l'Instance permanente, le Fonds des Nations Unies pour la population renforcera son action au sein des Equipes-pays des Nations Unies, y compris en Afrique, afin d'apporter son soutien aux gouvernements et aux peuples autochtones dans leurs efforts visant la reconnaissance des droits des peuples autochtones.

Dans les pays, en effet, l'UNFPA œuvre à la promotion des droits des peuples autochtones et plus particulièrement dans le domaine de la santé de la reproduction des femmes et de leur protection contre toutes les formes de violences et de discriminations, notamment les violences fondées sur le genre.

L'objectif principal de l'UNFPA est la réduction de la mortalité maternelle et néonatale chez les autochtones, la prévention du VIH et des grossesses précoces, notamment à travers la réforme des cadres politiques et législatifs et des programmes favorisant la prise en compte des spécificités culturelles des peuples autochtones et leur accès accru aux services de santé de la reproduction.

Au Congo par exemple, l'UNFPA a collaboré étroitement à l'élaboration de la loi et de ses décrets d'application par le gouvernement, et l'assiste dans la mise en œuvre de programmes d'accès des peuples autochtones à des services de santé de la reproduction en adéquation avec leur culture.

Par ailleurs, l'UNFPA apportera son soutien à l'organisation de la pré-session de l'Instance permanente sur les questions autochtones, qui aura lieu pour la première fois en Afrique, en République du Congo, en 2013. La perspective de cette réunion est l'occasion de prendre des initiatives nationales et régionales fortes, avec l'appui de l'Union africaine et des Nations Unies en faveur des droits des peuples autochtones africains.

En terminant, Monsieur le Ministre, Mesdames et Messieurs les Ambassadeurs, Distingué(e)s invité(e)s, je voudrais rappeler que le continent africain s'est affranchi du joug de l'esclavage et s'est émancipé de celui de la colonisation. L'Afrique a donc désormais les moyens, la maturité et le leadership politiques nécessaires pour assumer sa responsabilité historique vis-à-vis de ses peuples autochtones, ne pas faire d'eux des citoyens de seconde classe, mais leur rendre leurs droits et leur assurer des conditions de vie équivalentes à celles de leurs concitoyens.

Je tiens à vous assurer que l'UNFPA soutiendra sur le continent africain, comme ailleurs, en coopération avec l'Instance permanente des Nations Unies sur les Questions autochtones, des partenariats similaires à celui développé au Congo entre le gouvernement, l'UNFPA, les Nations Unies et les peuples autochtones, afin de doter ces derniers de la capacité nécessaire pour qu'ils puissent apporter leur pleine contribution au développement économique, social, politique et culturel de leur pays, conformément à la Déclaration des Nations Unies sur les droits des peuples autochtones.

Améliorer leurs conditions de vie est la garantie de leur survie et celle de la préservation du patrimoine national de chaque pays et de notre humanité commune, dont ils doivent être partie intégrante, citoyens à part entière, à parité de droits et de devoirs. Je vous remercie de votre attention.

Allocution de M. David LAWSON, Représentant résident du Fonds des Nations Unies pour la Population (UNFPA) au Congo & Directeur de la Représentation de l'UNFPA au Gabon, à l'occasion de la clôture de l'Atelier de validation des avant-projets de décrets d'application de la loi 05-2011 portant protection et promotion des droits des populations autochtones du Congo. Ministère des Affaires étrangères, Brazzaville, 28 juillet 2012

Monsieur le Directeur du cabinet de Monsieur le Ministre d'Etat, Ministre de la Justice, des Droits humains et des Libertés fondamentales,
Monsieur le Directeur Général des Droits Humains et des Libertés fondamentales,
Mesdames et Messieurs les Directeurs généraux et centraux,
Mesdames et Messieurs les Directeurs départementaux,
Madame la Représentante du Haut Commissariat des Nations Unies pour les Droits de l'Homme, Chère Collègue,
Mesdames et Messieurs les délégués des agences du Système des Nations Unies au Congo, Cher(e)s Collègues,
Monsieur le Coordonnateur du Réseau National des Populations Autochtones du Congo,
Mesdames et Messieurs les représentants des associations autochtones,
Mesdames et Messieurs les représentants de la société civile,
Mesdames et Monsieur les représentants de la presse et des medias,
Distingué(e)s invité(e)s, Mesdames et Messieurs,

Chaque rencontre contribuant à une avancée de la cause autochtone congolaise est pour moi une victoire. C'est pour vous dire toute ma joie de m'adresser à vous au terme de ces trois journées de travail sur la validation des projets de décret d'application de la loi n°05-2011 portant promotion et protection et des droits des populations autochtones.

Ma joie est d'autant plus grande que le Fonds des Nations Unies pour la Population -l'UNFPA- a financé le séminaire de rédaction de ces avant-projets, que j'ai eu l'honneur de remettre en mains propres au Ministre d'Etat, Garde des Sceaux, Ministre d'Etat, Ministre de la Justice, des Droits humains et des Libertés fondamentales Maître Aimé Emmanuel Yoka, dont je tiens à saluer une nouvelle fois le leadership et l'engagement sans faille sur ce dossier.

Je voudrais également remercier Sarnia Slimane, représentante du Haut-Commissaire des Nations Unies aux Droits Humains d'être venue spécialement de Genève pour cet atelier. Enfin, je tiens à remercier très chaleureusement et très sincèrement le Ministre d'Etat et les agents du Ministère de la Justice, des Droits humains et des Libertés fondamentales, pour la préparation des projets de décret et l'organisation de cet atelier, mais aussi tous les Directeurs généraux et centraux, et tous les techniciens des différents d'départements ministériels qui ont contribué à cet aboutissement. Je suis convaincu que ces décrets permettront de prendre rapidement des mesures sectorielles d'urgence pour répondre aux besoins spécifiques des populations autochtones.

Monsieur le Directeur du Cabinet, Distingué(e)s invité(e)s, Mesdames et Messieurs,

La promulgation de cette loi unique en Afrique était déjà une victoire en elle-même, saluée unanimement par la communauté internationale. Son application effective grâce à ces décrets d'application permettra assurément les changements de pratiques, d'attitudes et de comportements pour une meilleure protection des populations autochtones.

Mais comme le dit le sociologue français, Michel Crozier, et je cite: *«On ne change pas la société par décret.»* Fin de citation. En effet, la loi et les décrets d'application sont les vecteurs indispensables de ces changements voulus et attendus par tous. Pour cette raison, la reconnaissance des droits de ces populations ne doit pas se limiter à des textes, mais faire l'objet de mesures de mise en œuvre qui relèvent de nombreux départements ministériels, réunis ici aujourd'hui, et que j'invite à l'action *urgente.*

Urgente, parce que la condition des populations autochtones est en effet dramatique. Selon le dernier recensement général de la population du Congo de 2007, les quelque 43,500 âmes autochtones représentent moins de 2% de la population congolaise. Et suivant ces chiffres, la population autochtone est passée de 10 à 2% seulement de la population générale, en une décennie.

Si des mesures d'urgence ne sont pas rapidement adoptées, notamment concernant l'accès aux services sociaux de base, tels que la santé et l'éducation, comme dans d'autres régions du monde, ces populations risquent de disparaître purement et simplement.

Agir, et agir vite, dans la mise en œuvre de ce cadre juridique clair et précis nécessite des financements à la hauteur des engagements pris. Selon les parlementaires, le budget national de l'Etat pour 2012 prenait déjà en compte la dimension autochtone. Une fois adoptés en Conseil des Ministres, la mise à disposition de ces décrets d'application auprès du Parlement permettra la prise en compte par la loi de finances 2013, dont l'élaboration est en cours, d'intégrer les projets et programmes des différents Ministères, à qui il revient de préparer ces documents.

Monsieur le Directeur du Cabinet, Distingué(e)s invité(e)s, Mesdames et Messieurs,

Vous le savez, en partenariat et en coordination avec le Ministre d'Etat, le Ministre de la Communication et des Relations avec le Parlement, Porte-parole du Gouvernement, Monsieur Bienvenu Okiemy, et moi-même, avons plaidé, à New York, en mai 2011 et 2012, à l'occasion des 10e et 11è sessions du Forum permanent des Nations Unies sur les questions autochtones, pour la tenue en République du Congo de la réunion inter-sessions du Forum. En raison de l'exemplarité de la loi no. 05-2011 sur la protection et la promotion des droits des populations autochtones du Congo, le Forum permanent des Nations Unies sur les questions autochtones a décidé d'accorder à cette requête et de tenir session à Brazzaville, début 2013.

Il s'agit pour la République du Congo d'une immense reconnaissance diplomatique, mais également d'un grand défi dans lequel le Gouvernement congolais s'est engagé, avec ses partenaires, vis-à-vis de la communauté internationale et des peuples autochtones du Congo et du reste du monde. Il appartient donc aux départements sectoriels de se mobiliser pour atteindre les objectifs fixés par la loi et les décrets d'application. Il en va de la responsabilité du Gouvernement; il en va de votre propre responsabilité.

Avant de terminer, Monsieur le Directeur du Cabinet, Distingué(e)s invité(e)s, Mesdames et Messieurs, je voudrais rappeler l'importance du principe internationalement reconnu de la consultation préalable et de la participation effective des populations autochtones à tous processus décisionnels les concernant.

A cette fin et dans la perspective de la prochaine réunion inter-sessions du Forum permanent des Nations Unies sur les questions autochtones au Congo, la légitimité et la représentativité des organes de représentation des populations autochtones du Congo doit être renforcée. Il est donc nécessaire au plan institutionnel que le RENAPAC tienne une Assemblée générale dans les toutes prochaines semaines, afin de renouveler son bureau exécutif.

Je ne trahis pas un secret d'Etat en vous disant que le Ministre d'Etat, Me Aimé Emmanuel Yoka, a convenu avec moi de cette nécessité au cours d'une audience tenue à son cabinet, au mois de janvier cette année. Le coordonnateur du RENAPAC, notre ami Parfait Dihoukamba, s'est immédiatement rallié à cette proposition.

Le Fonds des Nations Unies pour la Population a déjà offert au Ministre d'Etat et au Coordonnateur du RENAPAC son appui technique et financier pour l'organisation de cette Assemblée générale dans les meilleurs délais.

Monsieur le Directeur du Cabinet, Distingué(e)s invité(e)s, Mesdames et Messieurs,

Le sage écrivain africain, Amadou Hampaté Ba, disait, je cite: «*En Afrique, quand un vieillard meurt, c'est une bibliothèque qui brûle.*» Fin de citation. Au Congo, chaque fois qu'un autochtone s'éteint prématurément, c'est tout le pays qui perd une partie de son patrimoine. Au nom du Fonds des Nations Unies pour la Population et de l'ensemble des agences du Partenariat des Nations Unies sur les Questions Autochtones (UNIPP), UNFPA, UNICEF, PNUD, OHCHR et BIT, je vous assure de notre engagement ferme et proactif auprès du Gouvernement, du RENAPAC et des populations autochtones du Congo pour la mise en œuvre effective et fructueuse de cette loi exemplaire.

Je vous remercie de votre attention.

Allocution de M. David LAWSON, Représentant résident du Fonds des Nations Unies pour la Population (UNFPA) au Congo & Directeur de la Représentation de l'UNFPA au Gabon, à l'occasion de la Journée internationale des peuples autochtones. Cérémonie d'ouverture des Festivités. Pokola (département de la Sangha), 9 août 2012

Monsieur le Ministre d'Etat, Garde des Sceaux, Ministre de la Justice, des Droits humains et des Libertés fondamentales,
Honorables Député(e)s, Vénérables Sénateurs,
Monsieur le Président du Conseil départemental de la Sangha,
Monsieur le Préfet du département de la Sangha,
Monsieur le Sous-Préfet de Mokeko,
Monsieur le Maire de Pokola,
Mesdames et Messieurs les élus locaux,
Monsieur le Directeur Général des Droits Humains et des Libertés fondamentales,
Mesdames et Messieurs les Directeurs généraux et centraux,
Mesdames et Messieurs les Directeurs d'départementaux,
Monsieur le Directeur général de la Compagnie internationale du Bois (CIB),
Monsieur le Coordonnateur du Réseau National des Populations Autochtones du Congo,
Mesdames et Messieurs les représentants des associations autochtones de la Sangha,
Mesdames et Messieurs les représentants de la société civile,
Mesdames et Messieurs les représentants de la presse et des medias,
Distingué(e)s invité(e)s, Mesdames et Messieurs,

Nous sommes réunis aujourd'hui, 9 août 2012, dans le département de la Sangha, pour célébrer la Journée internationale des Peuples autochtones.

Je voudrais avant tout remercier le Préfet de la Sangha, Adolphe Elemba, le Maire de Pokola, Dusso Bakounga, élus nationaux et locaux de la Sangha, et les populations de la Sangha pour l'accueil chaleureux qui nous est réservé. Je voudrais remercier très sincèrement un travailleur infatigable et défenseur acharné de la justice et des droits humains, le Représentant pour l'Afrique au bureau exécutif du Forum permanent des Nations Unies sur les Questions autochtones, William Mviboudoulou, pour son travail inlassable en faveur de la cause autochtone dans le monde et au Congo en particulier. C'est grâce à lui que nous sommes réunis ici aujourd'hui. William, merci.

Je voudrais remercier le Directeur général de la CIB, Christian Schwarz, dont le travail en faveur des populations autochtones de la Sangha doit être un modèle pour d'autres entreprises du Congo, mais aussi pour l'Afrique. Je remercie nos amis parlementaires de la Likouala d'avoir fait le déplacement et ceux de la Sangha naturellement, preuve, s'il en est, de leur indéniable engagement en faveur des populations autochtones. Je remercie bien entendu les leaders associatifs autochtones de la Sangha et tous les représentants de la société civile qui œuvrent à la défense des droits des populations autochtones.

Enfin, je tiens à remercier et à saluer sincèrement le leadership et l'engagement du Ministre d'Etat, Garde des Sceaux, Ministre d'Etat, Ministre de la Justice, des Droits humains et des Libertés fondamentales, Me Aimé Emmanuel Yoka, dont la lutte inlassable en faveur des droits des populations autochtones du Congo et contre toutes formes de tribalisme portant atteinte à l'unité nationale doit être vigoureusement applaudie.

Monsieur le Ministre d'Etat, Distingué(e)s invité(e)s, Mesdames et Messieurs,

La mobilisation de la communauté internationale, des décideurs et des opinions publiques, à l'occasion de cette Journée internationale des peuples autochtones répond à l'idéal qui est le nôtre et à l'impératif de justice, d'équité et d'égalité de droits entre tous les êtres humains, conformément à la Déclaration des Droits de l'homme et à la Déclaration des Nations Unies sur les Droits des Peuples autochtones.

C'est pourquoi nous devons nous réjouir de la mobilisation locale et nationale aujourd'hui à Pokola en faveur des populations autochtones. Car c'est tous ensemble que nous devons mettre à mal la discrimination et la malveillance qui bafouent gravement les droits humains de Congolaises et de Congolais et sapent les fondements même de l'unité nationale.

En adoptant la loi no. 05-2011 portant protection et promotion des droits des populations autochtones du Congo, le gouvernement et le Parlement congolais ont fait honneur à la grandeur et à la noblesse de leurs fonctions.

Je voudrais rappeler que les populations autochtones du Congo, comme d'autres dans le monde, reste aujourd'hui en danger d'extinction. En effet, selon le dernier recensement général de la population du Congo, en 2007, les quelque 43,500 âmes autochtones représentaient moins de 2% de la population congolaise. Ce qui signifie que la population autochtone est passée de 10 à 2% seulement de la population générale, en une décennie. Protéger les femmes et les jeunes autochtones contre la mortalité maternelle, le Sida et les violences est donc une nécessité impérieuse.

La loi congolaise no. 05-2011 qui met en œuvre les principes de la Déclaration des Nations Unies sur les droits des peuples autochtones a été unanimement saluée par la communauté internationale comme une loi exemplaire et un modèle à suivre en Afrique et ailleurs dans le monde.

C'est donc un honneur pour moi et une joie immense que d'avoir participé activement au plaidoyer en faveur de son adoption et financé le séminaire de rédaction des avant-projets de décret de la loi, qui ont été validés à Brazzaville, fin juillet. Ces décrets doivent permettre de prendre rapidement des mesures sectorielles d'urgence pour répondre aux besoins spécifiques des populations autochtones. Ils doivent ainsi permettre les changements d'attitudes et de comportements nécessaires à la protection des populations autochtones. Pour cela, tous les départements ministériels doivent s'y engager encore plus résolument et plus activement.

Il est également indispensable que les parlementaires veillent à ce que des financements soient adoptés à la hauteur des engagements pris dans le cadre de la loi et de ses décrets d'application. Les parlementaires doivent s'assurer de la mise à leur disposition rapide de ces décrets d'application et leur prise en compte effective dans la loi de finances 2013, dont l'élaboration est en cours. Chers amis parlementaires, les populations autochtones ont besoin de vous aujourd'hui plus que jamais.

Parallèlement, en partenariat avec le Gouvernement, les autorités locales, la société civile et les partenaires au développement, les populations autochtones doivent continuer à s'approprier la loi. A ce titre, je suis heureux de vous informer que le Fonds des Nations Unies pour la population - l'UNFPA, assure actuellement la dissémination à travers le pays de la loi en format de poche et dans les principales langues véniculaires.

Monsieur le Ministre d'Etat, Distingué(e)s invité(e)s, Mesdames et Messieurs,

Comme vous le savez, le Fonds des Nations Unies pour la population ne ménage aucun effort pour la promotion et la protection des droits des populations autochtones du Congo. En partenariat et en coordination avec le Ministère de la Justice, les efforts de plaidoyer que j'ai mené avec le Ministre de la Communication et des Relations avec le Parlement, Porte-parole du Gouvernement, Bienvenu Okiémy, à l'ONU, à New York, ces deux dernières années, ont abouti à la décision par le Forum permanent des Nations Unies sur les questions autochtones, de tenir sa prochaine réunion inter-sessionnelle, en février 2013, en République du Congo. C'est une première mondiale, car ce sera la première fois de l'histoire du Forum, qu'il se réunira en Afrique.

Il s'agit pour la République du Congo d'une immense reconnaissance diplomatique, mais également d'un grand défi dans lequel le Gouvernement congolais s'est engagé, avec ses partenaires, vis-à-vis de la communauté internationale et des peuples autochtones du Congo et du reste du monde. Il appartient donc au Gouvernement de s'assurer dans les plus brefs délais de l'atteinte des objectifs fixés par la loi et les décrets d'application.

Mais c'est aussi une opportunité extraordinaire pour les populations autochtones de provoquer une accélération de la mise en œuvre de la loi. Les associations autochtones et les organisations non gouvernementales doivent se mobiliser avec les parlementaires pour faire en sorte que les choses évoluent et rapidement d'ici à la fin de cette année, dans la perspective de la tenue de cette réunion du Forum permanent des Nations Unies sur les questions autochtones.

Dans cette perspective et afin de renforcer la mise en œuvre du principe internationalement reconnu de *consultation préalable* et de *participation effective* des populations autochtones à tous processus décisionnels les concernant, il est nécessaire de renforcer le leadership, la légitimité et la représentativité des organes de représentation des populations autochtones du Congo. Le Réseau National des Populations Autochtones du Congo, le RENAPAC, doit donc tenir Assemblée générale dans les toutes prochaines semaines, afin de renouveler son bureau exécutif. A cet égard, j'ai assuré le Ministre d'Etat, Me Aime Emmanuel Yoka, et le Coordonnateur du RENAPAC, Parfait Dihoukamba, de mon engagement et de l'appui technique et financier du Fonds des Nations Unies pour la population.

Les leaders associatifs autochtones les plus représentatifs de chaque département devront se réunir à Brazzaville et désigner par élection les nouveaux membres du bureau exécutif du RENAPAC, dont la mission première devrait consister à veiller à la mise en œuvre effective de la loi et à la préparation de la réunion du Forum permanent des Nations Unies sur les questions autochtones de l'an prochain.

En terminant, Monsieur le Ministre d'Etat, Distingué(e)s invité(e)s, Mesdames et Messieurs, j'aimerais dire quelques mots de l'engagement civil et politique des populations autochtones dans les processus électoraux au Congo. Le pays vient de tenir des élections législatives. Le Fonds des Nations Unies pour la population, en partenariat avec le Ministère de la Promotion de la Femme et de l'Intégration de la Femme au développement, et avec l'appui financier de l'Ambassade américaine au Congo, a mis en œuvre, à cette occasion, un Programme de mobilisation des femmes aux processus électoraux de 2012 et 2013, qui inclut une dimension autochtone, en matière de droits civils et politiques.

Nous sommes heureux que ce Programme ait contribué à une assez forte mobilisation des femmes aux élections législatives dans les départements concernés, c'est-à-dire la Lékoumou, la Likouala, le Niari, le Pool et la

Sangha. A ce titre, je tiens à remercier les autorités locales et les leaders associatifs pour leur action.

Ce Programme va se poursuivre jusqu'aux élections locales de 2013. Dans cette perspective, j'invite donc tous les leaders autochtones et les femmes sensibilisées et mobilisées à s'investir massivement dans ces élections pour entrer dans les conseils départementaux et municipaux. Les parlementaires ici réunis et bien d'autres, sont déjà engagés pour vous soutenir, et ne manqueront pas d'intervenir pour appuyer ces initiatives.

Vous pouvez compter sur le soutien du Fonds des Nations Unies pour la population et mon propre engagement dans cette nouvelle étape essentielle de la reconnaissance des droits des populations autochtones au Congo. Je vous remercie de votre aimable attention.

Allocution de M. David LAWSON, Représentant résident du Fonds des Nations Unies pour la Population (UNFPA) en République du Congo & Directeur de la Représentation de l'UNFPA en République du Gabon. Panel sur le thème «Les medias autochtones: pour permettre aux voix autochtones de s'élever » organisé à l'occasion de la Journée internationale des peuples autochtones. Pokola (département de la Sangha), 9 août 2012

Monsieur le Ministre d'Etat, Garde des Sceaux, Ministre de la Justice, des Droits humains et des Libertés fondamentales,
Honorables Député(e)s, Vénérables Sénateurs,
Monsieur le Président du Conseil départemental de la Sangha,
Monsieur le Préfet du département de la Sangha,
Monsieur le Sous-Préfet de Mokeko,
Monsieur le Maire de Pokola,
Mesdames et Messieurs les élus locaux,
Monsieur le Directeur Général des Droits Humains et des Libertés fondamentales,
Mesdames et Messieurs les Directeurs généraux et centraux,
Mesdames et Messieurs les Directeurs départementaux,
Monsieur le Directeur général de la Compagnie internationale du Bois,
Monsieur le Coordonnateur du Réseau National des Populations Autochtones du Congo,
Mesdames et Messieurs les représentants des associations autochtones de la Sangha,
Mesdames et Messieurs les représentants de la société civile,
Mesdames et Messieurs les représentants de la presse et des medias,
Distingué(e)s invité(e)s, Mesdames et Messieurs,

La communauté internationale célèbre aujourd'hui, 9 août 2012, dans le monde entier, la Journée internationale sur les peuples autochtones, sur le thème: «*Les medias autochtones: pour permettre aux voix autochtones de s'élever.*»

A l'heure des nouvelles technologies et de la société de l'information continue, les medias constituent une source d'information, d'inspiration et un moyen d'influence essentiel du débat et des politiques publiques.

A travers des moyens de communication diverses et démultiplies -radios et télévisions internationales, nationales et locales, presse écrite, en ligne et medias sociaux, et des formes de communication variées, films, séries, documentaires, reportages, interviews, les medias sont un moyen essentiel de relayer des messages, influencer des décisions ou favoriser la prise de conscience.

Ne parle-t-on pas d'«effet CNN», lorsque se produit une grave crise humanitaire dans le monde et que la communauté internationale interpellée par les besoins des populations se mobilise pour apporter une aide d'urgence? Il en va de même, pour faire changer un discours ambiant, et mobiliser la communauté internationale sur les violations des droits de l'homme. Le *"Printemps arabe"* aurait-il eu le même retentissement, le même impact, les mêmes résultats s'il n'avait pas été relayé par les medias sociaux et la télévision?

La cause autochtone, du fait de sa gravité, en raison des atteintes aux droits humains dont sont victimes les peuples autochtones dans le monde et du danger d'extinction qui menace certains d'entre eux, notamment en Afrique, nécessité la compassion et le soutien de la communauté internationale, des actions gouvernementales fortes et une attention particulière de la part des medias.

A cet égard, il est essentiel que les medias adoptent une attitude militante en faveur des populations autochtones pour renforcer l'adhésion du public à leur cause et l'action des décideurs et des pouvoirs publics. En effet, l'information, dictée par l'actualité immédiate, n'accorde pas toujours toute l'importance souhaitée à des questions récurrentes comme la précarité des conditions de vie des populations autochtones, les décès maternels, la vulnérabilité des populations autochtones au virus du Sida, et toutes les formes de discriminations et de violences dont les femmes autochtones sont souvent victimes. Les medias ont non seulement le devoir d'informer mais *utilité sociale:* ainsi les medias peuvent non seulement informer et distraire, mais aussi servir directement les intérêts concrets des citoyens, et produire des changements tangibles au sein de la société.

Les défis à relever par les populations autochtones doivent normalement recevoir un large écho dans les medias. A ce titre, et même si beaucoup reste à faire, je tiens à féliciter les medias congolais qui depuis mon arrivée au Congo en 2009, ont accordé une place de plus en plus importante à cette problématique. Et je me réjouis que le Fonds des Nations Unies pour la population ait contribué par l'intermédiaire de formations de journalistes congolais à cette prise de conscience et à l'intérêt des medias congolais pour les populations autochtones.

A cet égard, je suis heureux que quatre journalistes originaires de Ouesso, chef-lieu du département de la Sangha, aient pu bénéficier de ces formations et ainsi soient en meilleure mesure de relayer les préoccupations autochtones. N'oublions pas que c'est pour une large part grâce aux medias et à l'intérêt que ceux-ci accordent à la question autochtone que ce sujet a beaucoup progressé au Congo.

Et je voudrais remercier tous nos amis journalistes ici avec nous à Ouesso, et à travers le Congo, et mes amis journalistes fidèles aux causes des populations Congolaises et des populations autochtones en particulier, dont ceux qui ont fait le déplacement de Brazzaville pour être ici aujourd'hui par professionnalisme, mais aussi par conviction. Je tiens à leur rendre hommage.

Monsieur le Ministre d'Etat, Distingué(e)s invité(e)s, Mesdames et Messieurs,

Grâce aux medias et à l'action de la Représentation du Fonds des Nations Unies pour la population en République du Congo, la cause autochtone congolaise et celle des femmes autochtones, en particulier, a fait le tour du monde. En effet en 2010, dans le cadre de notre stratégie de communication, nous avons produit un documentaire intitulé *"Mouato: la Vie des Femmes autochtones du Congo,"* qui va être projeté à l'issue des présentations de ce panel.

Ce film, réalisé au Congo, dans les départements de la Likouala et la Sangha, a été présenté en avant-première au Forum des Nations Unies sur les Questions autochtones, en mai 2010, à New York, par le Ministre de la Communication, des Relations avec le Parlement, Porte-Parole du Gouvernement, Bienvenu Okiemy, et moi-même. Nous avons ensuite présenté ce documentaire au Congo, à Brazzaville, lors d'une cérémonie retransmise en direct sur Télé-Congo, à travers tout le pays. Enfin, j'ai présenté le documentaire avec son réalisateur Alain Nkodia, en Europe, au Festival international du Film de Liège, en Belgique, cette année, à un public enthousiaste et le Festival a été suivi en ligne par plusieurs milliers d'internautes.

J'en profite pour remercier au passage, les autorités du département pour avoir facilité le tournage. Je remercie tous les acteurs amateurs du film, autochtones et activistes de leur cause, dont le Directeur départemental de la Santé du département de la Sangha, Marcel Ollion, dont je salue l'action exemplaire, avec l'UNFPA et l'ACBEF, en faveur de la santé maternelle autochtone qui permet de sauver beaucoup de vies de femmes.

Grâce à ce documentaire, aux chaînes de télévision et à l'internet, des medias puissants, la cause autochtone congolaise a donc fait le tour du monde et reste relayée en permanence à travers le site internet de la Représentation de l'UNFPA au Congo (http://congo-brazzaville.unfpa.org), mais également le site global de l'UNFPA, où le film est disponible pour tous, en accès libre.

Le documentaire est également utilisé au Congo et ailleurs dans le monde par le Forum permanent des Nations Unies sur les Questions autochtones pour la sensibilisation des populations autochtones elles-mêmes sur leurs propres droits, des décideurs et des opinions publiques qui peuvent influencer les décisions de leurs gouvernements.

Monsieur le Ministre d'Etat, Distingué(e)s invité(e)s, Mesdames et Messieurs,

Il est essentiel que les peuples autochtones qui jouissent d'une culture riche et ancestrale bénéficient de leurs propres medias afin de leur permettre de refléter fidèlement leurs valeurs, leurs préoccupations et afin de contribuer à combattre mythes et idées fausses les concernant, tout en valorisant leur patrimoine et leurs actions en faveur de la communauté nationale et internationale.

Ces medias autochtones doivent également permettre l'utilisation, le développement et la transmission aux générations futures de leur histoire, de leurs langues, de leurs traditions orales, de leur philosophie et de leur littérature.

Les peuples autochtones du monde entier ne peuvent pas compter que sur les medias existants pour favoriser à la fois leur accès aux medias et faire en sorte que leur cause soit mieux entendue et écoutée.

En 2009, je m'étais engagé à faire du film documentaire *"Mouato"* un puissant outil de plaidoyer et de sensibilisation des décideurs et des opinions publiques au Congo et hors des frontières nationales. Le pari a été gagné. La question autochtone congolaise est au cœur de l'agenda politique du gouvernement et du pays, mais également de la communauté internationale. Ainsi, la décision du Forum permanent des Nations Unies sur les Questions autochtones de tenir sa réunion inter-sessions de février 2013, au Congo, n'est sans doute pas étrangère à l'influence de notre plaidoyer et de ce puissant instrument médiatique.

Avant de terminer, je suis heureux de vous dire qu'aujourd'hui je continuerai à soutenir et accroître l'intérêt des medias congolais pour la cause autochtone et pour appuyer la mise en œuvre de la loi no. 05-2011, notamment par la formation des journalistes congolais sur la problématique autochtone.

Je m'engage également à renforcer l'appui technique et financier de l'UNFPA aux reportages de journalistes soucieux de soutenir la cause et alerter l'opinion et les décideurs des menaces qui pèsent sur les populations autochtones et favoriser l'accélération de la mise en œuvre de la loi portant protection et promotion des populations autochtones du Congo.

Enfin, je soutiendrai les initiatives autochtones existantes ou nouvelles pour faciliter leur accès aux medias, mais aussi les initiatives autochtones visant à établir leurs propres medias, dans leurs propres langues, afin de défendre leurs droits, vulgariser la loi no. 05-2011 et intensifier la sensibilisation des populations autochtones sur la santé de la reproduction, la prévention du VIH/SIDA, l'amélioration de la condition féminine et la participation des populations autochtones au processus électoral de 2013.

Monsieur le Ministre d'Etat, Distingue(é)s invite(é)s, Mesdames et Messieurs, En conclusion, je tiens à vous redire que le Fonds des Nations Unies pour la population continuera à appuyer les efforts du Gouvernement, du RENAPAC et des associations autochtones dans tous les domaines de son action pour améliorer les conditions de vie des populations autochtones et la protection et la promotion de leurs droits. Je vous remercie de votre aimable attention.

Allocution de M. David LAWSON, Représentant Résident du Fonds des Nations Unies pour la population (UNFPA) en République du Congo & Directeur de la Représentation de l'UNFPA en République du Gabon, à l'occasion de la cérémonie de restitution de l'étude sur les déterminants de l'utilisation des services de santé de la reproduction par les peuples autochtones. Représentation de l'UNFPA au Congo, Brazzaville, 7 février 2013

Monsieur le Directeur Général de la Santé, représentant Monsieur le Ministre de la Santé et de la Population,
Monsieur le Conseiller technique à la santé du Président de la République,
Monsieur le Président de l'Assemblée Nationale,
Monsieur le Président du Sénat,
Honorable Président de la Commission santé, affaires sociales, famille et genre de l'Assemblée Nationale,
Honorables Député(e)s, Vénérables Sénateurs,
Mesdames et Messieurs les représentants des membres du Gouvernement,
Mesdames et Messieurs les Ambassadeurs et Chefs de missions diplomatiques et Consulaires accrédités en République du Congo, et Cher(e)s Collègues,
Mesdames et Messieurs les représentants du Corps Diplomatique et Consulaire accrédités en République du Congo, et Cher(e)s Collègues,
Mesdames et Messieurs les Représentants des organisations internationales accrédités en République du Congo, et Cher(e)s Collègues,
Monsieur le Représentant pour l'Afrique à l'Instance Permanente des Nations Unies pour les questions autochtones,
Madame la Secrétaire Exécutive du Conseil National de Lutte contre le Sida,
Mesdames et Messieurs les Directeurs Généraux,
Madame la Directrice de la santé familiale,
Messieurs les Directeurs départementaux de la santé,
Monsieur le Coordonnateur du RENAPAC,
Mesdames et Messieurs les Représentants des organisations non gouvernementales et de la société civile,
Mesdames et Messieurs de la presse et des medias,
Messieurs les consultants,
Distingué(e)s invité(e)s, Mesdames et Messieurs,

Tout d'abord, merci à tous d'être avec nous ici au sein de notre Représentation à l'occasion de la cérémonie de restitution de *l'étude sur les déterminants de l'utilisation des services de santé de la reproduction par les peuples autochtones*.

Chaque amélioration de la connaissance des problèmes qui se posent aux populations autochtones est une victoire et un pas supplémentaire dans la prise en compte de leurs droits. Nous espérons que cette étude constituera un élément utile à l'avancement de la cause autochtone.

Je voudrais, avant tout, remercier et saluer sincèrement l'activisme du Directeur Général de la Santé sur ce dossier qui, au nom du Ministre de la Santé et de la Population, témoigne de la lutte constante dont fait preuve la République du Congo pour reconnaître les droits des populations autochtones et répondre aux problèmes de santé spécifiques auxquels ils sont confrontés.

Je voudrais également remercier la Direction de la Santé Familiale du Ministère de la Santé et de la Population pour avoir assuré la coordination de cette étude, ainsi que les directeurs départementaux de la santé de la Lékoumou, de la Likouala, des Plateaux et de la Sangha pour leur soutien précieux et leur active collaboration.

Enfin, je voudrais saisir cette occasion pour remercier les consultants et toute l'équipe des enquêteurs et superviseurs, ainsi que les associations, ONG et populations autochtones qui ont contribué à la réalisation de cette étude.

Monsieur le Directeur Général de la Santé, Mesdames et Messieurs,

Selon le dernier recensement général de la population de 2007, en République du Congo, la population autochtone représente 2% de la population globale, alors qu'en l'absence de chiffres précis avant cette date, elle était estimée à 10%. Quelque quarante-trois mille cinq cents (43,500) âmes peinent à survivre et à se faire une place sociale et à défendre leur droit, au sein de la société congolaise, alors qu'elles occupent, pour une large part, un espace vital important en termes économiques et environnementaux: la forêt.

Ces chiffres alarmants concernant le déclin de la population autochtone au Congo ont permis une brusque mais nécessaire prise de conscience de l'urgence de l'action, pour éviter la disparition totale de ces populations. Relativement peu nombreuses, isolées et dispersées sur l'ensemble du territoire national, ces communautés sont confrontées à des phénomènes de vulnérabilités multiformes. A la vulnérabilité numérique et spatiale, s'ajoute une vulnérabilité structurelle. La majorité de cette population est constituée de femmes et de jeunes au niveau d'instruction faible, et malgré une médecine traditionnelle reconnue, elle dispose d'un accès difficile à la santé.

A ce titre, la santé de la reproduction est au cœur de la problématique existentielle de ces populations autochtones, menacées d'extinction.

Monsieur le Directeur Général de la Santé, Mesdames et Messieurs,

Comme les autres Congolaises, les femmes autochtones ont droit à l'égalité de genre, à l'éducation et à la santé, et doivent prospérer par l'autonomie économique et sociale. Leur état de santé diffère pourtant considérablement du reste de la population. Considérant les situations d'exceptionnelle précarité et d'inégalité dans lesquelles ont vécues les populations autochtones pendant des siècles, leur permettre de recouvrir les mêmes droits que les autres citoyens congolais doit être une priorité, conformément au «Pacte social» défini par le Président de la République. C'est sous le prisme de l'équité qu'il s'agit à présent d'envisager l'amélioration des conditions de vie des populations autochtones. Ce principe d'équité offre ainsi une exigence d'efficacité et de résultats supplémentaires.

Le Gouvernement conscient de ces enjeux, est engagé depuis plusieurs années avec la société civile et les partenaires au développement tel que le Système des Nations Unies dont le Fonds des Nations Unies pour la Population (UNFPA), pour faire de la reconnaissance, de la protection et de la promotion des droits des populations autochtones, une priorité nationale. Cette reconnaissance au plus haut niveau de l'Etat, portée par le Ministre d'Etat, Ministre de la Justice et des Droits Humains, Me Aymé Emmanuel Yoka, a permis des avancées significatives au cours de ces dernières années en faveur des populations autochtones.

La loi no. 05-2011 portant protection et promotion des droits des populations autochtones du Congo, adoptée en février 2011, est le résultat d'un long processus de plaidoyer initié dès 2007 par le premier Forum international sur les populations autochtones d'Afrique centrale. Unanimement saluée par la communauté internationale, en 2011 et 2012, sous le plaidoyer commun du Monsieur Bienvenu Okiémy, Ministre de la Communication, des relations avec le Parlement et porte-parole du Gouvernement et du Représentant de l'UNFPA, cette loi a mené à la décision du Forum permanent des Nations Unies sur les questions autochtones de tenir sa prochaine réunion inter-sessions, en Afrique, à Brazzaville, au mois de mars prochain, pour la première fois de l'histoire du Forum.

Il s'agit là d'une reconnaissance devant le monde entier de la loi congolaise comme exemplaire et modèle à suivre. Il s'agit également d'une immense reconnaissance diplomatique qui constitue également un grand défi dans lequel le Gouvernement s'est engagé avec ses partenaires, vis-à-vis de la communauté internationale et des peuples autochtones du Congo et du reste du monde.

Tout en reconnaissant la qualité du travail accompli, il est indispensable de veiller à l'accélération du processus d'adoption des décrets d'application de la loi 05-2011, dont l'UNFPA avait financé début 2012 les avant-projets qui ont été validés au mois de juillet dernier.

Monsieur le Directeur Général de la Santé, Mesdames et Messieurs,

Le Fonds des Nations Unies pour la Population (UNFPA) a soutenu sans relâche le Gouvernement et les populations autochtones dans ce long chemin et appuyé techniquement et financièrement la réalisation de nombreuses activités en faveur des communautés autochtones. Les derniers engagements que j'ai pris tels que définis dans la stratégie 2011-2012 sur les peuples autochtones en huit points, ont été honorés. Cette étude qui nous réunit aujourd'hui sur les déterminants de l'utilisation des services de santé de la reproduction par les peuples autochtones en République du Congo en témoigne.

En introduisant cette étude, je me dois d'évoquer les résultats positifs et très encourageants de l'enquête démographique et de santé 2012 concernant la santé de la reproduction en République du Congo. Le taux de mortalité maternelle a connu une forte baisse de 45% au cours des 7 dernières années, passant de 781 à 426 décès maternels pour 100,000 naissances vivantes, entre 2005 et 2012.

Ces résultats positifs ne sont pas le fruit du hasard. L'engagement politique du Chef de l'Etat sur l'amélioration de la santé maternelle au Congo, l'implication personnelle de la Première Dame dans la campagne mondiale de réduction de la mortalité maternelle, la CARMMA, et la mobilisation des moyens engagés par le gouvernement et ses partenaires expliquent largement les progrès réalisés. Pour atteindre l'Objectif du Millénaire pour le Développement 5 (OMD 5) sur la réduction de la mortalité maternelle de 75% entre 1990 et 2015, la République du Congo doit réduire le nombre de décès maternels à 223 pour 100,000 naissances vivantes, d'ici à 2015. Incontestablement, cet objectif ne pourra être honoré que par la diminution effective du taux de mortalité maternelle chez les femmes autochtones en particulier.

Regrettablement, l'étude soumise à examen aujourd'hui ne présente pas les mêmes signaux encourageants en ce domaine. La femme autochtone apparaît nettement vulnérable dans les résultats de cette étude. Si nous ne disposons pas de données chiffrées précises sur le taux de mortalité maternelle chez les femmes autochtones, leur vulnérabilité et les autres indicateurs sanitaires les concernant ne nous rassurent pas sur la santé maternelle en milieu autochtone.

Monsieur le Directeur Général de la Santé, Mesdames et Messieurs,

Je me réjouis de l'existence de ce travail de recherche novateur sur les déterminants de la santé de la reproduction chez les femmes autochtones. Il constitue une première dans la connaissance approfondie de cette population et de ses principales caractéristiques socio-démographiques et une mise à jour de certaines données plus anciennes.

Les consultants vont présenter le détail du travail accompli dans quelques minutes. Mais je voudrais toutefois mettre en exergue certains résultats et recommandations importantes et proposer l'appui du Fonds des Nations Unies pour la Population au Gouvernement pour la mise en œuvre d'un plan d'actions ciblées répondant aux problèmes soulevés.

Un constat général s'impose: les principaux résultats quantitatifs de l'étude font systématiquement état d'une vulnérabilité accrue en 2012 par rapport aux chiffres nationaux connus.

- Le faible recours aux structures de santé et aux services de santé de la reproduction constitue la première grande observation de cette enquête. En effet, seulement 65,5 % des autochtones ont recours aux structures sanitaires lorsqu'ils sont malades, contre 97% pour le reste de la population. La même proportion est observée concernant la consultation spécifique des services de santé de la reproduction.
- Autre chiffre alarmant : 99,8% des femmes interrogées déclarent avoir accouché à domicile lors de leur dernière grossesse, contre seulement mains de 4% pour les autres congolaises. Chiffre d'autant plus insupportable qu'il est le reflet non seulement de la vulnérabilité des femmes autochtones, mais surtout des profondes inégalités qui persistent entre les peuples autochtones et le reste de la population. Conséquences directes de l'accouchement à domicile, peu de femmes autochtones déclarent recourir à la consultation prénatale et post-natale. 37% d'entre elles vont aux consultations prénatales, contre une moyenne nationale de 94%. Seules 12% d'entre elles affirment être allées en consultations post-natales.

En conséquence, une des recommandations de l'étude préconise le lancement de larges campagnes de communication et de sensibilisation sur la promotion des soins de santé et le déploiement d'unités mobiles de santé de la reproduction en direction des villages les plus éloignés.

- En outre, on savait les populations autochtones extrêmement vulnérables aux infections sexuellement transmissibles et au VIH/Sida. Les chiffres publiés dans l'étude le confirment. 59% des autochtones interrogés déclarent ne pas être informés de cette maladie et seuls 35% déclarent utiliser le préservatif. Cette extrême vulnérabilité face au VIH/Sida dont les causes sont désormais connues doit être vigoureusement combattue. Là aussi, des campagnes de sensibilisations communautaires et de dépistage mobile du VIH sont une réponse spécifique essentielle.

- Concernant l'utilisation de méthodes de contraception, seuls 26% des autochtones interrogées déclarent utiliser un moyen de contraception. Sachant qu'elle peut réduire jusqu'à 30% la mortalité maternelle, il est donc urgent d'étendre la planification familiale aux départements de concentration autochtone.

Dans le contexte des populations autochtones, la planification familiale doit être conçue de manière communautaire en prenant en compte leurs spécificités, cultures et croyances.

L'analyse qualitative des déterminants de l'utilisation des services de la santé de la reproduction des ménages autochtones révèle la force des facteurs psychologiques, culturels, sociaux et économiques dans l'accès aux soins. Ainsi le faible niveau d'instruction, les croyances ancestrales et le degré de pauvreté de ces populations constituent des éléments essentiels à prendre en compte dans la réponse à apporter à cette situation.

L'étude relève l'importance qui doit être accordée à la pluralité de la notion d'accessibilité. En effet, l'accessibilité doit être envisagée en termes géographiques, mais également économiques et culturels. Par exemple, on note que la distance ou l'éloignement, contrairement à ce que l'on pourrait croire, n'est pas l'unique obstacle au recours aux services de santé. Le manque de moyen financier et de transport constitue également un frein manifeste à l'utilisation des services de santé. L'accessibilité culturelle quant à elle, repose sur des déterminants socio-culturels qui influencent la perception des services de santé et des soins médicaux modernes par les populations autochtones. Ainsi, les croyances, les attentes et la compréhension des populations face au système de santé régissent fortement leurs comportements.

La prise en compte de la dimension culturelle est donc capitale pour répondre le plus justement possible aux attentes et aux besoins des populations autochtones, à travers une communication au changement de comportement spécifique envers ces populations et à des sensibilisations aux méthodes de santé moderne.

Monsieur le Directeur Général de la Santé, Mesdames et Messieurs,

Avant de conclure, je tiens à saluer une nouvelle fois la qualité du travail réalisé à travers cette étude. Je voudrais également renouveler la volonté et l'engagement de l'UNFPA à mettre à la disposition du Gouvernement son expertise technique et son appui financier pour la mise en œuvre d'un plan d'action issu des recommandations de l'étude, dont la réalisation d'une enquête très précise sur les décès maternels en milieu autochtone.

Dans la perspective de la venue au Congo des membres de l'Instance Permanente des Nations Unies sur les questions autochtones, je souhaite qu'immédiatement après l'adoption des décrets d'application de la loi 05-2011, un plan d'action d'urgence à court terme 2013-2014 rassemble autour d'actions ciblées, tous les départements sectoriels concernés, dont le plan d'action issu des recommandations de cette étude sera partie intégrante.

Gageons que la venue prochaine de l'Instance permanente des Nations Unies sur les questions autochtones sera l'occasion de donner un coup d'accélérateur à la mise en œuvre de ce plan d'action pour l'amélioration des conditions de vie des populations autochtones.

En terminant, je voudrais dire que le Fonds des Nations unies pour la Population, avec le soutien financier de l'Ambassade des Etats-Unis au Congo a appuyé en 2012 un programme de mobilisation des congolaises et des femmes autochtones en particulier aux processus électoraux 2012-2013. Ce programme a abouti à une mobilisation autochtone aux élections législatives 4 fois supérieures à celles de 2007. L'UNFPA va poursuivre ce programme dans les départements à forte concentration autochtone, notamment la Bouenza, la Cuvette-Ouest, la Lékoumou, la Likouala, le Niari, le Pool et la Sangha pour la mobilisation des femmes autochtones aux élections locales de 2013.

Avec le soutien des élus nationaux et locaux qui ont déjà promis d'appuyer l'entrée d'autochtones au sein des conseils municipaux, nous espérons renforcer le leadership autochtone au Congo. C'est seulement à travers le renforcement de ce leadership que les droits des populations autochtones congolaises, y compris les droits des femmes et de la santé de la reproduction, pourront être durablement et irréversiblement respectés. Les autochtones ne sont pas des victimes, ils doivent être acteurs de leur propre développement. Je vous remercie de votre attention.

PARTENARIATS STRATÉGIQUES

La coopération internationale et l'aide au développement ne sont depuis bien longtemps plus l'apanage exclusif des gouvernements. De nouveaux acteurs, secteur privé, fondations, organisations non gouvernementales, individus, philanthropistes sont autant de nouveaux acteurs importants du monde en développement.

L'Objectif du Millénaire pour le Développement No. 9 (OMD9) faisait lui-même référence à l'importance des partenariats stratégiques pour atteindre les objectifs du millénaire pour le d'développement à l'horizon 2015.

Le Représentant de l'UNFPA a veillé dans le cadre de son programme de coopération avec le gouvernement congolais à élargir les partenariats de manière à favoriser la participation effective de la société civile dans toutes ses formes, associations, parlementaires, leaders religieux et communautaires, activistes, universités, monde académique, secteur privé, de manière à intensifier le plaidoyer en faveur du changement social mais aussi renforcer les capacités de la société civile, seule capable d'influencer les politiques publiques dans le sens du bien-être des populations.

Parmi les principaux partenariats suscités, on retiendra notamment le Rotary International ou la Coordination des associations et réseaux de la société civile du Congo (CARESCO), principal réseau regroupant un très large nombre d'associations sur des thématiques très variées. Un accord de coopération a également été signé avec la société Total Congo, sur la santé maternelle et les populations vulnérables, premier du genre pour l'UNFPA dans le monde.

Un partenariat similaire, mais pour des activités plus limitées, a été signé avec la compagnie pétrolière ENI Congo. Le Représentant de l'UNFPA aura tissé un partenariat stratégique et une collaboration étroite avec les deux chambres du Parlement congolais et leurs Présidents respectifs, l'Honorable Justin Kouba, à l'Assemblée nationale, et le Vénérable André Obami Itou, au Sénat, et assuré un plaidoyer vibrant pour nombre de mesures législatives.

Enfin, grâce à un partenariat unique au monde pour l'UNFPA avec le Département d'Etat américain, par l'intermédiaire de l'Ambassade américaine au Congo, I'UNFPA a pu soutenir un Programme de mobilisation et de participation des femmes, y compris autochtones, aux élections législatives de 2012 qui a abouti à un taux de participation des femmes autochtones quatre fois supérieur à celui des précédentes élections.

Allocution de M. David LAWSON, Représentant résident du Fonds des Nations Unies pour la Population (UNFPA) en République du Congo & Directeur de la Représentation de l'UNFPA en République du Gabon, à l'occasion de la signature du protocole d'accord entre l'UNFPA et le Rotary Club de Brazzaville. Brazzaville, 10 juin 2010

Madame la Présidente du Rotary Club de Brazzaville,
Cher(e)s ami(e)s rotarien(ne)s,
Cher(e)s collègues de l'UNFPA,
Mesdames et Messieurs des medias,

Nous sommes aujourd'hui réunis à la Représentation du Fonds des Nations Unies pour la population (UNFPA) en République du Congo pour la signature d'un accord de coopération entre notre Représentation et le Rotary Club de Brazzaville. Cet accord est le premier du genre signé entre l'UNFPA et une organisation non gouvernementale internationale au Congo.

Les interventions des organisations non gouvernementales constituent un complément indispensable de l'action que mènent les gouvernements pour promouvoir les droits humains, l'égalité des sexes et assurer des services de santé de qualité en matière reproduction, y compris la planification familiale. Consciente de cette réalité, la communauté internationale a recommandé en 1994, lors de la Conférence internationale sur la population et le développement tenue au Caire, en Egypte, le développement de partenariats entre les Gouvernements, le système des Nations Unies et les organisations de la société civile déjà reconnues pour leur rôle primordial dans la formulation, la mise en œuvre et le suivi des politiques et programmes de développement.

C'est dans cette perspective que le Fonds des Nations Unies pour la Population et le Rotary international ont signé un accord de coopération global en novembre 1995. Il existe d'autres exemples de tels accords de partenariats entre l'UNFPA et d'autres organisations non gouvernementales à vocation globale, tels que la Fédération internationale pour la planification familiale (IPPF) ou la Confédération internationale des Sages-Femmes qui contribuent à renforcer la concertation, le plaidoyer et l'action internationale sur les questions de population et développement.

Madame la Présidente, Mesdames et Messieurs,

Au Congo, l'accord de coopération entre l'UNFPA et le Rotary Club de Brazzaville s'inscrit dans le cadre de l'accord global entre nos deux institutions et vise à la mise en œuvre au niveau national les principes d'action définis au niveau global, en les appliquant au contexte congolais.

Cet accord crée donc un espace de coopération dans le but de promouvoir des synergies de renforcer la mobilisation de la société civile et du secteur privé autour des dossiers relatifs la population et au développement, à la santé de la reproduction, à la planification familiale, au genre, à la prévention du VIH/Sida en République du Congo, pour le bien-être des populations congolaises.

Les domaines de coopération entre les deux parties couvriront la santé de la reproduction, y compris les fistules obstétricales, le genre, la prévention du VIH/Sida, l'assistance aux populations vulnérables, notamment les personnes âgées, les personnes vivant avec un handicap, les populations autochtones.

L'accord de coopération concrétise une collaboration jusqu'alors ponctuelle entre le Rotary Club de Brazzaville et I'UNFPA, notamment dans le cadre de la campagne sur les fistules obstétricales pilotée par le ministère de la Santé et de la Population et soutenue par l'UNFPA, à laquelle le Rotary s'est associé en permettant au mois d'août 2009, par l'intermédiaire du Rotary International, et du Rotary Club indien l'intervention de médecins indiens ayant assuré des formations des personnels chirurgicaux congolais et opérer gratuitement vingt femmes atteintes des fistules obstétricales.

Madame la Présidente, Mesdames et Messieurs,

Pour la Représentation de l'UNFPA au Congo, la signature de cet accord est non seulement un instrument de coopération, mais est également innovant dans la recherche de formules novatrices de financement des programmes de développement du Gouvernement congolais soutenus par l'UNFPA, en vue de mettre en œuvre des activités stratégiques à faible coût mais à impact fort, dont les résultats positifs doivent permettre au Gouvernement de capitaliser sur les investissements initiaux et passer à l'échelle.

Le Congo est un pays à revenu intermédiaire et à ce titre dispose d'une aide bilatérale au développement très limité, malgré les besoins criants des populations. En outre, de nouveaux besoins apparaissent, notamment pour répondre à la situation humanitaire dans le département de la Likouala. Ceci nous oblige à mobiliser davantage de ressources pour répondre aux attentes pressantes des populations.

Au titre des priorités de l'action du Rotary Club de Brazzaville et de l'UNFPA dans le cadre de cet accord de coopération, nous sommes convenus de placer au sommet des priorités de notre plaidoyer et de nos actions conjointes, la lutte contre la mortalité maternelle, dont le taux reste trop élevé au Congo à 781 décès pour 100,000 naissances vivantes. Comme vous le savez, ceci est ma priorité numéro un au Congo pour la durée de mon mandat. Je suis donc ravi que nous concrétisions cet accord sur ce grave problème de santé publique.

Concrètement, nous allons travailler ensemble sur des projets de mobilisation d'assistance technique pour le renforcement des capacités nationales dans les domaines de coopération. Suivant la tradition du Rotary, nous allons organiser ensemble des événements et galas afin de mobiliser des ressources financières. Nous allons faire le plaidoyer en faveur de sujets d'intérêts communs; je pense notamment à la gratuité de la césarienne qui pourrait aider à réduire de vingt-cinq pour cent le taux de mortalité maternelle au Congo. Nous allons œuvrer ensemble à la réflexion et à la mobilisation sociale sur les thématiques de notre coopération. Enfin, nous allons co-financer certains programmes d'action et de développement en faveur du bien-être des populations congolaises.

Madame la Présidente, Mesdames et Messieurs,

En terminant, je voudrais vous dire la joie que j'ai à signer cet accord aujourd'hui avec le Rotary Club de Brazzaville. Le Rotary est en effet un partenaire essentiel pour la cause du développement social et économique à l'échelle planétaire. A cet égard, je salue chaleureusement l'action menée au Congo par le Rotary Club de Brazzaville et sa Présidente, Claude-Angella Mabassy, et je la remercie pour son leadership ainsi que tous les Rotariens qui ont contribué à la négociation et à la finalisation de cet accord de partenariat, et pour leur activisme en faveur du développement du pays et de la lutte pour la réduction de la mortalité maternelle en République du Congo.

Le Fonds des Nations Unies pour la Population, à travers moi et avec mes collègues ici réunis, s'engage à donner le meilleur d'eux-mêmes pour que cette collaboration officielle renforce de manière significative les efforts du Gouvernement du Congo pour l''amélioration des services sociaux de base, et plus particulièrement le système de santé, y compris la santé reproductive, et contribue ainsi au bien-être des populations congolaises. Je vous remercie de votre attention.

Allocution de M. David LAWSON, Représentant résident du Fonds des Nations Unies pour la Population (UNFPA) en République du Congo & Directeur de la Représentation de l'UNFPA en République du Gabon, à l'occasion de la signature de l'Accord de Coopération entre l'UNFPA et Total E&P Congo. Pointe-Noire, 10 mars 2011

Monsieur le Directeur Général de la Société Total «Exploitation et Production» au Congo,
Monsieur le Préfet du Département de Pointe-Noire,
Monsieur le Député-Maire de Pointe-Noire,
Mesdames et Messieurs les représentants des corps constitués civils et militaires,
Mesdames et Messieurs les représentants du corps consulaire à Pointe-Noire, et Cher(e)s Collègues, Mesdames les déléguées des agences du Système des Nations Unies à Pointe-Noire, et Chères Collègues,
Madame et Monsieur les Directeurs généraux des Hôpitaux Adolphe et de Louandjili, Mesdames et Messieurs les Directeurs départementaux,
Mesdames et Messieurs les «capitaines d'entreprises» et représentants de la société civile et du secteur privé,
Monsieur le Président de la Chambre de Commerce et d'Industrie de Pointe-Noire,
Mesdames et Messieurs les collaborateurs de la Société Total «Exploitation et Production» au Congo,
Mesdames et Messieurs les représentants de la presse et des media,
Distingué(e)s invité(e)s, Mesdames et Messieurs,

Nous sommes aujourd'hui réunis, à Pointe Noire, au siège social de la Société Total «Exploitation et Production» en République du Congo, pour la signature d'un accord de coopération entre la Société Total «Exploitation et Production» au Congo et la Représentation du Fonds des Nations pour la Population (UNFPA) en République du Congo.

C'est un grand privilège et un honneur pour moi que de signer cet accord avec le Directeur Général de la Société Total «Exploitation et Production» au Congo, Jacques Azibert, dans les locaux mêmes de la Société Total à Pointe-Noire, capitale économique du pays et vivier du fleuron du capitanat d'entreprise du Congo.

En effet, cet accord est le premier du genre signé entre le Fonds des Nations Unies pour la population, l'UNFPA, et une grande entreprise internationale au Congo. Mais c'est également le premier du genre signé entre Total et l'UNFPA dans le monde.

Il est incontestable que les interventions des organisations non gouvernementales, de la société civile et du secteur privé constituent un complément indispensable de l'action que mènent les gouvernements pour promouvoir les droits humains, l'égalité des sexes et assurer des services de santé de qualité, y compris en matière de santé maternelle.

Consciente de cette réalité, la communauté internationale a recommandé en 1994, lors de la Conférence internationale sur la population et le développement, tenue au Caire, en Egypte, le développement de partenariats entre les gouvernements, le système des Nations Unies et les organisations de la société civile et du secteur privé déjà reconnues pour leur rôle primordial dans la formulation, la mise en œuvre et le suivi des politiques et programmes de développement.

Dans un monde où la libre entreprise est le vecteur essentiel des politiques de développement, le renforcement des partenariats public-privé sont donc indispensables à l'atteinte des objectifs du millénaire pour le développement. L'UNFPA a délibérément fait le choix de cette approche public-privé.

C'est dans cette perspective que s'inscrit la signature de cet accord de coopération entre la Société Total «Exploitation et Production» au Congo et la Représentation du Fonds des Nations Unies pour la Population au Congo. Il existe d'autres exemples de tels accords de partenariats entre l'UNFPA et des organisations non gouvernementales à vocation globale, tels que la Fédération internationale pour la planification familiale (IPPF) ou la Confédération internationale des Sages-Femmes qui contribuent à renforcer la concertation, le plaidoyer et l'action internationale sur les questions de population et développement. Au Congo, l'UNFPA a signé un accord de coopération avec le Rotary Club de Brazzaville l'an dernier. Et nous espérons que l'accord signé aujourd'hui en suscitera d'autres, y compris dans le secteur pétrolier.

Monsieur le Directeur Général, Mesdames et Messieurs,

La société Total a une longue expérience de mise en œuvre de sa politique de développement durable, notamment en ce qui concerne la maîtrise de l'impact de ses activités sur les personnes et l'environnement, la contribution au développement économique et social national et l'anticipation des besoins de l'avenir.

L'UNFPA est une agence de développement international qui appuie les politiques et programmes de développement visant à réduire la pauvreté et assister les populations vulnérables, notamment les personnes âgées, handicapées et les populations autochtones, à faire en sorte que chaque grossesse soit désirée et les accouchements sans risque, à prévenir les infections au virus du Sida et faire en sorte que toutes les jeunes filles et les femmes soient traitées avec dignité et respect.

Cet accord crée donc un espace de complémentarité et coopération entre nos deux institutions dans le but de promouvoir et renforcer les synergies sur des sujets de société et d'intérêts mutuels pour le bien-être des populations congolaises, en ce qui concerne l'appui aux populations vulnérables, la santé maternelle, y compris la fistule obstétricale, l'égalité entre hommes et femmes, la prévention du VIH/Sida.

Les domaines immédiats d'intervention couvriront, d'une part, le renforcement des structures de santé maternelle en vue d'améliorer la qualité de service et des soins pour les femmes enceintes, et la prise en charge de la fistule obstétricale par l'Hôpital Adolphe Cissé de Pointe-Noire qui deviendra un troisième centre de référence en la matière pour le sud du pays, en complément du Centre hospitalier universitaire et l'Hôpital des Armées Pierre Mobengo de Brazzaville. D'autre part, l'appui à des centres de réhabilitation pour les personnes vivant avec un handicap à Pointe-Noire et Brazzaville sera un des premiers dossiers à notre ordre du jour.

Monsieur le Directeur Général, Mesdames et Messieurs,

Pour moi, la signature de cet accord est non seulement un instrument de coopération, mais est également innovant dans la recherche de formules novatrices de financement des programmes de développement nationaux soutenus par l'UNFPA, en vue de réaliser des activités stratégiques à impact fort, dont les résultats positifs doivent permettre au Gouvernement de capitaliser sur les investissements initiaux, s'approprier et pérenniser les activités initiées et passer à l'échelle.

Le Congo est un pays à revenu intermédiaire et, à ce titre, dispose d'une aide bilatérale au développement très limitée, malgré les besoins criants des populations. En outre, de nouveaux besoins apparaissent, notamment pour répondre à la situation humanitaire dans le département de la Likouala ou encore pour faire face aux conséquences de la récente épidémie de poliomyélite sauvage qui a durement frappé le pays.

Ceci nous oblige à mobiliser davantage de ressources financières pour répondre aux attentes pressantes des populations. Je salue la générosité de la Société Total Congo et me réjouis donc particulièrement qu'au titre des principales ses priorités et de l'UNFPA dans le cadre de cet accord de coopération, nous soyons convenus de placer la lutte contre la mortalité maternelle, dont le taux reste trop élevé au Congo à 781 femmes qui meurent en donnant la vie, pour 100,000 naissances vivantes et qui demeure un grave problème de santé publique.

Comme vous le savez, la santé maternelle est ma priorité numéro un au Congo, avec l'équité de genre et la prévention du VIH.

Je suis convaincu que nos efforts communs dans ce domaine contribueront à l'éradication de la fistule obstétricale. En outre, la mise en œuvre prochaine de la gratuité de la césarienne qui pourrait aider à réduire de vingt-cinq pour cent le taux de mortalité maternelle au Congo.

Nous allons œuvrer ensemble à la mise en œuvre de la politique sociale nationale concernant les populations vulnérables, en appuyant des centres d'adaptation et de réhabilitation pour les personnes vivant avec un handicap. D'après l'OMS, ces dernières représentent 10% de la population générale, soit plus de 360,000 personnes, dont le nombre s'est accentué du fait des conséquences de la récente épidémie de poliomyélite sauvage.

Monsieur le Directeur général, Mesdames et Messieurs, En terminant, je voudrais vous dire la joie que j'ai à signer cet accord aujourd'hui avec Total Congo. Le Groupe Total est en effet est devenu partenaire important pour la cause du développement économique et social ici au Congo, mais aussi à l'échelle planétaire.

A cet égard, je voudrais saluer chaleureusement l'action menée au Congo en matière de développement durable par la Société Total «Exploitation et Production» au Congo et son Directeur Général, Jacques Azibert, que je remercie pour son leadership, ainsi que tous les collègues du département Développement Durable de la Société qui ont contribué à la négociation et à la finalisation de cet accord de partenariat, et pour leur contribution au développement durable du pays.

Le Fonds des Nations Unies pour la Population, à travers moi, et avec mes collègues de notre Représentation à Brazzaville et de notre Antenne de Pointe-Noire, s'engage à donner le meilleur d'eux-mêmes pour que cette collaboration renforce de manière significative les efforts du Gouvernement de la République du Congo pour l'amélioration des conditions de vie et du bien-être des populations congolaises. Je vous remercie de votre aimable attention.

Allocution de M. David LAWSON, Représentant résident du Fonds des Nations Unies pour la population (UNFPA) en République du Congo & Directeur de la Représentation de l'UNFPA en République du Gabon, à l'occasion de l'atelier de sensibilisation organisé par le groupe «Femmes et Famille » de la paroisse Mayangui de l'Eglise évangélique du Congo sur le thème: «Eglise, Genre et Santé de la reproduction au Congo.» Paroisse Mayangui de l'Eglise évangélique du Congo. Brazzaville, 25 mai 2011

Madame la Ministre de la Promotion de la Femme et de l'Intégration de la Femme au développement,
Monsieur le Nonce Apostolique près la République du Congo,
Monsieur le Président de l'Eglise évangélique du Congo,
Monsieur le Pasteur de la Paroisse de Mayangui,
Monsieur l'adjoint au Maire de l'Arrondissement 4 Moungali de Brazzaville,
Madame la Directrice de Cabinet de Madame la Ministre,
Mesdames les Conseillères de Madame la Ministre,
Mesdames les Directrices générales,
Mesdames et Messieurs les Pasteurs,
Mesdames et Messieurs les représentants des confessions religieuses du Congo,
Mesdames et Messieurs les représentants des organisations de la société civile,
Cher(e)s fidèles de l'Eglise évangélique du Congo,
Mesdames et Messieurs les représentants de la presse,
Distingué(e)s invité(e)s, Mesdames et Messieurs ;

Tout d'abord, permettez-moi de vous dire tout le plaisir que j'ai à être aujourd'hui parmi vous. Je suis très honoré que vous ayez sollicité le Fonds des Nations Unies pour la Population -l'UNFPA- que je représente au Congo pour se joindre à l'organisation de cet atelier de sensibilisation des leaders religieux et des chrétiennes sur le thème de « *l'Eglise, le Genre et la Santé de la Reproduction.* »

Je suis heureux que nous soyons réunis dans la paroisse du Pasteur Mbilamambou, que je remercie de mettre ce lieu de communion à la disposition de notre activité, car je crois personnellement que la religion est un élément indispensable du développement humain.

Madame la Ministre, Monsieur le Président, Mesdames et Messieurs,

L'UNFPA respecte les cultures comme étant une partie essentielle du développement des pays auquel nous aspirons aux côtés des populations. La religion est un élément important de la culture nationale de chaque pays et à ce titre fait partie des préoccupations de notre institution.

La religion joue un rôle central dans de très nombreuses communautés dans le monde et au Congo. En vertu de l'autorité morale et spirituelle qu'ils représentent, les leaders religieux et les confessions religieuses sont devenus des représentants et des porte-voix incontournables de la société civile, autant qu'ils influencent positivement les communautés et les populations. Grâce à sa capacité de mobilisation et de concentration des énergies, de son influence sur ses fidèles, l'église doit être un lieu privilégié de promotion de l'autonomie économique et sociale des femmes et de leur bien-être et du développement national.

D'après l'OMS, à travers le monde, les institutions religieuses fournissent de trente à soixante pour cent (30 à 60%) des services de santé primaires. La Banque mondiale souligne que certains services de santé et d'éducation primaires sont parfois plus performants que ceux mis en place par les gouvernements. En outre, les confessions religieuses sont le réseau d'assistance sociale le plus ancien que le monde ait connu.

Nos études démontrent qu'aux racines de la pauvreté, qui est certainement le plus grand défi développemental mondial, se trouve une combinaison complexe qui structure la manière de penser, de croire et de se comporter des individus, qui définit les relations entre les hommes et les femmes et leur accès aux ressources et aux opportunités, et par conséquent sur la jouissance des droits humains. Aucun développement ne peut être durable sans avoir pris en compte pleinement ces trois éléments.

Je suis personnellement convaincu, en vertu des liens personnels et communautaires qui unissent les populations et les confessions religieuses, que ces dernières et leurs représentants sont indispensables pour surmonter ces trois défis. A ce titre, les leaders religieux constituent des partenaires essentiels pour la promotion du développement économique et social. Et c'est pour cela que je souhaite développer davantage le partenariat de l'UNFPA avec confessions religieuses du Congo.

Madame la Ministre, Monsieur le Président, Mesdames et Messieurs,

Au Congo, l'UNFPA entretient un partenariat avec de nombreuses organisations et réseau de la société civile. Nous avons notamment déjà collaboré avec des institutions de l'Eglise catholique, notamment la Communauté des Sœurs Javouhey, les Petites Sœurs des Pauvres ou CARITAS. Et je me réjouis que nous puissions développer un partenariat avec l'Eglise évangélique du Congo qui constitue la deuxième confession religieuse du pays.

Je pense que l'UNFPA et les confessions religieuses partagent beaucoup de valeurs et de principes communs. Nous partageons les valeurs de compassion, de tolérance, de respect des différences, et nous nous battons pour l'amélioration des conditions de vie et du bien-être physique et moral des populations. Nous défendons les principes d'équité et de justice dans le traitement de la condition humaine. Et nous voulons préserver la dignité et les droits humains de l'ensemble des populations, de tous hommes et de toutes les femmes, des jeunes et des moins jeunes.

C'est à ce titre que je suis convaincu que les confessions religieuses, en général, et l'Eglise évangélique, en particulier, ont un rôle essentiel à jouer aux côtés des pouvoirs publics, de la société civile et avec l'UNFPA, pour renforcer les efforts de plaidoyer, de sensibilisation, de partage de connaissances et d' informations auprès des fidèles et de service et d'assistance, à travers leurs paroisses, leurs fidèles, leurs animateurs de groupes d'éducation et de prière et leurs leaders.

Madame la Ministre, Monsieur le Président, Mesdames et Messieurs,

Le Congo est engagé dans des réformes économiques et sociales profondes qui transforment actuellement le pays et doivent à terme améliorer les conditions de vie des populations. Pour réussir pleinement, ces réformes doivent être accompagnées de changements de comportements individuels et collectifs des populations bénéficiaires.

Le Fonds des Nations Unies pour la population contribue et accompagne ces réformes et les efforts du gouvernement dans les domaines de son mandat, notamment en ce qui concerne le genre et la santé de la reproduction, des sujets de société qui concernent tous les Congolais.

Concernant le genre, le gouvernement prépare une loi sur la parité aux fonctions, administratives et politiques,

1) l'Eglise évangélique du Congo peut accompagner, soutenir, encourager et participer à la mobilisation sociale actuelle en faveur des femmes.

2) Elle peut sensibiliser ses fidèles sur la nécessité, d'une part, pour les femmes, de faire valoir leurs droits et de s'impliquer personnellement et nombreuses dans la vie citoyenne et de la nation et, d'autre part, pour les hommes, de soutenir les femmes afin de rétablir un équilibre plus juste entre les femmes et hommes dans le pays.

3) Les confessions religieuses et l'Eglise évangélique du Congo peuvent aider les Congolaises dans la lutte contre les discriminations et les violences à l'encontre des femmes.

4) Chers Pasteurs, Je vous invite à nous aider à travers la lecture des évangiles et la réflexion théologique avec les fidèles, à mieux faire connaître et comprendre dans les communautés et auprès des jeunes, les droits des femmes.

5) Il est essentiel de condamner moralement les agissements indignes de certains hommes à l'encontre des femmes et à réduire les injustices subies par les femmes.

6) Mais il faut aussi accompagner les femmes victimes et les aider à porter plainte dans les commissariats de police.

7) J'aimerais également inviter l'Eglise évangélique du Congo à mettre en valeur les femmes de foi en son sein, d'en accroître leur nombre et de faire en sorte qu'elles deviennent des porte-voix de la cause des femmes dans les paroisses.

Concernant la santé de la reproduction,

8) il est essentiel d'accroître la compréhension de la sexualité, de la reproduction et de la maternité du point de vue théologique afin de soutenir l'éthique et la responsabilité, surtout auprès des jeunes.

La précocité du premier rapport intime chez les jeunes, le manque d'informations disponibles et de services adaptés aux besoins des jeunes sur la santé de la reproduction et le manque de dialogue parental en matière de sexualité contribuent largement à exposer les jeunes à des risques majeurs pour leur devenir et leur propre vie, y compris le virus du Sida et les autres maladies sexuellement transmissibles.

9) Il est donc nécessaire d'encourager le dialogue parental sur la sexualité des jeunes et favoriser le recul de l'âge du premier rapport intime.

10) Les leaders et animateurs religieux doivent s'engager activement dans la prévention des mariages précoces.

11) Ils doivent s'engager davantage dans la prévention du VIH/Sida, notamment en encourageant les fidèles à se protéger et au dépistage volontaire, tout en réconfortant et encourageant les malades à se faire soigner.

12) Il est également essentiel que les fidèles de l'Eglise évangélique du Congo, comme ceux des autres confessions religieuses, soient sensibilisés sur la nécessité de se rendre aux consultations prénatales durant leur grossesse, afin de minimiser les risques de complications lors de l'accouchement et les décès maternels, dont le nombre, 781 pour 100,000 naissances vivantes, soit 1200 par an, est trop élevé au Congo.

13) En outre, les praticiens et les femmes enceintes doivent être sensibilisés à la gratuité de la césarienne, désormais effective au Congo. Les sages-femmes notamment doivent être conscientes de leurs responsabilités dans ce dispositif.

14) De même, les femmes souffrant de fistules obstétricales doivent être sensibilisées sur le fait qu'elles peuvent être traitées gratuitement à Brazzaville, en prenant contact avec les centres de santé ou les autorités sanitaires à proximité de leur domicile.

Madame la Ministre, Monsieur le Président, Mesdames et Messieurs,

Il est bien d'autres domaines dans lesquels l'UNFPA, l'Eglise évangélique du Congo et les confessions religieuses peuvent travailler ensemble, notamment le soutien aux populations vulnérables, la défense des droits des peuples autochtones ou des personnes vivant avec un handicap, mais aussi l'assistance humanitaire aux populations réfugiées.

Mais tous ces sujets dépassent le cadre de notre atelier aujourd'hui. C'est pourquoi, en terminant, je tiens à réitérer mes chaleureux remerciements au Président de l'Eglise évangélique du Congo, et toute ma disponibilité à travailler étroitement avec les confessions religieuses du Congo. Et je voudrais profiter de cette opportunité pour vous faire deux propositions : 1) mettre en place d'un groupe de réflexion entre les représentants de l'Eglise évangélique du Congo et des autres confessions religieuses du Congo et l'UNFPA, pour d'affiner les contours des domaines d'intervention dans le cadre d'un partenariat formalisé...et 2) dans les domaines de son mandat, l'UNFPA est disposé à fournir une assistance technique aux leaders et animateurs des organisations religieuses partenaires, en vue de renforcer leurs capacités de plaidoyer et de délivrance de services auprès de leurs fidèles.

Proche des populations et des communautés, le Fonds des Nations Unies pour la population attache une attention particulière à la foi. Nous pensons que notre engagement avec les institutions religieuses doit être systémique et articulé autour d'objectifs de résultats précis. Pour être efficace, ce partenariat doit également être informé, soutenu et stratégique. Je vous remercie de votre attention.

Allocution de M. David LAWSON, Représentant résident du Fonds des Nations Unies pour la Population (UNFPA) au Congo & Directeur de la Représentation de l'UNFPA au Gabon, à l'occasion de la cérémonie de signature du projet Etats-Unis d'Amérique-UNFPA sur la mobilisation, l'engagement et la participation des femmes et des autochtones aux élections législatives de 2012 et aux élections locales de 2013. Ambassade des Etats-Unis au Congo, Brazzaville, 28 octobre 2010

Madame la Ministre de la Promotion de la Femme et de l'Intégration de la Femme au développement,
Monsieur l'Ambassadeur des Etats-Unis d'Amérique en République du Congo, Cher ami,
Monsieur le Directeur de Cabinet de Madame la Ministre,
Mesdames les Directrices générales,
Mesdames et Messieurs les représentants des organisations non gouvernementales et de la société civile,
Cher(e)s collègues et ami(e)s de l'Ambassade des Etats-Unis d'Amérique au Congo,
Mesdames et Messieurs de la presse et des media,
Distingué(e)s invité(e)s, Mesdames et Messieurs, Cher(e)s Collègues,

Aujourd'hui, l'Ambassade des Etats-Unis d'Amérique en République du Congo et la Représentation du Fonds des Nations Unies pour la Population, l'UNFPA, procèdent à la signature du projet sur *la mobilisation, l'engagement et la participation des femmes et des autochtones aux élections législatives de 2012 et aux élections locales de 2013.*

La coopération entre l'UNFPA et les Etats-Unis d'Amérique est ancienne; elle remonte à la création de l'UNFPA. Je rappelle que le siège de l'UNFPA est établi sur le territoire américain, à New York. Mais c'est la première fois que le Gouvernement américain apporte une contribution financière directe à l'action de l'UNFPA en République du Congo. Je suis très heureux de ce développement dans notre coopération, et nous prenons cette décision comme une marque de confiance du Gouvernement américain dans l'engagement et les actions du Fonds des Nations Unies pour la population en faveur des femmes, des jeunes filles et des populations autochtones au Congo.

Je m'en réjouis très sincèrement. Et je tiens à exprimer toute ma gratitude et mes remerciements les plus chaleureux au Gouvernement américain, à travers son Ambassadeur, Christopher W. Murray et son active équipe de l'Ambassade à Brazzaville, pour cette contribution de 200 000 dollars américains, soit plus de 400 millions de francs CFA, aux efforts de l'UNFPA en faveur des Congolaises.

L'UNFPA s'est félicité de la décision du Président américain Barack Obama, dès son arrivée à la Maison Blanche, d'engager son Administration sur la voie de la protection et de l'autonomisation des femmes dans le monde, dans le droit fil des principes de la philosophie américaine en matière de politique domestique et étrangère, de lutte pour la défense des droits humains et des libertés fondamentales suivant les termes et l'esprit de la Déclaration d'Indépendance américaine de 1776.

Ainsi en 2008, après la mise en place de la nouvelle Administration américaine, Thoraya Ahmed Obaid, Directrice exécutive de l'UNFPA avait déclaré, je cite: *"L'UNFPA souhaite travailler avec le président Barack Obama et la Secrétaire d'Etat Hillary Clinton pour réaliser notre rêve d'aider les femmes et les filles dans les pays les plus pauvres à atteindre leur plein potentiel. Nous nous félicitons de l'occasion de travailler à nouveau avec les Etats-Unis comme un partenaire à part entière."* Fin de citation.

L'UNFPA se réjouit de la place conférée par le Gouvernement américain à la promotion des droits des femmes, qui comme le rappelait la Secrétaire d'Etat Hillary Clinton, dans le cadre de l'Assemblée générale des Nations Unies, en Septembre dernier, à New York, consiste à *«mettre la vie des femmes et les progrès des femmes au centre de notre politique étrangère, de nos efforts diplomatiques pour nos investissements dans les pays en développement.»*

Madame la Ministre, Monsieur l'Ambassadeur, Mesdames et Messieurs,

En République du Congo, j'ai souvent l'occasion de le dire, les femmes n'exercent pas leur plein potentiel, pour diverses raisons, notamment, et peut-être surtout, parce qu'elles sont sous-représentées dans les instances de décision. Bien que les femmes comptent pour cinquante-deux pour cent de la population congolaise, elles ne représentent que 11,5% des parlementaires.

Tout en saluant chaleureusement les nouvelles sénatrices et l'entrée d'une femme supplémentaire dans la Chambre Haute congolaise, et d'une seconde femme au bureau du Sénat, les dernières élections sénatoriales du 9 octobre 2011 n'ont pas modifié fondamentalement la répartition entre hommes et femmes au Parlement. La situation est équivalente au sein des grands corps constitués, même si nous saluons l'accroissement du nombre de femmes nommées en Conseil des ministres à des postes administratifs de responsabilité.

Afin de lutter contre la sous-représentation des femmes dans les instances de décision et rééquilibrer la situation, le Président Denis Sassou Nguesso, a annoncé, en août 2010, une loi sur la parité hommes-femmes aux fonctions politiques, administratives et électives. Ce projet de loi est sur le bureau du Secrétariat général du Gouvernement et toutes les congolaises attendent avec impatience son adoption en Conseil des Ministres. En outre, afin de rétablir les populations autochtones dans leurs droits, le Parlement a adopté la loi n°05/2011 portant promotion et protection des populations autochtones qui doit également contribuer à renforcer la présence des femmes autochtones aux postes de décision. Nous saluons les engagements et décisions courageuses du Chef de l'Etat et du Gouvernement congolais en la matière.

Le projet Etats-Unis d'Amérique-Fonds des Nations Unies pour la population sur la mobilisation, l'engagement et la participation des femmes et des autochtones aux élections législatives de 2012 et aux élections locales de 2013 doit permettre d'appuyer les efforts du Gouvernement congolais dans la mise en œuvre effective de ces textes législatifs, en faveur d'une participation accrue des femmes en politique et notamment des femmes autochtones, et de contribuer à préparer ces femmes aux échéances électorales de 2012 et 2013.

La mobilisation des Congolaises, y compris autochtones, dans le cadre de ce projet, se fera principalement à travers une combinaison de campagnes d'information, de sensibilisation et de formations, aux échelons national, départemental et local avec les autorités nationales et décentralisées de l'Etat et les acteurs de la société civile. Les activités ont été conçues en fonction des publics et seront conduites dans le respect des sensibilités culturelles et linguistiques, suivant les besoins identifiés localement.

Madame la Ministre, Monsieur l'Ambassadeur, Mesdames et Messieurs,

En terminant, je voudrais rappeler que le Fonds des Nations Unies pour la population soutient la cause des femmes et leurs droits, et ceux des populations autochtones aux côtés et sous l'impulsion du Gouvernement congolais et de la société civile. Nous sommes convaincus qu'il est essentiel pour l'avenir et le développement du pays que les femmes, les nombreuses Congolaises combatives et méritantes, occupent leur juste place dans les processus de décision, à tous les niveaux.

Une participation accrue des femmes aux processus décisionnels contribuera ainsi à accroître la prise en compte des intérêts des femmes, bantoues et autochtones, et de la dimension du genre dans les politiques et programmes de développement. Je suis convaincu que la coopération entre l'Ambassade américaine et l'UNFPA constituera un élément essentiel de l'amélioration de la condition féminine au Congo. Je vous remercie de votre aimable attention.

Allocution de M. David LAWSON, Représentant résident du Fonds des Nations Unies pour la Population (UNFPA) en République du Congo & Directeur de la Représentation de l'UNFPA en République du Gabon, à l'occasion de la signature de l'accord de coopération entre le Fonds des Nations Unies pour la Population et la Coordination des associations et réseaux de la société civile du Congo (CARESCO). Représentation de l'UNFPA, Brazzaville, 12 juillet 2012

Monsieur le Président de la Coordination des Associations et Réseaux de la Société Civile du Congo, en sigle CARESCO,
Madame et Monsieur les Vice-présidents de la CARESCO,
Mesdames et Messieurs les Chefs d'Agences du Système des Nations Unies, et Chers Collègues,
Madame et Monsieur les représentants des organisations de la société civile,
Mesdames et Messieurs les représentants du secteur privé,
Mesdames et Messieurs les représentants de la presse et des medias, et Cher(e)s ami(e)s,
Distingué(e)s invité(e)s, Mesdames et Messieurs,

Je me réjouis de l'organisation, aujourd'hui, de cette importante cérémonie pour la signature d'un accord de coopération entre la Coordination des Associations et Réseaux de la Société Civile du Congo, la CARESCO, représentée par son Président, Martin Itoua, et la Représentation du Fonds des Nations pour la Population -UNFPA-, que je représente en République du Congo.

Cette cérémonie est d'autant plus importante qu'elle a lieu au moment où la communauté internationale à travers le Fonds des Nations Unies pour la population encourage, dans le contexte de la célébration de la journée mondiale de la population, tous les acteurs, en particulier la société civile à s'impliquer davantage dans la réalisation des engagements pris au niveau mondial pour la promotion de l'accès universel aux services de santé procréative d'ici 2015. Par rapport à cet objectif et à l'échéance de 2015, le Fonds des Nations Unies pour la population se préoccupe de mobiliser plus d'acteurs, individualités et structures organisées du secteur public comme du secteur privé, apolitique ou non pour accélérer les progrès attendus.

La signature de cet accord est ainsi conforme à la recommandation de la communauté internationale retenue lors de la Conférence internationale sur la population et le développement (CIPD) tenue en 1994 au Caire, en Egypte, relative au développement des partenariats entre les Gouvernements, le système des Nations Unies et les organisations de la société civile, déjà reconnues pour leur rôle primordial dans la formulation, la mise en œuvre et le suivi des politiques et programmes de développement.

En effet, les interventions des organisations de la société civile et du secteur privé constituent un complément indispensable de l'action menée par les gouvernements pour promouvoir la santé maternelle, la réduction de la mortalité maternelle, la prévention des infections sexuellement transmissibles et le VIH/SIDA, l'égalité et l'équité entre les femmes et les hommes, la lutte contre les violences à l'égard des filles et des femmes, la protection des droits des populations vulnérables. Le renforcement des partenariats public-privé est donc indispensable à l'atteinte des Objectifs du millénaire pour le développement.

Les acteurs de la société civile, ont également un rôle important à jouer dans le suivi et évaluation de la mise en œuvre des politiques, plans et programmes de développement.

Les organisations de la société civile, y compris les ONG, sont des partenaires incontournables des décideurs politiques car elles sont les mieux placées pour détecter les besoins des populations en termes d'aide au développement. Le schéma directeur de l'UNFPA de mettre en place des approches novatrices afin d'améliorer le dialogue avec ces organisations. L'implication des organisations de la société civile ou acteurs non étatiques dans la politique de développement ne se limite pas à la mise en œuvre de projets. Elle s'oriente aussi vers le partage des responsabilités avec l'Etat dans la lutte contre la pauvreté, fondée sur la nécessaire appropriation par les pays de leur propre développement.

Le présent accord que nous signons aujourd'hui, premier du genre entre l'UNFPA et une coalition de la société civile, est un acte concret qui vise à accroître l'efficacité de la contribution des acteurs de la société civile aux efforts de développement du Congo. C'est en effet une étape du processus pour la lutte contre l'éclatement de la société civile, grâce à la CARESCO, l'une des coordinations bien fonctionnelles et vecteur essentiel des politiques de développement.

Je me félicite donc de la signature de cet accord, dans le cadre duquel l'UNFPA s'engage à renforcer dans les prochains jours les capacités des associations membres de la CARESCO en matière de programmation et de mise en œuvre des programmes et projets de développement avec l'expertise du Système des Nations Unies.

A l'instar d'autres accords de partenariat entre l'UNFPA et des organisations non gouvernementales à vocation globale, telles que la

Fédération internationale pour la planification familiale (IPPF) ou la Confédération internationale des Sages-femmes, l'accord entre la CARESCO et l'UNFPA devra contribuer à renforcer la concertation, le plaidoyer et l'action internationale sur les questions de population et développement. Il complétera les actions menées dans le cadre des accords de coopération déjà existants au niveau national avec le Rotary Club de Brazzaville signé en 2010, avec Total Exploitation et Production au Congo, de 2011. Et nous espérons que l'accord signé aujourd'hui avec la CARESCO en suscitera d'autres, y compris dans le secteur privé.

Monsieur le Président, Mesdames et Messieurs,

La CARESCO dispose d'une politique et d'une expérience du développement social, notamment dans les domaines de la santé de la reproduction, du genre, du VIH/SIDA et de la population et du développement et l'anticipation des besoins de l'avenir.

L'UNFPA est une agence de développement international qui appuie les politiques et programmes de développement visant à réduire la pauvreté et assister les populations vulnérables, notamment les personnes âgées, handicapées et les populations autochtones; à faire en sorte que chaque grossesse soit désirée et les accouchements sans risque; à prévenir les infections au virus du Sida et faire en sorte que toutes les jeunes filles et les femmes soient traitées avec dignité et respect.

Cet accord capitalise donc sur les complémentarités de nos deux institutions dans le but de renforcer notre action pour le bien-être des populations congolaises, dans l'appui aux populations vulnérables, la santé maternelle, y compris la fistule obstétricale, et l'égalité entre hommes et femmes.

Les interventions immédiates de cet accord couvriront, les domaines du plaidoyer, du renforcement des capacités nationales (équipements techniques et informatiques et formation du personnel) en matière de santé de la reproduction, prenant en compte les fistules obstétricales, de la prévention du VIH/SIDA et autres infections sexuellement transmissibles, de l'assistance aux populations vulnérables, personnes âgées, personnes vivant avec handicap et populations autochtones; et de la promotion de l'égalité et de l'équité des sexes.

A ce titre, je me réjouis tout particulièrement qu'au titre des principales priorités de notre accord, nous ayons retenu ce grave problème de santé publique que constitue la lutte contre la mortalité maternelle, dont le taux reste élevé au Congo, avec 781 femmes qui meurent en donnant la vie, pour 100,000 naissances vivantes. Comme vous le savez, la santé maternelle est ma principale priorité au Congo, avec l'équité de genre et la prévention du

VIH. Tout comme l'agenda du gouvernement, l'année 2012 a été déclarée Année de la santé. Je suis convaincu que nos efforts communs dans ce domaine contribueront à inverser la tendance surtout en matière de santé maternelle.

Cette coopération nous permettra d'œuvrer ensemble à la mise en œuvre de la politique sociale nationale concernant les populations vulnérables et plus particulièrement les personnes vivant avec un handicap. En effet, d'après l'OMS, les personnes handicapées représentent 10% de la population générale, soit plus de 360,000 personnes au Congo.

Monsieur le Président, Mesdames et Messieurs,

Nous nous devons d'être ambitieux et nous le serons. Pour moi, cet accord est non seulement un instrument de coopération, mais aussi un outil de financement innovant des programmes de développement nationaux soutenus par l'UNFPA, aux activités stratégiques à grand impact, dont les résultats positifs doivent permettre au Gouvernement congolais de capitaliser sur les investissements réalisés, et s'approprier et pérenniser les activités initiées.

Le Congo est un pays à revenu intermédiaire et, à ce titre, dispose d'une aide bilatérale au développement très limitée, malgré les besoins criants des populations. Cette situation est aggravée par la crise financière internationale dont les effets pèsent lourdement sur l'aide internationale au développement.

En outre, de nouveaux besoins apparaissent sans cesse, notamment pour répondre à la situation humanitaire dans le département de la Likouala, ou encore pour faire face aux conséquences de la récente épidémie de poliomyélite sauvage qui a durement frappé le pays sans oublier le drame du 4 mars dernier. Ceci nous oblige à mobiliser davantage de ressources financières pour répondre aux attentes pressantes des populations. Et je tiens à saluer l'engagement de la CARESCO à cet égard.

Monsieur le Président, Mesdames et Messieurs, En terminant, je voudrais vous redire la joie que j'ai à signer cet accord de coopération aujourd'hui. La CARESCO est en effet un partenaire essentiel d'initiative locale visant le changement social au Congo.

A cet égard, je voudrais saluer l'action menée au Congo en matière de développement social par la CARESCO depuis sa création en 2001 et son Président, Martin Itoua, que je remercie chaleureusement pour son courage et son leadership, ainsi que tous ses membres du bureau Exécutif qui ont contribué à la négociation et à la finalisation de cet accord de partenariat, et pour leur contribution au développement social du pays.

Le Fonds des Nations Unies pour la Population, à travers moi, et avec mes collègues de notre Représentation en République du Congo, s'engage à donner le meilleur de lui-même pour que cette collaboration soit fructueuse et renforce de manière significative les efforts du Gouvernement de la République pour l'amélioration des conditions de vie et le bien-être des populations congolaises. Je vous remercie de votre attention.

TABLE DES MATIERES

Le Congo-Brazzaville aux éditions L'Harmattan

Dernières parutions

VIOLENCE (LA) CONJUGALE AU CONGO-BRAZZAVILLE
De la tradition à la modernité
Sous la direction d'Elisabeth Prieur et d'Emmanuel Jovelin
Préface d'Emilienne Raoul
Qu'est-ce que la violence conjugale ? Comment se manifeste-t-elle ? Quelles en sont les causes ? Quel sens les femmes victimes de violences donnent-elles à cet état de fait ? Quel accompagnement social ? Cet ouvrage propose un voyage en République du Congo-Brazzaville pour montrer l'autre face de la domination masculine et pour découvrir en quoi la coutume peut aussi perpétuer des formes de violences caractérisées. Il est aussi un appel pour dire NON à la violence.
(Coll. Trans-Diversités, 21.00 euros, 208 p.)
ISBN : 978-2-343-04108-7, ISBN EBOOK : 978-2-336-36473-5

MÉDIAS ET POUVOIR POLITIQUE AU CONGO BRAZZAVILLE
Des origines à nos jours
Bemba Léon
Cet ouvrage est une étude des médias de masse au Congo-Brazzaville. Il propose une enquête scientifique des rapports entre les médias et les pouvoirs politiques qui se sont succédé depuis ses origines jusqu'en 2010. Il permet de saisir la part d'influence de la presse dans la conquête de sa propre liberté dans l'élaboration d'une démocratie moderne et d'un réel débat dans la vie politique du pays.
(Coll. Études africaines, 41.00 euros, 430 p.)
ISBN : 978-2-343-04753-9, ISBN EBOOK : 978-2-336-36341-7

LIBERTÉ (LA) DE LA PRESSE AU CONGO-BRAZZAVILLE
Sogni Zaou Florent
Dans la déclaration de Windhoek du 3 mai 1991, il est dit que la création, le maintien et le renforcement d'une presse indépendante, pluraliste et libre sont indispensables au progrès et à la préservation de la démocratie dans un pays, ainsi qu'au développement économique. Le Congo est partie prenante de ces textes, et la liberté de la presse y est garantie par la loi de la presse. Seulement, le doute persiste malgré l'absence de journalistes dans les geôles congolaises.
(Coll. Harmattan Congo, 15.00 euros, 150 p.)
ISBN : 978-2-343-04261-9, ISBN EBOOK : 978-2-336-36443-8

DROIT (LE) DES PARCELLES DE TERRAIN AU CONGO (Tome 3)
L'espace foncier des personnes publiques. La constitution et la gestion des biens. L'expropriation pour cause d'utilité publique
Iloki Auguste - Avec la collaboration de Mireille Iloki Gondo
L'État, les collectivités décentralisées et les établissements publics disposent des parcelles de terrain qui constituent leur domaine foncier subdivisé en domaine public et en domaine privé. La gestion des immeubles de ces personnes publiques est fonction de leur incorporation dans le domaine public ou dans le domaine privé. L'application complexe des règles de droit privé et de la domanialité publique conduit l'auteur à préciser leur régime juridique et à éclairer les domaines respectifs de leur mise en oeuvre rationnelle.
(Coll. Études africaines, 24.50 euros, 240 p.)
ISBN : 978-2-343-04720-1, ISBN EBOOK : 978-2-336-36270-0

LIVRE D'OR DU CINQUANTENAIRE D'OYO (1963-2013)
Géographie - Histoire - Civilisation - Atouts
Ndinga Mbo Abraham Constant, Nguesso Maurice
Cette étude se veut un outil qui permettrait de mieux connaître la ville d'Oyo: le pays, les hommes à travers son histoire (ancienne et contemporaine) et sa civilisation, puis ses atouts. Elle pourrait ouvrir de grandes perspectives pour les responsables de la ville et pour sa population.
(29.00 euros, 310 p.)
ISBN : 978-2-343-05107-9, ISBN EBOOK : 978-2-336-36317-2

CONGO : TERRE DE TECHNOLOGIES
Objectif 2025
Mankou Vérone
Vérone Mankou invite les Africains à entreprendre, certain que le numérique et les nouvelles technologies vont soutenir le développement et représenter une opportunité pour le continent. Concepteur de la première tablette tactile et du premier smartphone Africain, il se lance aujourd'hui dans de nouveaux projets et une seule ambition : «faire du Congo une terre de technologies». Il veut développer chez les jeunes «l'esprit *start-up*» et l'entrepreneuriat.
(10.00 euros, 72 p.)
ISBN : 978-2-343-04958-8, ISBN EBOOK : 978-2-336-36254-0

TOUT SUR L'AC-LÉOPOARDS DE DOLISIE
ou les Fauves du Niari
Nimbi Eugène - Préface de Léon Alfred Opimbat
L'AC-Léopoards de Dolisie ou les Fauves du Niari est une équipe de football qui fut créée en 1954. Sous la présidence de Remy Ayayos Ikounga, cette équipe a remporté plusieurs coupes au Congo et a été championne d'Afrique en 2012. L'auteur restitue dans les moindres détails l'information relative à la genèse de l'équipe, à son palmarès national, aux difficultés rencontrées et aux sacrifices consentis par les dirigeants.
(Coll. Harmattan Congo, 12.00 euros, 106 p.)
ISBN : 978-2-343-04260-2, ISBN EBOOK : 978-2-336-35928-1

CONGO-BRAZZAVILLE (LE)
Climat et environnement
Samba Gaston
Cet ouvrage résume quelques travaux du professeur Dominique Nganga relatifs au climat et à l'environnement dans l'espace du Congo-Brazzaville. Un environnement bien caractéristique de ces deux climats équatorial et tropical humide et dont les effets de la variabilité climatique sont diversement perceptibles au niveau des états de surface.
(Coll. Études africaines, 16.50 euros, 168 p.)
ISBN : 978-2-343-02236-9, ISBN EBOOK : 978-2-336-35433-0

PASTORALE (LA) MILITAIRE AU CONGO-BRAZZAVILLE
Mounka Alexis
Éduquer un soldat à être honnête, à avoir le sens civique, à connaître et à pratiquer l'éthique, c'est éduquer tous ses concitoyens aux mêmes valeurs. Et ce ne sont pas les conséquences de la «guerre civile» qui servent à justifier cette nécessité de l'ordinariat pour la Force publique congolaise, sinon un besoin réel de se doter d'une élite militaire aux valeurs morales et éthiques approuvées.
(Harmattan Congo, 11.50 euros, 80 p.)
ISBN : 978-2-343-03604-5, ISBN EBOOK : 978-2-336-35485-9

DÉBAT SUR LA CONSTITUTION DU 20 JANVIER 2002 AU CONGO
Enjeux sociaux et stratégies politiques
M'Bissa Claude-Richard
À la veille de l'élection présidentielle de 2016, poser la problématique de la modification de la Constitution sur ses aspects fondamentaux suscite évidemment une série d'interrogations. Cet ouvrage met l'accent sur les notions générales liées à une constitution et sur l'expérience congolaise

au sujet des constitutions. Il contribue à la compréhension des motivations des acteurs politiques, de leurs argumentations, et surtout à saisir la position du président de la République.
(Coll. Harmattan Congo, 16.50 euros, 164 p.)
ISBN : 978-2-343-03717-2, ISBN EBOOK : 978-2-336-35297-8

QUOTIDIEN (LE) D'ANTAN À NGO AU CONGO-BRAZZAVILLE
Guebo Célestin
Préface de Gabriel Kimami
Ce livre décrit le quotidien d'antan à Ngo, au Congo-Brazzaville, marqué par diverses activités, au cours de l'enfance de l'auteur. Il s'agit bien entendu d'activités scolaires, professionnelles, agricoles, etc. Ce quotidien était aussi marqué par la présence de Ngambieli, le Pygmée, qui avait un mode de vie exceptionnel. À travers ce livre, l'auteur fait revivre les moments de joie et de peine vécus à Ngo, à son époque.
(Coll. Harmattan Congo, 10.00 euros, 62 p.)
ISBN : 978-2-343-03554-3, ISBN EBOOK : 978-2-336-35241-1

GUIDE FISCAL ET COMPTABLE DE LA TVA
Louzonzila Nakou
Ce livre est un instrument de travail pratique, qui met en exergue les principes et le schéma d'application de la TVA en indiquant particulièrement comment répondre à ces questions : Qu'est-ce que la TVA ? Pourquoi la TVA ? Qui supporte la TVA ? Comment se calcule-t-elle ? Comment devrait-on la déclarer au fisc ? Les réponses à ces questions accompagnées d'exemples pratiques permettront de connaître les intrants d'une part et les conséquences ou résultats d'autre part.
(Coll. Harmattan Congo, 23.00 euros, 236 p.)
ISBN : 978-2-343-02879-8, ISBN EBOOK : 978-2-336-35236-7

IDENTITÉ ETHNIQUE ET CONFLITS CIVILS AU CONGO-BRAZZAVILLE
Massamba-Makoumbou Jean-Serge
Cette étude prend le parti de considérer l'appartenance ethnique comme un facteur parmi d'autres dans le développement des guerres civiles africaines. Il s'agit de considérer la forte capacité de mobilisation qu'elle recèle. À ce titre, il n'existe pas de conflit ethnique par essence, mais par vocation ou par instrumentalisation. Dans ce cadre, le Congo-Brazzaville apparaît comme un cas d'école, avec une manipulation de l'appartenance ethnique au service de la conquête du pouvoir politique et de la confiscation de l'autorité.
(Coll. Études africaines, 30.50 euros, 308 p.)
ISBN : 978-2-343-01013-7, ISBN EBOOK : 978-2-296-53937-2

CONVENTION (LA) DES NATIONS UNIES SUR LE CONTRAT DE TRANSPORT INTERNATIONAL DES MARCHANDISES EFFECTUÉ ENTIÈREMENT OU PARTIELLEMENT PAR MER DITE « RÈGLES DE ROTTERDAM »
Dibas-Franck Eric, Diallo Ibrahima Khalil, Banuanina Dia Ngoma Jean-Jacques
La question qui se pose au sujet de ce contrat adopté en décembre 2008 par l'Assemblée générale des Nations unies est de savoir si cette nouvelle convention va atteindre son objectif, à savoir remplacer, se substituer aux «Règles de La Haye», aux «Règles de La Haye-Visby» et aux «Règles de Hambourg». Cette convention entrera-t-elle en vigueur un jour ? Quelle est sa genèse ? Quelles sont ses forces et ses faiblesses ? Existe-t-il des questions controversées ?
(Coll. Harmattan Congo, 22.00 euros, 224 p.)
ISBN : 978-2-343-01119-6, ISBN EBOOK : 978-2-296-53875-7

RÉGLEMENTATION ET PERFORMANCE
L'enseignement supérieur privé au Congo
Koulakoumouna Etienne
Préface de Claude Albagli (Président Institut CEDIMES)
Cet ouvrage examine le rapport entre la réglementation et la performance, et montre que la qualité est la principale dimension de la performance dans toute organisation. Dans l'enseignement

supérieur privé, elle passe principalement par une exigence accrue de l'amélioration de la qualité des infrastructures, des prestations du personnel enseignant ayant le profil requis, du programme d'enseignement et du management.
(CEDIMES, Coll. Mouvements Économiques et Sociaux, 19.00 euros, 184 p.)
ISBN : 978-2-296-99767-7, ISBN EBOOK : 978-2-296-53726-2

BRAZZAVILLE, CAPITALE DE LA FRANCE LIBRE
Histoire de la résistance française en Afrique (1940-1944)
Ollandet Jérôme
Comme le déclarait en 1943 le médecin-général Adolphe Sicé, «deux grands hommes auront marqué cette ville : de Brazza, auquel elle doit son nom ; de Gaulle, auquel elle doit son destin...» Ce destin d'un homme et d'une ville ne put s'accomplir conjointement qu'avec l'acceptation par l'AEF d'accompagner, dès le début des hostilités en Europe, la dissidence de la France combattante, celle de la France libre, capitale Brazzaville.
(Coll. Harmattan Congo, 27.00 euros, 278 p.)
ISBN : 978-2-343-00721-2, ISBN EBOOK : 978-2-296-53522-0

IMPÔT COLONIAL ET RÉSISTANCE DES POPULATIONS DU CONGO
Les cas des pays téké, mbosi et des peuples de l'interfluve Sangha-Oubangui (1879-1930)
Engambé André
La naissance de l'impôt colonial a largement contribué à créer une paupérisation, suscitant entre administration et administrés de fortes tensions. Dans ce livre, l'auteur décrit et analyse les faits, propose une somme importante d'informations aussi variées que détaillées sur les résistances des populations téké, mbosi et de l'interfluve Sangha-Oubangui jusqu'en 1930 ; dans le même temps, il tire les conséquences qui en découlent.
(Coll. Etudes africaines, 17.50 euros, 176 p.)
ISBN : 978-2-343-00731-1, ISBN EBOOK : 978-2-296-53613-5

DENIS SASSOU NGUESSO
Stratégie politique et repères essentiels
Bitala-Bitemo Joseph
Denis Sassou Nguesso est un stratège politique dont l'action et le pari pour le futur lient inextricablement son propre destin à celui de la République du Congo, depuis plus d'un quart de siècle. Pour mieux comprendre ce lien au travers de quelques repères essentiels, l'auteur s'est servi des discours et messages de l'homme politique comme matériaux d'analyse pour dégager le sens de ses actions, en essayant de les placer dans leur contexte, en fonction des enjeux nationaux et internationaux.
(Coll. Points de vue, 18.50 euros, 146 p.)
ISBN : 978-2-336-00941-4, ISBN EBOOK : 978-2-296-53441-4

DENIS SASSOU N'GUESSO
Les grands discours du premier septennat 2002-2009
Lemboumba Sassou N'Guesso Claudia – Préface de Firmin Ayessa
Ce livre est une compilation de 37 discours prononcés par le président de la République, Denis Sassou N'Guesso, durant son premier septennat à la tête du Congo, entre 2002 et 2009. Il s'agit de ceux dédiés aux rendez-vous les plus importants, les plus symboliques et les plus marquants de cette période charnière, comprise entre la fin de la transition post-conflit de 1997-2002 et la relance du processus démocratique au Congo.
(26.00 euros, 256 p.)
ISBN : 978-2-343-00142-5, ISBN EBOOK : 978-2-296-53308-0

L'HARMATTAN ITALIA
Via Degli Artisti 15; 10124 Torino

L'HARMATTAN HONGRIE
Könyvesbolt ; Kossuth L. u. 14-16
1053 Budapest

L'HARMATTAN KINSHASA
185, avenue Nyangwe
Commune de Lingwala
Kinshasa, R.D. Congo
(00243) 998697603 ou (00243) 999229662

L'HARMATTAN CONGO
67, av. E. P. Lumumba
Bât. – Congo Pharmacie (Bib. Nat.)
BP2874 Brazzaville
harmattan.congo@yahoo.fr

L'HARMATTAN GUINÉE
Almamya Rue KA 028, en face
du restaurant Le Cèdre
OKB agency BP 3470 Conakry
(00224) 657 20 85 08 / 664 28 91 96
harmattanguinee@yahoo.fr

L'HARMATTAN MALI
Rue 73, Porte 536, Niamakoro,
Cité Unicef, Bamako
Tél. 00 (223) 20205724 / +(223) 76378082
poudiougopaul@yahoo.fr
pp.harmattan@gmail.com

L'HARMATTAN CAMEROUN
BP 11486
Face à la SNI, immeuble Don Bosco
Yaoundé
(00237) 99 76 61 66
harmattancam@yahoo.fr

L'HARMATTAN CÔTE D'IVOIRE
Résidence Karl / cité des arts
Abidjan-Cocody 03 BP 1588 Abidjan 03
(00225) 05 77 87 31
etien_nda@yahoo.fr

L'HARMATTAN BURKINA
Penou Achille Some
Ouagadougou
(+226) 70 26 88 27

L'HARMATTAN SÉNÉGAL
10 VDN en face Mermoz, après le pont de Fann
BP 45034 Dakar Fann
33 825 98 58 / 33 860 9858
senharmattan@gmail.com / senlibraire@gmail.com
www.harmattansenegal.com

L'HARMATTAN BÉNIN
ISOR-BENIN
01 BP 359 COTONOU-RP
Quartier Gbèdjromèdé,
Rue Agbélenco, Lot 1247 I
Tél : 00 229 21 32 53 79
christian_dablaka123@yahoo.fr

Achevé d'imprimer par Corlet Numérique - 14110 Condé-sur-Noireau
N° d'Imprimeur : 119160 - Dépôt légal : juin 2015 - *Imprimé en France*